Vermögenspreisinflation als wirtschaftspolitische Herausforderung

SCHRIFTEN ZUR WIRTSCHAFTSTHEORIE UND WIRTSCHAFTSPOLITIK

Herausgegeben von
Rolf Hasse, Jörn Kruse, Wolf Schäfer, Thomas Straubhaar
und Klaus W. Zimmermann

Band 35

PETER LANG
Frankfurt am Main · Berlin · Bern · Bruxelles · New York · Oxford · Wien

Christoph Kimmel

Vermögenspreisinflation als wirtschaftspolitische Herausforderung

PETER LANG
Internationaler Verlag der Wissenschaften

Bibliografische Information der Deutschen Nationalbibliothek
Die Deutsche Nationalbibliothek verzeichnet diese Publikation in der Deutschen Nationalbibliografie; detaillierte bibliografische Daten sind im Internet über <http://www.d-nb.de> abrufbar.

Zugl.: Hamburg, Univ. der Bundeswehr, Diss., 2006

Gedruckt mit Unterstützung
der Helmut-Schmidt-Universität,
Universität der Bundeswehr Hamburg.

D 705
ISSN 1433-1519
ISBN 978-3-631-56410-3

www.peterlang.de

für Charlotte

Vorwort

Mein besonderer Dank gilt all denjenigen, ohne die dieses Buch nicht hätte entstehen können. Meinem Doktorvater, Prof. Dr. Wolf Schäfer, verdanke ich nicht nur die Idee für diese Dissertation und viele inhaltliche Anregungen, sondern auch unzählige lebhafte Diskussionen zu wirtschaftspolitischen und anderen Themen, eine angenehme Arbeitsatmosphäre am Lehrstuhl, Aufmunterungen in der Endphase und nicht zuletzt einige Vertragsverlängerungen. Herrn Prof. Dr. Franco Reither danke ich für die Übernahme des Korreferats und Herrn Prof. Dr. Klaus W. Zimmermann für die zeitweilige Zusammenarbeit an seinem Lehrstuhl, für sein offenes Ohr und für einige Zigaretten.

Meinen Lehrstuhlkolleginnen und -kollegen möchte ich für die Zusammenarbeit und für die vielfältige Unterstützung danken, insbesondere Herrn Dr. Gerhard Rösl, Frau Annette Olbrisch, Frau Jana Brandstätter und Herrn Marco Oestmann. Die drei Letztgenannten hielten mir längere Zeit den Rücken von allerlei Lehrstuhlaufgaben frei. Dank gebührt auch den vielen liebenswerten Kolleginnen und Kollegen an den anderen Lehrstühlen, unter anderem Frau Dr. Malgorzata Stankiewicz, Herrn Dr. Alkis Otto, Herrn PD Dr. Michael Bräuninger, Herrn Dr. Stefan Hardege und Herrn Prof. Dr. Justus Haucap.

Meinen Freundinnen und Freunden verdanke ich Zuspruch, wenn es irgendwo klemmte, insbesondere Frau Deike Fuchs, Frau Tetyana Lutsyk und Herrn Dr. Jochen Schanz, der mir darüber hinaus auch viele wertvolle inhaltliche Anregungen gegeben hat. Ohne den jahrelangen geduldigen Beistand meiner Freundin Charlotte Schray hätte ich diese Arbeit kaum fertig stellen können. Unverzichtbar war auch die Unterstützung meiner Eltern Edith und Dr. Hans-Dieter Kimmel.

Frankfurt am Main, im September 2007 Christoph Kimmel

Inhaltsverzeichnis

Verzeichnis der Tabellen und Abbildungen

Tabellen und Abbildungen im Haupttext

Tabellen und Abbildungen in den Anhängen

Abkürzungsverzeichnis

AAPI	*Aggregate Asset Price Index* (engl., Aggregierter Vermögenspreisindex)
Abb.	Abbildung
Abh.	Abhängigkeit
AG	Aktiengesellschaft
Aggr.	Aggressiv
AK	Aktienkurse
Akkom.	Akkomodierend
App.	*Appendix* (engl., Anhang)
APÜW	Abnehmende periodenweise Überlebenswahrscheinlichkeit
AS	*Adverse Selection* (engl., Negativauslese)
ASP	Anschaffungspreis
AU	Australien
AVmP	aggregierte Vermögenspreise
BAFin	Bundesanstalt für Finanzdienstleistungsaufsicht
BBk	Deutsche Bundesbank
BBZ	*Boom-Bust*-Zyklen
bes.	besonders, besonderer
BIP	Bruttoinlandsprodukt
BIZ	Bank für Internationalen Zahlungsausgleich
BK	Bankenkrisen
bspw.	beispielsweise
bzgl.	bezüglich
bzw.	beziehungsweise
CA	Kanada
COLI	*Cost of Life Index* (engl., Lebenskostenindex)
c.p.	*ceteris paribus* (lat., unter sonst gleichen Bedingungen)
CWPI	*Constant Welfare Price Index* (engl., Preisindex bei konstantem Wohlfahrtsniveau)
DBWM	Dividendenbarwertmodell
DE	Deutschland
Defl.	Deflation
DFI	*Dynamic Factor Index* (engl., Dynamischer Faktor-Index)
d.h.	das heißt
DK	Dänemark
EMH	*Efficient Markets Hypothesis* (siehe MEH)
engl.	englisch
EGV	Vertrag zur Gründung der Europäischen Gemeinschaft (EG-Vertrag)
ES	Spanien

ESVG 1995	Europäisches System Volkswirtschaftlicher Gesamtrechnungen
ESZB	Europäisches System der Zentralbanken
et al.	*et alii* (lat., und andere)
evtl.	eventuell
EW	Ertragswert
EZB	Europäische Zentralbank
FCI	*Financial Conditions Index* (engl., Index der finanziellen Bedingungen)
FF	Fundamentalfaktoren
FI	Finnland
FoF	*Flow of Funds* (engl., Kapitalfluss)
FR	Frankreich
ggf.	gegebenenfalls
H-Booms	„Hochkosten"-Booms (Vermögenspreisbooms mit hohen volkswirtschaftlichen Folgekosten)
HCPI	*Harmonized Index of Consumer Prices* (siehe HVPI)
HVPI	Harmonisierter Verbraucherpreisindex
ICOLI	*Inter-Temporal Cost of Living Index* (engl., Intertemporaler Lebenshaltungskostenindex)
i.d.R.	in der Regel
IE	Irland
i.e.S.	im engeren Sinne
i.H.	im Hinblick
IL	Industrieländer
IMF	*International Monetary Fund* (siehe IWF)
Infl.	Inflation
insbes.	insbesondere
Inv.	Investitionen
IT	Italien
i.V.m.	in Verbindung mit
IWF	Internationaler Währungsfonds
i.w.S.	im weiteren Sinne
Jh.	Jahrhundert
JP	Japan
k.A.	keine Angabe
Kap.	Kapitel
kfr.	kurzfristig
KP	Konstante Preise
KPÜW	Konstante periodenweise Überlebenswahrscheinlichkeit
KW	Kurswert
langleb.	langlebig
lfr.	langfristig

liq.	liquide
LOLR	*Lender of Last Resort*
MCI	*Monetary Conditions Index* (engl., Index der monetären Bedingungen)
MEH	Markteffizienzhypothese
MFIs	Monetäre Finanzinstitute
MH	*Moral Hazard* (engl., moralisches Risiko)
N-Booms	„Niedrigkosten"-Booms (Vermögenspreisbooms mit geringen volkswirtschaftlichen Folgekosten)
NL	Niederlande
NO	Norwegen
NTSR	*Noise-to-Signal Ratio*
NW	Nominalwert
NZB	Nationale Zentralbanken
OECD	*Organisation for Economic Co-operation and Development* (engl., Organistion für wirtschaftliche Zusammenarbeit und Entwicklung)
PÜW	periodenweise Überlebenswahrscheinlichkeit
RB	„rationale Blase"
SE	Schweden
SNA 1993	*System of National Accounts* (engl., System Volkswirtschaftlicher Gesamtrechnungen)
Sp.	Spalte
SZR	Sonderziehungsrechte
Tab.	Tabelle
TMM	Transmissionsmechanismus
u.a.	unter anderem
UK	Großbritannien
Unabh.	Unabhängigkeit
UNO	Organisation der Vereinten Nationen
UN-SNA	(siehe SNA 1993)
US	Vereinigte Staaten von Amerika
ÜW	Überlebenswahrscheinlichkeit
v.a.	vor allem
Vgl.	vergleiche
VGR	Volkswirtschaftliche Gesamtrechnung
VmP	Vermögenspreise
VmPI	Vermögenspreisinflation
VmPD	Vermögenspreisdeflation
VWPI	*Volatility-Weighted Price Index* (engl., Volatilitätsgewichteter Preisindex)
WBP	Wiederbeschaffungspreis

WIP	Wohnimmobilienpreise
Wk.	Wahrscheinlichkeit
Z.	Zeile
z.B.	zum Beispiel
zeitl.	zeitlich
zit.	zitiert

Symbolverzeichnisse

Symbolverzeichnis (1) für Abschnitt 3.3.5.1:
COLI nach Alchian / Klein (1973)

Symbol		Notation geändert?
A	Preisbedingung (price condition) vor allgemeiner Preisänderung / Anfangszeitpunkt für Preisniveauvergleich (mit charakteristischem Preisvektor) / Gegenwart	
B	Preisbedingung (price condition) nach allgemeiner Preisänderung / Endzeitpunkt für Preisniveauvergleich (mit einem anderen charakteristischen Preisvektor)	
$[P_A (j)]$	laufender Vektor der Vermögenspreise (current vector of asset prices)	
P_{AB}	Preisniveauänderung beim Übergang von A zu B / Inflationsmaß / Nominale Kosten (in Geldeinheiten) unter Preisbedingung B, die für die Erzielung desselben Nutzenniveaus wie unter A anfallen	
$[Q_A (j)]$	laufender Vektor der Vermögensgütermengen, der den intertemporal nutzenmaximierenden Konsumgüterwarenkorb erbringt (current vector of asset quantities)	
$[Q_B (j)]$	Vektor der Vermögensgütermengen unter Preisbedingung B	
U	Nutzen (utility), Präferenzrang (preference ordering)	
W	Nominales Vermögen eines Individuums / Haushalts (wealth)	
W_A	Nominales Vermögen zum gegenwärtigen Zeitpunkt (current nominal wealth) bzw. unter Preisbedingung A	
W_B	Kosten aller nutzengleichen Warenkörbe unter Preisbedingung B	
$i = 1 \ldots n$	ein Konsumgut (consumption service flow)	
$j = 1 \ldots m$	ein Vermögensgut bzw. Vermögenswert (asset)	
n	Anzahl verschiedener Konsumgüter zu jedem Zeitpunkt	
$p_A (i,t)$	gegenwärtiger Preis für Miete / Überlassung / Nutzung von Gut i zum Zeitpunkt t (current rental price)	
$[p_B (i,t)]$	Preisvektor / Vektor der laufenden Preise	

q = q (i,t)	Menge von Konsumgut i für Verbrauch zum Zeitpunkt t (quantity)	
q_A (i,t)	gegenwärtig optimale Menge von Gut i zur Nutzung / zum Verbrauch im Zeitpunkt t, nutzenmaximal bei gegebenem Preisvektor und Nominalvermögen von A	
[q_A (i,t)]	intertemporal nutzenmaximierender Kosumgütermengenvektor (intertemporal utility maximizing consumption service stream)	
q_B (i,t)	Element (i,t) des Konsumgütervektors	
[q_B (i,t)]	Konsumgütervektor / Warenkorb für Verbrauch zum Zeitpunkt t in B, nutzengleich mit demjenigen von A (iso-utility vector of goods)	
t = 0 … ∞	Zeit (time) / eine Periode / ein Zeitpunkt (moment)	

Symbolverzeichnis (2) für Abschnitt 3.3.5.2:
ICOLI nach Pollak (1989 [1975])

Symbol		Notation geändert?
E(P,s)	Minimale Ausgaben zur Erreichung der Indifferenzkurve s bei Preisregime P	
E(P,r,s)	Ausgabenfunktion zur Erlangung von IDK s, bei Spot-Preisen	
$E(P^F, s)$	Ausgabenfunktion zur Erlangung von IDK s, bei Futures-Preisen	*
I(.)	Index der Lebenshaltungskosten	
$I^F(.)$	Intertemporaler Lebenshaltungskostenindex auf Grundlage von Futures-Preisen	*
$I^S(.)$	Intertemporaler Lebenshaltungskostenindex auf Grundlage von Spot-Preisen	*
P^a	Vergleichspreise (comparison prices), Vergleichspreisvektor, Preise vor allgemeiner Preisänderung	
P^b	Bezugspreise (reference prices), Bezugspreisvektor, Preise nach allgemeiner Preisänderung	
$P^{F,a}$	Vergleichsvektor der Futures-Preise	*
$P^{F,b}$	Bezugsvektor der Futures-Preise	*

P^F_t	Futures-Preisvektor zum Mengen- bzw. Konsumvektor X_t	*
P^F	Futures-Preisvektor zum Mengen- bzw. Konsumvektor X	*
R	Individuelle Präferenzrangfolge über Lebenskonsumpfade / Präferenzrang (preference ordering) einer Indifferenzkurve	
U(X)	Intertemporale Nutzenfunktion	
X	Lebenskonsumplan / Intertemporaler Konsumvektor, $n \cdot T$-dimensional (über alle Güter u. Perioden)	
X_t	Konsumvektor in Periode t	
i	Gut, k = 1...i...n	
p^F_{it}	Futures-Preis, Gegenwartspreis (in Periode 1) für Zukunftskonsum von Gut i in Periode t	*
p^{PV}_{it}	Abdiskontierter Preis (auf Periode 1) für Konsum von Gut i in Periode t	*
p^S_{it}	Spot-Preis (in Periode t) bzw. laufender Preis für Konsum von Gut i in Periode t	*
r	Vektor der Realzinssätze von t = 1 ... T	
r_t	realer Zinssatz (in t für Zeitraum von t bis t+1)	
s	Basis-Indifferenzkurve, Indifferenzkurve eines bestimmten Präferenzranges R	
t	Zeit / Perioden, $\tau = 1 \ldots t \ldots T$	
x_i	Individuelle Verbrauchsmenge von Gut i	
$(x_1 \ldots x_n)$	Konsumvektor für eine Periode (und alle Güter), n-dimensional	
x_{it}	Konsum (-Menge) von Gut i in Periode t	

Symbolverzeichnis (3) für Abschnitt 4.2:
Finanzakzeleratoransatz, Grundmodell

Niveaugröße, aggregiert	Niveaugröße, nicht-aggreg.	Niveaugröße, Steady State	Log.- Differenz	
A_t			a_t	Technologieparameter
C_t		C/Y	c_t	Konsum der Haushalte
C^e_t		C^e/Y	c^e_t	Unternehmerkonsum
D_t				Spareinlagen der Haushalte
$E_t[.]$				Erwartungswert
$F(\omega)$				Ausfallwahrscheinlichkeit (kumulative Dichtefunktion)

G_t		G/Y	g_t	Staatsausgaben (staatlicher Konsum)
H_t			h_t	Haushaltsarbeit
H^e_t				Unternehmerarbeit
It		I/Y	i_t	Investitionen
I_t			i_t	Investitionen
K_{t+1}	K^j_{t+1}	K	k_{t+1}	Kapital, Kapitalstock
K^{neu}_{t+1}				Produktion des Investitionsgutes, neuproduziertes Kapital
K^{alt}_{t+1}				Nach Abschreibungen verbleibendes „altes“ Kapital
M_t				Kassenhaltung der Haushalte
N_{t+1}	N^j_{t+1}	N	n_{t+1}	Unternehmernettovermögen
P_t				Preisniveau
P_t			p_t	Preisniveau (Großhandelsgut)
P^w_t			p^w_t	Preisniveau (Einzelhandelsgüter)
PR_t				Gewinne des Investitionsgütersektors
Q_{t+1}		Q	q_{t+1}	Vermögenspreis, Preis einer Einheit Kapital
R_t		R	r_{t+1}	Risikoloser Kapitalertrag
R^k_{t+1}		R^k	r^k_{t+1}	tatsächlicher bzw. Ex-post-Kapitalertrag aus unternehmerischer Tätigkeit
T_t				Steuern
$Ü_t$		Ü	$ü_t$	Überwachungskostenabschlag auf den Ex-post-Unternehmensertrag
V_t				Unternehmereigenkapital
W_t				Lohn für Haushaltsarbeit
W^e_t				Lohn für Unternehmerarbeit
X_t		X	x_t	Preiszuschlag der Einzelhandels- gegenüber den Großhandelsgütern
Y_t		Y	y_t	Produktion des Großhandelsgutes
			r^n_t	Nominalzins
s(.)				Mehrertrag aus unternehmerischer Tätigkeit gegenüber risikoloser Anlage (eine Funktion); im Steady State auch Fremdfinanzierungszuschlag
Π_t				Dividendenzahlung der Einzelhändler an Haushalte
$\Phi(.)\cdot K_t$				Produktionsfunktion für das Investitionsgut
Ω				Parameter (Anteil der Haushalte am gesamten Arbeitseinkommen)
α				partielle Produktionselastizität des Kapitals (bei der Produktion des Großhandeslgutes)

β				Diskontfaktor (Zeitpräferenz der Haushalte)
δ				Parameter (für Abschreibungen)
ε^{rn}_{t}				Nominalzinsschock
ε^{g}_{t}				Staatsausgabenschock
ε^{a}_{t}				Technologieschock
ζ				Inflationsparameter in der geldpolitischen Reaktionsregel
η				Parameter (Liquiditätspräferenz)
θ				Parameter (für Grad an Preisrigidität nach Calvo 1983)
κ				Steigungskoeffizient (in der Funktion für die verzögerte Preisanpassung der Einzelhandelsgüter)
μ				Anteil der Überwachungskosten am realisierten Bruttoertrag auf das Unternehmenskapital
ν				Parameter (Freizeitpräferenz)
π_t				Inflation
ρ				Autoregressiver Parameter (Nominalzins)
ρ_g				Autoregressiver Parameter (Staatsausgaben)
ρ_a				Autoregressiver Parameter (Produktionstechnologie)
τ				Parameter (geschäftliche Überlebenswahrscheinlichkeit der Unternehmer)
υ				Kurzschreibweise für einen Term in Gl. (4.18)
φ				„Anpassungskostenelastizität", nach den bei der Ausweitung der Produktion des Investitionsgutes entstehenden Anpassungskosten
ϕ^{ce}_{t}				Restgröße (von geringem quantitativem Gewicht)
ϕ^{n}_{t}				Restgröße
ϕ^{v}_{t}				Restgröße
$\psi(.)$				Funktion für den optimalen unternehmerischen Kapitaleinsatz relativ zum jeweiligen Nettovermögen bzw. Eigenkapitalanteil des Unternehmers
ω	ω^{j}			idiosynkratischer Produktivitätsschock (Bruttokapitalertrag eines Unternehmers relativ zum Durchschnittsertrag, eine Zufallsvariable)
	ϖ^{j}			Schwellenwert für ω, bei dem der Bruttoertrag den Kreditverpflichtungen eines Unternehmers entspricht

Symbolverzeichnis (4) für Abschnitt 4.3:
Finanzakzelerator-Ansatz, erweitertes Modell

Niveaugröße, aggregiert	Niveaugröße, nicht-aggreg.	Niveaugröße, Steady State	Log.- Differenz	
$E_t[.]$				Erwartungswert
$E_t[D_{t+1}]$				erwartete Dividende
		K	k_{t+1}	Kapital, Kapitalstock
			mc_t	Grenzkosten der Produktion des Investitionsgutes (Niveaugröße MC_t entspricht dem Kehrwert des Preisaufschlags X_t des Grundmodells)
		N	n_t	Unternehmernettovermögen
Q_t		Q	q_t	Vermögenspreis, Preis einer Einheit Kapital: Fundamentalwert (ausschl. Blase)
R_t		R	r_t	Risikoloser Kapitalertrag
R^q_t		R^q	r^q_t	tatsächlicher bzw. Ex-post-Kapitalertrag aus unternehmerischer Tätigkeit: bezogen auf Fundamentalwert (ausschl. Blase)
R^s_t		R^s	r^s_t	tatsächlicher bzw. Ex-post-Kapitalertrag aus unternehmerischer Tätigkeit: bezogen auf Marktpreis (einschl. Blase)
S_t			s_t	Vermögenspreis, Preis einer Einheit Kapital: Marktpreis (einschl. Blase)
		Y	y_t	Produktion des Großhandelsgutes
a				Parameter für Blasenwachstum
b				Kurzschreibweise für $[a\cdot (1-\delta)]$
p				Überlebenswahrscheinlichkeit einer Blase
α				partielle Produktionselastizität des Kapitals (bei der Produktion des Großhandelsgutes)
β				Parameter für die geldpolitische Reaktion auf erwartete Verbraucherpreisinflation (entspricht ζ im Grundmodell)
δ				Parameter (für Abschreibungen)
ξ				Parameter für die geldpolitische Reaktion auf beobachtete Vermögenspreisinflation (hier: Aktienkurslücke)
τ				Parameter (geschäftliche Überlebenswahrscheinlichkeit der Unternehmer)

φ				„Anpassungskostenelastizität", nach den bei der Ausweitung der Produktion des Investitionsgutes entstehenden Anpassungskosten
ψ				Parameter, entspricht [υ] im Grundmodell

1 Einleitung

1.1 Problemstellung

Vermögenspreisinflation als ein wirtschaftspolitisches Problem

Gegenstand der vorliegenden Arbeit ist *Vermögenspreisinflation* (asset inflation, asset price inflation) *als wirtschaftspolitisches Problem* entwickelter Volkswirtschaften. Innerhalb der Wirtschaftspolitik wird Vermögenspreisinflation als Herausforderung insbesondere für die Geldpolitik diskutiert. Diese *Diskussion* ist mindestens seit Ende der 1980er Jahre immer wieder geführt worden und lebt regelmäßig auf, wenn derartige Ereignisse zu beobachten sind, beispielsweise während des weltweiten Aktienbooms, der im Jahr 2000 endete. Sie wird unter verschiedenen Überschriften geführt, etwa unter derjenigen der Vermögenspreisblasen oder der Boom-Bust-Zyklen auf Aktienmärkten. Obwohl diese Ausdrücke oft synonym gebraucht werden, kommen in ihnen unterschiedliche Vorverständnisse dessen zum Ausdruck, worin das bezeichnete wirtschaftspolitische Problem genau besteht. Für die vorliegende Arbeit wird Vermögenspreisinflation als Problembezeichnung verwendet und als allgemeiner Oberbegriff über die anderen Ausdrücke gestellt.

In der Diskussion über Vermögenspreisinflation wird die *Zuständigkeit der Geldpolitik* für dieses Problem zumeist stillschweigend vorausgesetzt. Auf den ersten Blick erscheint diese Annahme schon deswegen plausibel, weil die Problembezeichnung als Vermögenspreisinflation die Vermutung nahe legt, dass Vermögenspreisinflation das alte Problem der Inflation in neuem Gewande darstellt bzw. dass sie, weniger vage ausgedrückt, eine andere Art von Inflation neben derjenigen in den Verbraucherpreisen oder den Produzentenpreisen darstellt. Sieht man in der allgemeinen Vermögenspreisentwicklung aber primär das Ergebnis der eigenverantwortlichen Dispositionen der Marktteilnehmer und einen Einflussfaktor auf deren Gewinne und Verluste, so ist nicht unmittelbar ersichtlich, warum dies ein Problem der Notenbank oder der Allgemeinheit sein sollte. Die Anleger gehen durch den Kauf, das Halten und den Verkauf von Vermögenswerten Risiken ein mit dem Ziel, private Gewinne zu erwirtschaften, und müssen dabei die Möglichkeit hinnehmen, dass sie bei ungünstigem Ausgang private Verluste erleiden können.

Dass es sich bei Vermögenspreisinflation um ein geldpolitisches Problem handelt, ist demnach zumindest keine selbstverständliche Aussage. Für ihren speziell *geldpolitischen* Problemcharakter lassen sich vielfältige Begründungen angeben, die man allesamt mindestens einer von *vier Gruppen von Argumenten* zuordnen kann.[1] So kann man argumentieren, (1.) Geldpolitik verursache Ver-

[1] Von einer fünften Art von Argumenten, einer *rein pragmatischen Begründung* der Zuständigkeit der Geldpolitik, wird hier abgesehen. Man kann behaupten, die Geldpolitik sei am besten geeignet, Vermögenspreisinflation oder die mit ihr verbundenen Probleme zu beheben,

mögenspreisinflation, (2.) Vermögenspreisinflation beeinträchtige direkt geldpolitische Ziele, (3.) sie schade indirekt diesen Zielen, oder (4.) sie stelle *per se* eine Zielverletzung dar. Die ersten drei Begründungslinien betreffen demnach Kausalbeziehungen und die vierte einen definitorischen Zusammenhang zwischen Vermögenspreisinflation und geldpolitischen Zielen. Alle vier Begründungslinien werden nun einzeln erläutert.

Der vierfache Zusammenhang zwischen Geldpolitik und Vermögenspreisinflation

Erstens ist eine zu lockere Geldpolitik eine mögliche *Ursache* von Vermögenspreisinflation bzw. eine zu restriktive Geldpolitik eine mögliche Ursache von Vermögenspreisdeflation, woraus sich eine Verantwortlichkeit und Zuständigkeit von Notenbanken als Problemverursacher ergibt. Diese können mindestens durch Unterlassung, möglicherweise aber auch aktiv zur Behebung des Problems beitragen.

Zweitens besitzt Vermögenspreisinflation *direkte Wirkungen* auf das Ziel der Preisstabilität. Über Vermögens- und andere Ausgabeneffekte kann von Vermögenspreisinflation kurz- bis mittelfristig Inflationsdruck ausgehen. Möglicherweise geht Vermögenspreisinflation auch in eine Phase außerordentlicher Portfolioumschichtungen von sonstigen Vermögensarten in Geld über, was ebenfalls kurz- bis mittelfristige Inflationsrisiken impliziert, etwa wenn die Kassenhaltung für Transaktionszwecke erhöht wird.

Drittens können von Vermögenspreisinflation *indirekte Wirkungen* auf die Preisstabilität ausgehen. Die betreffenden Wirkungszusammenhänge laufen dabei stets *über eine Beeinträchtigung der Stabilität des Finanzsystems*. Geht Vermögenspreisinflation unmittelbar in Vermögenspreisdeflation über und verursacht diese eine Finanzkrise, so kann der Finanzsektor geschädigt werden, was möglicherweise zu anhaltender Deflation und zu einem allgemeinen Verlust der Geldpolitik an makroökonomischer Steuerungsfähigkeit führt. Geldpolitische Impulse können nur durch einen funktionierenden Finanzsektor hindurch auf die übrigen Sektoren der Volkswirtschaft wirken.[2] Die Sicherung der Stabilität des

auch wenn sie weder kausal noch definitorisch geldpolitische Ziele verletze. Angesichts der hiermit verbundenen wirtschaftlichen und politischen Risiken erscheint ein gewissermaßen altruistisches Eingreifen der Notenbank außerhalb ihres Zuständigkeitsbereichs nicht geboten und eine solche Begründung für Eingriffe nicht tragfähig.

[2] Die *Unterscheidung zwischen direkten und indirekten Wirkungen* von Vermögenspreisinflation auf das Ziel der Preisstabilität bezieht sich auf die Frage, ob eine weitere wirtschaftspolitische Zielgröße (hier: Finanzstabilität) zwischengeschaltet ist („indirekt“) oder nicht („direkt“).

Finanzsektors erscheint demnach als Voraussetzung für die Fähigkeit der Notenbank, die Preisstabilität mittel- bis langfristig zu gewährleisten.[3]
Viertens kann Vermögenspreisinflation eine *unmittelbare* Verletzung geldpolitischer Ziele darstellen, wenn man diese entsprechend definiert. So kann man unter anderem „Vermögenspreisniveaustabilität" als ein eigenständiges Ziel definieren und die Notenbank mit dessen Gewährleistung beauftragen. Der Unterschied zur zweiten Gruppe von Argumenten besteht im Fehlen eines Ursache-Wirkungs-Zusammenhangs.
Bezüglich des ersten Aspekts erscheint *Geldpolitik als Problemursache und -lösung* zugleich, bezüglich der übrigen Aspekte *nur als Problemlösung.* Nur wenn man mindestens einen der vier Aspekte des Zusammenhangs mit Vermögenspreisinflation als gegeben ansieht, so ist sie ein geldpolitisches Problem und somit im weitesten Sinne eine Aufgabe für Notenbanken.

Formulierung des Problems als Vermögenspreisinflation, nicht als Vermögenspreisblase
Wie eingangs erwähnt, wird der Gegenstand der Arbeit bewusst als *Vermögenspreisinflation,* nicht als *Vermögenspreisblase* bezeichnet. Da die Problembezeichnung als Blase in der Literatur mindestens ebenso weit verbreitet ist wie diejenige als Vermögenspreisinflation, wird diese Entscheidung an dieser Stelle begründet. Ein an terminologischen Fragen nicht interessierter Leser kann direkt zum nächsten Abschnitt der Einleitung springen.
Es handelt sich bei den beiden Bezeichnungen um *unterschiedlich weite Formulierungen* desselben Problems, also nicht um Synonyme, die miteinander austauschbar gebraucht werden könnten. Der Unterschied ist nicht rein semantischer Art. Die Formulierung des Problems als Vermögenspreisinflation hat gegenüber der Formulierung als Blase eine Reihe von *Vorteilen,* aber auch einen *Nachteil.*
Dieser besteht darin, dass die Inflationsformulierung weniger neutral in Bezug auf mögliche Ursachen des Problems ist als die Blasenformulierung. Eine „Bindestrich-Inflation" legt die *Vermutung einer geldpolitischen* Verantwortung im Sinne einer *Verursachung,* nicht nur einer Zuständigkeit, nahe.[4] Allerdings erscheint diese „untergeschobene" Vermutung durchaus plausibel, solange Geldpolitik nicht als einzige Ursache interpretiert wird.
Ein Vorteil der Inflationsformulierung besteht darin, dass sie *weniger restriktiv* in Bezug auf mögliche Definitionen und Messkonzepte ist. Es lassen sich mit

[3] In Kurzform lautet diese Aussage: Finanzstabilität ist eine notwendige Bedingung für Preisstabilität.
[4] Analog legen die Problembezeichnungen der „Vermögenspreiszyklen" und der „Boom-Bust-Zyklen" nicht nur eine Strukturähnlichkeit, sondern auch eine sachliche Verbindung mit der konjunkturellen Entwicklung und ggf. mit Konjunkturpolitik nahe.

einer weiter gefassten Definition mehr Ereigniskonstellationen abdecken und mehr Anschauungsbeispiele aus der jüngeren Vergangenheit finden.
Weiterhin kann mit der Inflationsformulierung ein schwerwiegender Nachteil der Blasenformulierung vermieden werden, der darin besteht, dass die als Beispiele für Blasen präsentierten Fälle in der Regel *nur* anhand *qualitativer* Merkmale und nur *nachträglich* ermittelt werden. Vermögenspreisinflation lässt sich (auch) so definieren, dass sie besser quantitativ und in Echtzeit festgestellt werden kann. Somit kann die Vergleichs- bzw. Analysegrundlage weniger willkürlich festgelegt werden.
Mit den beiden vorigen Punkten hängt auch zusammen, dass die Inflationsformulierung hilft, die *für die Diskussion über Blasen üblichen Paradoxien* zu *vermeiden*. So wird in der Literatur häufig die Existenz von Blasen bekräftigt, obwohl zugleich anerkannt wird, dass die empirischen Tests auf Blasen meist negativ ausfallen. Auch wird behauptet, dass Blasen nur nachträglich sicher festgestellt werden könnten, obwohl Blasen zugleich in zumindest in grundsätzlicher Hinsicht messbarer Weise definiert werden, nämlich als Abweichung des Marktpreises eines Vermögenswerts von seinem Fundamentalwert. Es erscheint zweifelhaft und zur Lösung eines wirtschaftspolitischen Problems nicht hilfreich, dieses Problem so zu formulieren, dass etwas empirisch nicht Nachgewiesenes als existent angenommen werden muss und dass etwas prinzipiell zeitgleich Messbares angeblich nur nachträglich festgestellt werden kann.[5]
Ein weiterer Vorteil der Inflationsformulierung ist, dass sie *in Bezug auf den möglichen weiteren Verlauf neutral* ist, während Anhänger der Blasenformulierung häufig auf die bloße Beobachtung eines Vermögenspreisanstiegs hin ein „Platzen“ prognostizieren und von einem erhöhten Krisenrisiko ausgehen. Aus diesem Umstand ergibt sich schließlich auch eine größere Neutralität der Inflationsformulierung in Bezug auf die verschienen Möglichkeiten einer *wirtschaftspolitischen Abhilfe*, während die Blasenformulierung eine Vorab-Festlegung auf ein „frühzeitiges Gegensteuern“ impliziert.
Vermögenspreisinflation bzw. –deflation sind demnach *keine Synonyme* für Vermögenspreisblasen, und die Inflationsformulierung des zu untersuchenden Problems ist gegenüber der Blasenformulierung in mehrfacher Hinsicht *vorteilhaft*.

[5] Beide (scheinbaren) Paradoxien ergeben sich daraus, dass die angeführte Definition auf den Querschnittsaspekt von Blasen abstellt, die praktische Ermittlung konkreter Fälle von Blasen aber außerhalb der kapitalmarkttheoretischen Forschung meist anhand einer anderen Definition erfolgt, die auf den Zeitreihenaspekt von Blasen bzw. auf ein charakteristisches Verlaufsmuster aufbaut („erst Anstieg, dann Rückgang“). Eine Blase im strikt kapitalmarkttheoretischen Sinne sollte also nicht mit einer Blase im Sinne des Blasenjargons verwechselt werden.

1.2 Aufbau der Arbeit und Gang der Untersuchung

Zunächst wird kurz der *Aufbau* der restlichen Arbeit skizziert, anschließend wird der *Gang der Untersuchung* im Zusammenhang mit den erkenntnisleitenden Fragen ausführlicher dargestellt.

Aufbau der Arbeit

Das folgende Kapitel 2 behandelt *Begriff und Empirie* von Vermögenspreisinflation. Kapitel 3 beschäftigt sich mit den vorhandenen Ansätzen zur Messung und Wiedergabe von Vermögenspreisinflation durch *Indizes*. Die sich anschließenden beiden Kapitel 4 und 5 stellen die wichtigsten *theoretischen Ansätze* zur Darstellung und Erklärung von Vermögenspreisinflation dar. Das vierte Kapitel behandelt einen *umfassenden* makroökonomischen Ansatz, der in einem geschlossenen Modellrahmen einen Erklärungsversuch für alle Aspekte des Problems liefert. Das fünfte Kapitel präsentiert verschiedene *partielle* Erklärungsansätze, d.h. mehrere Ansätze, die jeweils nur Teilaspekte von Vermögenspreisinflation zu erklären versuchen und in dieser Hinsicht gegenüber dem umfassenden Ansatz einen zusätzlichen Erklärungsgehalt aufweisen.

Abb. 1.1: Schematisierter Aufbau der Arbeit und Gang der Untersuchung

Kap. 1	Kap. 2	Kap. 3	Kap. 4	Kap. 5	Kap. 6	Kap. 7
Einleitung	Empirie und Begriff	Indexkonzepte	Umfassender Erklärungsansatz	Partielle Erklärungsansätze	Wirtschaftspolitische Optionen und Empfehlungen	Zusammenfassung
-	Empirische und definitorische Aspekte von...	Theoretische Fragen der Wiedergabe und Messung von...	Theoretische Fragen der Ursachen und Wirkungen Von...		Wirtschaftspolitische Aspekte von...	-
-	*...Vermögenspreisinflation als Ereignis in den Vermögenspreisen* (VmPI i.e.S.)		*...Vermögenspreisinflation als wirtschaftspolitisches Problem*, d.h. das Ereignis in den Vermögenspreisen in Verbindung mit seinen Ursachen und Wirkungen (VmPI i.w.S.)			-

Das sechste Kapitel befasst sich eigens mit den *wirtschaftspolitischen* Aspekten des Problems. Eine schematische Übersicht über den Aufbau der Arbeit liefert die nachstehende Abbildung 1.1.

Gang der Untersuchung

Im Mittelpunkt der Arbeit steht die *Frage*, wie die Wirtschaftspolitik, insbesondere die Geldpolitik, auf turbulente Entwicklungen an den Vermögensmärkten reagieren *kann* und *soll*.

In *Kapitel 2* wird ein *Rahmen für die inhaltliche Bestimmung von Vermögenspreisinflation* festgelegt, der verschiedene *Arbeitsdefinitionen* zulässt. Diese liegen verschiedenen empirischen Untersuchungen zugrunde, welche alle *Fälle von Vermögenspreisinflation und –deflation* in ausgewählten Industrieländern seit 1970 ermitteln. Diese Ereignisse werden sowohl separat als auch im Zusammenhang mit anderen Ereignissen wie Bankenkrisen und konjunkturellen Entwicklungen analysiert. Auf dieser empirischen Grundlage sind einige *allgemeine Aussagen über Vermögenspreisinflation* möglich. Auch wenn die Anzahl an Beobachtungen gering ist und die Koinzidenz verschiedener Ereignisse theoretisch mehrdeutig (in Bezug auf die dahinter stehenden Kausalzusammenhänge) ist, sind derartige Verallgemeinerungen die einzig möglichen empirisch fundierten Aussagen über Vermögenspreisinflation, die systematisch gewonnen werden und nicht lediglich Verallgemeinerungen eines einzelnen Ereignisses oder mehrerer willkürlich ausgewählter Extremfälle sind. Weil es anschaulicher und somit leichter nachvollziehbar ist, wird die Reihenfolge im Haupttext von Kapitel 2 umgekehrt: Erst wird die Empirie von Vermögenspreisinflation dargestellt, dann werden die definitorischen Fragen detailliert behandelt.

Der Blick auf die Empirie von Vermögenspreisinflation wirft die Frage auf, *ob* Vermögenspreisinflation *analog zu Verbraucherpreisinflation* exakt anhand eines einzigen *Vermögenspreisindex* gemessen und durch diesen in aussagekräftiger Weise wiedergegeben werden kann. Für die Berechnung eines Verbraucherpreisindex benötigt man erstens eine theoretisch fundierte Indexformel und zweitens einen Warenkorb, d.h. eine geeignet abgegrenzte Menge von Verbraucherpreisen mitsamt Gewichtungsfaktoren. *Kapitel 3* geht nach dieser Analogie vor. Zunächst wird der Frage der geeigneten *Abgrenzung und Bewertung des Vermögens* nachgegangen, bzw. der relevanten Auswahl und Gewichtung der Vermögenspreise. Somit wird analog zum genannten „Warenkorb“ nach der Basis für einen Vermögenspreisindex gesucht. Anschließend wird nach einer Indexformel für Vermögenspreisinflation gesucht. Dabei werden die vorliegenden *Indexkonzepte* dargestellt und auch dahingehend untersucht, inwiefern sie allgemein – über die genannte Analogie hinausgehend – für die Wirtschaftspolitik nützlich sein können. Der Stand der Vorarbeiten lässt derzeit nur die Berechnung eines rudimentären Vermögenspreisindex zu. Zuletzt werden Vorschläge zur pragmatischen Verbesserung des vorhandenen Index gemacht sowie die offenen Fragen und sonstigen Probleme aufgezeigt, die geklärt bzw. ausgeräumt werden müssen, bis ein idealer Vermögenspreisindex berechnet werden kann. Während die Suche nach einem geeigneten Index für Vermögenspreisinflation die Ereignisse in den Vermögenspreisen selbst (Vermögenspreisinflation i.e.S.) in den Mittelpunkt gestellt hat, ist das Blickfeld nun auch auf die *Ursachen und Wirkungen* dieser Ereignisse zu erweitern (Vermögenspreisinflation i.w.S.). Eine Reihe volkswirtschaftlicher *Theorieansätze* beschäftigt sich mit verschiedenen Aspekten von Vermögenspreisinflation.

In *Kapitel 4* wird zunächst der *umfassende* makroökonomische Ansatz von Bernanke und Gertler dargestellt, der Finanzakzelerator-Ansatz. Innerhalb eines geschlossenen Modellrahmens werden hier (mögliche) Erklärungen geliefert, was Vermögenspreisinflation antreibt (d.h. Erklärungen *von* Vermögenspreisinflation i.e.S.) und was sie bewirkt (d.h. Erklärungen *durch* Vermögenspreisinflation i.e.S.). Dieser Ansatz liefert zwei Modelle. Im *Grundmodell* ist die Vermögenspreisentwicklung rein endogen bestimmt, der einheitliche Vermögenspreis entspricht stets seinem Fundamentalwert. Vermögen spielt eine nicht-triviale Rolle, weil sich die Kreditkosten der Wirtschaftssubjekte jeweils nach ihrem Vermögen richten. Im *erweiterten Modell* wirkt zusätzlich eine exogene Blase auf die Vermögenspreisentwicklung ein.[6] In beiden Modellen schlägt die Vermögenspreisentwicklung auf das Ausgabeverhalten und somit auf Wachstum und Inflation durch.

In *Kapitel 5* werden verschiedene *partielle Erklärungsansätze* dargestellt, die aufgrund ihrer sehr unterschiedlichen Untersuchungsperspektiven den Aussagen des vorangehenden Kapitels zumeist nicht widersprechen, sondern sie in Bezug auf den jeweils behandelten Teilaspekt von Vermögenspreisinflation ergänzen. Sie lassen sich grob in wirtschaftsgeschichtliche, kapitalmarkttheoretische und makroökonomische Ansätze einteilen. Aus der *wirtschaftsgeschichtlichen* Perspektive Kindlebergers sind Vermögenspreisblasen gleichbedeutend mit Finanzkrisen, und diese sind über die Jahrhunderte wiederkehrende Ereignisse, die aufgrund ihrer Gemeinsamkeiten idealtypisch beschrieben werden können. Die *Kapitalmarkttheorie* hat aus einer oft mikroökonomischen Perspektive Bewertungsmodelle für den fundamental gerechtfertigten Wert eines Vermögenspreises entwickelt. Auf effizienten Vermögensmärkten entspräche der Marktpreis eines Vermögenswertes seinem Fundamentalwert. Beständige Abweichungen, d.h. Vermögenspreisblasen, verstießen demnach gegen die Hypothese effizienter (Vermögens-) Märkte. Blasentheorien, darunter die Theorie der rationalen Blasen, sind theoretische Beschreibungen von Blasen als einer bestimmten Form von Marktineffizienz, aus denen empirische Teststrategien für den (bislang letztlich erfolglosen) Versuch abgeleitet werden, Blasen empirisch nachzuweisen.

[6] Weil die Blase bzw. ihr Verhalten exogen vorgegeben wird, handelt es sich beim erweiterten Modell nur noch um eine Erklärung *durch* Vermögenspreisinflation, *nicht* um eine Erklärung *von* Vermögenspreisinflation.

Aus *makroökonomischer* Sicht sind Vermögenspreise Teil des geldpolitischen Transmissionsmechanismus. Geldpolitik und andere Einflussfaktoren wirken auf die Vermögenspreise ein. Zwischen den Vermögenspreisen und verschiedenen, insbesondere monetären Variablen bestehen Wechselwirkungen. Die Vermögenspreise beeinflussen ihrerseits, zusammen mit anderen Variablen, Investitions- und Konsumausgaben sowie die Verbraucherpreisentwicklung.
Nachdem zuvor die empirischen Regelmäßigkeiten von Vermögenspreisinflation, die mit der Wiedergabe und Messung durch einen Vermögenspreisindex verbundenen Fragen sowie die vorliegenden theoretischen Erklärungsansätze von Vermögenspreisinflation dargestellt worden sind, nimmt sich *Kapitel 6* der *wirtschaftspolitischen* Aspekte des Themas an. Zunächst wird überblicksartig dargestellt, was die Wirtschaftspolitik angesichts von Vermögenspreisinflation tun *kann*. Anschließend werden diese wirtschaftspolitischen Handlungsoptionen einzeln untersucht. Jede einzelne Handlungsoption wird zuerst erläutert, dann ins Verhältnis zur jeweiligen Ausgangslage im Euroraum gesetzt (d.h. in den meisten Fällen zur Position der EZB) und abschließend beurteilt. Eine herausgehobene Stellung kommt der Handlungsoption eines zinspolitischen „Gegensteuerns" (leaning against the wind) zu, das wegen der Vielzahl seiner denkbaren Varianten in einem eigenen Abschnitt dargestellt und diskutiert wird. Abschließend werden die wirtschaftpolitischen Empfehlungen zusammengefasst, wie sie sich aus der vorherigen Beurteilung ergeben. Zugleich wird damit auch die Frage beantwortet, wie die Wirtschaftspolitik aus Sicht des Verfassers auf die Herausforderung der Vermögenspreisinflation reagieren *soll*. *Kapitel 7* fasst die Ergebnisse der Arbeit zusammen und benennt offene Fragen.

2 Vermögenspreisinflation: empirischer Wissensstand und Begriff

2.1 Überblick

Vermögenspreisinflation stellt ein *wirtschaftspolitisches* Problem, ein *empirisches* Phänomen und eine *theoretische* Herausforderung zugleich dar. Eine angemessene wirtschaftspolitische Lösung setzt die Kenntnis der empirischen und theoretischen Aspekte von Vermögenspreisinflation voraus. Derzeit existiert für Vermögenspreisinflation weder eine einheitliche und zugleich umfassende *Theorie* noch eine allgemein akzeptierte (operable) Definition, noch besteht ein Konsens bezüglich der *empirischen* Regelmäßigkeiten („stilisierte Fakten").

Der nachfolgende Abschnitt (2.2) beschreibt die *Erfahrungen* der entwickelten Volkswirtschaften mit Vermögenspreisinflation und –deflation seit 1970 auf einer *empirischen* Grundlage. Dabei wird mit Arbeitsdefinitionen von Vermögenspreisinflation nach erkennbaren empirischen Regelmäßigkeiten gesucht. Vermögenspreisinflation wird dabei teilweise isoliert als Ereignis auf den Vermögensmärkten betrachtet, teilweise im Zusammenhang mit konjunkturellen Ereignissen und Bankenkrisen.[1] Der sich anschließende Abschnitt (2.3) zeigt die *Dimensionen des Begriffs der Vermögenspreisinflation* auf, d.h. diejenigen Punkte, in denen sich die verschiedenen zuvor verwendeten Arbeitsdefinitionen von Vermögenspreisinflation voneinander unterscheiden.[2] Dies sind zugleich die Punkte, hinsichtlich derer der Begriff bzw. die Problembeschreibung von Vermögenspreisinflation inhaltlich bestimmt werden muss, um eine operable Definition zu erhalten.

Die Kenntnis sowohl der Empirie von Vermögenspreisinflation als auch des Rahmens, innerhalb dessen sich die vielfältigen Definitionen bzw. die in ihnen

---

[1] Die Darstellung von Vermögenspreisereignissen in Verbindung mit begleitenden Ereignissen kann nur Koinzidenz aufzeigen, nicht Kausalität. Dennoch erfolgt die Darstellung vor dem Hintergrund theoretischer Vermutungen wie z.B. derjenigen, dass Vermögenspreisdeflation möglicherweise Bankenkrisen verursacht. Insgesamt erscheint die Vermutung plausibel, dass die Entwicklungen der Vermögenspreise, der Konjunktur und der Funktionsfähigkeit des Bankensystems (bzw. allgemein des Finanzsystems) *interdependent* sind. Diese Vermutung theoretischer Art wird in Abschnitt A.1.5 von Anhang A.1 näher ausgeführt.

[2] Ohne einen einheitlichen Begriff von Vermögenspreisinflation kann es auch keine einheitliche und umfassende Theorie von Vermögenspreisinflation geben. Vielmehr gibt es dann mehrere Ansätze, die auf substantiell verschiedene Definitionen von Vermögenspreisinflation aufbauen und die jeweils Aspekte des Problems ausblenden, die von anderen Ansätzen für wesentlich für das Problem angesehen werden. („Verschiedene Erklärungsversuche für verschiedene Problembeschreibungen.") –
Der Erkenntnisfortschritt in Bezug auf Vermögenspreisinflation wird unter anderem dadurch behindert, dass sich noch keine einheitliche Problembeschreibung von Vermögenspreisinflation durchgesetzt hat.

zum Ausdruck kommenden Problembeschreibungen bewegen, ist grundlegend für die nachfolgenden theoretischen Kapitel 3 bis 5.

2.2 Vermögenspreisinflation in den entwickelten Volkswirtschaften seit Beginn der siebziger Jahre

2.2.1 Vermögenspreise, Konjunkturentwicklungen und Störungen des Bankensystems

Vermögenspreisinflation ist ein wiederkehrendes Phänomen, für das auch immer wieder Anschauungsbeispiele aus weit zurückliegenden Epochen der Wirtschaftsgeschichte angegeben werden. Dieser Abschnitt geht der Frage nach, welche Erfahrungen in der Gegenwart und jüngeren Vergangenheit international mit Vermögenspreisinflation gemacht wurden. Insbesondere ist zu fragen, welche empirischen Regelmäßigkeiten bei der Betrachtung der Fälle von Vermögenspreisinflation erkennbar werden, die seit Beginn der 1970er Jahre in den entwickelten Volkswirtschaften stattgefunden haben.

Die stilisierten Fakten von Vermögenspreisinflation sind erst in Ansätzen bekannt, zumindest sofern man darunter systematisch gewonnene Erkenntnisse versteht. Zu diesem (auf den ersten Blick möglicherweise überraschenden) Missstand tragen verschiedene Faktoren bei, unter anderem das Problem, dass es sich bei Vermögenspreisinflation um ein relativ seltenes Ereignis handelt, das daher nur eine schmale Grundlage für empirische Aussagen bieten kann.[3]

Im folgenden werden verschiedene Ereignisse in den Vermögenspreisen dargestellt und analysiert. Dabei wird die Vermögenspreisentwicklung teilweise isoliert betrachtet, teilweise im Zusammenhang insbesondere mit der konjunkturellen Entwicklung und mit Störungen des Bankensystems.[4] Wo immer dies mög-

---

[3] *Weitere Faktoren* sind nach Ansicht des Verfassers folgende: *Erstens* werden häufig (z.B. EZB 2005) Beschreibungen von Einzelfällen oder von vermeintlich idealtypischen Ereignissen, die als willkürliche Verallgemeinerungen anzusehen sind, als empirisch belegte, allgemeine Aussagen im Sinne von stilisierten Fakten missverstanden. „Willkürliche Verallgemeinerung" bezeichnet dabei eine Verallgemeinerung auf Grundlage einer willkürlichen Auswahl von Einzelfällen, etwa nur der Weltwirtschafts- und der Japankrise oder aller vermeintlich offensichtlichen „Blasen". Ein *zweiter* Faktor ist eben dieses Festhalten vieler Autoren an einer Problembezeichnung und –beschreibung als „Vermögenspreisblase", trotz der damit verbundenen Aporien (z.B. der Widerspruch, dass ein empirisches Phänomen „nur nachträglich erkennbar" sein soll). Deren Vorliegen wird auch nachträglich meist nicht mit einem empirischen Nachweis einer positiven Fundamentalwertabweichung belegt, sondern lediglich mit dem Boom-Bust-Verlaufsmuster. Drittens wird Vermögenspreisinflation oft vorschnell mit Aktienkursinflation gleichgesetzt.

[4] *Störungen des Bankensystems* werden im Folgenden in Kurzform als Bankenkrisen bezeichnet. Dies ist teilweise ungenau, entspricht aber der gängigen Praxis in der Literatur. Übersichten nur der *Bankenkrisen* mit alternativen Datierungen enthalten die Abb. A1 und A2 im Anhang, eine Übersicht nur der *Konjunkturentwicklung* enthält Abb. A3 im Anhang

lich ist, erfolgt die Darstellung graphisch. Alle nachfolgend behandelten Ereignisse in den Vermögenspreisen können entweder als Vermögenspreisinflation oder als Vermögenspreisdeflation interpretiert werden, ohne an dieser Stelle einer genaueren Definition dieser beiden Begriffe vorzugreifen. Fortan werden der Kürze wegen Fälle von Vermögenspreisinflation gleichbedeutend als *Booms* und Fälle von Vermögenspreisdeflation als *Busts* bezeichnet.
Abb. 2.1 zeigt die Booms in den aggregierten Vermögenspreisen, die in einer Auswahl von 18 Industrieländern im Zeitraum von 1970 bis ca. 2002 stattgefunden haben. In das zugrunde liegende Niveau der aggregierten Vermögenspreise gehen Aktienkurse sowie die Preise der Wohn- und Gewerbeimmobilien ein. *Aggregierte Vermögenspreisbooms* finden in Wellen statt, also *international gleichzeitig*. Die erste Welle lässt sich etwa auf 1972/73, die zweite Welle auf 1984-1990 und die dritte Welle auf 1994-2001 datieren.
Konjunkturelle Aufschwünge finden ebenfalls in Wellen statt, also mit einigen Ausnahmen ebenfalls international gleichzeitig. Die zweite Welle von Vermögenspreisbooms am Ende der 1980er Jahre stimmt in auffälliger Weise mit einer Welle konjunktureller Aufschwünge zusammen. Auch die dritte Welle ging mit konjunkturellen Aufschwüngen einher. Insgesamt sind Konjunkturaufschwünge aber häufiger als Vermögenspreisbooms, schon daher kann nicht jeder konjunkturelle Aufschwung zu einem Vermögenspreisboom führen.
Bankenkrisen fallen überwiegend in einen kleinen Ausschnitt des Betrachtungszeitraums. Zwölf von fünfzehn Bankenkrisen fanden in den Jahren von 1983-1994 statt, davon allein neun in den Jahren 1987-1992. Diese fallen meist auf das Ende von gleichzeitigen Vermögenspreis-Konjunktur-Booms oder kurz dahinter. Für den entsprechenden Zeitraum am Ende der dritten Welle von Vermögenspreisbooms liegen keine Angaben über Bankenkrisen und Konjunkturverlauf vor. Da aber aus anderen Quellen keine Bankenkrisen um das Jahr 200 herum bekannt sind, ist davon auszugehen, dass die Booms der dritten Welle keine Bankenkrisen nach sich gezogen haben. Die übrigen Bankenkrisen des Betrachtungszeitraums fanden ohne sichtbaren Zusammenhang mit der Konjunktur- und Vermögenspreisentwicklung statt.

2.2.2 Einfluss der Vermögenspreisentwicklung auf die Volkswirtschaft

Nicht alle Vermögenspreisbooms sind gefährlich. Offenbar richten viele von ihnen keinen volkswirtschaftlichen Schaden etwa in Form einer Rezession an, also weder auf dem Weg über eine Bankenkrise noch über einen anderen Wirkungsmechanismus. In Abb. 2.2 werden die aggregierten Vermögenspreisbooms nachträglich *in volkswirtschaftlich schädliche* („Hochkosten-Booms", H-Booms) *und weniger schädliche* („Niedrigkosten-Booms", N-Booms) *Booms*

Abb. 2.1: Booms in den aggregierten Vermögenspreisen im Zusammenhang mit konjunkturellen Aufschwungphasen und Bankenkrisen, in 18 Industrieländern im Zeitraum 1970 bis 2001 (Vermögenspreisbooms ohne Differenzierung, nach DS 2004)

	AU	BE	DK	DE	FI	FR	UK	IE	IT	JP	CA	NZ	NL	NO	SE	CH	ES	US
1970		+		+	+	+		.	+	+		.	+		+	+		
1971		+		+	+	+	+	.	+	Λ	+	.	+		+	+		+
1972	+	Λ		Λ	+	Λ	+		Λ		+	+	Λ		+	Λ	+	+
1973	+				+		Λ				Λ	+			+		+	Λ
1974	Λ		Λ		Λ		*B*					+			+		Λ	
1975												Λ			Λ			
1976														+				
1977	+		+	+*B*		+	+	+		+	+		+	+			*B*	+
1978	+		Λ	+	+	Λ	Λ	+	+	+	+		+	+	+	+		+
1979	+			Λ	+			Λ	+	+	Λ		Λ	+	+	+		Λ
1980	Λ				+				Λ	Λ		+		Λ	Λ	Λ		
1981					Λ							+						
1982												+						
1983			+				+				*B*	+			+			+
1984	+		+				+		+		+	+	+	+	+	+		+*B*
1985	+		+				+		+		+	+	Λ	+	+	Λ		+
1986	+	+	Λ				+		+	+	+	Λ		Λ	+		+	+
1987	+	+	*B*		+	+	+		+	+	+	*B*		*B*	+		+	+
1988	+	+			+	+	+	+	+	+	+		+		+	+	+	Λ
1989	Λ*B*	+		+	Λ	+	Λ	+	+	+	Λ		+		+	+	+	
1990		Λ	Λ	+		Λ		Λ	Λ*B*	Λ			Λ		Λ	Λ	Λ	
1991				Λ	*B*		*B*							+	*B*			
1992										*B*				+				
1993	+						+				+	+		+				+
1994	+		+		+	*B*	+	+			+	+		+	+			+
1995	Λ		+		+	+	+	+			+	Λ	+	+	+		+	+
1996		+	Λ	+	+	+	Λ	+			+		+	+	Λ		+	+
1997		+		+	+	+		Λ			+		+	+			+	+
1998	+	+		+	+	+					+		Λ	Λ		+	+	Λ
1999	.	.	.	.	.	.	.	.	.	.	.	.	.	.	.	.	.	.
2000	.	.	.	.	.	.	.	.	.	.	.	.	.	.	.	.	.	.
2001	.	.	.	.	.	.	.	.	.	.	.	.	.	.	.	.	.	.
2002	*	.	.	.	.	.	.	.	.	.	.	.	.	.	.	.	.	.

Eigene Darstellung. – Zeichenerklärung und Quellenangaben:
[*Grau unterlegte Felder*]: Booms (ohne nähere Unterscheidung; nach DS 2004, 32); (*): Boomjahr, weggelassen; (***B***): Bankenkrisen (eigene Datierung auf Grundlage von Caprio / Klingebiel 2002, vgl. Tab. A1); (Λ): konjunktureller Höhepunkt („peak", nach Bordo et al. 2000, App. A, 37-41); (+): konjunkturelle Aufschwungphase; (.): keine Angaben zu Bankenkrisen und Konjunktur.

eingeteilt.[5] Dabei zeigt sich, dass die zweite Welle von Vermögenspreisbooms überwiegend aus H-Booms bestand, die dritte Welle überwiegend aus N-Booms. Dementsprechend zeigt sich eine Konzentration der H-Booms in der zweiten bzw. der N-Booms in der dritten Welle.

Das Ende von H-Booms fällt oft zeitlich eng mit *konjunkturellen* Höhepunkten zusammen, also mit dem Ende eines konjunkturellen Aufschwungs. Diese Fälle gehören aber fast ausschließlich der zweiten Welle an.

Für diese Beobachtung gibt es mindestens *zwei Interpretationen*: Zum einen kann man darin einen Beleg dafür sehen, dass gleichzeitige Vermögenspreis-Konjunktur-Booms volkswirtschaftlich *besonders kostenträchtig* sind. Zum anderen ist denkbar, dass die fraglichen Vermögenspreisbooms nur wegen der *zufälligen* Koinzidenz mit der konjunkturellen Entwicklung zu H-Booms werden. Die unmittelbar nachfolgenden Konjunkturabschwünge erscheinen (durch die Wahl der Bezeichnung H-Booms) fälschlicherweise als Kosten der vorangehenden Vermögenspreisbooms.

Die zeitliche Konzentration der *Bankenkrisen* passt zur Häufung der H-Booms in der zweiten Welle der Vermögenspreisbooms. Auf die dritte Welle Ende der 1990er Jahre sind dem Anschein nach, wie er sich aus der allgemeinen Beobachtung der Wirtschaftsentwicklung ergibt, keine Bankenkrisen gefolgt.[6] Bankenkrisen verursachen i.d.R. volkswirtschaftliche Kosten, müssten insofern am Ende von oder kurz nach H-Booms stattfinden. Von den zwölf Bankenkrisen in den Jahren 1983-1994 gehen sieben mit H-Booms einher, drei mit N-Booms, und zwei erfolgen verfrüht.

2.2.3 Konjunkturelle Abschwünge und Bankenkrisen

Betrachtet man Vermögenspreisbooms und Bankenkrisen im Zusammenhang mit konjunkturellen *Abschwüngen* statt Aufschwüngen, so legt dies eine andere Interpretation des Zusammenhangs zwischen konjunktureller Entwicklung und Bankenkrisen nahe.

---

[5] Die Ermittlung der Booms und die Unterscheidung in H- und N-Booms folgen Detken / Smets (2004). Bedingung für einen Boom ist eine mindestens zehnprozentige positive Vermögenspreislücke. Für einen schädlichen bzw. H-Boom ist hauptsächlich ein Rückgang des durchschnittlichen BIP-Wachstums in den drei Nachboomperioden gegenüber dem Boomperiodendurchschnitt um mindestens drei Prozentpunkte erforderlich. Zu den Details siehe Abschnitt A.1.1 zur Darstellung von Booms und Busts, in Anhang A.1.

[6] Dabei geht es um die Entwicklung der Stabilität der nationalen Bankensysteme am *aktuellen Ende*, das von Caprio / Klingebiel (2002) nicht abgedeckt wird. Spätere Veröffentlichungen wie z.B. Demirguc-Kunt / Detragiache (2005), die als Fortschreibung von CK 2002 anzusehen sind, geben für die ausgewählten Länder aber keine Bankenkrisen seit Ende der 1990er Jahre an.

Abb. 2.2: Volkswirtschaftlich schädliche und unschädliche Booms (H- bzw. N-Booms) in den aggregierten Vermögenspreisen im Zusammenhang mit konjunkturellen Aufschwungphasen und Bankenkrisen, in 18 Industrieländern im Zeitraum 1970 bis 2001 (Vermögenspreisbooms mit Differenzierung, nach DS 2004)

	AU	BE	DK	DE	FI	FR	UK	IE	IT	JP	CA	NZ	NL	NO	SE	CH	ES	US
1970		+		+	+	+		.	+	+		.	+		+	+		
1971		+		+	+	+	+	.	+	Λ	+	.	+		+	+		+
1972	+	Λ		Λ	+	Λ	+		Λ		+	+	Λ		+	Λ	+	+
1973	+				+		Λ				Λ	+			+		+	Λ
1974	Λ		Λ		Λ		*B*					+			+		Λ	
1975												Λ			Λ			
1976														+				
1977	+		+	+*B*		+	+	+		+	+		+	+			*B*	+
1978	+		Λ	+	+	Λ	Λ	+	+	+	+		+	+	+	+		+
1979	+			Λ	+			Λ	+	+	Λ		Λ	+	+	+		Λ
1980	Λ				+				Λ	Λ		+		Λ	Λ	Λ		
1981					Λ							+						
1982												+						
1983			+				+				*B*	+			+			+
1984	+		+				+		+		+	+	+	+	+	+		+*B*
1985	+		+				+		+		+	+	Λ	+	+	Λ		+
1986	+	+	Λ				+		+	+	+	Λ		Λ	+		+	+
1987	+	+	*B*		+	+	+		+	+	+	*B*		*B*	+		+	+
1988	+	+			+	+	+	+	+	+	+		+		+	+	+	Λ
1989	Λ*B*	+		+	Λ	+	Λ	+	+	+	Λ		+		+	+	+	
1990		Λ	Λ	+		Λ		Λ	Λ*B*	Λ			Λ		Λ	Λ	Λ	
1991				Λ	*B*		*B*							+	*B*			
1992										*B*				+				
1993	+						+				+	+		+				+
1994	+		+		+	*B*	+	+			+	+		+	+			+
1995	Λ		+		+	+	+	+			+	Λ	+	+	+		+	+
1996		+	Λ	+	+	+	Λ	+			+		+	+	Λ		+	+
1997		+		+	+	+		Λ			+		+	+			+	+
1998	+	+		+	+	+					+		Λ	Λ		+	+	Λ
1999	.	.	.	.	.	.	.	.	.	.	.	.	.	.	.	.	.	.
2000	.	.	.	.	.	.	.	.	.	.	.	.	.	.	.	.	.	.
2001	.	.	.	.	.	.	.	.	.	.	.	.	.	.	.	.	.	.
2002	*	.	.	.	.	.	.	.	.	.	.	.	.	.	.	.	.	.

Eigene Darstellung. – Zeichenerklärung und Quellenangaben:
[*Dunkelgrau unterlegte Felder, doppelt umrandet*]: H-Booms; [*hellgrau unterlegte Felder*]: N-Booms (beide nach DS 2004, 32); für übrige Symbole siehe Zeichenerklärung zu Abb. 2.1.

Abb. 2.3: Volkswirtschaftlich schädliche und unschädliche Booms (H- bzw. N-Booms) in den aggregierten Vermögenspreisen im Zusammenhang mit konjunkturellen Abschwungphasen und Bankenkrisen, in 18 Industrieländern im Zeitraum 1970 bis 2001

	AU	BE	DK	DE	FI	FR	UK	IE	IT	JP	CA	NZ	NL	NO	SE	CH	ES	US
1970	–		–				V	.			V	.		–			–	V
1971	V		–					.				.		–			V	
1972			–					–		–				–				
1973		–	V	–		–		–	–	–			–	–		–		
1974		–		–		–	*-B*	–	–	–	–		–	–		–		–
1975	–	–	–	–	–	–	–	–	–	–	–		–	V		–	–	–
1976	V	–	V	V	–	V	V	V	–	V	V	–	V		–	–	–	V
1977		–		*B*	V				V			–			V	V	*-B*	
1978		–										–					–	
1979		–	–			–	–					V					–	
1980		–	–	–		–	–	–			–		–				–	–
1981	–	–	–	–		–	–	–	–	–	–		–	–	–	–	–	–
1982	–	–	V	–	–	–	V	–	–	–	–		–	–	V	–	–	V
1983	V	–		–	–	–		–	V	–	V*B*		V	V		V	–	
1984		–		–	–	–		–		–							–	*B*
1985		V		–	–	–		–		V							V	
1986				–	V	V		–					–			–		
1987			*-B*	–				V				*-B*	V	*-B*		V		
1988			–	V								–		–				
1989	*B*		V									–		–				–
1990	–				–		–		*B*		–	–		V				–
1991	–	–	–		*-B*	–	*-B*	–	–	–	–	–	–		*-B*	–	–	–
1992	V	–	–	–	–	–	V	–	–	*-B*	V	V	–		–	–	–	V
1993		–	V	–	V	–		V	–	–			–		V	–	–	
1994		–		–		V*B*			–	–			V			–	V	
1995		V		V					–	–						–		
1996	–								–	–		–				–		
1997	V		–				–		–	–		–				V		
1998			–				–	–	–	–		–						
1999	.	.	.	.	.	.	.	.	.	.	.	.	.	.	.	.	.	.
2000	.	.	.	.	.	.	.	.	.	.	.	.	.	.	.	.	.	.
2001	.	.	.	.	.	.	.	.	.	.	.	.	.	.	.	.	.	.
2002	*	.	.	.	.	.	.	.	.	.	.	.	.	.	.	.	.	.

Eigene Darstellung. – Zeichenerklärung und Quellenangaben:
[*Dunkelgrau unterlegte Felder, doppelt umrandet*]: H-Booms; [*hellgrau unterlegte Felder*]: N-Booms (beide nach DS 2004, 32); (V): konjunktureller Tiefpunkt („trough“, nach Bordo et al. 2000, App. A, 37-41); (-): konjunkturelle Abschwungphase; für übrige Symbole siehe Zeichenerklärung zu Abb. 2.1.

Während Abb. 2.2 dazu einlädt, Bankenkrisen als die Wirkung vorheriger simultaner Booms in Konjunktur und Vermögenspreisen anzusehen, lenkt Abb. 2.3 die Aufmerksamkeit auf Bankenkrisen als mögliche Ursachen anhaltender Konjunkturabschwünge.[7]
Elf von fünfzehn Bankenkrisen fallen in konjunkturelle Abschwünge. Umgekehrt betrachtet folgen auf elf von fünfzehn Bankenkrisen unmittelbar konjunkturelle Abschwungphasen, d.h. ein Abschwung beginnt oder setzt sich fort. Spielen dabei auch Vermögenspreise eine Rolle? Von diesen elf Bankenkrisen fallen vier mit der Spätphase eines Vermögenspreisbooms zusammen, sechs weitere folgen auf Booms, fallen also mit einem Verlust an Dynamik bei der Vermögenspreisentwicklung zusammen (alle sechs folgen auf H-Booms, hiervon fünf auf H-Booms der zweiten Welle), und die verbleibende Krise lässt keinen Zusammenhang mit den Vermögenspreisen erkennen.

2.2.4 Quantitative Aussagen über die Entwicklung der Vermögenspreise und weiterer makroökonomischer Variablen

Will man über Bankenkrisen und Konjunkturereignisse hinaus auch das Verhalten *weiterer makroökonomischer Variablen* im zeitlichen Umfeld von Vermögenspreisbooms betrachten und dabei auch *quantitative* Aussagen über die Variablenwerte treffen, so kommt man schnell an die Grenzen des graphisch Darstellbaren. Für die folgenden drei Punkte wird daher der Rahmen dieser Darstellungsweise verlassen.

Tab. 2.4: Ereignisbezogener Betrachtungszeitraum (bei DS 2004)

Phase	**Vorboom**		**Boom**				**Nachboom**	
Periode	**[t-2]**	**[t-1]**	**[t]**	**[t+1]**	**[...]**	**[T]** (= t-1+N)	**[T+1]**	**[T+2]**
Variablen: Perioden	Erste Vorboom-periode**	Zweite Vorboom-periode**	Erste Boom-periode**	Zweite Boom-periode**	...	Letzte Boom-periode	Erste Nach-boom-periode	Zweite Nach-boom-periode
Variablen: Durchschn'werte	Vorboom-Durchschnitt * **		Boom-Durchschnitt *				Nachboom-Durchschnitt *	
Dauer: Phase	2 (fest)		N = [T-t+1] (variabel)				2 (fest)	
Dauer: ges.	N+4 = [T-t+5]							

Eigene Darstellung. – Zeichenerklärung: (*): Variable findet Eingang in Spalten von Tab. 2.5; (**): dito, Tab. 2.7.

[7] Damit wird nicht in Abrede gestellt, dass beide Abbildungen für sich genommen inhaltsgleich und daher jeweils mit denselben Interpretationen vereinbar sind.

Erstens soll der typische bzw. durchschnittliche Vermögenspreisboom einschließlich seines makroökonomischen Umfelds beschrieben werden. Zweitens soll gezeigt werden, worin sich der durchschnittliche schädliche vom durchschnittlichen unschädlichen Boom unterscheidet. Drittens soll nach möglichen Warnsignalen gesucht werden, anhand derer sich die potentiell schädlichen Booms frühzeitig und in Echtzeit erkennen lassen, damit der Schaden eventuell noch abgewendet werden kann.
Diese drei Fragen lassen sich mit Hilfe einer Auswahl der umfangreichen Daten über Vermögenspreisbooms allgemein sowie über die Untergruppen der schädlichen und der unschädlichen Booms untersuchen, die Detken / Smets (2004) dokumentiert haben. Die Autoren dieser Studie betrachten neben den eigentlichen Booms, die in der Länge variabel sind, jeweils auch die beiden Jahre davor und danach. (Vgl. Tab. 2.4.) Sie dokumentieren das Verhalten nicht nur der Vermögenspreise, sondern auch verschiedener realer und monetärer Variablen.

2.2.5 Der durchschnittliche Verlauf eines Vermögenspreisbooms

Auf die erste Frage, wie das typische Verhalten der betrachteten Variablen vor, während und nach einem *durchschnittlichen Vermögenspreisboom* aussieht, bezieht sich Tab. 2.5.
Die meisten Variablen wachsen vor dem Boom schnell, während des Booms noch schneller, und fallen in Nachboom unter das Vorboomwachstum zurück, oft sogar auf negative *Wachstumsraten.* Dieses allgemeine Muster in den Wachstumsraten ist bei den Aktienkursen ausgeprägter und bei den Immobilienpreisen weniger ausgeprägt als in den aggregierten Vermögenspreisen. Die realen Variablen sind allgemein weniger volatil als die Vermögenspreise, sie zeigen aber das beschriebene Verhalten. Es ist beim BIP-Wachstum und dem Konsum weniger ausgeprägt, dafür bei den Investitionen einschließlich der Bauinvestitionen stärker. Auch die meisten der monetären Variablen entwickeln sich in der geschilderten Weise. Reales Geldmengen- und Kreditwachstum bleiben vor, während und nach dem Boom positiv. Sie beginnen im Vorboom bei etwa 4,5%. Sie steigen während des Booms, wenn die Kredite mit etwa 7% schneller wachsen als die Geldmenge mit 5,5%. Nach dem Boom gehen sie auf Werte zwischen 1 und 2% zurück. Bei den monetären Variablen folgt nur die Verbraucherpreisinflation nicht diesem Muster. Sie geht im Boom gegenüber dem Vorboom leicht zurück und steigt nach dem Boom über das Vorboom-Niveau.
Bei den *relativen Trendabweichungen* ergibt sich kein einheitliches Bild. Die drei Vermögenspreislücken beginnen in der Vorboomphase mit negativen Werten um (-5)%. Während des Booms nehmen die Lücken einen positiven Wert an, der bei den Aktienkursen höher ist als bei den aggregierten Vermögenspreisen und bei den Immobilienpreisen. In den Nachboomperioden vergrößert sich die positive Lücke bei den Immobilienpreisen weiter, wird bei den aggregierten Vermögenspreisen kleiner, und bei den Aktienkursen wird die Lücke negativ.

Die realen Variablen zeigen im Vorboom leicht negative Trendabweichungen und entwickeln sich dann unterschiedlich. Die Produktionslücke wird im Boom leicht positiv, getrieben von den Investitionen einschließlich der Bauinvestitionen. Der Konsum-BIP-Quotient bleibt leicht unter seinem Trend. Im Nachboom weichen alle realen Variablen leicht positiv von ihrem Trend ab, auch die Produktionslücke.

Die meisten der monetären Variablen zeigen im Zeitablauf einen kontinuierlichen Anstieg der Lückenwerte. Die Geld-BIP- und Kredit-BIP-Quotienten sowie die Verbraucherpreise, der Nominal- und der Realzinssatz liegen im Vorboom unterhalb ihres jeweiligen Trends. In der Boomphase steigen diese negativen Werte auf nur noch leicht negative (Geld-BIP-Quotient) bzw. leicht positive Werte (übrige Variablen) an. In den Folgeperioden liegen alle Variablen zumindest leicht über ihrem Trend. Gemessen an der Realzinslücke ist also über den Betrachtungszeitraum hinweg ein leichtes, aber kontinuierliches Anziehen des geldpolitischen Kurses abzulesen, gemessen am Geldmengen-BIP-Quotienten eine ebensolche Lockerung.

Tab. 2.5, Anfang: Entwicklung finanzieller, realer und monetärer Variablen im Umfeld von Vermögenspreisbooms, jeweils Medianwerte[8]

		(alle Angaben in %)	**Vorboom-Durchschnitt**	**Boom-Durchschnitt**	**Nachboom-Durchschnitt**	**Sonstige Perioden (Vgl'wert)**
Änderungsraten		**Vermögenspreise**				
	1	Aggregiertes Vermögenspreiswachstum (AAPI)	5,2	8,5	-5,6	-0,5
	3	Aktienkurswachstum	9,1	12,8	-8,0	1,8
	5	Immobilienpreiswachstum	3,1	7,8	-3,2	-1,2
		Reale Variablen				
	7	BIP-Wachstum (→BIP)	3,4	3,5	1,3	2,3
	9	Konsumwachstum	3,3	3,8	1,6	2,0
	11	Investitionswachstum	6,8	7,2	-3,2	2,1
	13	Bauinvestitionswachstum	5,2	4,3	-5,3	0,1
		Monetäre Variablen				
	15	Reales Kreditwachstum	4,5	7,1	1,2	3,6
	17	Reales Geldmengenwachstum (→Geldmenge)	4,4	5,5	1,9	2,5
	21	Inflation (→Verbr'preise)	4,5	4,0	5,2	6,0

[8] Median aller Variablenwerte über alle Booms hinweg (vgl. DS 2004, 10f und 14f), also nicht „alle Variablenwerte ein und desselben Medianbooms"; Lücken / Gaps bezogen auf Ex-post-Trends („X"); „X"-Wert liegt im Fall der F-Taylor-Lücke nicht vor, daher keine Angabe („k.A.").

Tab. 2.5, fortgesetzt von vorhergehender Seite: Entwicklung finanzieller, realer und monetärer Variablen im Umfeld von Vermögenspreisbooms, jeweils Medianwerte

		(alle Angaben in %)	**Vorboom-Durchschnitt**	**Boom-Durchschnitt**	**Nachboom-Durchschnitt**	**Sonstige Perioden (Vgl'wert)**
Lückenwerte (rel. Abweichung v. Trend X)		**Vermögenspreise**				
	2	Aggregierte Vermögenspreislücke (AAPI)	-4,8	8,0	4,1	-3,8
	4	Aktienkurslücke	-5,0	13,6	-7,7	-9,7
	6	Immobilienpreislücke	-5,3	4,5	7,3	-2,0
		Reale Variablen				
	8	Produktionslücke (→BIP)	-0,7	1,6	0,4	-0,5
	10	*Konsum-BIP-Lücke [C/Y]*	*-0,4*	*-0,5*	*0,9*	*0,1*
	12	*Invest.-BIP-Lücke [I/Y]*	*-1,7*	*4,2*	*2,0*	*-2,0*
	14	*Bauinv.-BIP-Lücke [HI/Y]*	*-1,6*	*4,4*	*0,1*	*-2,2*
		Monetäre Variablen				
	16	*Kredit-BIP-Lücke*	*-2,8*	*0,8*	*1,8*	*-0,6*
	18	*Geldmengen-BIP-Lücke*	*-1,7*	*-0,6*	*0,3*	*-0,3*
	19	Taylor-Lücke, einfach	0,8	-0,4	-0,1	0,1
	20	F-Taylor-Lücke[9]	k.A.	k.A.	k.A.	k.A.
	22	Inflationslücke	-0,9	0,1	1,1	-0,1
	24	Nominalzinslücke	-1,2	0,1	1,4	-0,4
	26	Realzinslücke	-0,2	0,3	0,5	-0,3
Niveaus		**Monetäre Variablen**				
	23	Nominalzinssatz (Niveau)	7,6	8,6	10,0	8,6
	25	Realzinssatz (Niveau)	3,7	3,7	4,8	2,4

Eigene Darstellung. Angaben nach: Detken / Smets (2004, Tab. A2a-b, S. 33/34, und Tab. A4a-d, S. 40-43).

Die Taylorlücke verhält sich anders als die übrigen monetären Variablen. Sie beginnt im Vorboom bei 0,8%, geht im Boom auf (-0,4)% zurück, was einer leichten Lockerung entspricht, und nähert sich im Nachboom mit (-0,1)% einem neutralen Kurs der Geldpolitik. Eine Gesamteinschätzung des geldpolitischen Kurses über den typischen Boom hinweg erscheint bei diesem gemischten Bild nicht möglich.

[9] Die *F-Taylor-Lücke* ist das Ergebnis eines modifizierten Verfahrens zur Berechnung von Taylorlücken, wobei „F" für „forward-looking" steht. In eine Taylorlücke gehen u.a. die Werte der Inflations- und der Produktionslücke jeweils mit dem Faktor (0,5) ein. Bei der einfachen bzw. herkömmlichen Taylorlücke sind dies die Werte derselben Periode, bei der F-Taylor-Lücke die jeweils für die Folgeperiode erwarteten Werte. (Vgl. DS 2004, 57.)

2.2.6 Unterscheidungsmerkmale der volkswirtschaftlich schädlichen Booms aus nachträglicher Sicht

Auf die zweite Frage, worin aus nachträglicher Sicht[10] die *signifikanten Unterschiede zwischen schädlichen und unschädlichen Booms* (bzw. zwischen H- und N-Booms) bestanden haben, bezieht sich Tab. 2.6.

Bei den meisten Variablen und Zeiträumen gibt es *keine* solchen *Unterschiede*, daher werden auch keine Zusatzangaben in der zugehörigen Zelle gemacht. In diesem Fall verhält sich die betreffende Variable bei einem durchschnittlichen H-Boom ähnlich wie bei einem durchschnittlichen N-Boom, somit jeweils auch ähnlich wie im Durchschnitt über alle Booms hinweg, der durch die Zahlenangaben in den Zellen von Tab. 2.5 beschrieben wird. Auf eine Wiederholung in Tab. 2.6 wurde verzichtet.

Tab. 2.6, Anfang: Statistisch signifikante Unterschiede zwischen H- und N-Booms hinsichtlich der Entwicklung finanzieller, realer und monetärer Variablen, jeweils Medianwerte

		(alle Angaben in %)	**Vorboom-Durchschnitt**	**Boom-Durchschnitt**	**Nachboom-Durchschnitt**
Änderungsraten		**Vermögenspreise**			
	1	Aggregiertes Vermögenspreiswachstum (AAPI)	.	.	$-5{,}6\ _{-9,1}\backslash^{-5,3}$
	3	Aktienkurswachstum	.	.	.
	5	Immobilienpreiswachstum	.	$7{,}8\ ^{9,3}/_{6,2}$	$-3{,}2\ _{-7,3}\backslash^{-1,3}$
		Reale Variablen			
	7	BIP-Wachstum (→BIP)	.	$3{,}5\ ^{4,2}/_{3,3}$	$1{,}3\ _{0,1}\backslash^{1,6}$
	9	Konsumwachstum	.	$3{,}8\ ^{4,1}/_{3,3}$	$1{,}6\ _{-0,2}\backslash^{2,3}$
	11	Investitionswachstum	.	.	$-3{,}2\ _{-6,2}\backslash^{-2,2}$
	13	Bauinvestitionswachstum	.	.	$-5{,}3\ _{-6,9}\backslash^{-0,1}$
		Monetäre Variablen			
	15	Reales Kreditwachstum	.	.	$1{,}2\ _{-0,9}\backslash^{1,6}$
	17	Reales Geldmengenwachstum (→Geldmenge)	$4{,}4\ ^{5,6}/_{4,3}$	$5{,}5\ ^{8,5}/_{5,0}$	$1{,}9\ _{1,2}\backslash^{2,7}$
	21	Inflation (→Verbr'preise)	.	.	.
	25	Realzinssatz (Niveau)	.	.	.

[10] Da es um eine möglichst umfassende, nachträgliche Ermittlung dieser Unterschiede geht, sind hier nur diejenigen Lückenwerte angegeben, die auf Basis von Ex-post-Trends (X) ermittelt wurden.

Tab. 2.6, fortgesetzt von vorhergehender Seite: Statistisch signifikante Unterschiede zwischen H- und N-Booms hinsichtlich der Entwicklung finanzieller, realer und monetärer Variablen, jeweils Medianwerte[11]

		(alle Angaben in %)	**Vorboom-Durchschnitt**	**Boom-Durchschnitt**	**Nachboom-Durchschnitt**
Lückenwerte (relative Abweichungen von Trend X)		**Vermögenspreise**			
	2	Aggregierte Vermögenspreislücke (AAPI)	.	.	.
	4	Aktienkurslücke	.	.	.
	6	Immobilienpreislücke	-5,3 $_{-12,1}\backslash^{-4,6}$	.	.
		Reale Variablen			
	8	Produktionslücke (→BIP)	.	1,6 $^{1,9}/_{1,2}$	.
	10	*Konsum-BIP-Lücke [C/Y]*	.	.	.
	12	*Invest.-BIP-Lücke [I/Y]*	.	.	2,0 $^{2,4}/_{0,3}$
	14	*Bauinv.-BIP-Lücke [HI/Y]*	.	.	.
		Monetäre Variablen			
	16	*Kredit-BIP-Lücke*	-2,8 $_{-5,2}\backslash^{-1,8}$	.	.
	18	*Geldmengen-BIP-Lücke*	.	.	.
	19	Taylor-Lücke, einfach	.	.	-0,1 $_{-1,3}\backslash^{0,4}$
	20	F-Taylor-Lücke	k.A.	k.A.	k.A.
	22	Inflationslücke	.	.	.
	24	Nominalzinslücke	.	.	.
	26	Realzinslücke	.	.	.
Niveaus		**Monetäre Variablen**			
	23	Nominalzinssatz (Niveau)	.	8,6 $^{10,5}/_{7,3}$	.
	25	Realzinssatz (Niveau)	.	.	.

Eigene Darstellung. Angaben nach: Detken / Smets (2004, Tab. A2a-b, S. 33/34, und Tab. A4a-d, S. 40-43). -
Angaben in Zellen: [1. Wert]: Median über alle Booms, [2. Wert]: Median über H-Booms, [3. Wert]: Median über N-Booms.
Zeichenerklärung: (.): kein signifikanter Unterschied zwischen H- und N-Booms; ($^{\mathbf{H}}/_{\mathbf{N}}$): Wert für H-Booms ist 5%-signifikant höher als der Wert für N-Booms, er liegt folglich auch über dem (hier angegebenen) Wert für alle Booms; ($^{H}/_{N}$): 10%-signif. höher; ($_{\mathbf{H}}\backslash^{\mathbf{N}}$): 5%-signif. niedriger; ($_{H}\backslash^{N}$): 10%-signif. niedriger.

[11] Median aller Variablenwerte über alle Booms hinweg (vgl. DS 2004, 10f und 14f), also nicht „alle Variablenwerte ein und desselben Medianbooms“; Lücken / Gaps bezogen auf Ex-post-Trends („X“); „X“-Wert liegt im Fall der F-Taylor-Lücke nicht vor, daher keine Angabe („k.A.“).

Bei einigen Variablen und Zeiträumen liegen aber statistisch signifikante Unterschiede zwischen H- und N-Booms vor. In diesen Fällen stehen in der zugehörigen Zelle drei Zahlenangaben. Die erste ist der aus Tab. 2.5 übernommene Wert für die Gesamtheit aller Booms. Die zweite Angabe ist der Medianwert für die Teilgesamtheit der H-Booms, die dritte Angabe derjenige für die Teilgesamtheit der N-Booms.

Das Signifikanzniveau (*nicht* die absolute Größe) des Unterschieds ist durch den Schrifttyp der zweiten und dritten Angabe (fett oder normal) wiedergegeben. Die Richtung des Schrägstrichs und die Hoch- und Tiefstellung der zweiten bzw. dritten Angabe machen auch graphisch deutlich, welcher der beiden Medianwerte größer ist als der jeweils andere. Dies lässt sich anhand des Beispiel des Immobilienpreiswachstums im Boom- und im Nachboom-Durchschnitt verdeutlichen. Im Durchschnitt der Perioden der Boomphase wachsen Immobilienpreise beim durchschnittlichen H-Boom mit 9,3% (also mit mehr als 7,8%), beim durchschnittlichen N-Boom mit 6,2% (also mit weniger als 7,8%), und dieser Unterschied ist auf einem 5%-Niveau signifikant. Im Durchschnitt der Perioden der Nachboomphase gehen Immobilienpreise beim durchschnittlichen H-Boom um 7,3% (also um mehr als 3,2%) zurück, beim durchschnittlichen N-Boom um 1,3% (also um weniger als 3,2%).

Die meisten der signifikanten Unterschiede beziehen sich auf die *Nachboomphase*, und hier insbesondere auf die durchschnittlichen Nachboom-Wachstumsraten. Fast alle Variablen wachsen in den beiden Folgejahren schädlicher Booms signifikant langsamer bzw. mit noch deutlicher negativen Raten als nach unschädlichen Booms.

Einige signifikante Unterschiede zeigen sich bereits im Durchschnittswachstum der *Boomphase*. Immobilienpreise, Produktion, Investitionen und die reale Geldmenge wachsen während der eigentlichen Boomphase bei schädlichen schneller als bei unschädlichen Booms. Zumindest über die Boom- und Nachboomphase hinweg weisen diese Variablen bei schädlichen Booms also eine höhere Volatilität auf als bei unschädlichen Booms.

Nur vereinzelte Unterschiede ergeben sich bereits in den beiden Jahren vor der Boomphase. Das durchschnittliche reale Geldmengenwachstum ist in statistisch signifikanter Weise, allerdings mit 5,6% (H) gegenüber 4,3% (N) nur geringfügig, höher in der *Vorboomphase* schädlicher Booms. Weiterhin ist die negative Trendabweichung der Immobilienpreise und des Kredit-BIP-Quotienten ausgeprägter.

2.2.7 Mögliche Frühwarnzeichen für potentiell schädliche Booms

Auf die dritte Frage, worin mögliche Warnzeichen für die schädlichen Booms bestehen, bezieht sich Tab. 2.7. Falls im Sinne der zweiten Frage *Unterschiede zwischen schädlichen und unschädlichen Vermögenspreisbooms* bestehen, so ist weiterhin zu fragen, ob diese Unterschiede auch *frühzeitig und in Echtzeit erkennbar sind.*

Wäre ein potentiell schädlicher Vermögenspreisboom bzw. ein H-Boom *frühzeitig* erkennbar, so könnten Gegenmaßnahmen eingeleitet werden, die möglicherweise das Eintreten des Schadens verhindern könnten. Im Interesse der Frühzeitigkeit werden in Tab. 2.7 nur die ersten vier Perioden des gesamten Betrachtungszeitraums ausgewählt, also die Vorboomphase und die ersten beiden Boomperioden. Erkennbarkeit *in Echtzeit* setzt voraus, dass zu jedem Zeitpunkt nur auf diejenigen Informationen zugegriffen wird, die zu diesem Zeitpunkt bereits bekannt sein können. Eine Echtzeitperspektive wird in Tab. 2.7 fingiert, indem nur diejenigen Lückenwerte angegeben werden, die auf Grundlage eines einfachen rekursiven Trends (Verfahren „R“) ermittelt werden.[12]

Bei den *Wachstumsraten* gibt es in den Vorperioden und der ersten Boomperiode nur vereinzelte, schwach signifikante Unterschiede. Das reale Geldmengenwachstum ist, wie bereits zuvor erwähnt, im Durchschnitt der beiden Vorperioden vergleichsweise höher. Dieses Ergebnis gilt aber weder für die beiden einzelnen Vorperioden noch für die ersten beiden Boomperioden. Das reale Kreditwachstum liegt in der ersten Boomperiode schwach signifikant höher bei schädlichen im Vergleich zu unschädlichen Booms. Auch dieses Ergebnis bestätigt sich nicht in den anderen drei Perioden. Eine Häufung signifikanter Unterschiede besteht bei den Wachstumsraten in der zweiten Boomperiode. Die drei Vermögenspreisgrößen sowie Produktion und Konsum wachsen im zweiten Boomjahr stärker bei schädlichen als bei unschädlichen Booms.

Auch bei den *relativen Trendabweichungen* fällt eine Häufung signifikanter Unterschiede in der zweiten Boomperiode auf. Die aggregierten Vermögenspreise und die Aktienkurse liegen dann vergleichsweise weiter oberhalb des jeweiligen Trends. In den Vorperioden und der ersten Boomperiode gibt es eine Reihe von zumeist schwach signifikanten Unterschieden, die sich in mehreren Perioden nacheinander zeigen. In der Vorboomphase betrifft dies die Immobilienpreislücke. Ein auffälliger Unterschied zeigt sich beim Verhältnis der Bauinvestitionen zum BIP. Die zugehörige Trendabweichung weist bis einschließlich der ersten Boomperiode einen deutlich niedrigeren Wert bei schädlichen Booms auf.

---

[12] Bei einer fingierten Echtzeitperspektive werden also Daten ausgeblendet, die zwar möglicherweise inzwischen bekannt sind, die aber aus Sicht der jeweils betrachteten Periode in der Zukunft lagen.
Insgesamt weicht Tab. 2.7 also von der ähnlich aufgebauten Tab. 2.6 in dreierlei Hinsicht ab: erstens in der Periodenauswahl (abweichende Spaltenbeschriftungen), zweitens in der Auswahl der Lückenwerte bzw. des zugrunde liegenden Trendermittlungsverfahrens (Verfahren „R“ statt „X“), und drittens in der selektiven Angabe von Zahlenwerten (Angabe nur dann, wenn zwischen H- und N-Booms signifikante Unterschiede bestehen) bzw. in den betrachteten Gesamtheiten von Booms.

Tab. 2.7, Anfang: Mögliche Warnsignale für potentiell schädliche Vermögenspreisbooms [13]

		(alle Angaben in %)	**Vor-boom-Durch-schnitt (t-2; t-1)**	**Erste Vor-boom-periode (t-2)**	**Zweite Vor-boom-periode (t-1)**	**Erste Boom-periode (t)**	**Zweite Boom-periode (t+1)**
Änderungsraten		**Vermögenspreise**					
	1	Aggregiertes Vermögenspreiswachstum (AAPI)	.	.	.	.	**12,1 / 3,6**
	3	Aktienkurswachstum	.	.	.	.	**16,9/-3,2**
	5	Immobilienpreiswachstum	.	.	.	.	**9,3 / 5,4**
		Reale Variablen					
	7	BIP-Wachstum (→BIP)	.	.	.	.	4,3 / 2,8
	9	Konsumwachstum	.	.	.	.	**5,0 / 3,1**
	11	Investitionswachstum	.	.	.	.	.
	13	Bauinvestitionswachstum	.	-1,7 / 5,4	.	.	.
		Monetäre Variablen					
	15	Reales Kreditwachstum	.	.	.	8,4 / 4,0	.
	17	Reales Geldmengenwachstum (→Geldmenge)	5,6 / 4,3	.	.	.	.
	21	Inflation (→Verbr'preise)	.	.	.	.	.
Lückenwerte (rel. Abweichungen von Trend R)		**Vermögenspreise**					
	2	Aggregierte Vermögenspreislücke (AAPI)	.	.	.	.	**18,3/12,4**
	4	Aktienkurslücke	.	.	.	.	**39,4/20,6**
	6	Immobilienpreislücke	-6,0/ -2,1	-5,8/ -2,7	-4,2 / 1,2	.	.
		Reale Variablen					
	8	Produktionslücke (→BIP)	-0,5 / 1,2	.	0,2 / 1,3	.	.
	10	*Konsum-BIP-Lücke [C/Y]*	.	.	.	.	.
	12	*Invest.-BIP-Lücke [I/Y]*	-1,5 / 4,0	-2,9 / 3,3	.	4,2 / 8,1	.
	14	*Bauinv.-BIP-Lücke [HI/Y]*	**-3,8 / 4,5**	**-6,7 / 3,0**	0,4 / 5,0	**2,2 / 7,4**	.
		Monetäre Variablen					
	16	*Kredit-BIP-Lücke [Cr/Y]*	.	.	.	.	.
	18	*Geld-BIP-Lücke [M/Y]*	.	.	.	.	.
	19	Taylor-Lücke, einfach	.	.	.	.	**0,5 / -2,2**
	20	F-Taylor-Lücke	1,3 / -0,8	**2,1 / -0,5**	0,5 / -1,1	.	-0,5/ -3,2
	22	Inflationslücke	.	.	.	.	**-1,5 / 0,2**
	24	Nominalzinslücke	.	.	.	.	.
	26	Realzinslücke	.	.	.	.	1,1 / -0,9

[13] Statistisch signifikante Unterschiede zwischen H- und N-Booms hinsichtlich der Entwicklung finanzieller, realer und monetärer Variablen in den Vor- und frühen Perioden, jeweils Median der Variablenwerte über alle H-Booms und N-Booms (vgl. DS 2004, 10f und 14f).

Tab. 2.7, fortgesetzt von vorhergehender Seite: Mögliche Warnsignale für potentiell schädliche Vermögenspreisbooms

		(alle Angaben in %)	**Vorboom-Durchschnitt (t-2; t-1)**	**Erste Vorboomperiode (t-2)**	**Zweite Vorboomperiode (t-1)**	**Erste Boomperiode (t)**	**Zweite Boomperiode (t+1)**
		Monetäre Variablen					
Niveaus	23	Nominalzinssatz (Niveau)	.	.	.	.	11,8 / 6,5
	25	Realzinssatz (Niveau)	.	.	.	.	.

Eigene Darstellung. Alle Angaben nach: Detken / Smets (2004, Tab. A4a-d, S. 40-43). Zeichenerklärung: [*fett gesetzte Zahlen*]: 5%-signifikanter Unterschied zwischen H-Booms (1. Wert einer Zelle) und N-Booms (2. Wert); [*normal gesetzte Zahlen*]: 10%-signif.; [*kursive Variablenbezeichnungen*]: relative Trendabweichung des Quotienten der jeweiligen Variablen und des BIP, <u>nicht</u> der Lückenwert nur der Variablen selbst.

Auch bei den Lückenwerten der monetären Variablen ergeben sich wenige signifikante Unterschiede. Die Werte der F-Taylor-Lücke nehmen über die vier betrachteten Perioden hinweg ab, liegen bei den schädlichen Booms aber stets um etwa 2% über dem jeweiligen Wert der unschädlichen Booms.
Insgesamt ist festzustellen, dass *nur wenige* statistisch signifikante Unterschiede zwischen schädlichen und unschädlichen Booms bestehen, die sich frühzeitig und in Echtzeit erkennen lassen. Diese wenig zahlreichen Unterschiede sind zudem *wenig robust*. Erstens zeigen sie meist nur in einer einzelnen Periode, oftmals ausschließlich in der zweiten Boomperiode, nicht aber in mehreren aufeinander folgenden Perioden. Zweitens variieren die Lückenwerte erheblich mit den alternativen Verfahren zur Trendermittlung, und die statistische Signifikanz etwaiger Unterschiede zwischen diesen Werten geht dabei in der Regel verloren.[14]

2.2.8 Die Entwicklung der Aktienkurse und Immobilienpreise – einzeln und gemeinsam betrachtet

Die Entwicklung der aggregierten Vermögenspreise fasst die Entwicklung der Aktienkurse und der Immobilienpreise zu einem Prozess zusammen. Jede Aggregation geht mit einem Informationsverlust einher. So sind weder Aussagen über diese beiden Teilentwicklungen noch über deren Verhältnis zueinander oder zu anderen Prozessen möglich. Abb. 2.8 stellt die Booms in den aggregierten Vermögenspreisen den Aktienbooms und Immobilienbooms als separaten Teilentwicklungen gegenüber. Dies ermöglicht eine Reihe von Beobachtungen.

---

[14] Ein *statistisch signifikanter* Unterschied zwischen den beiden zu H- und N-Booms gehörenden Werten ist *nicht* notwendigerweise ein *zahlenmäßig großer* Unterschied.

Abb. 2.8: Volkswirtschaftlich schädliche und unschädliche Booms in den aggregierten Vermögenspreisen (H- bzw. N-Booms, nach DS 2004) im Vergleich mit Aktien- und Wohnimmobilienbooms (ohne Differenzierung, nach BJ 2002), im Zusammenhang mit Bankenkrisen

	AU	DK	DE	FI	FR	UK	IE	IT	JP	CA	NL	NO	SE	ES	US
1970															
1971															
1972															
1973						J		J	J			J			
1974						***B***		J			J	J			
1975								J			J				
1976								J			J				
1977			***B***				J				J			***B***	
1978							J								
1979							J	J							
1980								J							
1981								J							
1982		A		A									A		
1983		AJ	A	A						***B***	A	A	A		
1984		AJ	A	A	A			A			A	AJ	A	A	***B***
1985	A	J	A		A		A	A	AJ		A	AJ		AJ	
1986	A	J	A	AJ	A	J	A	A	AJ	J		J		AJ	
1987	AJ	***B***		AJ		J	A	A	AJ	J		J***B***	J	AJ	
1988	J			AJ		J	A	J	AJ	J			J	AJ	
1989	J***B***			J		J		J	AJ	J			J	J	
1990	J							J***B***	J					J	
1991				***B***		***B***		J					***B***	J	
1992									***B***						
1993				A											
1994				A	***B***										
1995				A							A				
1996			A	J	A	J	A	A			A		A	A	A
1997			A	AJ	A	J	A	A			A		A	A	A
1998			A	AJ	A	J	A	A			A		A	A	A
1999			A	A	A			A			A		A	A	A
2000			A	A	A			A			A		A	A	A
2001				A	A									A	

Eigene Darstellung. - Zeichenerklärung und Quellenangaben:
[*Dunkelgrau unterlegte Felder*]: H-Booms in aggr. Vermögenspreisen; [*hellgrau unterlegte Felder*]: N-Booms (beide nach Detken / Smets 2004, 35); (J): Wohnimmobilienbooms (nach Bordo / Jeanne 2002, Fig. 7, 27-30); (A): Aktienbooms (nach BJ 2002, Fig. 8, 31-34); (***B***): Bankenkrisen (eigene Datierung auf Grundlage von Caprio / Klingebiel 2002, vgl. Tab. A1).

Erstens sind Aktienbooms häufiger als Immobilienbooms. Da sie im Durchschnitt ähnlich lang sind, gibt es mehr Aktienboomperioden als Immobilienboomperioden.
Zweitens scheint der Einfluss der Teilentwicklungen auf die Gesamtentwicklung im Zeitablauf zu variieren. So fällt die *erste Welle* aggregierter Vermögenspreisbooms überwiegend mit Immobilienbooms zusammen, die *zweite* mit Aktien- und Immobilienbooms, und die *dritte* überwiegend mit Aktienbooms.
Drittens fallen fast alle H-Booms (zu irgendeinem Zeitpunkt ihres Verlaufs) mit Immobilienbooms zusammen, viele H-Booms sogar mit gleichzeitigen Booms in Immobilien und Aktien. Umgekehrt münden *gleichzeitige* Immobilien- und Aktienbooms meist in H-Booms, *isolierte Immobilienbooms* in N- oder H-Booms, und schließlich *isolierte Aktienbooms* in N-Booms oder in keinerlei aggregierte Vermögenspreisbooms. Aktienbooms erscheinen also für sich genommen als volkswirtschaftlich unschädlich und allenfalls in Verbindung mit Immobilienbooms als ein Risiko.
Viertens sind gleichzeitige Booms in Aktien und Immobilien relativ selten. Es gibt nur sieben Fälle, von denen sechs in den 1980er Jahren stattgefunden haben. Alle sieben fallen mit Hochkostenbooms in den aggregierten Vermögenspreisen zusammen. In zwei weiteren Fällen folgt der Beginn eines Immobilienbooms unmittelbar auf das Ende eines Aktienbooms.
Fünftens fallen acht von vierzehn Bankenkrisen, alle im Zeitraum 1987-1992, in die zeitliche Nähe von (oder auf) Immobilienbooms. Davon folgen fünf auf simultane Aktien- und Immobilienbooms. Klammert man die Aktienbooms aus, so fallen drei der acht Bankenkrisen in die Spätphase von Immobilienbooms, und die fünf anderen folgen auf das Ende von Immobilienbooms. Fünf von vierzehn Bankenkrisen weisen weder einen Zusammenhang mit Aktien noch mit Immobilienbooms auf.
Insgesamt erscheint also die Betrachtung sowohl der Immobilienpreisentwicklung als auch der aggregierten Vermögenspreise aufschlussreich. Unabhängig von gleichzeitig stattfindenden Immobilienbooms scheinen Aktienbooms keinen Informationsgehalt in Bezug auf kostenträchtige Vermögenspreisbooms oder Bankenkrisen zu besitzen. Isoliert auftretende Aktienbooms sind volkswirtschaftlich offenbar unschädlich, zumindest in dem hier verwendeten Analyserahmen. Einschränkend ist anzumerken, dass der Zusammenhang zwischen aggregierten Vermögenspreisbooms und Immobilienbooms mindestens teilweise dem hohen Gewicht der Immobilienpreise im Aggregierten Vermögenspreisindex der BIZ (AAPI) geschuldet ist.
Tab. 2.9 stellt den zeitlichen Zusammenhang zwischen dem Beginn von Bankenkrisen und dem (zumeist vorangehenden) Boomende bei Vermögenspreisen oder Konjunktur dar.

Tab. 2.9: Vermögenspreisbooms (nach DS 2004 und BJ 2002) und konjunkturelle Höhepunkte (nach BE 2002) im Vorfeld von Bankenkrisen (nach Bordo et al. 2000)

			Zeitpunkt der jeweiligen Bankenkrise relativ zur letzten Boomperiode [T] der ~			
			~ Vermögenspreise			**~ Konjunktur**
	Lfd. Nr.	Anfangsjahr und Land der Bankenkrise	(a) Aggregierte Vermögenspreise (nach DS 2004)	(b) Wohnimmobilienpreise (nach BJ 2002)	(c) Aktienkurse (nach BJ 2002)	Konjunkturelle Höhepunkte (nach BE 2002)
Einzelne Bankenkrisen	1	**74-UK**	H: [T+1]	Z: [T+1]	-	[T+1]
	2	**77-DE**	-	-	-	-
	3	**77-ES**	-	-	-	[T+3]
	4	**83-CA**	-	-	-	-
	5	**84-US**	-	-	-	-
	6	**87-DK**	H: [T+1]	Z: [T+1]	I: [T+3]	[T+1]
	7	**87-NO**	H: [T]	Z: [T]	I: [T+2]	[T+1]
	8	**89-AU**	H: [T]	I: [T-1]	I: [T+2]	[T]
	9	**90-IT**	N: [T-1]	I: [T-1]	I: [T+3]	[T]
	10	**91-FI**	H: [T+2]	Z: [T+2]	Z: [T+3]	[T+2]
	11	**91-SE**	H: [T+1]	Z: [T+2]	-	[T+1]
	12	**91-UK**	H: [T+2]	Z: [T+2]	-	[T+2]
	13	**92-JP**	H: [T+2]	Z: [T+2]	Z: [T+3]	[T+2]
	14	**94-FR**	N: [T+4]	-	-	[T+4]
	Σ	.	**10** (= 8H + 2N) [15]	**9** (= 7Z + 2I)	**6** (= 2Z + 4I)	**11**

Eigene Darstellung. – Abkürzungen: (H): schädlicher Boom, (N): unschädlicher Boom, (Z): Boom-Bust-Zyklus, (I): isoliert auftretender Boom.
Zeitfenster für Bankenkrisen um die letzte Boomperiode [T] herum: [T-1] („Bankenkrise ein Jahr vor Boomende") bis [T+4] („Bankenkrise vier Jahre nach Boomende").

Ein solcher Zusammenhang sollte nicht weitergehend interpretiert werden denn als ein mögliches Indiz für einen Kausalzusammenhang von Vermögenspreisen

[15] In zwei Fällen geht ein Niedrigkostenboom mit einer sogenannten Bankenkrise einher. Die Angaben zu Bankenkrisen und N-Booms stammen aus unterschiedlichen Quellen. Entweder hat die beobachtete Störung des Bankensystems keine gravierenden Wachstumseinbußen verursacht, oder diese traten in einen anderen Zeitraum auf als in den für die H-/N-Booms relevanten drei Boomfolgejahre.

zu Bankenkrisen oder von der konjunkturellen Entwicklung zu Bankenkrisen.[16] In Tabelle 2.9 erscheinen Vermögenspreisentwicklung und Konjunktur als miteinander konkurrierende oder einander ergänzende (rudimentäre) Erklärungsversuche für Bankenkrisen. Das Zeitfenster für eine solche Erklärung ist willkürlich auf (T-1) bis (T+4) festgelegt, d.h. eine Bankenkrise gilt als erklärt, wenn sie im Zeitraum von der vorletzten Boomperiode (T-1) bis zur vierten Nachboomperiode (T+4) stattfindet. Aggregierte Vermögenspreisbooms erklären in diesem Sinne zehn von fünfzehn Bankenkrisen, Immobilienbooms neun von fünfzehn, und Aktienbooms sechs von fünfzehn. Der zeitliche Vorlauf von Aktienbooms vor den Bankenkrisen ist in der Regel länger als derjenige von Immobilienbooms und aggregierten Vermögenspreisbooms. (Dies ist aber eventuell nur Ausdruck spezifischer Gegebenheiten der Jahre 1987-1992.) Noch häufiger als mit dem Ende von Vermögenspreisbooms fallen Bankenkrisen aber mit dem Ende konjunktureller Aufschwünge zusammen, nämlich elfmal.
Die nicht auf Vermögenspreisbooms folgenden und daher nicht durch sie erklärbaren Bankenkrisen liegen außerhalb des Zeitraums 1987 bis 1992. Betrachtet man umgekehrt nur die sechs außerhalb dieses Zeitraums liegenden Krisen, so folgt nur eine von ihnen (UK 1974) dicht auf einen Boom gleich welcher Spezifikation. Eine zweite (FR 1994) folgt mit größerem Abstand, bei den übrigen ist – unabhängig von der Boomspezifikation – kein Zusammenhang mit den Vermögenspreisen erkennbar.
Sieht man aggregierte Vermögenspreis- und konjunkturelle Booms als *konkurrierende* Erklärungsversuche für Bankenkrisen an, so ist die Konjunktur also den Vermögenspreisen überlegen. Sieht man sie hingegen als *komplementär* an, Bankenkrisen also als die Folge simultaner Vermögenspreis- und konjunktureller Booms, so kann man auf diese Weise immerhin acht von elf Bankenkrisen erklären.

2.2.9 Vermögenspreise und andere Variablen als zuverlässige Vorboten von Bankenkrisen?

Die zuvor angestellte Untersuchung des möglichen *Informationsgehalts* von Vermögenspreisen und Konjunktur für Bankenkrisen ist in mindestens zweifacher Hinsicht *unvollständig*. *Zum einen* wird nicht zwischen unterschiedlich starken Vermögenspreisbooms unterschieden, vielmehr ist eine Periode entweder Boom oder Nicht-Boom. Dies ist vor allem der hier gewählten graphischen Darstellungsweise geschuldet. *Zum anderen* wird ausgeblendet, dass der Informationsgehalt der betrachteten Ereignisse auch davon abhängt, wie häufig sie falschen Alarm auslösen würden. Selbst wenn jeder Bankenkrise ein Vermögenspreisboom vorausginge, so bedeutete dies noch nicht, dass umgekehrt auch

[16] Es wird nur eine Seite möglicher Beziehungen betrachtet, nämlich ob Bankenkrisen stets ein „erklärendes" Ereignis vorangeht, nicht aber, ob auf derartige Ereignisse stets eine Bankenkrise folgt.

jedem Boom eine Bankenkrise folgte. Mit anderen Worten, für die allgemeine Prognosequalität eines Indikators spielen sowohl seine Anfälligkeit für Typ-I-Fehler (falsche Entwarnung bzw. verpasste Krisen) als auch für Typ-II-Fehler (Fehlalarm) eine Rolle. Einer geringen Anfälligkeit für Typ-I-Fehler entspricht eine hohe Qualität bei der „positiven" Prognose von Krisen, einer geringen Typ-II-Fehleranfälligkeit eine hohe Qualität bei der „negativen" Prognose krisenfreier Perioden.

Eine viel beachtete Studie, Borio / Lowe (2004), hat den (umfassend interpretierten) *Informationsgehalt* von zehn verschiedenen Indikatoren *für Bankenkrisen* systematisch untersucht und verglichen. Dabei konkurrieren Vermögenspreise mit anderen Indikatoren um die beste Ex-post-Prognose. Kandidaten sind vier einfache Indikatoren (Vermögenspreis-, Kredit-, Geld-, Produktionslücke), fünf doppelte (VK [Vermögenspreis- und Kreditlücke], VG, KG, KP, GP) und ein dreifacher Indikator (VKP). Tab. 2.10 bietet eine Übersicht über die Bedingungen, unter welchen die Indikatoren vor einer Bankenkrise warnen bzw. eine solche vorhersagen. So liefert etwa ein Indikator, der sowohl die Vermögenspreislücke (1. Zeile) wie auch die Kreditlücke (2. Spalte) berücksichtigt, die beste Prognose, wenn die Vermögenspreislücke 60% und die Kreditlücke 4% übersteigt.

Tab. 2.10: Inhalt der Indikatoren

	Vermögenspreislücke	**Kreditlücke**	**Geldlücke**	**Produktionslücke**
Vermögenspreislücke	**V** ≥ 60%	**V** ≥ 60% und **K** ≥ 4%	**V** ≥ 60% und **G** ≥ 2%	*Nicht angegeben*
Kreditlücke		**K** ≥ 4%	**K** ≥ 4% und **G** ≥ 2%	**K** ≥ 4% und **P** ≥ 2%
Geldlücke			**G** ≥ *3%*	**G** ≥ 2% und **P** ≥ 2%
Produktionslücke	**V** ≥ *40%* und **K** ≥ 4% und **P** ≥ *1,5%*			**P** ≥ *1%*

Die nachstehende Tabelle 2.11 zeigt die relative Leistungsfähigkeit der einzelnen Indikatoren bei der Prognose von Bankenkrisen auf. veranschaulicht die Ergebnisse in Form von Ranglisten der Indikatoren (in Kurzschreibweise) für die einzelnen Vergleichskriterien. So prognostiziert etwa der Indikator VPK, der sich auf Vermögenspreis-, Produktions- und Kreditlücke stützt, nur wenige Bankenkrisen: Er steht an 10. Stelle der verglichenen Indikatoren für Prognosehorizonte von 3 und 3-4 Jahren (2. und 3. Zeile). Allerdings verursacht er am wenigsten Fehlalarme (4. bis 6. Zeile).

Tab. 2.11: Rangfolgen der Indikatoren

		Rang									
Prognosehorizont	**↴**	**1.**	**2.**	**3.**	**4.**	**5.**	**6.**	**7.**	**8.**	**9.**	**10.**
Positive Prognosequalität (→ Bankenkrisen)	**3 J.**	K	KG	KP	G	P	VK	VG	GP	V	VKP
	3-4 J.	K	VK	KP	V	KG	G	P	VG	GP	VKP
	3-5 J.	K	VK	KP	V	P	KG	G	VKP	VG	GP
Negative Prognosequalität (→ krisenfreie J.)	**3 J.**	VKP	VK	VG	GP	V	KG	KP	K	P	G
	3-4 J.	VKP	VK	VG	GP	V	KG	KP	K	P	G
	3-5 J.	VKP	VK	VG	GP	V	KG	KP	K	P	G
Allgemeine Prognosequalität (→ beides)	**3 J.**	VKP	VK	VG	KP	GP	KG	K	V	P	G
	3-4 J.	VKP	VK	VG	KP	V	GP	KG	K	P	G
	3-5 J.	VKP	VK	VG	KP	V	GP	KG	K	P	G

Dieselben Informationen, nur nach Indikatoren sortiert, enthält die folgende Tabelle 2.12. Dabei entspricht jedem Indikator eine Zelle. Die Zellen der Tabelle enthalten den Rang eines jeden Indikators (Zelle) hinsichtlich seiner positiven, negativen und allgemeinen Qualität (1., 2. bzw. 3. Zeile jeder Zelle) bei der Prognose von Bankenkrisen drei Jahre, drei bis vier Jahre und drei bis fünf Jahre im Voraus (1., 2. bzw. 3. Spalte jeder Zelle). So belegt der zuvor erwähnte Indikator VPK (letzte Zeile in Tabelle 2.12) bei der Fähigkeit, alle Bankenkrisen zu prognostizieren, je nach Prognosehorizont zweimal Rang 10 und einmal Rang 6. Er liefert allerdings auch die wenigsten Fehlalarme und belegt hier durchgehend Rang 1. Insgesamt schneidet er deshalb bei der Prognosequalität unabhängig vom Prognosehorizont am besten ab.

Allgemein sind die beiden Prognosequalitäten negativ miteinander korreliert, d.h. je besser ein Indikator Krisen vorhersagt, desto schlechter schneidet er bei der Prognose krisenfreier Perioden ab. So besitzt die Kreditlücke als einfacher Indikator die höchste positive und der dreifacher Indikator die höchste negative Prognosequalität, aber bei beiden um den Preis eines sehr schlechten Abschneidens bei dem jeweils anderen Kriterium. Der bevorzugte Indikator aus *Vermögenspreis- und Kreditlücke* kommt hinsichtlich beider Kriterien auf erste und zweite Plätze, mit Ausnahme nur der positiven Prognoseleistung über den Dreijahreshorizont.

Im Ergebnis ist der dreifache Indikator (gemessen an der sogenannten Noise-to-signal ratio, NTSR) besser als die doppelten, und diese sind wiederum besser als die einfachen Indikatoren, d.h. am informativsten in Bezug auf Bankenkrisen. Bei den einfachen Indikatoren teilen sich Vermögenspreise und Kredit den ersten Platz, Kredit für die Dreijahresprognose und Vermögenspreise für die beiden erweiterten Prognosehorizonte.

Tab. 2.12: Rangfolgen der Indikatoren bezüglich ihrer Prognosequalitäten über verschiedene Zeithorizonte

Kombination von ~ *mit ~*	**Vermögens-preislücke**	**Kredit-lücke**	**Geld-lücke**	**Produktions-lücke**
Vermögens-preislücke	6. 4. 2. 5. 5. 4. **8. 5. 5.**	6. 2. 2. 2. 1. 1. **2. 1. 2.**	6. 8. 9. 3. 3. 3. **3. 3. 3.**	***Nicht ange-geben***
Kredit-lücke		1. 1. 1. 8. 8. 8. **7. 8. 7.**	2. 5. 6. 6. 6. 6. **5. 7. 7.**	3. 2. 2. 7. 7. 7. **4. 3. 3.**
Geld-lücke			3. 5. 6. 10. 10. 10. **10. 10. 10.**	6. 8. 9. 4. 4. 4. **5. 6. 6.**
Produktions-lücke	10. 10. 6. 1. 1. 1. **1. 1. 1.**			3. 5. 2. 9. 9. 9. **9. 9. 9.**

Angaben beruhen auf Auswertung von Tabelle A7. Bei Gleichrangigkeit wird stets der bessere Rang angegeben.
Zeile1: Rang bezüglich des Anteils zutreffend prognostizierter an allen Bankenkrisen („signal“);
Zeile2: Rang bezüglich des Anteils zutreffend prognostizierter an allen krisenfreien Perioden („noise“; 1. Platz gut, 10. Platz schlecht);
Zeile3: Rang insgesamt (NTSR).

Deutlich weniger zuverlässig sind die Produktions- und schließlich die Geldlücke. Bei den doppelten Indikatoren liegt der Vermögenspreis-Kredit-Indikator vorne, gefolgt von den Kombinationen aus Vermögenspreis- und Geldlücke sowie von Kredit- und Produktionslücke.

Nach der Betrachtung der *relativen* Prognoseleitungen der einzelnen Indikatoren ist nun zu fragen, wie es um den *absoluten* Informationsgehalt der vergleichsweise besten Indikatoren bestellt ist. Aufschluss hierüber geben die Tabellen 2.13 bis 2.15, deren Auswertung die zuvor angegebenen Rangfolgen liefert.

Tab. 2.13 gibt die positiven, Tab. 2.14 die negativen und Tab. 2.15 die allgemeinen bzw. zusammengefassten Prognoseleistungen der Indikatoren wieder, jeweils in möglichst anschaulicher Form in der ersten Zeile einer Zelle. In der zweiten Zeile sind erneut die zugehörigen Ränge angegeben.

So zeigt Tabelle 2.13 zum Beispiel, dass der Indikator VPK nur 4-9 der maximal 15 Bankenkrisen korrekt prognostiziert. Andererseits verdeutlicht Tabelle 2.14, dass er auch nur in 1% aller Fälle (d.h. aller krisenfreien Perioden) einen Fehlalarm liefert:

Tab. 2.13: Positive Prognosequalität der Indikatoren (Anzahl der korrekt prognostizierten Bankenkrisen, maximal 15)

Kombination Von [Z.] mit [Sp.]	**Vermögens-preislücke**	**Kreditlücke**	**Geldlücke**	**Produktions-lücke**
Vermögens-preislücke	**7 10 11** 6. 4. 2.	**7 11 11** 6. 2. 2.	7 **8 8** 6. 8. 9.	***Nicht ange-geben***
Kredit-lücke		**12 12 12** 1. 1. 1.	**9 9 9** 2. 5. 6.	**8 11 11** 3. 2. 2.
Geld-lücke			**8 9 9** 3. 5. 6.	7 **8 8** 6. 8. 9.
Produktions-lücke	**4** 7 **9** 10. 10. 6.			**8 9 11** 3. 5. 2.

Tab. 2.14: Negative Prognosequalität der Indikatoren (Anteil der korrekt prognostizierten an allen krisenfreien Perioden)

Kombination Von [Z.] mit [Sp.]	**Vermögens-preislücke**	**Kreditlücke**	**Geldlücke**	**Produktions-lücke**
Vermögens-preislücke	**89% 90% 91%** 5. 4. 4.	**97% 99% 99%** 2. 1. 1.	**96% 96% 97%** 3. 3. 3.	*Nicht ange-geben*
Kredit-lücke		**82% 83% 85%** 8. 8. 8.	**87% 88% 89%** 6. 6. 6.	**84% 85% 86%** 7. 7. 7.
Geld-lücke			**73% 74% 75%** 10. 10. 10.	**90% 91% 91%** 4. 4. 4.
Produktions-lücke	**99% 99% 99%** 1. 1. 1.			**75% 77% 78%** 9. 9. 9.

Tab. 2.15: Allgemeine Prognosequalität der Indikatoren (Zusammenfassung der positiven und der negativen Prognosequalität in der NTSR)

Kombination Von [Z.] mit [Sp.]	**Vermögens-preislücke**	**Kreditlücke**	**Geldlücke**	**Produktions-lücke**
Vermögens-preislücke	**0,24 0,15 0,12** 8. 5. 5.	**0,06 0,02 0,02** 2. 1. 2.	**0,09 0,07 0,06** 3. 3. 3.	***Nicht ange-geben***
Kredit-lücke		**0,22 0,21 0,19** 7. 8. 7.	**0,21 0,20 0,19** 5. 7. 7.	**0,13 0,07 0,06** 4. 3. 3.
Geld-lücke			**0,51 0,43 0,42** 10. 10. 10.	**0,21 0,17 0,16** 5. 6. 6.
Produktions-lücke	**0,05 0,02 0,01** 1. 1. 1.			**0,46 0,39 0,30** 9. 9. 9.

Vergleicht man nun die *Vermögenspreislücke* mit der Kombination aus *Vermögenspreis- und Kreditlücke*, so ist insgesamt (gemessen an der NTSR) auch hier der doppelte dem einfachen Indikator bei der Prognose von Bankenkrisen überlegen.[17] Während sie sich in der positiven Prognoseleistung ähneln, ist der doppelte dem einfachen Indikator bei der negativen Prognoseleistung deutlich überlegen. Den Grund hierfür verrät ein Blick auf Tab. 2.14: Die Erweiterung des Vermögenspreisindikators um die Kreditlücke bewirkt *vor allem* einen *Rückgang der Fehlalarme*, z.B. für den Dreijahreshorizont von 11% auf 3% aller krisenfreien Perioden. Bei vorsichtig geschätzten 400 krisenfreien Perioden entsprechen 3% für den Dreijahreshorizont immer noch zwölf Fehlalarmen, denen nur sieben korrekte Alarme gegenüberstehen.[18] Die Trefferquote beider Indikatoren bei der Prognose der eigentlichen Bankenkrisen bleibt mit 7 (7), 10 (11) und 11 (11) von insgesamt 15 Krisen in der Größenordnung vergleichbar mit den Ergebnissen der graphischen Analyse und ihrer Auswertung in Abb. 2.9, wo bei einer Gesamtzahl von fünfzehn Bankenkrisen sechs bis elf „Treffer" erzielt wurden.[19]

Der dreifache Indikator aus *Vermögenspreis-, Kredit- und Produktionslücke* ist wiederum dem doppelten Indikator aus Vermögenspreis- und Kreditlücke überlegen, zumindest gemessen an der NTSR. Allerdings ist der Vorsprung bei diesem Kriterium gering, und bei der positiven Prognosequalität, also der Anzahl der zutreffend vorhergesagten Bankenkrisen, liegt der doppelte vor dem dreifachen Indikator. Mit anderen Worten, der dreifache Indikator erkennt zwar nur eine relativ geringe Anzahl von Krisen, diese aber sehr zuverlässig und mit wenig Fehlalarm. Weicht man von der Gleichgewichtung der positiven und der negativen Prognosequalität in der NTSR ab, indem man Fehlalarmen eine geringe-

---

[17] Analog kann man die *Kreditlücke* als einfachen Indikator mit dem *Vermögenspreis-Kreditlücken-Kombination* vergleichen. Es ergibt sich ein ähnliches Bild. Die allgemeine Prognosequalität nimmt zu, bedingt durch einen starken Rückgang der Fehlalarmhäufigkeit, der den gleichzeitigen Rückgang der Anzahl zutreffend prognostizierter Bankenkrisen überkompensiert.

[18] Zum Vergleich: Der mäßig gut abschneidende Indikator aus Geld- und Kreditlücke erkennt neun von fünfzehn Bankenkrisen drei Jahre im Voraus, löst dabei aber mindestens etwa 50 Mal (100% - 87% = 13% von mind. 400) Fehlalarm aus.

[19] Dies ist ein Indiz dafür, dass beide Male – mit unterschiedlichen Analysemethoden – dieselben „historischen" Bankenkrisen aus dem *Zeitraum Ende der 1980er und Anfang der 1990er Jahre* getroffen bzw. erklärt werden. Eine konkrete Überprüfung dieser Vermutung ist nicht möglich, da BL 2004 die von ihnen verwendete Aufstellung von Bankenkrisen nicht explizit angeben. Die vom Verfasser sowie die von BL 2004 verwendeten Aufstellungen enthalten jeweils 15 Krisen, diese sind aber nicht notwendigerweise identisch. Vgl. Tab. A1 im Anhang.

Sollte die Vermutung zutreffen, besteht das Risiko, dass hier zufällige zeitspezifische Begleitumstände der damaligen Bankenkrisen fälschlicherweise zu deren Erklärung uminterpretiert werden.

re Bedeutung als verpassten Krisen zuweist, dann dürfte der genannte doppelte dem dreifachen Indikator vorzuziehen sein.[20]
Aus der erweiterten Untersuchung des *Informationsgehalts von Vermögenspreisen für Bankenkrisen* ist festzuhalten, dass bereits die Vermögenspreislücke oder die Kreditlücke alleine einen solchen Informationsgehalt besitzen, insbesondere aber die Kombination aus beiden. Sie ist unter den betrachteten einfachen und doppelten Indikatoren der beste, somit besser als die Kombinationen aus Vermögenspreis- und Geldlücke oder aus Geld- und Kreditlücke. Trotz seines guten *relativen* Abschneidens ist der Vermögenspreis-Kredit-Indikator aber in *absoluter* Hinsicht bzw. für sich genommen kein zuverlässiges Prognoseinstrument für Bankenkrisen, da auch er häufiger Fehlalarm als zutreffende Warnungen abgibt, und dies im Rahmen einer Ex-post-Analyse. In dem Maße, wie Vermögenspreise und monetäre Größen überhaupt frühzeitig Informationen über die Risiken für die Stabilität des Finanzsystems enthalten, gibt der Vermögenspreis-Kredit-Indikator diese relativ gut wieder.[21]

2.2.10 Booms, Busts und Boom-Bust-Zyklen in Aktien und Immobilien

Bis hierher wurden ausschließlich Booms in Vermögenspreisen betrachtet. Dabei wurde die Aufwärtsentwicklung der Aktienkurse und Immobilienpreise teilweise getrennt voneinander, teilweise zusammengefasst betrachtet. Im letzteren Fall wurden die aggregierten Vermögenspreisbooms nachträglich in die beiden Gruppen der volkswirtschaftlich schädlichen und der unschädlichen Booms eingeteilt.
Im folgenden wird das Bild der Ereignisse in eine andere Richtung erweitert. Es sollen zusätzlich zu den Booms *auch die Busts*, d.h. die Abwärtsentwicklung, in den Aktienkursen und Immobilienpreisen betrachtet werden.[22] Definiert man direkte Abfolgen erst eines Booms und dann eines Busts als Boom-Bust-Zyklen (BBZ), so gibt es nunmehr *drei verschiedene Ereignisse* in Vermögenspreisen: BBZ sowie isoliert auftretende Booms und Busts.
Dass Boom-Bust-Zyklen eigens betrachtet werden, geschieht im Zusammenhang mit zwei Vermutungen. Erstens sind *Boom-Bust-Zyklen* (kurz: BBZ) möglicherweise typisch für die Vermögenspreisentwicklung, also *besonders häufig*, und zweitens sind sie möglicherweise volkswirtschaftlich *besonders gefährlich*.

---

[20] Grundsätzlich vorstellbar, wenngleich quantitativ kaum ermittelbar, ist eine „optimale" Gewichtung beider Aspekte dergestalt, dass die volkswirtschaftlichen Kosten von Typ-I- und Typ-II-Fehlern minimiert werden.
[21] Die monetären Variablen sind hier durch die *Kredite*, *nicht* durch *Geld*, vertreten. Die reale Geldlücke ist als einfacher Indikator sehr schlecht. Die kombinierten Indikatoren Geld/Kredit und Geld/Vermögenspreise schneiden schlechter ab als der Vermögenspreis-Kredit-Indikator.
[22] *Busts in den aggregierten Vermögenspreisen* können nicht untersucht werden, da hierüber keine genauen zeitlichen Angaben vorliegen.

Wie verhält sich die Unterscheidung von Boom-Bust-Zyklen, isolierten Booms und isolierten Busts zu den anderen Ereignissen in den Vermögenspreisen, wie sie bereits vorgestellt wurden? Einen *systematischen Überblick über* die verschiedenen *Ereignisse* gibt Abb. 2.16.

Abb. 2.16: Arten von Ereignissen in den Vermögenspreisen

<table>
<tr><td colspan="3">„linke Seite“</td><td colspan="2">„rechte Seite“</td></tr>
<tr><td colspan="5">Unterscheidungen</td></tr>
<tr><td>[iv]</td><td>[iii]</td><td>[i]</td><td>[ii]</td><td>[iv]</td></tr>
<tr><td>nach Vermögensarten / -preisen</td><td>nach Umfang der Schadenswirkung</td><td>nach Richtung</td><td>nach Verlauf</td><td>nach Vermögensarten / -preisen</td></tr>
<tr><td>~ in AVm-Preisen</td><td rowspan="3">Alle Booms</td><td rowspan="9">BOOMS</td><td rowspan="6">Isoliert auftretende Booms</td><td rowspan="2">~ in aggregierten Vermögenspreisen (AVm-Preisen)</td></tr>
<tr><td>~ in WI-Preisen</td></tr>
<tr><td>~ in Aktienkursen</td><td rowspan="2">~ in Wohnimmobilienpreisen (WI-Preisen)</td></tr>
<tr><td>~ in AVm-Preisen</td><td rowspan="3">Nur schädliche Booms (H)</td></tr>
<tr><td>~ in WI-Preisen</td><td rowspan="2">~ in Aktienkursen</td></tr>
<tr><td>~ in Aktienkursen</td></tr>
<tr><td>~ in AVm-Preisen</td><td rowspan="3">Nur unschädliche Booms (N)</td><td rowspan="6">Boom-Bust-Zyklen (BBZ)</td><td rowspan="2">~ in AVm-Preisen</td></tr>
<tr><td>~ in WI-Preisen</td></tr>
<tr><td>~ in Aktienkursen</td><td rowspan="2">~ in WI-Preisen</td></tr>
<tr><td>~ in AVm-Preisen</td><td rowspan="3">Alle Busts</td><td rowspan="9">BUSTS</td></tr>
<tr><td>~ in WI-Preisen</td><td rowspan="2">~ in Aktienkursen</td></tr>
<tr><td>~ in Aktienkursen</td></tr>
<tr><td>~ in AVm-Preisen</td><td rowspan="3">Nur schädliche Busts</td><td rowspan="6">Isoliert auftretende Busts</td><td rowspan="2">~ in AVm-Preisen</td></tr>
<tr><td>~ in WI-Preisen</td></tr>
<tr><td>~ in Aktienkursen</td><td rowspan="2">~ in WI-Preisen</td></tr>
<tr><td>~ in AVm-Preisen</td><td rowspan="3">Nur unschädliche Busts</td></tr>
<tr><td>~ in WI-Preisen</td><td rowspan="2">~ in Aktienkursen</td></tr>
<tr><td>~ in Aktienkursen</td></tr>
<tr><td colspan="3">← Detken / Smets (2004)</td><td colspan="2">Bordo / Jeanne (2002) →</td></tr>
</table>

Anm.: Die Ereignisse in den nicht-schraffierten Feldern werden in diesem Abschnitt behandelt, die in den schraffierten Feldern nicht.

Die soeben eingeführten drei Ereignisarten beruhen auf einer Differenzierung nach dem Ereignisverlauf und entsprechen der rechten Seite der Abbildung. Die bereits früher eingeführten H- und N-Booms unterscheiden sich hinsichtlich des Umfangs ihrer (vermeintlichen) Schadenswirkung und befinden sich auf der linken Seite der Abbildung. Zusammen mit der dritten Unterscheidung bzw. den drei Spezifizierungen von Vermögenspreisen (Aktienkurse, Immobilienpreise, beide gemeinsam) in den beiden äußeren Spalten ergibt sich eine Vielzahl grundsätzlich untersuchbarer Arten von Ereignissen in den Vermögenspreisen, von denen aber nur die fett gedruckten tatsächlich untersucht werden.

Die Abbildungen 2.17 und 2.18 zeigen die *Booms und Busts in den Aktienkursen bzw. Immobilienpreisen* seit 1970, jeweils im Zusammenhang mit den Bankenkrisen. Die Boom-Bust-Zyklen sind jeweils gesondert hervorgehoben.

Aktienbooms und -busts sind im betrachteten Zeitraum häufig aufgetreten. Dabei haben sie sich international im Gleichschritt bewegt, und es lassen sich je zwei Wellen von Booms und Busts ausmachen. Es gab nur drei *Aktien-Boom-Bust-Zyklen.* Aus ihrer Seltenheit folgt dreierlei. Erstens sind isolierte Booms und Busts die häufigsten Ereignisse, ein laufender Aktienboom entwickelt sich also nur mit geringer Wahrscheinlichkeit zu einem BBZ. Zweitens gibt es wesentlich weniger BBZ als Bankenkrisen, daher scheiden Aktien-BBZ als allgemeine Erklärung für alle Bankenkrisen aus. Drittens sind BBZ in Aktien und Immobilien dann auch nur selten (höchstens dreimal) gleichzeitig aufgetreten, womit diese denkbare Erklärung zumindest für vergangene Bankenkrisen wegfällt. Allerdings fielen zwei der drei Aktien-BBZ mit Immobilien-BBZ zusammen, und diese zwei mündeten in eine Bankenkrise.

Auch *Immobilienbooms und -busts* sind häufig aufgetreten, aber in geringerem Maße international gleichzeitig als bei den Aktien. Es wurden zehn *Immobilien-Boom-Bust-Zyklen* beobachtet, also deutlich mehr als in Aktien und relativ viele im Vergleich zu den isolierten Immobilienbooms und -busts.

Die Immobilien-BBZ sind gehäuft Ende der 1980er und Anfang der 1990er Jahre aufgetreten. Da auch ein Großteil der Bankenkrisen und der volkswirtschaftlich kostenträchtigen Booms in den aggregierten Vermögenspreisen in diesen Ausschnitt des Betrachtungszeitraums fällt, ergibt sich hier ein auffälliger zeitlicher Zusammenhang. Die Boomphasen der Immobilien-BBZ decken sich mit vielen H-Booms, und viele Immobilien-BBZ fallen mit Bankenkrisen zusammen.

Für die *Busts* gilt wie zuvor für die Booms (vgl. Interpretation von Abb. 2.8), dass sie relativ *selten gleichzeitig in Aktien und Immobilien* auftreten. Häufig fallen sogar Booms bei dem einen mit Busts beim anderen zusammen. Insgesamt erscheinen die Entwicklungen wenig gleichgerichtet.

Aus der Erfahrung mit den vergangenen Vermögenspreisentwicklungen lassen sich bedingte Wahrscheinlicheiten für den zu erwartenden weiteren Verlauf laufender Ereignisse ableiten.

Abb. 2.17: Aktienbooms und -busts unter besonderer Berücksichtigung von Aktien-Boom-Bust-Zyklen (nach BJ 2002) im Zusammenhang mit Bankenkrisen, in 15 Industrieländern im Zeitraum 1970 bis 2001

	AU	DK	DE	FI	FR	UK	IE	IT	JP	CA	NL	NO	SE	ES	US
1970							.								
1971							.								
1972															
1973															
1974						*B*									
1975															
1976															
1977			*B*											*B*	
1978															
1979															
1980															
1981															
1982															
1983										*B*					
1984															*B*
1985															
1986															
1987		*B*										*B*			
1988															
1989	*B*														
1990								*B*							
1991				*B*		*B*							*B*		
1992									*B*						
1993															
1994					*B*										
1995															
1996															
1997															
1998															
1999	.	.	.	.	.	.	.	.	.	.	.	.	.	.	.
2000	.	.	.	.	.	.	.	.	.	.	.	.	.	.	.
2001	.	.	.	.	.	.	.	.	.	.	.	.	.	.	.

Eigene Darstellung. – Zeichenerklärung und Quellenangaben: [*dunkelgrau*]: Aktien-Boom; [*hellgrau*]: Aktien-Bust; [*zusätzlich dick umrandet*]: Aktien-Boom-Bust-Zyklus (alle Angaben zur Aktienkurs-Entwicklung nach BJ 2002, Anhang, Abb. 7 u. 8); (***B***): Bankenkrisen (eigene Datierung auf Grundlage von Caprio / Klingebiel 2002, vgl. Tab. A1); (.): keine Angaben zu Bankenkrisen.

Abb. 2.18: Wohnimmobilienbooms und –busts unter besonderer Berücksichtigung von Wohnimmobilien-Boom-Bust-Zyklen (nach BJ 2002) im Zusammenhang mit Bankenkrisen, in 15 Industrieländern im Zeitraum 1970 bis 2001

	AU	DK	DE	FI	FR	UK	IE	IT	JP	CA	NL	NO	SE	ES	US
1970															
1971															
1972						H									
1973						H			H						
1974						***B***									
1975															
1976															
1977			***B***											***B***	
1978															
1979															
1980															
1981				H											
1982				H											
1983				H						***B***					
1984		H		H								H			***B***
1985	H	H		H		H						H			
1986	H	H		H		H			H			H		H	
1987	H	***B***		H		H			H			*BH*	H	H	
1988	H			H		H			H	H			H	H	
1989	*B*H			H		H			H	H			H	H	
1990			H					***B***	H				H	H	
1991				***B***		***B***							***B***	H	
1992									***B***						
1993															
1994					***B***										
1995															
1996															
1997				H											
1998				H											
1999	.	.	.	H.	.	.	.	.	.	.	.	.	.	.	.
2000	.	.	.	H.	.	.	.	.	.	.	.	.	.	.	.
2001	.	.	.	.	.	.	.	.	.	.	.	.	.	.	.

Eigene Darstellung. – Zeichenerklärung und Quellenangaben: [*dunkelgrau*]: Wohnimmobilien-Boom; [*hellgrau*]: WI-Bust; [*zusätzlich dick umrandet*]: WI-Boom-Bust-Zyklus (alle Angaben zur WI-Entwicklung nach BJ 2002, Anhang, Abb. 7 u. 8); (***B***): Bankenkrisen (eigene Datierung auf Grundlage von Caprio / Klingebiel 2002, vgl. Tab. A1); (.): keine Angaben zu Bankenkrisen; (H): schädlicher bzw. H-Boom in aggregierten Vermögenspreisen (nach DS 2004, 35).

Von 19 Immobilien-Booms wurden zehn zu Boom-Bust-Zyklen, von diesen gingen sieben mit Bankenkrisen einher. Entsprechend entwickelten sich von 22 Aktien-Booms nur drei zu BBZ, von denen zwei mit Bankenkrisen zusammenfielen. Das bedeutet, dass sich ein laufender Immobilienboom (Aktienboom) mit einer bedingten Wahrscheinlichkeit von $^{10}/_{19}$ bzw. 53% ($^{3}/_{22}$ bzw. 14%) als Anfang eines Boom-Bust-Zyklus herausstellt. Zu Beginn eines Booms beträgt die Wahrscheinlichkeit, nachfolgend sowohl einen BBZ als auch eine Bankenkrise zu erleben, nur 7/19 bzw. 37% ($^{2}/_{22}$ bzw. 9%). Unter der Bedingung, dass der beginnende Boom einen Boom-Bust-Zyklus einleitet, ist mit einer Wahrscheinlichkeit von 7/10 bzw. 70% ($^{2}/_{3}$ bzw. 67%) mit einer Bankenkrise zu rechnen.[23] Es ist also weder bei Aktien noch bei Immobilien zutreffend, dass auf jeden Boom ein Bust und auf jeden Bust eine Bankenkrise folgen würde. Allerdings ist das Risiko einer Krise nach Beginn der Bustphase eines Boom-Bust-Zyklus hoch.

Insgesamt sind Boom-Bust-Zyklen *nicht* das *typische* bzw. vorherrschende Verlaufsmuster der Vermögenspreisentwicklung, zumindest bei der Betrachtung von Jahresdaten. Sie sind mäßig häufig bei den Immobilienpreisen und selten bei den Aktienkursen. Wegen ihrer geringen Anzahl ist keine allgemeine Aussage über die Gefährlichkeit von Aktien-BBZ möglich. Immobilien-BBZ sind *möglicherweise* volkswirtschaftlich *besonders schädlich*, da sie Ende der 1980er und Anfang der 1990er Jahre gehäuft auftraten, also in einer Zeit, in der es auch viele Bankenkrisen gab. Ob sie deren Ursache oder nur ein Begleitphänomen darstellten, kann aber nicht allgemein beantwortet werden.

2.2.11 Die Teilentwicklungen bei Aktien und Immobilien im Zusammenhang mit der Konjunktur

Wie zuvor festgestellt wurde, bewegen sich Aktienmärkte in hohem Maße und Immobilienmärkte in etwas geringerem Maße international gleichgerichtet. (Vgl. Abb. 2.17 und 2.18.) Es bleibt zu untersuchen, in welchem *zeitlichen Verhältnis* die vier Arten von Wellen in der internationalen *Vermögenspreisentwicklung* (Aktienbooms, Immobilienbooms, Aktienbusts und Immobilienbusts) zur *konjunkturellen Entwicklung* stehen. Übersichten über die vier Vermögenspreiswellen in Verbindung mit den jeweils gleichgerichteten konjunkturellen Entwicklungen geben die Abb. A8 bis A11 in Anhang A.1.

---

[23] Die hier angeführten bedingten Wahrscheinlichkeiten beruhen auf einer *Vereinfachung der Ereignisstruktur* bzw. der möglichen Abläufe. Dies betrifft insbesondere die Wahrscheinlichkeit einer Bankenkrise unter der Bedingung eines BBZ, im Text mit 70% (67%) angegeben. Ein BBZ kann erst zu Beginn der Bustphase (nicht aber schon zu Beginn der Boomphase) als Gewissheit angesehen werden. Die bedingte Wahrscheinlichkeit für eine Bankenkrise beträgt zu diesem Zeitpunkt 6/9 bzw. 67% (2/3 bzw. 67%). – Ein *vollständiges* Ablaufschema enthält die linke Seite von Tab. A12 im Anhang, eine vollständige Auswertung der Abläufe enthalten die rechte Seite von Tab. A12 sowie die Tab. A13.

Im Betrachtungszeitraum gab es *international* je zwei *Wellen* von Aktienbooms, Aktienbusts und Immobilienbooms. Drei Wellen von Immobilienbusts lassen sich ermitteln. Die folgende Tabelle 2.19 enthält eine kurze Übersicht.

Tab. 2.19: Internationale Wellen von Aktien- und Immobilien-Booms und -Busts

<table>
<tr><th colspan="3">Aktien-Booms und -Busts</th><th colspan="3">Immobilien-Booms und -Busts</th></tr>
<tr><th>Ereignis</th><th>Zeitraum</th><th>Zeitl. Verhältnis zur Konjunktur</th><th>Ereignis</th><th>Zeitraum</th><th>Zeitl. Verhältnis zur Konjunktur</th></tr>
<tr><td rowspan="2">Busts</td><td rowspan="2">1973-1978</td><td rowspan="2">gleichzeitig</td><td>Booms</td><td>1973</td><td>ohne Bezug</td></tr>
<tr><td>Busts</td><td>1975-1976</td><td>gleichzeitig</td></tr>
<tr><td>-</td><td>-</td><td>-</td><td rowspan="2">Busts</td><td rowspan="2">1980-1985</td><td rowspan="2">gleichzeitig</td></tr>
<tr><td rowspan="2">Booms</td><td rowspan="2">1983-1988</td><td rowspan="2">früher</td></tr>
<tr><td>Booms</td><td>1985-1990</td><td>gleichzeitig</td></tr>
<tr><td>Busts</td><td>1990-1992</td><td>früher</td><td>Busts</td><td>1990-1992</td><td>gleichzeitig</td></tr>
<tr><td>Booms</td><td>1996-2000</td><td>später</td><td>-</td><td>-</td><td>-</td></tr>
</table>

Angaben: vgl. Abb. A8 bis A11. - [*Zeitraum*]: nur ungefähre Angabe möglich, Abgrenzung nach dem Kriterium „gleichartige Booms (Busts) in mindestens vier Ländern in einem Jahr“.

Für die Bestimmung der *Zeiträume* zu den Wellen internationaler Booms und Busts wurde ein einfaches Abgrenzungskriterium verwendet. Eine Welle von Booms (Busts) findet dann statt, wenn in mindestens vier Ländern gleichzeitig Booms (Busts) stattfinden.

Beim *zeitlichen Verhältnis* dieser Wellen von Vermögenspreis-Booms (-Busts) gegenüber konjunkturellen Aufschwüngen (Abschwüngen) ergibt sich kein eindeutiges Bild. Wellen von Immobilien-Booms (-Busts) beginnen und enden etwa gleichzeitig mit den entsprechenden konjunkturellen Aufschwüngen (Abschwüngen). Besonders eng ist diese zeitliche Übereinstimmung bei der Welle von Immobilien- und konjunkturellen Booms Ende der 1980er und Anfang der 1990er Jahre, wo sie auch dann in den einzelnen Ländern erkennbar ist, wenn die nationalen von den internationalen Entwicklungen zeitlich leicht abweichen. (Siehe hierzu Abb. A10 im Anhang.) Bei der ersten Welle von Immobilienbooms um das Jahr 1973 war hingegen keinerlei Bezug zum Konjunkturgeschehen erkennbar. Die Aktienbooms der 1980er Jahre gingen den entsprechenden Konjunkturaufschwüngen voran, in den späten 1990er Jahren war dies umgekehrt. Auch die Aktienbusts Anfang der 1990er Jahre fanden früher als die zugehörigen Konjunkturabschwünge statt.

Zeit- und länderübergreifende Aussagen über das zeitliche Verhältnis von Vermögenspreisbooms zu Konjunkturaufschwüngen und von Vermögenspreisbusts zu Konjunkturabschwüngen erscheinen problematisch. Tendenziell gehen Immobilien-Booms (bzw. -Busts) zeitlich eng mit konjunkturellen Aufschwüngen (bzw. Abschwüngen) einher. Aktien-Booms und -Busts scheinen dagegen zu unterschiedlichen Zeitpunkten des Konjunkturzyklus stattfinden zu können, d.h. die Verbindung zwischen Aktienmarkt- und konjunktureller Entwicklung ist lockerer.

2.3 Konkretisierung des Begriffs der Vermögenspreisinflation

2.3.1 Konkurrierende Interpretationen von Vermögenspreisinflation

Vermögenspreisinflation ist *eine Art von Inflation.* (Vgl. Issing 1998, 198.) Sie steht somit neben anderen Erscheinungsformen von Inflation wie Verbraucherpreisinflation, Inflation in Produzentenpreisen und dergleichen.[24] Anders als bei Verbraucherpreisinflation besteht aber bei Vermögenspreisinflation *keine Einigkeit darüber, wie sie zu messen ist.* Dabei verbinden sich Probleme der Datenverfügbarkeit mit konzeptionellen Unklarheiten. Da weder eine geschlossene Theorie der Vermögenspreisinflation existiert noch sich ein einheitliches (Vor-) Verständnis durchgesetzt hat, weisen die vorhandenen Ansätze eine *konzeptionelle Vielfalt* auf.[25]

In der vorliegenden Literatur wird in vielen Fällen gar nicht erst versucht, Vermögenspreisinflation direkt zu *messen*, sondern es wird allenfalls der Versuch unternommen, sie durch Näherungsgrößen zu beschreiben, etwa durch Chart-Darstellungen von Aktienindizes. Häufig werden die vergleichsweise allgemeinen Begriffe der Vermögenspreisinflation und –deflation *scheinbar synonym* mit Ausdrücken mit spezifischeren Konnotationen verwendet, wie „Blasen am Aktienmarkt", „Börsencrashes", „Finanzkrisen", „Boom-Bust-Zyklen", „Phasen heißer Immobilienspekulation" oder dergleichen. Diese Begriffe sind mindestens ebenso schwer operationalisierbar wie Vermögenspreisinflation selbst. Derartige Gleichsetzungen tragen in der Regel nicht zur wissenschaftlichen Begriffsklärung bei, sondern sie machen Vermögenspreisinflation schon aus prinzipiellen Gründen unmessbar. Wenn Vermögenspreisinflation aber nicht quantitativ angegeben werden kann, lassen sich Hypothesen, in denen sie eine Rolle spielt, nicht mehr (bzw. kaum noch) überprüfen. Eine wissenschaftlich nützliche Begriffsbestimmung von Vermögenspreisinflation sollte also dergestalt erfolgen, dass Vermögenspreisinflation zumindest *dem Grundsatz nach messbar* bleibt.

Im folgenden wird ein *einheitlicher Rahmen* dargestellt, in dem sich *verschiedene operationale Definitionen* bzw. Begriffsbestimmungen von Vermögenspreis-

---

[24] Sie ist also *keine* alternative Erscheinungsform von Verbraucherpreisinflation. Dies schließt nicht aus, dass Vermögenspreisinflation möglicherweise Ursache oder Wirkung von Verbraucherpreisinflation ist.

[25] Solange verschiedene Interpretationen von Vermögenspreisinflation nebeneinander stehen, bleibt die Angabe der jeweiligen konkreten Festlegungen Voraussetzung für einen Vergleich der Vorgehensweisen und Ergebnisse. Eine Vorab-Festlegung auf eine einzige Interpretation würde einen großen Teil der vorliegenden Literatur zu Vermögenspreisinflation als nicht zum Thema gehörend ausschließen und erscheint daher unzweckmäßig.

inflation darstellen lassen, wie sie z.B. für die vorliegenden empirischen Studien genutzt wurden. Der Begriff der Vermögenspreisinflation ist in vierfacher Hinsicht zu konkretisieren. Diese vier Punkte werden im folgenden als *Dimensionen* von Vermögenspreisinflation bezeichnet.

2.3.2 Dimensionen von Vermögenspreisinflation

Vermögenspreisinflation ist ein Ereignis in den Vermögenspreisen, das genau dann ein wirtschaftspolitisches Problem darstellt, wenn es volkswirtschaftlichen Schaden anrichtet.

Eine *konkrete und vollständige Problembeschreibung* (für Vermögenspreisinflation *i.w.S.*) muss nun an vier Punkten explizite Aussagen enthalten, und zwar erstens darüber, worin der mögliche *Schaden* besteht. Die weiteren drei Punkte beziehen sich auf das Schaden verursachende Ereignis in den Vermögenspreisen (Vermögenspreisinflation *i.e.S.*). Zweitens ist anzugeben, ob nur Vermögenspreisinflation, nur Vermögenspreisdeflation oder eine bestimmte Abfolge beider besonders schädlich ist. Drittens ist eine Definition der Inflations- bzw. Deflationsrate (oder –quote, siehe unten) und viertens diejenige von „Vermögenspreisen" zu wählen.

Die quantitative Wiedergabe von Vermögenspreisinflation läuft gedanklich in umgekehrter Reihenfolge ab: Aus einer geeignet abgegrenzten Menge von „Vermögenspreisen" wird eine aggregierte Größe [1.] ermittelt, etwa das Vermögenspreisniveau. Mit einer Formel bzw. Vorschrift lässt sich aus diesem Aggregat wiederum eine Rate oder ein Wert der Vermögenspreisinflation bzw. –deflation [2.] ermitteln, etwa die jährliche Änderungsrate des Vermögenspreisniveaus oder der Grad an Überbewertung. Welcher Wertebereich oder welcher Verlauf von Vermögenspreisinflation oder –deflation als volkswirtschaftlich besonders riskant gilt, lässt sich als Bedingung [3.] formulieren, etwa als Kombination verschiedener Ungleichungen. Worin der befürchtete Schaden besteht und ob er tatsächlich eintritt, lässt sich an der zugehörigen Zielvariablen [4.] ablesen, etwa am BIP-Wachstum.

Die folgende Tabelle 2.20 gibt eine Übersicht über die Vielfalt der alternativen inhaltlichen Festlegungen bei jedem der vier genannten Punkte, d.h. bei jeder der vier Dimensionen des Begriffs der Vermögenspreisinflation.

2.3.2.1 Die erste Dimension: Interpretation von „Vermögenspreisen"

Bei der ersten „Dimension" von Vermögenspreisinflation sind zwei verschiedene *Interpretationen von „Vermögenspreisen"* zu unterscheiden, zum einen wörtlich als Preise der Vermögenswerte, zum anderen in Orientierung am englischen Pendant „asset prices" als Finanzmarktdaten.

Tab. 2.20: Dimensionen des Begriffs der Vermögenspreisinflation

Leitfrage		*Dimension*	*Alternative Konkretisierungen*		
„Was sind Vermögenspreise?“	→	**[I.] Interpretation „Vermögenspreise“**	**[I.a] Preise der Vermögenswerte** z.B. Aktienkurse, Immobilienpreise, einzeln oder zusammengefasst	**Vermögenspreisinflation / -deflation im engeren Sinne** (d.h. nur das Ereignis in der Vermögenspreisen)	**Vermögenspreisinflation / -deflation im weiteren Sinne** (d.h. das Ereignis in der Vermögenspreisen in Verbindung mit seinen Wirkungen)
			[I.b] Finanzmarktdaten (asset prices) d.h. nicht nur Preise oder nur Vermögenswerte, z.B. auch Anleiherenditen		
„Wie wird hier Inflation bzw. Deflation definiert?“	→	**[II.] Interpretation „Inflation“ / „Deflation“**	**[II.a] Starker Vermögenspreisanstieg / -rückgang** Interpretation als Wachstumsrate		
			[II.b] Historisch hohes / niedriges Vermögenspreisniveau Interpretation als Lücke, d.h. als relative Trendabweichung		
			[II.c] Übermäßig hohes / niedriges Vermögenspreisniveau Interpretation als Blase, d.h. als Abweichung vom Fundamentalwert		
„Welches Ereignis in den VmP richtet unmittelbar Schaden an?“	→	**[III.] Schädliches Ereignis in den Vermögenspreisen**	**[III.a] Vermögenspreisinflation** z.B. Schaden durch Aufbau „finanzieller Ungleichgewichte“		
			[III.b] Vermögenspreisdeflation z.B. Schaden durch Bankinsolvenzen		
			[III.c] Beide, evtl. nur bestimmte Verlaufsmuster z.B. Boom-Bust-Zyklen		
„Worin besteht der angerichtete Schaden?“	→	**[IV.] Erwarteter volkswirtschaftlicher Schaden**	**[IV.a] Verbraucherpreisinflation / -deflation** Verletzungen der Preisstabilität	**Volkswirtschaftliche Schadenswirkungen**	
			[IV.b] Störungen des Finanzsystems Verletzungen der Finanzstabilität, z.B. Bankenkrisen		
			[IV.c] Konjunkturelle Störungen Verletzungen der gesamtwirtschaftlichen Stabilität		
			[IV.d] Vermögenspreisdeflation per se Verletzungen eines eigenständigen Ziels der „Vermögenspreisstabilität“		

Nach der *ersten* Interpretation sind *Vermögenspreise als* die *(Stück-) Preise von Vermögenswerten* anzusehen ([Ia]). Die Zugehörigkeit eines Gutes zum Vermögen entscheidet darüber, ob sein Preis einen Vermögenspreis darstellt. Änderungen des Niveaus der Vermögenspreise lassen sich durch Vermögenspreisindizes abbilden, analog zu Verbraucherpreisindizes. Dabei sind die einzelnen Vermögenspreise entweder entsprechend der Vermögenszusammensetzung der Ver-

mögenshaltung aller privaten nicht-finanziellen Sektoren oder nur des privaten Haushaltssektors zu wählen. Der Aggregierte Vermögenspreisindex (AAPI) der BIZ stellt den bislang einzigen, in vergleichbarer Weise für verschiedene Länder berechneten Vermögenspreisindex dar, der auf dieser Interpretation von „Vermögenspreisen“ beruht. Eine Alternative hierzu wäre ein Vermögenspreisindex, der die Änderung der Preisdimension des sektoralen Vermögensbestandes zu ermitteln suchte. Da für Humankapital bzw. Humanvermögen mangels entsprechender Vermögensmärkte keine Vermögenspreise vorliegen, kann ein Großteil des privaten Haushaltsvermögens nicht in einen Vermögenspreisindex einbezogen werden, der nur auf expliziten Vermögenspreisen beruht. Der Wert des Humanvermögens kann geschätzt werden. Rechnete man Mengenänderungen aus der Änderung des Wertes des Gesamtvermögens heraus, etwa Vermögenszugänge durch Ausbildung und Vermögensabgänge durch Naturkatastrophen, dann erhielte man die Änderung der Preisdimension des Vermögens, die auch Vermögensarten abdecken könnte, für die keine Marktpreise vorliegen.
Nach der *zweiten* Interpretation sind *„Vermögenspreise“ als* deutsche Entsprechung der englischen Begriffe „asset prices“ oder „financial asset prices“ gleichbedeutend mit *Finanzmarktdaten* ([Ib]). Diese lassen sich, wie Zinssätze und Wechselkurse, zwar im weiteren Sinne auch als Preise interpretieren, sie entziehen sich aber der vollständigen Erfassung durch einen Preisindex. Da Finanzmärkte und Finanzmarktdaten als volatil und teilweise auch als Ursache von „Finanzmarktinstabilität“ gelten, ist eine zusammengefasste Darstellung durch Volatilitätsmaße denkbar, die nun auch als charakteristische Darstellung von „Vermögenspreisinflation“ interpretiert werden könnten. Hierbei wäre der Begriff der Inflation nicht wörtlich im Sinne eines Preisniveauanstiegs zu interpretieren. Alternativ kann man „Vermögenspreise“ im Sinne von Finanzmarktdaten auch in einen Monetary Conditions Index einbeziehen und dies als geldpolitische Antwort auf Vermögenspreisinflation interpretieren. (Vgl. Smets 1997.)
Der *Unterschied* zwischen beiden Interpretationen von Vermögenspreisen kann anhand zweier *Beispiele* verdeutlicht werden. Nach der zweiten Interpretation stellen üblicherweise die Umlaufrenditen von Schuldverschreibungen, nach der ersten Interpretation nur deren Kurse „Vermögenspreise“ dar. Nach der zweiten Interpretation sind Immobilienpreise nur in dem (geringen) Umfang Vermögenspreise, wie Immobilienvermögen an Finanzmärkten gehandelt wird. Nach der ersten Interpretation sind Immobilienpreise in vollem Umfang Vermögenspreise.

2.3.2.2 Die zweite Dimension: Inflationsdefinition bzw. Formel zur Inflationsmessung

Bei der zweiten „Dimension“ von Vermögenspreisinflation geht es um die Formel bzw. Rechenvorschrift, anhand derer aus dem Vermögenspreisniveau bzw. aus einem Aggregat von Vermögenspreisen die Rate der (oder der Grad an)

Vermögenspreisinflation (oder –deflation) ermittelt wird. Zumeist wird diese Formel, diese Vorschrift bzw. dieser *Definitionstyp* in der Literatur nicht explizit dargestellt. Es sind drei Typen zu unterscheiden.

Erstens kann die *Änderungsrate* des Vermögenspreisniveaus als Vermögenspreisinflation definiert werden ([IIa]). Hierbei sind zwei Varianten zu beachten. Analog zu Verbraucherpreisinflation kann sie dann als Wachstumsrate innerhalb eines festen Zeitraums angegeben werden, oder analog zu Konjunkturzyklen kann die Änderungsrate zwischen einem Tief- und dem folgenden Höhepunkt von Vermögenspreiszyklen als Vermögenspreisinflation interpretiert werden, nunmehr bezogen auf einen variablen Zeitraum. Unabhängig von der Wahl zwischen diesen Varianten ist Vermögenspreisinflation als Wachstumsrate zwar relativ leicht zu ermitteln, aber schwer ökonomisch zu interpretieren, da bei diesem Definitionstyp nicht zwischen fundamentalen und nicht-fundamentalen Vermögenspreisänderungen unterschieden wird.

Zweitens kann Vermögenspreisinflation als *Vermögenspreislücke* definiert werden ([IIb]), d.h. als die prozentuale Abweichung des Vermögenspreisniveaus von seinem eigenen langfristigen Trendwert. Da es konkurrierende Methoden zur Trendermittlung und zusätzlich Wahlmöglichkeiten bei gegebener Methode gibt, hängt das quantitative Ausmaß der Vermögenspreisinflation nach diesem Definitionstyp maßgeblich vom zugrunde liegenden empirischen Verfahren der Trendermittlung und von den angenommenen Parameterwerten ab. In der Literatur ist dabei der Hodrick-Prescott-Filter beliebt, bei welchem der Glättungsparameter frei gewählt werden kann.[26] Vorteil dieses Definitionstyps ist, dass er ein Maß zur Beurteilung von Bewertungsniveaus anbietet und dennoch einfach bleibt. Der Nachteil besteht darin, dass die Trends und Lücken nicht robust hinsichtlich der Methode ihrer Ermittlung sind und dass die Wahlmöglichkeiten zu einem unausweichlichen Maß an Beliebigkeit führen.

Drittens wird Vermögenspreisinflation häufig als *Vermögenspreisblase* im kapitalmarkttheoretischen Sinne definiert ([IIc]), d.h. als prozentuale Abweichung vom Fundamentalwert. Dessen Berechnung erfordert ein theoretisches Modell, in welches die Werte anderer Variablen einzusetzen sind. Da diese in der Regel nicht direkt beobachtet werden können, müssten sie geschätzt werden, was wiederum theoretische Hypothesen und empirische Verfahren erfordert. Ein weitergehendes Problem ergibt sich aus dem Umstand, dass hier Blasen in aggregierten Vermögenspreisen betrachtet werden sollen. Entweder ermittelt man den Fundamentalwert als Aggregat der Fundamentalwerte einzelner Vermögenswerte, was mit einem sehr großen Aufwand verbunden wäre, oder man benötigt ein theoretisches Modell für den Fundamentalwert des Vermögenspreisaggregats. Kurzum, die bei diesem Definitionstyp resultierende Zeitreihe von Vermögens-

[26] Grundsätzlich sollten bei der Trendermittlung eventuell bekannte dynamische Eigenschaften aggregierter Vermögenspreise berücksichtigt werden.

preisinflation wäre nur so gut wie die ihr zugrunde liegende Theorie zur Ermittlung des Fundamentalwerts. Praktisch wird Vermögenspreisinflation im Sinne einer Blase so gut wie nie auf Grundlage von expliziter Fundamentalwertberechnungen ermittelt. Vorhandene Ansätze zielen vielmehr darauf ab, aus den beobachteten Marktpreisen Kombinationen impliziter Werte der Bestimmungsfaktoren zu ermitteln und diese auf ihre Plausibilität zu überprüfen, indem man sie mit ihren geschätzten langfristigen Durchschnittswerten vergleicht. Alternativ werden auch traditionelle Bewertungskennziffern (wie das Kurs-Gewinn-Verhältnis) direkt mit langfristigen Durchschnittswerten verglichen. In der faktischen Vorgehensweise läuft Vermögenspreisinflation als Blase also – entgegen dem kapitalmarkttheoretischen Verständnis von Blasen – darauf hinaus, wie beim zweiten Definitionstyp Lückenmaße zu betrachten, also einen Vergleich mit Vergangenheitswerten derselben Variablen durchzuführen.[27]

Für die drei Definitionstypen von Vermögenspreisinflation gibt es bei Verbraucherpreisinflation keine genaue Entsprechung. Sie ist ein Anstieg des Verbraucherpreisniveaus und wird daher als Änderungsrate an einem Verbraucherpreisindex abgelesen. Dieser Vorgehensweise überträgt der erste Definitionstyp auf Vermögenspreisinflation, sie ist aber mit deren Definition als Lücke oder Blase unvereinbar. Vermögenspreisinflation ist nach dem zweiten und dem dritten Definitionstyp grundsätzlich zeitpunktbezogen anzugeben. Ein historisch überdurchschnittliches (→Lücke) oder ein übermäßiges (→Blase) Bewertungsniveau besteht zu einem gegebenen *Zeitpunkt* – im Unterschied zu Verbraucherpreisinflation, die sich nur für einen *Zeitraum* angeben lässt.[28]

2.3.2.3 Die dritte Dimension: Richtung, Verlaufsmuster, Ereignis

Die dritte und vierte „Dimension" des Begriffs der Vermögenspreisinflation stehen in enger Beziehung zum (vermeintlichen oder tatsächlichen) *volkswirtschaftlichen Schaden*, mit welchem sie in Verbindung gebracht wird. Vermögenspreisinflation ist genau dann ein volkswirtschaftliches Problem, wenn sie volkswirtschaftlichen Schaden verursacht oder wenn sie selbst einen volkswirtschaftlichen Schaden darstellt.[29] Beide Möglichkeiten hängen mit dem Zielsystem, die erstere auch mit der akzeptierten Theorie bzw. Kausalhypothese des Beobachters zusammen. Bei der dritten „Dimension" geht es um die Frage, wel-

---

[27] Für nicht-aggregierte Vermögenspreise gilt auf effizienten Märkten, dass *Vergangenheitswerte keinen Informationsgehalt* für die Zukunft besitzen müssen.

[28] Lediglich die *Änderung* von Vermögenspreisinflation (in Prozentpunkten) oder ein durchschnittliches Ausmaß derselben bezieht sich auf einen Zeitraum, nicht aber Vermögenspreisinflation (als Lücke oder Blase) selbst. – Ein (sekundärer) Unterschied zwischen den Definitionstypen von Vermögenspreisinflation besteht also hinsichtlich ihres Zeitbezugs.

[29] Sofern nicht eigens etwas Abweichendes angegeben wird, gilt im Folgenden die Annahme, dass Vermögenspreisinflation volkswirtschaftlichen Schaden verursachen kann, aber nicht selbst einen solchen darstellt.

che Ereignisse in den Vermögenspreisen primäre Schadens*ursachen* darstellen, bei der vierten „Dimension" um die Art der Schadens*wirkungen*.
Hinsichtlich der dritten „Dimension" von Vermögenspreisinflation und -deflation bestehen unterschiedliche Auffassungen, welche *Art von Ereignissen* in den Vermögenspreisen *primär volkswirtschaftliche Kosten verursacht.*
Zum einen wird Vermögenspreisinflation, also nur die Aufwärtsbewegung der Vermögenspreise, als primär schädlich angesehen, wenn man sie als Ausdruck sich aufbauender „finanzieller Ungleichgewichte" interpretiert, die etwa zu „Überinvestition" und zur „Fehlallokation von Kapital" führt ([IIIa]). Bei einer anschließenden Vermögenspreisdeflation wird der zuvor verursachte Schaden nach dieser Sichtweise lediglich manifest.
Zum anderen wird Vermögenspreisdeflation bzw. die Abwärtsbewegung der Vermögenspreise als primär schädlich angesehen, was einer vordergründigen Interpretation des Marktgeschehens entspricht ([IIIb]). Zurückgehende Vermögenspreise „reißen Löcher in Bilanzen" bzw. kommen einer „Vermögensvernichtung" gleich, führen zu verringerten Ausgaben der Wirtschaftssubjekte oder zu Liquiditätsproblemen. Ein etwaiger vorheriger Vermögenspreisanstieg ist demnach unschädlich, da er die Anleger reicher gemacht hat.
In der Regel werden diese beiden Sichtweisen nicht in Reinform vertreten, sondern kombiniert, etwa wenn nur historisch überdurchschnittliche oder übermäßige Vermögenspreisänderungen in beide Richtungen als primär schadensverursachend angesehen werden. Oft werden bestimmte Abfolgen von Vermögenspreisinflation und Vermögenspreisdeflation als zugleich schädlich und typisch für die Vermögenspreisentwicklung dargestellt. So gelten „Boom-Bust-Zyklen", also starke Anstiege gefolgt von starken Rückgängen, sowohl als typisch für die Aktienkursentwicklung als auch als volkswirtschaftlich gefährlich ([IIIc]).[30]

2.3.2.4 Die vierte Dimension: Art des erwarteten volkswirtschaftlichen Schadens
Bei der vierten Dimension des Begriffs der Vermögenspreisinflation ist zu konkretisieren, mit welcher *Art volkswirtschaftlichen Schadens* diese in Verbindung gebracht wird. Unabhängig von der Vielzahl möglicher Wirkungsmechanismen lassen sich drei Arten (negativ formulierten) volkswirtschaftlichen Schadens angeben, was der Gefährdung bzw. Schädigung dreier (positiv formulierter) wirtschaftspolitischer Ziele entspricht.
Vermögenspreisinflation gefährdet erstens das Ziel der *Preisstabilität im herkömmlichen Sinne* ([IVa]). Dies lässt sich auf unterschiedliche Weise begründen. Zum einen kann Vermögenspreisinflation einen Anstieg der Ausgaben für

[30] Als Beleg für diese Einschätzung und Bewertung wird in der Literatur immer wieder das bereits erwähnte idealtypische Krisenablaufschema von Kindleberger (1978) verwiesen. Nach dessen Darstellung stehen hinter einer typischen Krise der Aufbau und das Platzen von „Blasen", welche der Autor aufgrund nachträglichen Urteils zu erkennen vermag. Der behauptete Verlauf ist mit dem im Ausdruck der „Boom-Bust-Zyklen" implizierten Verlauf vereinbar.

Konsum und Investitionen und somit kurzfristigen Inflationsdruck bei den Verbraucherpreisen auslösen. Zum anderen kann sie über eine anschließende Vermögenspreisdeflation eine Bankenkrise, eine stockende Kreditvergabe, ein dauerhaft niedriges Ausgabenniveau und schließlich Deflation bei den Verbraucherpreisen verursachen.[31] Weiterhin kann Vermögenspreisinflation eine indirekte Gefahr für die Preisstabilität darstellen, wenn sie den Geldmengen-Preis-Zusammenhang überlagert, also den Informationsgehalt der Geldmengenentwicklung bezüglich der Risiken für die Verbraucherpreisinflation verwässert und somit eine (auch oder vorrangig) an monetären Größen ausgerichtete, stabilitätsorientierte Geldpolitik erschwert.[32]

Vermögenspreisinflation gilt zweitens als Risiko für das Ziel der Funktionsfähigkeit und Stabilität des Finanzsystems (*Finanzstabilität,* [IVb]). Bezieht man dieses Ziel, dessen positive Formulierung umstritten und häufig unscharf ist, primär auf *Finanzintermediäre*, so beeinträchtigt Vermögenspreisinflation möglicherweise das störungsfreie Funktionieren des Bankensystems. Häufig wird sie mit Bankenkrisen in Verbindung gebracht. Bezieht man das Ziel der Finanzstabilität primär auf das störungsfreie Funktionieren von *Finanzmärkten*, so gilt Vermögenspreisinflation als Risiko, weil sie möglicherweise zu einer als übermäßig erachteten Volatilität der Finanzmarktdaten beiträgt, etwa zu übermäßigen Schwankungen der Preise oder der gehandelten Mengen bzw. Umsätze.

Drittens gilt Vermögenspreisinflation als Gefährdung der gesamtwirtschaftlichen Stabilität bzw. eines stetigen Wirtschaftswachstums ([IVc]).[33] Als unerwünschte Wirkungen von Vermögenspreisinflation werden dabei entweder eine erhöhte Volatilität des Wirtschaftswachstums oder ein verringertes Niveau desselben angesehen. Vermögenspreisbedingte Ausgabenschwankungen können möglicherweise konjunkturelle Ausschläge verstärken. Alternativ oder zusätzlich kann Vermögenspreisinflation unter Umständen über eine Bankenkrise zu einer vertieften und anhaltenden Rezession führen, somit zu Wachstumseinbußen.

---

[31] An dieser Stelle kommt es nicht auf eine bestimmte Erklärung von Verbraucherpreisdeflation an, also auf eine bestimmte Kausalkette. Wichtig ist nur, dass Vermögenspreisinflation und –deflation weithin als mögliche Ursache von Deflation in den Verbraucherpreisen angesehen werden.

[32] Vgl. hierzu die Diskussion um *Portfolioumschichtungen* im Euroraum nach dem Jahr 2001. Die genaue Argumentation wird andernorts dargestellt. An dieser Stelle genügt der Hinweis darauf, dass Vermögenspreisinflation und –deflation in dieser Diskussion als indirekte (nicht als direkte!) Gefährdung der Preisstabilität interpretiert werden. Sie gelten als Ursache von Informations- und Steuerungsproblemen für die Geldpolitik, nicht als eine unmittelbar der Preisstabilität zuwiderlaufende Form von Inflation / Deflation.

[33] Die Erwähnung dieser wirtschaftspolitischen Zielvorstellung bedeutet *nicht*, dass es sich hierbei um ein gültiges oder gebotenes *geldpolitisches* Ziel oder um einen Handlungsauftrag an Notenbanken handelte.

Neben den drei zuvor dargestellten Zielgefährdungen kann Vermögenspreisdeflation auch per se als unmittelbare Verletzung eines eigenständigen Ziels der „Vermögenspreis(niveau)stabilität“ interpretiert werden ([IVd]). Ein derartiges Vermögenspreisziel ist nach Ansicht der Verfassers und des Großteils der wissenschaftlichen Literatur aus einer Reihe von Gründen abzulehnen.[34]

2.3.2.5 Vermögenspreisinflation im engeren und im weiteren Sinne

Die verschiedenen Schadensarten, als deren Ursache Vermögenspreisinflation diskutiert wird, lassen sich jeweils als Verletzung eines wirtschaftspolitischen Ziels darstellen. Sieht man von einem eigenständigen Vermögenspreisziel ab, so liegen die Schadenswirkungen von Vermögenspreisinflation außerhalb der Vermögenspreise selbst. In diesen Fällen ist zwischen *zwei Begriffsumfängen* von Vermögenspreisinflation zu unterscheiden. Vermögenspreisinflation *im engeren Sinne* umfasst nur das Schaden verursachende *Ereignis in den Vermögenspreisen*, nicht aber den Schaden selbst. Vermögenspreisinflation *im weiteren Sinne* umfasst das Ereignis und den Schaden, also das gesamte *wirtschaftspolitische Problem.*

2.3.3 Begriffsbestimmung und Suchstrategien in der Praxis

2.3.3.1 Unterschiedliche Konkretisierungen – unterschiedliche Suchstrategien

Bei jeder einzelnen Dimension kann zwischen mehreren plausiblen Alternativen gewählt werden. Aus den möglichen Kombinationen ergibt sich eine Vielfalt möglicher Begriffsbestimmungen bzw. operationaler Definitionen von Vermögenspreisinflation. Somit gibt es eine *Vielzahl für sich genommen plausibler Suchstrategien* für allgemeine, empirisch belegbare Aussagen über Vermögenspreisinflation. Da bislang weder eine geschlossene Theorie der Vermögenspreisinflation existiert, noch sich ein einigermaßen einheitliches Vorverständnis von Vermögenspreisinflation in der Diskussion durchgesetzt hat, erscheint es nicht zweckmäßig, diese Vielfalt in irgendeiner Weise vorab einzuschränken.

Beispiele für derartige *Suchstrategien* finden sich in der (noch recht überschaubaren) Literatur, welche nach stilisierten Fakten von Vermögenspreisinflation sucht.[35] Die Autoren machen konkrete Angaben zu ihrer Vorgehensweise, was einen Vergleich der jeweiligen Vorverständnisse von Vermögenspreisinflation anhand der zuvor dargestellten „Dimensionen“ bzw. Kriterien ermöglicht. Dies geschieht in der nachstehenden Übersicht, Tab. 2.21.

---

[34] Es spielt in der öffentlichen Diskussion eine anhaltend große Rolle. Ein *Vermögenspreisziel* wird *implizit* postuliert, wenn Journalisten oder Marktteilnehmer in ihren Kommentaren zu dieser oder jener aktuellen Geldpolitik den *Vorwurf der „Vermögensvernichtung“* gegen Notenbanken erheben und damit Forderungen nach einer anderen Geldpolitik begründen.

[35] Dabei verwenden die betreffenden Autoren zwar anstelle von „Vermögenspreisinflation“ andere Problembezeichnungen, dies steht einer Einbeziehung an dieser Stelle aber nicht im Wege.

Tab. 2.21, Anfang: Konkretisierung des Begriffs der Vermögenspreisinflation in der Literatur

	Bordo / Jeanne 2002[36]	**Borio / Lowe 2004**[37]	**Detken / Smets 2004**	**Helbling 2003**[38]
I. Def. „Vermögenspreise"	[a] Aktienkurse und Wohnimmobilienpreise, *nur getrennt*	[a] Aktienkurse	[a] Aktienkurse, Wohn- und Gewerbeimmobilienpreise, *gemeinsam (AAPI) und getrennt*	[a] Wohnimmobilienpreise
II. Def. „Inflation" bzw. „Deflation" / Messung	[b] / [a] Mindestabweichung der VmP-*Wachstumsraten* vom lfr. internat. Mittel	[b] Lücke (vorgegebene Mindestabweichung der VmP-*Niveaugrößen* vom lfr. Trend)	[b] / [a] Lücke des AVmP-Wachstums (für Booms allgemein) und [a] *BIP*-Wachstum (für Unterscheidung H- / N-Booms)	[a] Änderungsrate (über Zyklus; oberes bzw. unteres Quartil)
III. Arten von Ereignissen in Vermögenspreisen (Richtung / Verlaufsmuster)	*1. Stufe:* [a] / [b] Booms, Busts	[a] Booms	*1. Stufe:* [a] Booms	*1. Stufe:* [a] / [b] Steigende und fallende Märkte
	2. Stufe: [c] Boom-Bust-Zyklen (BBZ), isolierte Booms und Busts		*2. Stufe:* [a] Hochkosten-Booms und Niedrigkosten-Booms (H-, N-Booms)	*2. Stufe:* [c] Booms, Busts, Boom-Bust-Zyklen

36 Auch: Bordo et al. (2000 / 2001) sowie Bordo / Eichengreen (2002).

37 Auch: Borio / Lowe (2002).

38 Auch: IMF (2003) – dieses Werk wird von anderen Autoren auch als „Helbling / Terrones (2003)" zitiert.

Tab. 2.21, fortgesetzt von vorhergehender Seite: Konkretisierung des Begriffs der Vermögenspreisinflation in der Literatur

	Bordo / Jeanne 2002[39]	**Borio / Lowe 2004**[40]	**Detken / Smets 2004**	**Helbling 2003**[41]
IV. Schaden / zu erklärendes Ereignis	[b] Bankenkrisen	[b] Bankenkrisen (u.a.)	[c] BIP-Wachstumseinbußen	[c] BIP-Wachstumseinbußen (u.a.)
Rahmen der Untersuchung[42]	1970-2001; 15 IL	1974-1999; 20 IL	1970-2002; 18 IL	1970-2001; 14 IL
Anzahl Bankenkrisen	11 BK	15 BK[43]	(12 BK)[44]	unbekannt
Ermittelte Ereignisse (Auswahl)	10 BBZ in WIP, 3 BBZ in AK	Anzahl Booms unbekannt	38 Booms in AVmP; davon 14 H-Booms, 24 N-Booms	6 bzw. 12 BBZ in WIP (methodenabhängig)

Die betreffenden Studien behandeln das Problem der Vermögenspreisinflation unter verschiedenen Überschriften. Sie bezeichnen es weder als Blase noch als Vermögenspreisinflation, sondern als Booms bzw. Boom-Bust-Zyklen in Vermögenspreisen.[45]

[39] Auch: Bordo et al. (2000 / 2001) sowie Bordo / Eichengreen (2002).

[40] Auch: Borio / Lowe (2002).

[41] Auch: IMF (2003) – dieses Werk wird von anderen Autoren auch als „Helbling / Terrones (2003)" zitiert.

[42] Verwendete Abkürzungen: VmP – Vermögenspreise, IL – Industrieländer, BK – Bankenkrisen.

[43] Zu den Bankenkrisen nach Borio / Lowe (2004) und nach anderen Aufstellungen vgl. Tab. A1 im Anhang. Borio / Lowe (2004) fügen einer vorgefundenen Aufstellung nach eigener Maßgabe zwei weitere Ereignisse hinzu, die sie als Bankenkrisen ansehen (vgl. BL2004, 9). Diese Ergänzung beeinflusst möglicherweise ihre Ergebnisse bezüglich der absoluten und relativen Leistungsfähigkeit der Indikatoren, bedenkt man die geringe Zahl der durch die Indikatoren zu erklärenden bzw. erklärbaren Bankenkrisen.

[44] Hier *nachrichtlich*. Bankenkrisen spielen in der Studie selbst keine Rolle, können aber zugeordnet werden.

[45] Die Autoren wählen die folgenden Bezeichnungen: "boom-busts in asset prices" bzw. "asset price reversals" (Bordo / Jeanne 2002), "asset price misalignments / asset price booms and busts [interacting with] leverage / financial imbalances" (Borio / Lowe 2004), "asset price booms" (Detken / Smets 2004), "housing price booms and busts" bzw. "real estate price boom-bust cycles" (Helbling 2003).

Diese werden im Sinne von [Ia] als (Stück-) *Preise von Vermögenswerten* interpretiert. Dabei werden durchweg, wenngleich in verschiedenen Kombinationen, Aktienkurse oder Immobilienpreise betrachtet, weitere Vermögensarten werden vernachlässigt. Drei von vier Studien betrachten (auch oder ausschließlich) Immobilienpreise.

Die Identifikation der interessierenden Ereignisse in den Vermögenspreisen erfolgt meist über Varianten von Trendabweichungen bzw. *Lückenmaßen* im Sinne von [IIb], für die bestimmte Schwellenwerte festgelegt werden. Bordo / Jeanne (2002; kurz: BJ 2002) definieren Booms als Ereignisse über eine Mindestabweichung des Vermögenspreiswachstums von einem einzigen, zeit- und länderübergreifenden Durchschnittswert, also über ein primitives Lückenmaß. Die Boomdefintion von Detken / Smets (2004; kurz: DS 2004) sieht demgegenüber eine Mindestabweichung des Vermögenspreis*wachstums* vom jeweiligen nationalen Trend vor. BL 2004 geben schließlich Mindestwerte für die Abweichung des Vermögenspreis*niveaus* von seinem langfristigen nationalen Trendwert vor. Im Unterschied zu den anderen Studien stellt Helbling (2003) auf keinerlei Trendabweichung ab, sondern nur auf *Wachstumsraten* ([IIa]). Anschließend wählt er ein festes Quantil der extremen Ereignisse aus, was zu ähnlichen Ergebnissen wie ein (ebenso frei wählbarer) Schwellenwert für eine Lücke führt.

Die interessierenden Ereignisse in den Vermögenspreisen sind bei allen Autoren *Booms*, es wird also der volkswirtschaftlich zunächst nur latent schädliche Aufbau finanzieller Ungleichgewichte in Phasen steigender Vermögenspreise vermutet ([IIIa]). Zwei der vier Studien untersuchen *zusätzlich Boom-Bust-Abfolgen* bzw. –Zyklen, sie gehen also der Befürchtung einer besonderen Schädlichkeit eines solchen Verlaufsmusters der Vermögenspreisentwicklung nach ([IIIc]). Bei beiden Studien werden zunächst Booms und Busts unabhängig voneinander ermittelt und dann bei direkter Abfolge zu einem Ereignis zusammengefasst. Dies geschieht in Ermangelung einer analogen Definition für „Bust-Booms“ nicht für Abfolgen von Booms nach Busts.

Das *zu erklärende Ereignis* bzw. der vermutete Schaden aufgrund von Vermögenspreisinflation besteht bei zwei Studien in zeitgleichen oder nachfolgenden *Bankenkrisen* ([IVb]), bei zwei anderen in *BIP-Wachstumseinbußen* ([IVc]). Da Bankenkrisen einerseits volkswirtschaftliche Kosten in Form eines gedämpften Wirtschaftswachstums erwarten lassen, da andererseits Wachstumseinbußen auch über am Finanzsystem vorbeilaufende Kanäle sowie über weniger extreme Beeinträchtigungen des Finanzsystems hervorgerufen werden können, ergänzen sich die Studien hinsichtlich der erwarteten Schadenswirkungen.

2.4 Fazit

Vermögenspreisinflation im Besonderen: Empirische Regelmäßigkeiten für den Zeitraum seit 1970

Die *internationale Erfahrung mit Vermögenspreisinflation und -deflation* seit 1970 lässt sich für die entwickelten Volkswirtschaften wie folgt zusammenfassen.

Vermögenspreisinflation hat seit 1970 häufig und in einer kleineren und zwei großen internationalen Wellen stattgefunden. Der Höhepunkt der ersten großen Welle um das Jahr 1990 herum fiel in vielen Ländern mit dem konjunkturellen Höhepunkt zusammen, wurde von zahlreichen Bankenkrisen begleitet und in vielen Fällen von deutlichen Rückgängen des Wirtschaftswachstums gefolgt.

Nicht jeder Fall von Vermögenspreisinflation erweist sich nachträglich als volkswirtschaftlich schädlich. Möglicherweise kann man frühzeitig potentiell schädliche von unschädlichen Booms unterscheiden. Teilt man die Gesamtheit der Fälle von Vermögenspreisinflation in den aggregierten Vermögenspreisen anhand der nachfolgenden Wachstumsrückgänge in die beiden Teilgesamtheiten der Hochkostenbooms (H-Booms) und der Niedrigkostenbooms (N-Booms) ein, so konzentrieren sich die H-Booms in der erwähnten Welle um das Jahr 1990, während die N-Booms sich auf den gesamten Betrachtungszeitraum verteilen, insbesondere aber die zweite Welle um das Jahr 1998 herum dominieren.

Bildet man über die drei Gesamtheiten hinweg („alle Booms", „H-Booms", „N-Booms") für eine Reihe makroökonomischer Variablen Medianwerte, so lässt sich aus diesen Variablenwerten für jede der drei Gesamtheiten ein synthetischer Medianboom konstruieren, ein in diesem Sinne „typischer" Vermögenspreisboom. Dies ermöglicht eine Beschreibung des „durchschnittlichen" Booms sowie zwei Vergleiche der mutmaßlich gefährlichen mit den mutmaßlich ungefährlichen Booms, einmal aus einer allwissenden Ex-post-Perspektive, einmal aus einer fingierten Echtzeit-Perspektive.

Aus einer allwissenden Ex-post-Perspektive unterscheiden sich die vermeintlich schädlichen H-Booms in vielen Punkten von den vermeintlich unschädlichen N-Booms, dies gilt aber vor allem für die beiden Jahre nach Boomende, weniger für die Boomjahre und kaum für die beiden Jahre vor Boombeginn. Zu den wenigen Unterschieden in der Vorboomphase, die als Warnsignal für möglicherweise schädliche Booms dienen könnten, gehören das vergleichsweise höhere reale (inflationsbereinigte) Geldmengenwachstum (5,6% ggü. 4,3%) und die betragsmäßig größere negative Immobilienpreislücke.

Aus einer fingierten Echtzeitperspektive fallen die meisten statistisch signifikanten Unterschiede in die zweite Boomperiode und geben daher ein reichlich spätes Warnsignal ab. Mögliche frühe Warnsignale vor Boombeginn sind die Trendabweichungen der Quotienten aus den Investitionen bzw. den Bauinvestitionen und dem BIP.

Nicht jeder Fall von Vermögenspreisinflation mündet in Vermögenspreisdeflation, und nicht jeder Boom-Bust-Zyklus in den Vermögenspreisen (als direkte Abfolge von Vermögenspreisinflation und –deflation) in eine Bankenkrise. Bezieht man Vermögenspreisinflation auf den AAPI, d.h. auf „aggregierte Vermögenspreise“ im Sinne einer Verbindung von Aktienkursen, Wohn- und Gewerbeimmobilienpreisen, so ist zehn von 15 Bankenkrisen im Untersuchungsrahmen Vermögenspreisinflation vorangegangen. Bezieht man diese auf nur auf die Immobilienpreise, so gilt dies analog für neun Fälle, bezogen nur auf die Aktienkurse für sechs Fälle. Elf Bankenkrisen sind jedoch konjunkturelle Höhepunkte vorangegangen, womit die konjunkturelle Entwicklung bei der gewählten einseitigen Betrachtung (von Bankenkrisen zum „erklärenden“ Ereignis, nicht umgekehrt) den engsten Zusammenhang mit Bankenkrisen aufweist, enger als Vermögenspreisinflation in den genannten drei Varianten.
Die Qualität eines Indikators für Bankenkrisen wie z.B. der Vermögenspreisentwicklung bemisst sich nicht allein daran, wie vielen Bankenkrisen Vermögenspreisinflation vorangegangen ist, sondern umgekehrt auch daran, wie vielen Jahren ohne Bankenkrise auch keine Vermögenspreisinflation vorangegangen ist. Die Qualität eines Indikators hängt von seiner Fähigkeit ab, sowohl Typ-I- als auch Typ-II-Fehler zu vermeiden. Vergleicht man den dergestalt bewerteten Informationsgehalt verschiedener Indikatoren für Bankenkrisen miteinander, so fällt auf, dass Vermögenspreisinflation im Sinne einer mindestens sechzigprozentigen Vermögenspreislücke einen eher mäßigen Informationsgehalt in Bezug auf Bankenkrisen besitzt.
Setzt man Vermögenspreise in Konkurrenz zu anderen Variablen, die möglicherweise bevorstehende Bankenkrisen ankündigen können, so ist die Kombination aus Vermögenspreis- und Kreditlücke ein relativ akkurater Indikator für Bankenkrisen, sowohl hinsichtlich der positiven als auch der negativen Prognosequalität. Er ist über verschiedene längere Zeithorizonte (zwischen drei und fünf Jahren) sowohl der Geldlücke als auch der Kombination aus Geld- und Kreditlücke überlegen.
Geht man wieder von der Betrachtung der aggregierten Vermögenspreise ab und betrachtet Aktienkurs- und Immobilienpreisentwicklung getrennt voneinander, so fallen mehrere Punkte auf. Aktienkursinflation ist international stärker synchronisiert als Immobilienpreisinflation, dasselbe gilt für Aktienkurs- und Immobilienpreisdeflation. Boom-Bust-Zyklen in Immobilienpreisen sind häufiger als solche in Aktienkursen (zehn ggü. drei Fällen im Untersuchungsrahmen). Die Boom-Bust-Zyklen in den Immobilienpreisen fallen in auffälliger Weise mit den mutmaßlich schädlichen (H-) Booms in den aggregierten Vermögenspreisen zusammen.
Vergleicht man die internationalen Wellen von Aktienkursinflation (Aktienkursdeflation) mit denjenigen von Immobilienpreisinflation (Immobilienpreisdeflation), so sind die Teilentwicklungen zeitweilig gleichgerichtet, zu anderen

Zeiten entgegengesetzt. Für 1985-88 ergeben sich gleichzeitige Wellen von Booms, für 1975/76 und 1990-92 von Busts, was dem Bild bei den aggregierten Vermögenspreisen entspricht.

Vermögenspreisinflation im Allgemeinen: Ein gemeinsamer Rahmen für verschiedene Definitionen bzw. Problembeschreibungen

Das soeben gezeichnete empirische Bild von Vermögenspreisinflation und –deflation zeichnet sich durch einen häufigen Wechsel in den Vergleichsperspektiven aus. Dies ist ein Ausdruck der Tatsache, dass die Frage nicht abschließend geklärt ist, wie Vermögenspreisinflation (als das interessierende Ereignis in den Vermögenspreisen) in zweckmäßiger Weise *operabel zu definieren* ist. Dies bedeutet, dass zunächst mehrere Definitionen von Vermögenspreisinflation zulässig sind. Die verschiedenen Arbeitsdefinitionen, die den zuvor ausgewerteten empirischen Studien zugrunde liegen, zeigen die diesbezüglichen Wahlmöglichkeiten auf.

Diese bestehen in mindestens vier Punkten, den zuvor so benannten *Dimensionen von Vermögenspreisinflation.* Die ersten drei Punkte beziehen sich auf Vermögenspreisinflation im Sinne nur des eigentlichen Ereignisses in den Vermögenspreisen (VmPI *i.e.S.*), alle vier Punkte beziehen sich auf Vermögenspreisinflation im Sinne des vollständigen wirtschaftspolitischen Problems (VmPI *i.w.S.*), d.h. auch auf die tatsächlichen oder potentiellen volkswirtschaftlichen Schadenswirkungen des Ereignisses.

Erstens ist festzulegen, ob unter Vermögenspreisen die Preise der Vermögenswerte oder aber allgemein Finanzmarktdaten verstanden werden. Im erstgenannten Fall ist weiterhin zu klären, welche Arten von Vermögenswerten einzubeziehen sind. *Zweitens* ist zu bestimmen, ob Vermögenspreisinflation als Abweichung vom Vorperiodenwert (Wachstumsrate), vom Trendwert (Lücke) oder vom Fundamentalwert (Blase) ermittelt werden soll. *Drittens* ist das primär schädliche Ereignis in den Vermögenspreisen anzugeben, sei es die Aufwärtstendenz (Vermögenspreisinflation), die Abwärtstendenz (Vermögenspreisdeflation) oder ein Verlaufsmuster wie z.B. ein Boom-Bust-Zyklus (direkte Abfolge von Vermögenspreisinflation und –deflation). *Viertens* ist die Art des zu erwartenden volkswirtschaftlichen Schadens anzugeben, der sich als wirtschaftspolitische Zielverletzung ausdrücken lässt.

3 Die Wiedergabe und Messung von Vermögenspreisinflation durch Indizes

3.1 Überblick

Verschiedene Indizes werden als Teil von wirtschaftspolitischen Antworten auf Vermögenspreisinflation i.w.S. (d.h. auf das Problem der Vermögenspreisinflation) diskutiert. Inwiefern eine bestimmte Art von Index zur Lösung beitragen kann, dafür liefert jedes Indexkonzept eine eigene theoretische Begründung. So kann ein allgemeiner Vermögenspreisindex zu Lösungen für Vermögenspreisinflation i.w.S. beitragen, indem er die Messung und quantitative Wiedergabe von Vermögenspreisinflation i.e.S. ermöglicht. Die weiteren Indexkonzepte zielen nicht darauf ab, die Vermögenspreisinflation selbst zu erfassen, sondern beispielsweise die ihretwegen zu erwartende zusätzliche Verbraucherpreisinflation zu berücksichtigen.

Der folgende Abschnitt 3.2 behandelt die Frage der Messung und Wiedergabe von Vermögenspreisinflation i.e.S. Ein allgemeiner Vermögenspreisindex setzt eine theoretisch begründete Auswahl von Vermögenspreisen, einen theoretisch begründeten Satz von Gewichtungsfaktoren und die Verfügbarkeit der jeweiligen Daten voraus. Die ersten beiden Voraussetzungen erfordern ihrerseits, dass das Vermögen problemadäquat abgegrenzt wird (Unterabschnitt 3.2.1) und dass die Vermögensobjekte problemadäquat bewertet werden (Unterabschnitt 3.2.2). Ein vollständiger und theoretisch fundierter allgemeiner Vermögenspreisindex existiert derzeit nur in Grundzügen.

Der anschließende Abschnitt 3.3 stellt die bestehenden Indexkonzepte dar, die im Zusammenhang mit Vermögenspreisinflation i.w.S. relevant erscheinen, und diskutiert ihre wirtschaftspolitische Nützlichkeit.

3.2 Vermögenspreisinflation als Inflation in den Preisen der Vermögenswerte

3.2.1 Einführung

Vermögenspreisinflation kann sich auf zwei alternative Interpretationen des Begriffs der Vermögenspreise beziehen, *entweder* auf Vermögenspreise als *Finanzmarktdaten*, wie es dem englischen Begriff der „asset prices“ entspricht, *oder* als *Preise der Vermögenswerte*. Während die Abgrenzung von Finanzmarktdaten gegenüber Nicht-Vermögenspreisen beliebig ist, liefert die zweite Interpretation von Vermögenspreisen klare Kriterien für die Auswahl zugehöriger bzw. für den Ausschluss unzugehöriger Größen. Zum einen muss es sich um Preise im Sinne von Stückpreisen zu einem gegebenen Zeitpunkt handeln, zum anderen müssen diese zu einem Gut gehören, das dem Vermögen zuzurechnen ist.

3.2.2 Die Abgrenzung des Vermögens

3.2.2.1 Der Begriff des Vermögens

Der Begriff des Vermögens ist für den Bereich der Wirtschaftswissenschaften nicht allgemeinverbindlich festgelegt, bzw. er wurde und wird in der wirtschaftswissenschaftlichen Literatur *nicht einheitlich verwendet.* Die Wahl eines Vermögensbegriffs bzw. die Festlegung des Begriffsumfangs hat vielmehr *zweckorientiert* im Hinblick auf die *interessierende Fragestellung* zu erfolgen. (Vgl. z.B. Ring 2000, 34, Fußnote 2.) Im vorliegenden Fall ist der Umfang des Vermögensbegriffs deshalb so festzulegen, dass sich mit ihm die vielfältigen Auswirkungen von Vermögenspreisentwicklung auf die Verbraucherpreisentwicklung (bzw. Preisstabilität), die Aktivität des Finanzsektors (bzw. Finanzstabilität) sowie auf Konjunktur und Wachstum (bzw. auf die gesamtwirtschaftliche Stabilität) angemessen untersuchen lassen.

Bei der Bestimmung des Vermögensbegriffs gibt es *zwei grundsätzliche Vorgehensweisen,* eine deduktive, d.h. vom Allgemeinen zum Besonderen fortschreitende, und eine induktive, d.h. vom Besonderen zum Allgemeinen voranschreitende. Mit beiden Ansätzen beschäftigt sich im folgenden ein Unterabschnitt.

3.2.2.2 Deduktive Bestimmung des Vermögensbegriffs: Vermögensdefinition

Nach dem ersten, deduktiven Ansatz kann man zunächst *Vermögen* bzw. seine *konstitutiven Merkmale* allgemein definieren und dann im Besonderen einzelne Güter auf diese Merkmale und somit auf ihren Vermögenscharakter hin prüfen.

Stellvertretend für viele ähnliche Definitionsversuche sei hier derjenige von Folkers (1988, 266) zitiert:

> „Die mit dem Begriff ‚Vermögen' zu umschreibenden ökonomischen Phänomene müssen drei Grundbedingungen erfüllen: 1. Sie stellen Bestandsgrößen dar. 2. Sie beinhalten Objekte, d.h. Güter und Rechte, über welche die Wirtschaftssubjekte in einer gegebenen Weise verfügen [...] 3. Die Objekte müssen ökonomisch bewertet oder bewertbar sein."

Ein Gut stellt demnach genau dann Vermögen dar, wenn es zugleich *drei Bedingungen* erfüllt. Diese Bedingungen bzw. konstitutiven Elemente des Vermögensbegriffs lassen sich mit den Stichworten „Bestandsgröße", „Verfügungsaspekt" und „wirtschaftliches Gut" zusammenfassen.

Eine *Bestandsgröße* gibt einen zu einem Zeitpunkt vorhandenen Bestand an. Eine Stromgröße stellt demgegenüber eine Bestandsveränderung in einem Zeitraum dar. Eine Messung von Beständen ist insbesondere bei Gütern mit einer gewissen Mindestlebensdauer für Zeitreihenanalysen von Interesse. Allerdings können auch Bestände kurzlebiger Güter dauerhaft sein und zum Vermögen gehören, etwa Lagervorräte. (Vgl. Schmidt 1972, 39.)

Der *Verfügungsaspekt* des Vermögens beinhaltet eine Subjekt-Objekt-Beziehung eines Verfügenden, meist eines Eigentümers, als Subjekt über ein Vermögensgut als Objekt. Durch die Verfügungsbeziehung wird ein Vermögensgut einem Wirtschaftssubjekt zurechenbar. Wie Verfügung ausgeübt wird bzw. werden kann, hängt von der umgebenden Wirtschafts- und Gesellschafts- bzw. Rechtsordnung ab.
Ein *wirtschaftliches Gut* ist im Gegensatz zu einem freien Gut knapp und somit grundsätzlich bewertbar. Die Abgrenzung freier von knappen Gütern, insbesondere vom nichtproduzierten Vermögen, sowie die Frage der adäquaten Bewertung von Vermögensgütern können im einzelnen Probleme darstellen, auf die weiter unten eingegangen wird.

[1] Das Verhältnis von Vermögen und Einkommen und der Friedmansche Vermögensbegriff

Einkommen ist eine Stromgröße, *Vermögen* eine Bestandsgröße, und beide sind interdependent. (Vgl. Ring 2000, 35f.) Vermögen kann Einkünfte erbringen, sog. Vermögenseinkünfte. Bei regelmäßiger Wiederholung dieser Einkünfte handelt es sich um Vermögenseinkommen. Umgekehrt kann Einkommen zur Mehrung des Vermögens bzw. zur Vermögensbildung durch Sparen verwendet werden. Der Zusammenhang zwischen Einkommen, Sparverhalten und Vermögen ist Gegenstand der Wirtschaftstheorie, z.B. der permanenten Einkommenshypothese von Friedman.[1]
Der Friedmansche Vermögensbegriff ergibt sich aus dem dargestellten Zusammenhang mit dem Einkommen. *Vermögen* ist *nach Friedman* alles, woraus Einkommen bezogen wird. (Vgl. Friedman 1976, 79.)[2] Dies ist ein sehr weiter Vermögensbegriff, da er impliziert, dass ein Großteil des Vermögens in den Industrieländern aus Humankapital bzw. Humanvermögen besteht. Es handelt sich daneben auch um einen sehr weiten Einkommensbegriff.[3] Vermögen und Einkommen lassen sich über einen einheitlichen Zinssatz ineinander überführen:

$$W = Y / r \; ; \; Y = W * r \qquad (3.1)$$

[1] Auch die *Finanzwissenschaft* befasst sich mit der Beziehung zwischen Einkommen und Vermögen. Laut Reinvermögenszugangstheorie ist Einkommen „der Betrag, der für Konsum verwendet werden kann, ohne das am Periodenanfang bestehende Vermögen zu vermindern." (Brümmerhoff 1986, 271.) Nach dieser weiten Einkommensdefinition sind Einkommens- und Vermögensbegriff direkt miteinander verknüpft, Einkommen setzt hier im Gegensatz zur engeren Definition der Quellentheorie keine Wiederholbarkeit der Einkünfte voraus.

[2] Das folgende Zitat belegt dies: „Im weitesten und allgemeinsten Sinne umfasst das Gesamtvermögen alle Quellen des ‚Einkommens' oder konsumierbarer Dienste. Eine derartige Quelle ist die produktive Kapazität der Menschen, und entsprechend ist dies eine der Formen, in denen Vermögen gehalten werden kann." (Friedman 1976, 79.)

[3] Hierzu schreibt Friedman (1976, 79): „Das Einkommen in diesem weitesten Sinne sollte nicht mit dem Einkommen, wie es gewöhnlich gemessen wird, identifiziert werden."

Gemeint sind bei Friedman permanentes Einkommen und Vermögen, nicht das laufende Einkommen bzw. das aktuelle Vermögen.[4]
Die Wirtschaftssubjekte halten Portfolios unterschiedlicher Vermögensarten. Im Zusammenhang mit seinen Überlegungen zur Quantitätstheorie beschränkt Friedman (1976, 80) das Vermögen auf *fünf Formen* bzw. Vermögensarten: Geld, Obligationen (Schuldverschreibungen), Anteilswerte (Aktien), physische nicht-menschliche Güter (Sachvermögen) und menschliches Kapital (Humankapital bzw. –vermögen). Jede Vermögensart weist eine eigene Ertragsrate auf, und Änderungen der Ertragsraten bewirken Portfolioanpassungen. Da sich über Bestände an Humanvermögen keine auch nur einigermaßen zuverlässigen quantitativen Angaben machen lassen, ist der Friedmansche Vermögensbegriff nicht als Grundlage für quantitative Untersuchungen von Vermögenspreisinflation geeignet, beispielsweise für die Vermögensabgrenzung, die einem Index der Vermögenspreise zugrunde zu legen ist.

[2] Das Verhältnis von Vermögen und Kapital
Die Begriffe *Kapital* und *Vermögen* werden häufig synonym verwendet. Auch der Kapitalbegriff wird in den Wirtschaftswissenschaften in sehr unterschiedlicher Weise benutzt, weist aber in der Regel die drei Definitionsmerkmale von Vermögen auf, darunter dasjenige eines wirtschaftlichen Gutes.
Im *betriebswirtschaftlichen* Sinn wird Kapital zur Durchführung von Investitionen benötigt und wird durch die Investition zu Vermögen. Vermögen (*assets*) steht auf der Aktivseite der Unternehmensbilanz und gliedert sich je nach Kapitalverwendung in Anlage- und Umlaufvermögen. Kapital (*liabilities*) steht auf der Passivseite und repräsentiert die Ansprüche der Kapitalgeber auf das Unternehmensvermögen. Entsprechend der rechtlichen Stellung der Kapitalgeber zum Unternehmen unterscheidet man Fremd- von Eigenkapital. Da eine Bilanz stets rechnerisch ausgeglichen ist, sind Kapital und Vermögen in ihrer Summe jeweils gleich.
Zum Kapitalbegriff in der *Volkswirtschaftslehre* stellt Woll (1988, 373) fest, dass dieser auf eine „von Beginn an umstrittene Definition" aufbaut. Die dort angegebenen vier Kapitalbegriffe und die jeweiligen Implikationen für das Verhältnis von Vermögen und Kapital zeigt die nachstehende Tabelle 3.1 auf.
Insgesamt bleibt festzuhalten, dass viele Varianten auch des Kapitalbegriffs existieren und dass viele Kapitalgüter zugleich die obigen drei Bedingungen für den Vermögenscharakter eines Gutes erfüllen, also für ihren Eigentümer Vermögen darstellen. In volkswirtschaftlicher Hinsicht *überschneiden sich* also Vermögen und Kapital.

---

[4] „Das bedeutet im Extrem: [*W*] ist das gesamte Vermögen eines Wirtschaftssubjektes über seine Lebenszeit, und [*Y*] das durchschnittliche (permanente) Lebenseinkommen." (Felderer / Homburg 1994, 238; Notation vom Verfasser angepasst, daher Variablen in eckigen Klammern.)

Tab. 3.1: Volkswirtschaftliche Kapitalbegriffe

	Kapitalbegriff	Definition	Bezug zu Vermögen
1	**Kapital als produktiv einsetzbarer Teil des Vermögens**	„alle zur Erzielung von Einkommen im Produktionsprozess einsetzbaren Vermögensarten [...]"	Demnach ist Kapital lediglich ein *Bestandteil des Vermögens*. Es umfasst u.a. Produktivvermögen und Humanvermögen (bzw. „Arbeitskapital", „Humankapital").
2	**Kapital als Produktionsfaktor**	„einer der Produktionsfaktoren neben Boden und Arbeit"	*Kapital* ist demnach eher im Hinblick auf Produktion und *Vermögen* eher im Zusammenhang mit der individuellen Verfügung über eine wirtschaftliche Bestandsgröße zu sehen. Dies entspricht den unterschiedlichen Perspektiven von Vermögens- und Kapitaltheorie. (Vgl. Folkers 1988, 267.)
3	**Kapital als Barwert**	„Ausdruck für den Gegenwartswert eines Kapitalgutes, bewertet durch die in Zukunft erwarteten und in Geldeinheiten bewerteten Konsummöglichkeiten"	Der Kapital- bzw. Barwert eines Gutes wird *auch* für die Ermittlung des Fundamentalwerts von *Vermögenswerten* verwendet
4	**Kapital als Quelle von Einkommen**	„Gesamtwert jener Objekte, die Einkommen stiften, so dass dauerhafte Konsumgüter nicht als Kapital gelten"	Derartige Objekte stellen aus Sicht der Quellentheorie für ihren Eigentümer Vermögen dar. Nach dieser Kapitaldefinition sind Vermögen und Kapital *identisch.*

Quellenangabe zu den Definitionen in der dritten Spalte: Woll (1988, 373).

[3] Tatbestände der Verfügung über Vermögen

Die *Subjekt-Objekt-Beziehung* zwischen dem Verfügenden und dem Vermögensobjekt kann unterschiedliche *wirtschaftliche und rechtliche Formen* annehmen. Dies hängt u.a. von der Art des Vermögens ab. Zentral ist bei der Unterscheidung der Verfügungstatbestände der Begriff bzw. die Institution des Eigentums, wie die nachstehende Abbildung verdeutlicht:

Abb. 3.2: Tatbestände der Verfügung nach Folkers (1988)

<table>
<tr><th>Tat-bestand</th><th></th><th>Verfügungsobjekt → Vermögensart</th><th>Eigentumsbegriff</th></tr>
<tr><td>(a)</td><td rowspan="5">Verfügung über...</td><td>...die eigene Person und ihre Leistung → Humanvermögen</td><td>-</td></tr>
<tr><td>(b)</td><td rowspan="3">...Vermögensgüter... → Sachvermögen</td><td>...aus rechtlichem und wirtschaftlichem Eigentum</td></tr>
<tr><td>(c)</td><td>...aus rechtlichem, aber nicht vollem wirtschaftlichen Eigentum</td></tr>
<tr><td>(d)</td><td>...in fremdem, z.B. öffentlichem Eigentum (Nutzungsrechte)</td></tr>
<tr><td>(e)</td><td>...Forderungen oder forderungswerte Rechte → Geldvermögen</td><td>-</td></tr>
</table>

Angaben nach Folkers (1988, 266), eigene Darstellung.

Insbesondere bei den Verfügungstatbeständen (b) und (c) ist es nicht möglich, eine wechselseitig eindeutige Zuordnung zwischen einem Vermögensobjekt und einem Verfügungssubjekt herzustellen, sondern es kann mehrere, in unterschiedlicher Weise Verfügende geben. Üblicherweise versteht man unter dem Vermögen einer Person oder eines Haushaltes aber nur solche Vermögensgüter, über die der Verfügende eine *„echte Verfügungsmacht“* ausübt, also das Reinvermögen bzw. Nettovermögen als Differenz der Aktiva und der Verbindlichkeiten, im Gegensatz zum Gesamtvermögen bzw. Bruttovermögen, d.h. der bloßen Summe der Aktiva. (Vgl. Schmidt (1972), S. 45.)

Die Verfügungstatbestände machen deutlich, dass Verfügung über Vermögen nicht notwendigerweise nur über volles rechtliches und wirtschaftliches Eigentum ausgeübt werden kann. Unterschiedliche Tatbestände bzw. Ausmaße der Verfügung spielen für die Vermögensabgrenzung hinsichtlich des Problems der Vermögenspreisinflation insofern eine Rolle, als dass in der bisherigen Diskussion weithin *unklar* bleibt, ob das *Nettovermögen oder* das *Bruttovermögen* der Wirtschaftssubjekte bzw. Sektoren als ausschlaggebend für deren Dispositionen und somit für die makroökonomischen Wirkungen von Vermögenspreisänderungen angesehen wird.[5] Bei der Bildung von Vermögenspreisindizes liefern

[5] Diese Unterscheidung sei anhand eines *Beispiels* erläutert. Es sei ein Anstieg der Wohnimmobilienpreise angenommen, der von den privaten Haushalten als dauerhaft angesehen wird. Anschließend komme es zu einem Anstieg des privaten Konsums. Will man untersuchen, inwiefern dieser Anstieg einen Vermögenseffekt des Konsums darstellt, so ist die Vermö-

diese beiden Vermögensabgrenzungen unterschiedliche Gewichte für die einzelnen Vermögenspreise.

3.2.2.3 Induktive Bestimmung des Vermögensbegriffs: Vermögensrechnung
Alternativ zur Bestimmung des Vermögensbegriffs über die Definition von Vermögen (bzw. von konstitutiven Vermögensmerkmalen) kann man sich dem Vermögensbegriff über die *Aufzählung* von eindeutig dem Vermögen zuzurechnenden oder nicht zuzurechnenden Gütern annähern und anschließend eine *Klassifikation* vornehmen. In einer solchen Klassifikation nicht enthaltene Güter sind demnach nicht als Vermögen anzusehen. Dieser Ansatz liegt gedanklich jeder Vermögensrechnung zugrunde.
Die *Vermögensrechnung* ist eine *Bestandsrechnung* im Rahmen der *Volkswirtschaftlichen Gesamtrechnung* (VGR). Sie wird mit verschiedenen Stromrechnungen wie z.B. der Finanzierungsrechung zu einem konsistenten, geschlossenen System ergänzt. Die Vermögensrechnung fasst alle Aktiva (Vermögenswerte) und Schulden eines Sektors oder einer Volkswirtschaft an einem Stichtag zusammen. Sie informiert über die Höhe und Zusammensetzung von Vermögensbeständen, über deren Verteilung auf die institutionellen Sektoren einer Volkswirtschaft zu einem Zeitpunkt sowie über die jeweiligen Veränderungen im Zeitablauf. Die Vermögensrechnung stets ausgeglichen: Das Reinvermögen ist der Saldo von Gesamtvermögen, also Sachvermögen sowie Forderungen, und Verbindlichkeiten. (Vgl. Brümmerhoff (2000), S. 8f.)
International gibt es seit Jahren Bemühungen, die nationalen Vermögensrechnungen international zu vereinheitlichen. Zu diesem Zweck wurden u.a. zwei international gültige Rechnungssysteme für die VGR geschaffen, das „System of National Accounts“ der Vereinten Nationen (SNA 1993) und das „Europäische System Volkswirtschaftlicher Gesamtrechnungen“ (ESVG 1995). Das SNA 1993 ist unter gemeinsamer Verantwortung der UNO, des IWF, der Weltbank, der OECD und der Europäischen Kommission entstanden.[6] Die Vermögensrechnung ist *in Deutschland*, wo sie arbeitsteilig vom Statistischen Bundesamt und der Deutschen Bundesbank durchgeführt wird, in den letzten Jahren sukzessive den Vorgaben des ESVG 1995 angepasst worden. Die deutsche Vermögensrechnung deckt aber nicht die gesamte im ESVG 1995 dargestellte Systematik des Vermögens ab.

---

gensänderung des privaten Haushaltssektors die erklärende Variable. Ist hier der *relative Anstieg des Nettovermögens*, also des um die Hypothekenschulden verringerten Immobilienvermögens, *oder des Bruttovermögens* zu betrachten? Selbst wenn die Schulden als nominell fixiert und somit unverändert angenommen werden, liegen unterschiedliche relative Anstiege vor.

[6] Das ESVG 1995 entspricht dem SNA 1993, berücksichtigt aber nach eigener Darstellung „stärker die Gegebenheiten und den Datenbedarf in der Europäischen Union“. (ESVG 1995, 1, Satz 1.01.)

Der *Vermögensbegriff des ESVG 1995* ist aus den folgenden Definitionen ersichtlich:

> „[Satz] 7.09.
> Die Vermögensbilanz erfasst nur wirtschaftliche Vermögenswerte.
>
> [Satz] 7.10. Definition:
> Wirtschaftliche *Bestandsgrößen* [bzw. wirtschaftliche Vermögenswerte, *Anm. des Autors*] sind *Wertaufbewahrungsmittel*, an denen institutionelle Einheiten individuelle oder kollektive *Eigentumsrechte* haben und aus deren Besitz oder Nutzung während eines bestimmten Zeitraums ihre Eigentümer wirtschaftliche Vorteile ziehen können."
> (ESVG 1995, 138. Hervorhebungen durch den Autor.)

Die Definition 7.10. wirtschaftlicher Bestandsgrößen bzw. Vermögenswerte weist alle drei im vorigen Abschnitt dargestellten konstitutiven Vermögensmerkmale auf, wie die hervorgehobenen Ausdrücke verdeutlichen: Erstens ist die Rede unmittelbar von „Bestandsgrößen" (erstes Kriterium). Zweitens verweisen „Eigentumsrechte" auf das Bestehen einer Verfügungsbeziehung (zweites Kriterium), ebenso wie drittens „Wertaufbewahrungsmittel" auf die Knappheit und Bewertbarkeit (drittes Kriterium).
Die Vermögenswerte bzw. Aktiva gliedern sich (auf der höchsten Gliederungsebene) in Vermögensgüter und Forderungen, d.h. in finanzielle und nichtfinanzielle Aktiva. Deren Definitionen und der grundsätzliche Aufbau einer Vermögensbilanz ist der folgenden Abb. 3.3 zu entnehmen. Eine detailliertere Version dieser Abbildung mit den zugehörigen ESVG-Definitionen befindet sich als Abb. A15 in Anhang A.2.

Abb. 3.3: Aufbau einer Vermögensbilanz

<table>
<tr><th>Aktiva
(Vermögenswerte;
→ Bruttovermögen)</th><th>Passiva
(Verbindlichkeiten und
Reinvermögen)</th></tr>
<tr><td>Vermögensgüter
(→ Sachvermögen)</td><td rowspan="2">Verbindlichkeiten</td></tr>
<tr><td rowspan="2">Forderungen
(→ Finanz- bzw. Geldvermögen)</td></tr>
<tr><td>Reinvermögen
(Saldo; → Nettovermögen)</td></tr>
</table>

Das *ESVG 1995* untergliedert das Vermögen auf mehreren Ebenen. Die Klassifikation des Vermögens gemäß ESVG 1995 bildet die Grundlage für die Klassifikationen, die das *Statistische Bundesamt* und die *Deutsche Bundesbank* für ihre Vermögensstatistiken verwenden. Zwischen der Systematik des ESVG 1995 und dem Aufbau der deutschen Teilvermögensrechnungen bestehen kleinere Unterschiede. Eine Kurzübersicht über die Systematik des Vermögens in der VGR bietet die nachstehende Abb. 3.4. Eine detaillierte Gegenüberstellung dieser Klassifikationen, aus der auch die erwähnten Abweichungen der deutschen amtlichen Statistik vom ESVG 1995 zu ersehen sind, befindet sich als Abb. A16 im Anhang.

Abb. 3.4: Systematik des Vermögens nach dem ESVG 1995

<table>
<tr><th colspan="5">ESVG 1995</th><th>Dtld.</th></tr>
<tr><td rowspan="12">Vermögen</td><td rowspan="5">Vermögensgüter (→ Sachvermögen)</td><td rowspan="3">Produzierte Vermögensgüter</td><td>Anlagegüter</td><td>z.B. Wohnbauten</td><td>StBA</td></tr>
<tr><td>Vorräte</td><td>z.B. Handelsware</td><td rowspan="4"></td></tr>
<tr><td>Wertsachen</td><td>z.B. Edelmetalle und Edelsteine</td></tr>
<tr><td rowspan="2">Nichtproduzierte Vermögensgüter</td><td>Nichtproduziertes Sachvermögen</td><td>z.B. Bauland</td></tr>
<tr><td>Immaterielle nichtproduzierte Vermögensgüter</td><td>z.B. Patente</td></tr>
<tr><td rowspan="7">Forderungen und Verbindlichkeiten (→ Geld- bzw. Finanzvermögen)</td><td>Währungsgold und SZR</td><td colspan="2">...</td><td rowspan="7">BBk</td></tr>
<tr><td>Bargeld und Einlagen</td><td colspan="2">...</td></tr>
<tr><td>Wertpapiere (ohne Anteilsrechte) und Finanzderivate</td><td>...</td><td>z.B. Geldmarktpapiere</td></tr>
<tr><td>Kredite</td><td colspan="2">...</td></tr>
<tr><td>Anteilsrechte</td><td>...</td><td>z.B. Aktien</td></tr>
<tr><td>Versicherungstechnische Rückstellungen</td><td>...</td><td>z.B. Ansprüche privater Haushalte auf Lebensversicherungen</td></tr>
<tr><td>Sonstige Forderungen und Verbindlichkeiten</td><td>...</td><td>z.B. Handelskredite</td></tr>
</table>

Unterhalb der grundsätzlichen Einteilung in finanzielle und nichtfinanzielle Aktiva unterscheidet das ESVG auf einer zweiten Ebene sieben Arten von Forderungen, deren Bezeichnungen weitgehend selbsterklärend sind, und zwei Arten von Vermögensgütern. Je nachdem, ob Vermögensgüter das Ergebnis eines Produktionsprozesses darstellen oder nicht, gibt es produzierte und nichtproduzierte Vermögensgüter. Die produzierten Vermögensgüter lassen sich drittens im Hinblick darauf, welches ihre vorgesehene Nutzung bzw. Verwendung ist, in Anlagegüter, Vorräte und Wertsachen einteilen. Anlagegüter dienen primär als (langlebigere) Produktionsmittel, Wertsachen als Wertaufbewahrungsmittel, und Vorräte sind für den Verbrauch, Verkauf oder sonstige Verwendungen vorgesehen. Unterhalb dieser dritten gibt es weitere Unterscheidungsebenen.
Das Problem an der derzeitigen *deutschen Vermögensstatistik* besteht nicht in den erwähnten kleineren Abweichungen von der Systematik des ESVG 1995, sondern in ihrer *Unvollständigkeit*. In Deutschland werden weiterhin nur Teile des Vermögens im Sinne des ESVG 1995 statistisch erfasst. In Bezug auf die Wert- und Preisentwicklung beim Immobilienvermögen kommen als Probleme Langsamkeit (verzögerte Lieferung), geringe Häufigkeit (Jahresdaten) und Ungenauigkeit (als Sekundärstatistik) hinzu.
Das *Statistische Bundesamt* liefert Daten über das Anlagevermögen, darunter über Bauten, d.h. Immobilien. Die anderen Vermögensgüter, d.h. Vorräte, Wertsachen sowie sämtliche nichtproduzierten Vermögensgüter, werden nicht nach der Systematik des ESVG 1995 erfasst.
Das Finanz- bzw. Geldvermögen (Forderungen und Verbindlichkeiten) ist Gegenstand der Geldvermögensrechnung der *Deutschen Bundesbank*, die ein Nebenprodukt ihrer Finanzierungsrechnung darstellt. Darüber hinaus bereitet die Deutsche Bundesbank in Zusammenarbeit mit der Bulwien AG außerhalb der ESVG-Systematik bzw. der VGR statistische Daten über die Entwicklungen an den Immobilienmärkten auf. Diese werden aber nicht vollständig veröffentlicht. (Vgl. Bundesbank 2003b.)

3.2.2.4 Zweifelsfälle bei der Abgrenzung des Vermögens

Bei der praktischen Abgrenzung des im Hinblick auf Fragen der Vermögenspreisinflation relevanten Vermögens sind neben den vorherigen Ausführungen zum Vermögensbegriff auch Vermutungen theoretischer Art heranzuziehen, welche Vermögensarten für die Dispositionen der beteiligten Wirtschaftssubjekte bzw. Sektoren besonders relevant erscheinen.
Zweckmäßig erscheint zunächst die Angabe eines erweiterten Vermögensbegriffs, der auch Grenz- bzw. Zweifelsfälle möglicher Vermögenstatbestände enthält. Die nachstehende Abb. 3.5 bietet eine systematische Übersicht über das

Vermögen bei Zugrundelegung eines *erweiterten Vermögensbegriffs.*[7] Es sind auch solche Positionen enthalten, die zwar laut ESVG 1995 nicht zum Vermögen gehören oder separat ausgewiesen werden, denen aber in gewisser Hinsicht doch ein Vermögenscharakter zugesprochen werden kann.

Abb. 3.5, Anfang: Die Struktur des Vermögensbegriffs in Anlehnung an Frenkel / John (1999)

<table>
<tr><td rowspan="11">Gesamtvermögen [i.w.S.] (→Reinvermögen) /Anfang/</td><td rowspan="11">[Vermögensgüter i.w.S.] /Anfang/</td><td rowspan="11">Materielles Vermögen [= Sachvermögen i.w.S.]</td><td rowspan="6">Reproduzierbares Sachvermögen [i.w.S.]</td><td rowspan="4">Produktivvermögen</td><td rowspan="3">Anlagen i.w.S. (Anlagegüter)</td><td>*Bauten* (z.B. eigengenutzte Wohnungen der privaten Haushalte) →**{1}**</td></tr>
<tr><td>*Ausrüstungen*</td></tr>
<tr><td>*Nutztiere und Nutzpflanzungen*</td></tr>
<tr><td colspan="2">Vorräte</td></tr>
<tr><td rowspan="2">Gebrauchsvermögen</td><td>Privates Gebrauchsvermögen →**{1}**</td><td>z.B. langlebige Konsumgüter (*im ESVG „unter dem Strich“ ausgewiesen*)</td></tr>
<tr><td>Öffentliches Gebrauchsvermögen</td><td>z.B. militärische Güter (*im ESVG Vorleistungen*)</td></tr>
<tr><td rowspan="5">Nicht-reproduzierbares Sachvermögen [i.w.S.]</td><td colspan="2">*Wertsachen*</td><td>z.B. Kunstwerke</td></tr>
<tr><td rowspan="4">*Nichtproduziertes Sachvermögen* [Naturvermögen]</td><td>*Grund und Boden*</td><td>z.B. Bauland →**{2}**</td></tr>
<tr><td colspan="2">*Bodenschätze*</td></tr>
<tr><td colspan="2">*Freie Tier- und Pflanzenbestände*</td></tr>
<tr><td colspan="2">*Wasserreserven*</td></tr>
</table>

[7] Die Darstellung lehnt sich an Frenkel / John (1999, 217ff, insbesondere Abb. 11-1.) und an das ESVG 1995 an. Die (gewollten) Abweichungen des Vermögensbegriffs nach Frenkel / John gegenüber dem ESVG 1995 machen einige Anmerkungen zur zugehörigen Abbildung erforderlich. Der Zusatz *„im weiteren Sinne“* (i.w.S.) verweist darauf, dass der jeweilige Begriff hier Vermögenstatbestände einschließt, die nach ESVG nicht zum Vermögen gehören. Diese Vermögenstatbestände sind *grau* unterlegt. *Kursiv* gesetzte Begriffe entsprechen denen des ESVG, normal gesetzte Begriffe entsprechen in direkter Weise der Darstellung von Frenkel / John (1999), Begriffe *in eckigen Klammern* sind eigene Ergänzungen oder Änderungen.

Abb. 3.5, fortgesetzt von vorhergehender Seite: Die Struktur des Vermögensbegriffs in Anlehnung an Frenkel / John (1999)

<table>
<tr><td rowspan="13">Gesamtvermögen /Fortsetzung/</td><td rowspan="6">[Vermögensgüter i.w.S.] /Fortsetzung/</td><td rowspan="6">Immaterielles Vermögen [i.w.S.]</td><td colspan="4">Humankapital [bzw. Humanvermögen] →{3}</td></tr>
<tr><td rowspan="5">Sonstige vermögenswerte Rechte [bzw. immaterielles Nichthumanvermögen]</td><td colspan="2">Immaterielle Anlagegüter</td><td>z.B. Computerprogramme</td></tr>
<tr><td colspan="2">Immaterielle nichtproduzierte Vermögensgüter</td><td>z.B. Patente</td></tr>
<tr><td rowspan="3">[Versorgungsansprüche (ohne versicherungstechnische Rückstellungen) i.w.S.] →{4}</td><td colspan="2">[Ansprüche aus umlagefinanzierter Rentenversicherung]</td></tr>
<tr><td>[Sonstige Versorgungsansprüche ggü. dem Staat]</td><td>z.B. Versorgungsansprüche der Beamten</td></tr>
<tr><td>[Versorgungsansprüche unabh. von Leistungen]</td><td>z.B. Ansprüche auf Sozialhilfe</td></tr>
<tr><td rowspan="7">Geldvermögen (=FinV) (→ Nettoposition)</td><td colspan="5">Währungsgold und Sonderziehungsrechte</td></tr>
<tr><td colspan="5">Bargeld und Einlagen</td></tr>
<tr><td colspan="5">Wertpapiere (ohne Anteilsrechte) und Finanzderivate</td></tr>
<tr><td colspan="5">Kredite</td></tr>
<tr><td colspan="5">Anteilsrechte</td></tr>
<tr><td colspan="5">Versicherungstechnische Rückstellungen [u.a. Ansprüche auf private Lebensversicherung und auf Betriebsrente] →{4}</td></tr>
<tr><td colspan="5">Sonstige Forderungen und Verbindlichkeiten</td></tr>
</table>

Eigene Darstellung, in Anlehnung an Frenkel / John (1999, 219).

Einige dieser Zweifelsfälle, die nach Frenkel / John (1999) einzubeziehen, nach dem ESVG 1995 aber auszuschließen sind, erscheinen im Zusammenhang mit Vermögenspreisinflation besonders relevant. Diese sind in der Abbildung mit Ziffern in geschweiften Klammern und grauer Unterlegung gekennzeichnet. Sie werden nachfolgend einzeln auf ihren Vermögenscharakter hin untersucht.

[1] Gebrauchsvermögen der privaten Haushalte und eigengenutzte Immobilien
Das sog. Gebrauchsvermögen der privaten Haushalte besteht vor allem aus *dauerhaften Konsumgütern.* Sie weisen üblicherweise die drei oben dargestellten

Vermögenseigenschaften auf.[8] Geringwertige und kurzlebige Konsumgüter werden nicht erfasst und sind insofern nicht dem Gebrauchsvermögen zugehörig. Einige Sachgüter wie z.B. Autos werden erst durch die sektorale Zuordnung einer bestimmten Vermögenskategorie zugeordnet. Autos im Besitz privater Haushalte sind dauerhafte Konsumgüter, im Besitz von Unternehmen aber Ausrüstungen.

Obwohl man im Falle von *eigengenutzten Immobilien* privater Haushalte analog argumentieren könnte, zählen diese nicht zum Gebrauchsvermögen, sondern als Bauten ebenfalls zum *Anlagevermögen.* Die Abgrenzung des Vermögens wird beim Gebrauchsvermögen der privaten Haushalte also unscharf bzw. willkürlich.

Im Zusammenhang mit Vermögenspreisinflation ist zu eigengenutzten Immobilien anzumerken, dass diese einen großen Teil des Wohnimmobilienvermögens ausmachen. In welchem Maße Immobilienpreisänderungen auf das Ausgabe- und Kreditnachfrageverhalten von Eigentümern von Immobilien in Eigennutzung durchschlagen, hängt u.a. von der Bereitschaft von Seiten der Finanzintermediäre sowie der privaten Haushalte ab, bestehende Immobilien bei Wertänderung neu zu beleihen, sei es durch die vollständige Ablösung bestehender Hypotheken, sei es durch eine zusätzliche Hypothek.

[2] Naturvermögen, insbesondere Grundvermögen

Das Naturvermögen umfasst „die Bestandteile der natürlichen Umwelt [...], die vom Menschen tatsächlich oder potentiell ökonomisch genutzt werden und daher einen ökonomischen Wert haben." (Brümmerhoff 2000, 126.) Es handelt sich hierbei um nichtproduzierte und nichtreproduzierbare Güter, die grundsätzlich schwer zu erfassen und zu bewerten sind.

Für *Grund und Boden* als Teile des Naturvermögens gilt dasselbe. Sie werden von der amtlichen Statistik bislang nicht erfasst. Da Grund und Boden erschlossenes und noch nicht erschlossenes *Bauland* als denkbare Spekulationsobjekte im Zusammenhang mit Booms auf Immobilienmärkten einschließen, liegt hier eine (weitere) Lücke vor, die den praktischen Wert der amtlichen Statistik für die Analyse von Vermögenspreisinflation und -deflation einschränkt.

[3] Humanvermögen

Das Humanvermögen des Menschen, auch *Humankapital,* Arbeitsvermögen oder Leistungsfähigkeit genannt, „besteht in den auf Erziehung, Ausbildung und Erfahrung beruhenden personengebundenen Eigenschaften und Fähigkeiten, die ökonomisch verwertbar sind". (Brümmerhoff (2000), S. 116.) Es ist als Ergebnis fortgesetzter Investitionen eine Bestandsgröße, befindet sich in der Verfügung

[8] Das Gebrauchsvermögen der privaten Haushalte wird aber in der Anlagevermögensrechnung gemäß ESVG 1995 lediglich „unter dem Strich" ausgewiesen. (Vgl. Brümmerhoff 2000, 114.)

seines Trägers und hat, da es Einkommen ermöglicht, einen ökonomischen Wert. Allerdings kann es nicht von seinem Träger getrennt werden und ist als Vermögensbestand nicht veräußerbar bzw. illiquide. Die aus ihm hervorgehenden Leistungen, (qualifizierte) Arbeit, werden auf dem Arbeitsmarkt gehandelt. Der Wert eines Bestandes an Humanvermögen, die darauf vorzunehmenden Abschreibungen, seine Produktionskosten sowie die aus ihm zu erwartenden Erträge sind unsicher und statistisch schwer zu erfassen. Zur Zeit ist das Humanvermögen nicht Gegenstand der VGR. Könnte Humanvermögen statistisch erfasst werden, so würde es einen erheblichen Anteil des Volksvermögens entwickelter Volkswirtschaften darstellen.
Es ist anzunehmen, dass private Haushalte ihre Konsum- und Investitionsausgaben anpassen und dass sich ihre Kreditnachfrage ändert, wenn sie Wertänderungen beim Humanvermögen als dauerhaft wahrnehmen. Eine offene Frage ist weiterhin, wie sich der Wert des Humanvermögens im Aggregat ändert, wenn bestimmte Qualifikationen wie etwa in Zeiten der *New Economy* stark an Wert gewinnen, da derartige ökonomische Umbrüche zugleich mit dem Wertverlust anderer Qualifikationen und somit mit erhöhten Abschreibungen auf andere Arten von Humanvermögen einhergehen dürften. Eine Vernachlässigung dieser Ergebnisse von Substitutionsprozessen innerhalb des Humankapitals dürfte die expansiven Wirkungen etwa des Wertzuwachses informatikbezogener Qualifikationen auf das aggregierte Ausgabeverhalten überzeichnen. Quantitative Aussagen über Änderungen des Gesamtvermögens setzen, wenn der zugrunde liegende Vermögensbegriff das Humanvermögen mit einschließt, die Messbarkeit oder zumindest Schätzbarkeit desselben voraus.

[4] Versorgungsvermögen

In der obigen Abbildung bilden die Positionen „Versorgungsansprüche" und „versicherungstechnische Rückstellungen" zusammen das sog. Versorgungsvermögen. Es kann verschiedene Formen annehmen, die von der VGR bzw. von der Vermögensrechnung unterschiedlich behandelt werden. Dabei spielt zum einen eine Rolle, ob den entstehenden Ansprüchen grundsätzlich gleichwertige individuelle Beiträge entsprechen und zum anderen, ob den entstehenden Ansprüchen ein gleichwertiger Bestand an Aktiva gegenübersteht. Ersteres spricht für einen Vermögenscharakter der jeweiligen Ansprüche aus individueller Sicht, letzteres aus gesamtwirtschaftlicher Sicht. Durch Kombination dieser beiden Kriterien lassen sich im folgenden exemplarisch *drei Arten von Versorgungsansprüchen* unterscheiden.
Da Ansprüche auf Sozialhilfe als eine Art steuerfinanzierter Grundsicherung *weder* durch *eigene Beiträge* erworben werden, *noch* gleichzeitig mit ihrer Entstehung ein *Bestand an Aktiva* zu ihrer Bezahlung aufgebaut wird, aus welchem sie bezahlt werden, gelten sie für die Vermögensrechnung nicht als Vermögen. (Vgl. Brümmerhoff 2000, 116.)

Dies gilt auch für Ansprüche aus einer umlagefinanzierten gesetzlichen Rentenversicherung, die zwar grundsätzlich durch *gleichwertige Beiträge* erworben werden, zu deren zukünftiger Bezahlung *aber kein Kapitalstock* aufgebaut wird, da die Leistungen von der jeweils erwerbstätigen Generation bezahlt werden. Ansprüchen dieser Art werden von der VGR ebenfalls nicht als Forderungen und somit als Vermögen angesehen, da ihnen bei ihrer Entstehung keine Verbindlichkeiten gegenüberstehen. Aus gesamtwirtschaftlicher Sicht ist ihr Vermögenscharakter zudem fraglich, da bei einer Ausweitung der Anspruchsberechtigten keine gleichzeitige Zunahme der Aktiva zu beobachten ist.[9]

Nur solche Ansprüche, die *sowohl* durch *gleichwertige Beiträge* erworben *als auch* durch die gleichzeitige *Bildung von Rückstellungen* bzw. den Aufbau eines Vermögensbestandes von Seiten des versichernden Unternehmens abgesichert werden, sind sowohl in gesamtwirtschaftlicher als auch in individueller Hinsicht Vermögen. (Vgl. Schmidt 1972, 42f.) Sie umfassen Ansprüche auf private Lebensversicherungen oder auf Betriebsrenten und werden im ESVG 1995 etwas verkürzt als „versicherungstechnische Rückstellungen" bezeichnet. Dies ist die einzige Form des Versorgungsvermögens, die aus Sicht der VGR als Vermögen gilt.[10]

Abb. 3.6: Arten von Versorgungsansprüchen

		Kriterien / Gründe für mögl. Vermögenscharakter		***Ver-mögen laut VGR?***
		Gleichwertige individuelle Beiträge? (→ Vermögen aus individueller Sicht)	**Gleichwertiger Vermögensbestand / Kapitalstock aufgebaut?** (→ V. aus gesamtwirtsch. Sicht)	
Ansprüche aus ~	**Privater Lebensversicherung, Betriebsrente**	Ja	Ja	*Ja*
	Umlagefinanzierter gesetzlicher Rentenversicherung	Ja	Nein	*Nein*
	Sozialhilfe u. dgl.	Nein	Nein	*Nein*

[9] Aus Sicht des Beiträge zahlenden Individuums stellen sie durchaus eine Art von Vermögen dar, verringern die Beiträge doch die Fähigkeit und die Notwendigkeit zur Altersvorsorge durch anderweitige private Vermögensbildung. Allerdings ist die individuelle Verfügung über diese Ansprüche beschränkt, da sie weder verschenkt noch vererbt noch verkauft werden können. (Vgl. Brümmerhoff 2000, 115.)

[10] Neben diesen *organisierten* Formen der Altersvorsorge betreiben viele private Haushalte auch *individuelle Altersvorsorge*, indem sie Vermögen in anderer Form erwerben bzw. halten, etwa Aktien und Immobilien. Die Summe der „versicherungstechnischen Rückstellungen" entspricht also *nicht* dem Gesamtumfang der Ansprüche, die zur individuellen Altersvorsorge aufgebaut werden.

Im Zusammenhang mit Vermögenspreisinflation ist zweierlei anzumerken. *Zum einen* ist anzunehmen, dass die privaten Haushalte faktisch Ansprüche aus der gesetzlichen Altersvorsorge in dem Maße als Vermögen ansehen, in welchem sie mit der Bedienung dieser Ansprüche rechnen. Die Nichtberücksichtigung dieser Ansprüche dürfte also das wahrgenommene Vermögen und somit das Ausgabenniveau der privaten Haushalte unterzeichnen. Allerdings ist der Wert dieser vermeintlichen Vermögenskomponente wenig volatil. *Zum anderen* ist bei der Analyse der Ausgabewirkungen von Vermögenspreisschwankungen zu berücksichtigen, dass Teile des Aktien- und Immobilienvermögens einer Volkswirtschaft direkt oder indirekt (über Fondsgesellschaften u. dgl.) zur Altersvorsorge gehalten werden, also mit einem langfristigen Anlagehorizont. Zeitweilige Schwankungen der Vermögenspreise dürften in nur geringem Maße auf das Ausgabeverhalten der privaten Haushalte durchschlagen, wenn sie sich (bei indirekter Anlage) teilweise ihrer Kenntnis entziehen oder wenn die mit einer Realisierung von Vermögensgewinnen verbundenen Transaktionskosten (bei direkter und indirekter Anlage) so hoch sind, dass bei langfristigem Anlagehorizont keine häufige Anpassung des Portfolios erfolgt.

3.2.3 Die Bewertung von Vermögensobjekten

Da ein Vermögensgut ein wirtschaftliches bzw. knappes Gut darstellt, was zuvor als drittes konstitutives Element des Vermögensbegriffs erläutert wurde, lässt sich grundsätzlich jedem Vermögensgut mit Hilfe von Bewertungsprinzipien bzw. Wertansätzen ein monetär gemessener Wert oder Preis zuordnen. Die Bewertbarkeit von Vermögensgütern ist Voraussetzung dafür, dass die Vielzahl äußerlich heterogener Vermögensgüter statistisch zusammengefasst werden kann. Das Ergebnis ist eine *statistische Masse „Vermögen“*, die im Hinblick auf den ökonomischen Wert der sie bildenden Vermögensobjekte homogen ist. (Vgl. Schmidt 1972, 44.)

Tab. 3.7, Anfang: Bewertungsprinzipien für Vermögenswerte
(nach Frenkel / John 1999 und Claupein 1990)

Eignung	**Grundlage**	**Zeitpunkt d.Bewertung**	**Bewertungsprinzip bzw. Wertansatz**	***Unterart***	**Anmerkungen**
v.a. für Geldvermögen	Sonstige Bewertungsansätze	…	…	…	…
		-	**Nominalwert [NW]**	-	I.d.R. wenig aussagekräftig
	Marktpreise	Bewertungsstichtag	**Kurswert [KW]**	-	Liefert Veräußerungserlös bei Verkauf zum Berichtszeitpunkt bzw. AP oder WBP bei Kauf

Tab. 3.7, fortgesetzt von vorhergehender Seite: Bewertungsprinzipien

Eignung	**Grundlage**	**Zeitpunkt der Bewertung**	**Bewertungsprinzip bzw. Wertansatz**	*Unterart*	**Anmerkungen**
v.a. für Sachvermögen	Marktpreise	Bewertungsstichtag	**Wiederbeschaffungswert / -preise [WBP]**	***Nettokonzept*** (~ abzüglich der zu WBP bewerteten kumulierten Abschreibungen)	Aussagekräftig bei Gütern mit im Zeitablauf schwankenden Preisen; aufwendig zu erheben; bester Schätzansatz für den Wert des (gebrauchten) Gutes im Berichtszeitpunkt
				Bruttokonzept (~ in voller Höhe bis zum Ausscheiden aus dem Bestand)	Schätzansatz für den Neuwert des Gutes im Berichtszeitpunkt
		Zeitpunkt der Anschaffung (oder der Herstellung)	**Anschaffungswert / -preise [ASP] (oder Herstellungswert / -preise)**	***Nettokonzept*** (~ abzüglich der zu AP bewerteten kumulierten Abschreibungen)	Nur aussagefähig, wenn Preis des Gutes im Zeitablauf in etwa konstant bleibt; fragwürdig bei nichtproduzierten Vermögensgütern; leicht zu erheben
				Bruttokonzept (~ in voller Höhe bis zum Ausscheiden aus dem Bestand)	
		Basisperiode	**Konstante Preise [KP]**	-	Erfasst Mengenänderungen, neutralisiert Preisänderungen
	Sonstige Bewertungsansätze	- (beliebig wählbar)	**Ertragswert [EW]**[11]	-	Gegenwartswert der erwarteten (i.d.R. unsicheren) Nettoerträge; Diskontrate benötigt
		...	...	...	...

Angaben nach Frenkel / John (1999, 221ff), und Claupein (1990, 50ff). Eigene Darstellung.

[11] nicht anwendbar, wenn ein Vermögensobjekt keine monetär bewerteten Erträge erbringt

Je nach Erkenntnisinteresse, Datenverfügbarkeit, objektspezifischen Eigenschaften usw. ist zwischen verschiedenen *Bewertungsprinzipien* zu wählen, die entsprechend unterschiedliche Werte bzw. Preise für Vermögensobjekte liefern. Tab. 3.7 gibt eine Übersicht über die gebräuchlichsten Bewertungsprinzipien.
Weder für alle Vermögensobjekte noch für alle aus ihnen zu beziehenden Leistungen existieren (funktionierende, liquide) *Märkte*. Ohne Märkte gibt es auch keine Marktpreise. Fehlen diese, so muss auf sonstige Bewertungsansätze zurückgegriffen werden, die mit besonderen Schwierigkeiten verbunden sind, beispielsweise die Wahl einer angemessenen Diskontrate bei der Schätzung des Ertragswerts eines Vermögensgutes. Bei der Wahl der Diskontrate ist auch eine dem Risikogehalt des Vermögensobjekts angemessene Risikoprämie zu berücksichtigen.
Drei Ansätze beruhen auf der Verwendung von *Marktpreisen*: die Bewertung zu Anschaffungspreisen, zu Wiederbeschaffungspreisen und zu konstanten Preisen. Sie unterschieden sich hinsichtlich des zeitlichen Bezuges der jeweiligen Preisdaten relativ zum Berichtszeitpunkt.
Zur Untersuchung von Fragen der Vermögenspreisentwicklung bzw. der „Vermögenspreisinflation“ sind Daten wünschenswert, die möglichst nahe an den zum Berichtszeitpunkt herrschenden Marktpreisen liegen, da zunächst – ohne nähere Information und ohne klar formulierte Hypothesen zu deren Verhalten – davon auszugehen ist, dass sich die Wirtschaftssubjekte in ihren Entscheidungen am *aktuellen Marktwert* ihres Vermögens orientieren. Dieser Anforderung entspricht beim Geldvermögen die Bewertung zu Kurswerten und beim Sachvermögen am ehesten die Bewertung zu Wiederbeschaffungspreisen nach dem Nettokonzept.

3.2.4 Zwischenergebnis

Definiert man Vermögenspreisinflation als Inflation in den Preisen der Vermögenswerte, also analog zu Verbraucherpreisinflation, so zeigt sich, dass bereits die *Messung* von Vermögenspreisinflation i.e.S. *kein triviales Problem* darstellt. Theoretische Voraussetzungen für einen allgemeinen Vermögenspreisindex im Sinne eines exakten Inflationsmaßes für Vermögenspreisinflation i.e.S. sind die problemadäquate Abgrenzung des Vermögens und die problemadäquate Bewertung der Vermögenswerte. Wie zuvor ausführlich dargelegt und in der folgenden Abb. 3.8 anschaulich zusammengefasst wird, erschöpft sich das Problem nicht in der Auswahl der relevanten Vermögensarten.
Der Vermögensbegriff (bzw. die Vermögensdefinition) weist drei konstitutive Merkmale auf. Ein Gut ist dann Vermögen, wenn es Teil einer Verfügungsbeziehung, eine Bestandsgröße und ein wirtschaftliches Gut ist. Versteht man unter Vermögenspreisinflation Inflation in den Preisen der Vermögenswerte, so ist für die quantitative Angabe von Vermögenspreisinflation Vermögen abzugrenzen und zu bewerten.

Abb. 3.8: Vermögensabgrenzungen

„Existenz einer Verfügungsbeziehung“ (Subjekt-Objekt-Beziehung)	***„Bestandsgröße“***	***„wirtschaftliches Gut“***

Konstitutive Merkmale von Vermögen (aus der Definition von Vermögen)

↓

VERMÖGEN

← →

Abgrenzung von Vermögen | **Bewertung** von Vermögen (→Vermögenspreise)

Nach dem Objekt der Verfügung: Vermögenswerte	***Nach der Verfügungsbeziehung:*** Ausmaß bzw. Tatbestände der Verfügung	***Nach dem Subjekt der Verfügung:*** Vermögen haltende Sektoren	***Nach Bezugszeitpunkt der Bewertung*** (z.B. Stichtag)	***Nach Grundlage der Bewertung*** (z.B. Marktpreise)
↓	↓	↓	↓	↓
Kombinationen verschiedener Vermögensarten	***Kombinationen rechtlichen und wirtschaftlichen Eigentums***	***Kombinationen verschiedener volkswirtschaftlicher Sektoren***	***Verschiedene Wertansätze***	
↓	↓	↓	↓	
[a] Nur Aktien	[a] Nettovermögen (nach Abzug der Verbindlichkeiten; nur Saldo der Vermögensbilanz)	[a] Privater Haushaltssektor	[a] Bewertung zu Wiederbeschaffungspreisen	
[b] Aktien und Immobilien	[b] Bruttovermögen (vor Abzug der Verbindlichkeiten; gesamte Aktivseite der Vermögensbilanz)	[b] Private nichtfinanzielle Sektoren (Haush. u. Unt.)	…	
[c] Immobilien und gesamtes Geldvermögen	…	[c] Private inländische Sektoren (Haush., Unt. und Banken)		
[d] Gesamtes Vermögen ohne Humanvermögen		[d] Alle inländischen Sektoren (Haushalte, Unternehmen, Banken, Staat)		
[e] Gesamtes Vermögen		…		
…				

Eigene Darstellung. – Zu den Tatbeständen der Verfügung vgl. Abb. 3.2, zu den Bewertungsprinzipien Abb. 3.7.

Die *Abgrenzung* des Vermögens knüpft insbesondere an das Vorliegen einer Verfügungsbeziehung an, bei der Bewertung kommen die anderen beiden Merkmale von Vermögen zum Tragen. Eine Verfügungsbeziehung umfasst ein Subjekt, ein Objekt und die Art der Verfügungsbeziehung selbst. Eine Abgrenzung hat hinsichtlich aller drei Elemente einer Verfügungsbeziehung zu erfolgen, nicht nur objektbezogen bzw. nur hinsichtlich der einzubeziehenden Vermögensarten. Die verbreitete Ad-hoc-Abgrenzung des für Fragen der Vermögenspreisinflation relevanten Vermögens durch Gleichsetzung mit Aktien und Immobilien ist daher in mehrfacher Hinsicht unvollständig.
Erstens sind (*objektbezogen*) weitere Vermögensarten einzubeziehen, denn es gibt weitere Vermögensarten, aber keinen Grund zur Annahme, dass diese für Fragen der Vermögenspreisinflation irrelevant wären. Zweitens haben (*subjektbezogen*) eine problemadäquate Abgrenzung der Vermögen haltenden Sektoren und eine entsprechende Konsolidierung zu erfolgen. Forderungen und Verbindlichkeiten zwischen den einbezogenen Sektoren sind zu verrechnen, was unter anderem die relativen Gewichte von Sach- und Finanzvermögen im Gesamtvermögen beeinflusst. Drittens ist über Art und Umfang der relevanten *Verfügungsbeziehung* zu entscheiden. Entweder sind Belastungen des Bruttovermögens durch Verbindlichkeiten zu berücksichtigen oder nicht zu berücksichtigen.
Nicht nur die Abgrenzung, auch die *Bewertung* der einzubeziehenden Vermögenswerte hat problemadäquat in Bezug auf Fragen der Vermögenspreisinflation zu erfolgen.

3.3 Indexkonzepte

3.3.1 Einführender Überblick

Ausgangspunkt dieses Abschnitts ist die Frage, ob vorhandene Überlegungen zu Vermögenspreisindizes den wirtschaftspolitisch Zuständigen die Arbeit erleichtern können. Im Zusammenhang mit Vermögenspreisinflation werden verschiedene Indexkonzepte als Teil von Lösungsvorschlägen diskutiert. Diese Indexkonzepte sind das Ergebnis verschiedenartiger theoretischer Vorüberlegungen und daher nur bedingt direkt miteinander vergleichbar. Nach der Absicht ihrer Urheber sollen sie entweder an die Stelle eines herkömmlichen Verbraucherpreisindex treten (ICOLI) oder lediglich als Indikatoren zusätzliche Informationen zur Inflationsbeobachtung liefern (AAPI, DFI, erweiterter MCI). Die nachstehende Übersicht, Tab. 3.9, informiert grundlegend über die vier im Folgenden besprochenen Indexkonzepte.
Der *AAPI* (Nr. [1]) soll die Entwicklung der Aktienkurse und der Wohn- und Gewerbeimmobilienpreise zusammenfassend wiedergeben. Es handelt sich also im Gegensatz zu den anderen drei Indexkonzepten um einen *reinen Vermögenspreisindex.*

Tab. 3.9: Indexkonzepte

Abk.	[1] AAPI	[2] DFI / VWPI	[3] FCI / Erweiterter MCI	[4] COLI / CWPI / ICOLI
Name (Orig.)	Aggregate Asset Price Index	Dynamic Factor Index; Volatility-weigthed Price Index	Financial Conditions Index; Extended Monetary Conditions Index	Cost-of-Life Index; Constant Welfare Price Index; Inter-temporal Cost of Living Index
Autoren bzw. Beiträge	Borio / Kennedy / Prowse 1994	Bryan / Cecchetti / O'Sullivan 2001; Cecchetti et al. 2000	Smets 1997; Goodhart / Hofmann 2001	Alchian / Klein 1973; Pollak 1989 [1975]; Shibuya 1992; Shiratsuka 1999
Zusammensetzung	Ausschließlich Vermögenspreise	Größerer Anteil Verbraucherpreise, kleinerer Anteil Vermögenspreise	Größerer Anteil kfr. Zinssätze und realer eff. Wechselkurse; kleinerer Anteil Vermögenspreise	Überwiegend Vermögenspreise (als Ersatzgrößen), zu geringem Anteil aktuelle Verbraucherpreise
Idee	Darstellung der allgemeinen Vermögenspreisentwicklung	Informationsgehalt in Vermögenspreisen für künftige Verbraucherpreise	Einfluss auch von Vermögenspreisen auf Ausgaben, Auslastungsgrad, Inflation	Vermögenspreise als Ersatz für Preise des Zukunftskonsums
Aussage	Zusammengefasstes Maß für die Kurs- bzw. Preisentwicklung bei Aktien und Immobilien	Maß für gemeinsamen Preistrend in Verbraucher- und Vermögenspreisen	Maß für „finanzielle Bedingungen“ in kleinen offenen Volkswirtschaften; Prognose von Produktionslücke und Inflation	Bei intertemporal nutzen-maximierenden Haushalten adäquates Maß für Kaufkraft des Geldes
Gewichtung	Entsprechend dem Vermögensaufbau des privaten Sektors	Nach Ähnlichkeit der (Teil-) Preistrends in den Komponenten mit dem (Gesamt-) Preistrend in deren Gesamtheit	Nach Prognosegehalt der Vermögenspreise für Produktionslücke; nach Einfluss der Vermögensarten auf die aggregierte Nachfrage	Hypothetische Gewichte: Angabe eines dem optimalen Restlebenskonsum nutzengleichen (hypothetischen) Vermögensportfolios
Bezug zu Vermögenspreisinflation	Unmittelbare Messung und Wiedergabe (nur) von *VmPI selbst (d.h. von VmPI i.e.S.)*	Frühzeitige Berücksichtigung zu erwartender inflationärer *Wirkungen von VmPI* durch umfassenderes Inflationsmaß	Berücksichtigung zu erwartender *Wirkungen von VmPI* auf Auslastungsgrad und Inflation durch erweiterten Indikator	Indirekte, wegen hypothetischer Gewichtung in Vermögenspreisbasis verzerrte Wiedergabe von *VmPI i.e.S.* durch umfassenderes Inflationsmaß

Die Gewichtung der Teilindizes im AAPI soll der Vermögenszusammensetzung des privaten Sektors entsprechen. Es gibt darüber hinaus keine weitergehende theoretische Fundierung dieses Indexkonzepts.

DFI und VWPI (Nr. [2]) sollen den Informationsgehalt von Vermögenspreisen für die Verbraucherpreisentwicklung nutzbar und den allgemeinen Preistrend direkt sichtbar machen. In diese Indizes gehen *Vermögens- und Verbraucherpreise* mit umso höherem Gewicht ein, je mehr der Teil-Preistrend etwa der Wohnimmobilienpreise mit dem allgemeinen Preistrend der Gesamtheit der Komponenten übereinstimmt. Die Gewichte folgen also einem statistischen Kriterium. Hieraus und aus der generell hohen Volatilität von Vermögenspreisen ergibt sich, dass Verbraucherpreisen ein großes, den Vermögenspreisen aber ein geringes Gewicht im gemeinsamen Index zukommt. DFI und VWPI liegt ein ähnlicher Gedanke wie Kerninflationsindizes zugrunde, nur dass hier nicht Teile der Verbraucherpreisentwicklung ausgeblendet, sondern weitere Preisentwicklungen bei Nicht-Verbraucherpreisen in die Betrachtung einbezogen werden.

Der *FCI bzw. erweiterte MCI* (Nr. [3]) soll ebenfalls den Informationsgehalt der Vermögenspreise für Inflationsentwicklung nutzbar machen, aber anders als beim vorigen Indexkonzept auf indirekte Weise, nämlich über den Einfluss von Vermögenspreisen und anderen Finanzmarktdaten auf die aggregierte Nachfrage und den Grad der gesamtwirtschaftlichen Kapazitätsauslastung. In diesen Index gehen keine Verbraucherpreise ein, sondern nur *Vermögenspreise und andere Größen*. Zweck des erweiterten wie auch eines einfachen MCI ist es, verschiedene Einflussfaktoren auf die aggregierte Nachfrage zusammengefasst darzustellen, um unter anderem Prognosen der Produktionslücke und der Verbraucherpreisinflation zu ermöglichen. Die Gewichtungsfaktoren der einzelnen Vermögenspreise und anderen Größen müssen ökonometrisch geschätzt werden, was im Rahmen von Strukturmodellen oder von VAR-Modellen erfolgen kann. Grundidee des FCI bzw. erweiterten MCI ist also derselbe wie beim einfachen MCI: Wenn der Einfluss von kurzfristigen Zinssätzen und Wechselkursen auf die aggregierte Nachfrage zusammengefasst mit einem einfachen MCI darzustellen ist, und wenn Vermögenspreise auch einen solchen Einfluss besitzen, dann sollten sie einbezogen werden.

Der *ICOLI / CWPI* (Nr. [4]) soll, anders als die zuvor vorgestellten Indexkonzepte, nicht lediglich Zusatzinformationen zu herkömmlichen Verbraucherpreisindizes liefern, sondern diese als Maß für Preisniveaustabilität ablösen. Ziel ist eine umfassende Wiedergabe der Teuerung, die berücksichtigt, dass Haushalte ihren Nutzen nicht nur für die jeweils laufende Periode, sondern stets für ihre gesamte Restlebensdauer maximieren. Aus diesem Grund erscheint den Urhebern des ICOLI / CWPI ein herkömmlicher Verbraucherpreisindex nur einen kleinen Ausschnitt der relevanten Preisentwicklung abzubilden, nämlich die Entwicklung der Gegenwartspreise des Gegenwartskonsums. In einen ICOLI / CWPI gehen nur zu einem geringen Anteil Verbraucherpreise, aber zu einem

Großteil Vermögenspreise ein. Diese werden nicht um ihrer selbst willen oder wegen ihres Informationsgehalts betrachtet, sondern als Ersatzgrößen für die nicht beobachtbaren Preise des Konsums in den zukünftigen Perioden. Zu jedem Bündel von Zukunftskonsumgütern lässt sich ein nutzengleiches (gegenwärtiges) Vermögensportfolio angeben. Die zugehörigen hypothetischen Anteile der Vermögensarten in diesem (gleichfalls hypothetischen) Portfolio sind die Gewichtungsfaktoren für die einzelnen Vermögenspreise im CWPI. Dem ICOLI / CWPI liegen also Überlegungen im Bereich der nutzentheoretischen Begründung von Preisindizes zugrunde.

3.3.2 Der Aggregierte Vermögenspreisindex (AAPI) der BIZ

Borio / Kennedy / Prowse (1994; im Folgenden: [BKP 1994]) haben für dreizehn Industrieländer einen (über verschiedene Vermögensarten hinweg) *Aggregierten Vermögenspreisindex* (*Aggregate Asset Price Index; AAPI*) konstruiert und berechnet, der seither an der BIZ berechnet und weiterentwickelt wird. Dazu haben sie auf vorhandene nationale Vermögensstatistiken und Teilindizes für einzelne Vermögensarten zurückgegriffen, die anhand vorliegender oder ersatzweise anhand geschätzter Gewichtungsfaktoren aggregiert werden. Die Gewichtungsfaktoren sollen dabei den Anteil der jeweiligen Vermögensart am Gesamtvermögen des privaten Sektors repräsentieren. Der Zweck des Index besteht aus Sicht der Autoren darin, ein Maß zu konstruieren, an dem sich starke Vermögenspreisschwankungen ablesen lassen, damit diese im Zusammenhang mit der Entwicklung anderer makroökonomischer Größen sowie der Geldpolitik analysiert werden können.

BKP wählen vorab auf Grundlage prinzipieller Erwägungen *drei Vermögensarten* als relevant aus, dies sind Wohnimmobilien (*residential property*), nichtländliche Gewerbeimmobilien (*non-rural commercial property*) und nichtländliches Geschäftsvermögen, d.h. Ausrüstungen und Lagerbestände (*non-rural business assets / business equipment and inventories*). Für die Auswahl dieser Vermögensarten sprechen *zwei Kriterien*, nämlich erstens, dass sie einen erheblichen Anteil am Gesamtvermögen des privaten Sektors stellen, und zweitens, dass sie auf liquiden Sekundärmärkten gehandelt werden bzw. dass für sie Marktpreise vorliegen. (Vgl. BKP 1994, 71.) Ausrüstungen und Lagerbestände von Unternehmen werden nicht gehandelt, daher liegen für sie keine Marktpreise vor, aber sie gehen in die Marktpreise bzw. Kurse von Aktien ein. Diese Beziehung zwischen Aktienkursen und Unternehmensaktiva unterliegt dem Bilanzzusammenhang der Aktiva und Passiva in der Unternehmensbilanz.

In der *Bilanz* börsennotierter Unternehmen stehen Gewerbeimmobilien sowie Ausrüstungen und Lagerbestände als Vermögenswerte auf der Aktivseite, emittierte Aktien als Eigenkapital auf der Passivseite. Daneben stehen auf der Passivseite auch die Verbindlichkeiten bzw. das Fremdkapital. Daher sind die genannten Vermögenswerte nur teilweise durch Eigenkapital gedeckt, bzw. sie sind teilweise fremdfinanziert. Dies hat zur Folge, dass Wertänderungen bei den Unternehmensaktiva (Aktivseite) einerseits und den ausstehenden Aktien bzw. dem Eigenkapital (Passivseite) andererseits nicht proportional erfolgen. Beide stellen aber miteinander verbundene Änderungen von Vermögenspreisen dar.

Entsprechend dieser Unterscheidung gibt es laut BKP (1994, 75f) *zwei* mögliche *Ansätze bei der Definition und Konstruktion eines allgemeinen Vermögenspreisindex*. Erstens kann man den Index als Maß des Werts der zugrunde liegenden Vermögensgüter konstruieren, also zunächst bei der Aktivseite der Unternehmensbilanz ansetzen. Zweitens kann man einen Vermögenspreisindex marktbezogen als Maß der Wertänderung von Immobilien und Aktien definieren.[12] Man kann den ersten als einen VGR-basierten bzw. *bilanzbezogenen* Ansatz charakterisieren, den zweiten als einen Ad-hoc- bzw. *marktpreisbezogenen* Ansatz.

BKP wählen den zweiten Ansatz. Sie fassen vorhandene Teilindizes für einzelne Vermögensarten wie Aktienindizes und Immobilienpreisindizes *mittels geschätzter Gewichtungsfaktoren* zu einem allgemeinen Vermögenspreisindex zusammen. Die Berechnung der Gewichtungsfaktoren erfolgt zweistufig. Zunächst werden *Bruttogewichtungsfaktoren* geschätzt, die den Anteil der jeweiligen Vermögensart am Gesamtvermögen des privaten Sektors wiedergeben sollen. Anschließend werden diese mittels entsprechender Schätzungen um die Doppelzählung von Gewerbeimmobilien im Eigentum von börsennotierten Aktiengesellschaften bereinigt, was die *Nettogewichtungsfaktoren* liefert. (Vgl. BKP 1994, 79.)

Der *aggregierte Vermögenspreisindex* (*aggregate asset price index, AAPI*) nach BKP (1994, 75) lautet:

$$AP_t = \sum w(i,s) \cdot p(i,t) \qquad (3.2)$$

Dabei ist *p(i,t)* der Preisindex von Vermögensart *i* zum Zeitpunkt *t*, und *w(i,s)* steht für die Nettogewichtungsfaktoren, die etwa alle fünf Jahre (Zeitraum *s*) angepasst werden.

Bei der *Datenverfügbarkeit* gibt es internationale Unterschiede, welche die Anwendung einer international einheitlichen Berechnungsweise verhindert haben. Dies betrifft die Teilindizes, die Bruttogewichtungsfaktoren und die Korrekturfaktoren.

Bei den *Teilindizes* fehlen in vielen Ländern landesweite nationale Preisindizes für *Wohnimmobilien*, darunter auch in Deutschland, wo stattdessen ein Index auf Grundlage der lokalen Märkte von Berlin, Frankfurt, München und Hamburg gebildet und verwendet wurde. Er besteht aus einer nicht näher dargestellten

[12] Hierzu schreiben BKP (1994, 75f): „There are at least two possible ways of defining and constructing the index. One is to define the asset price index as a measure of the values of the underlying assets. […] In this case, the weights to be attached to the components should reflect the relative shares of private sector holdings of residential and commercial property and non-property business assets. […] An alternative possibility is to define the asset price index as a measure of the change in the value of real estate and corporate equities themselves."

Kombination durchschnittlicher Verkaufspreise von eigengenutzten Wohnimmobilien in diesen Städten, wie sie vom Ring Deutscher Makler gesammelt werden. Als Teilindex für die Preise der *Gewerbeimmobilien* wurde der „Capital price value index" für dieselben vier Städte von Jones Lang Wootton verwendet, als Teilindex für *Aktienkurse* ein nicht näher angegebener allgemeiner Aktienindex (Vgl. BKP 1994, 77f.)[13]

Bei der Verfügbarkeit der für die Ermittlung der *Bruttogewichtungsfaktoren* erforderlichen Daten wurden *drei Ländergruppen* gebildet. (Vgl. BKP 1994, 79ff.) Für die erste Gruppe liefert das Konto des privaten Sektors in der nationalen Flow-of-Funds-Rechnung (FoF) Angaben über den Wert der Wohn- und Gewerbeimmobilienbestände, einschließlich des überbauten Landes, in den Händen der Privaten. Für die zweite Gruppe (darunter Deutschland) liegen keine derartigen Angaben aus einer Flow-of-Funds-Rechnung vor, aber UN-SNA-Angaben über den Wert der Wohn- und Gewerbebauten, ausschließlich des jeweiligen Baulandes. Die Schätzung der Baulandwerte bzw. der vollständigen Immobilienwerte erfolgt bei BKP 1994 auf Grundlage der Annahme, dass das Wertverhältnis Bauland zu Gebäude ähnlich demjenigen der USA und Großbritanniens ist. Für die dritte Gruppe existieren weder Flow-of-Funds-Daten noch UN-SNA-Daten, daher werden willkürliche Hilfsannahmen bezüglich struktureller Ähnlichkeiten mit Nachbarländern getroffen.

Bei den Korrekturfaktoren, mit denen Brutto- in *Nettogewichtungsfaktoren* umzurechnen sind, behalfen sich die Autoren für die meisten Länder mit einem frei geschätzten Wert von 0,5 für den von börsennotierten Unternehmen gehaltenen Anteil am gesamten Gewerbeimmobilienvermögen, α.

Trotz des einfachen Indexkonzepts, das einen Vermögenspreisindex auf Grundlage der Vermögenszusammensetzung des privaten Sektors als gewogenen Mittelwert vorhandener Teilindizes darstellt, macht das Fehlen entsprechender Statistiken bzw. systematisch erhobener vermögensbezogener Daten also die Verwendung mehrerer *Ad-hoc-Annahmen* erforderlich. Der Pragmatismus bei der Konstruktion des AAPI hat sich insofern ausgezahlt, als dass nun erstmals für eine große Zahl von Industrieländern bis um ca. 1970 zurückreichende *Zeitreihen* für die allgemeine Vermögenspreisentwicklung vorliegen. Dies stellt eine *erhebliche Verbesserung* gegenüber etwa einer bloßen Gleichsetzung von Vermögenspreisen mit Aktienkursen dar.

Betrachtet man nun die Ergebnisse der Berechnungen von BKP (1994), so fällt auf, dass der AAPI über alle Länder und Teilzeiträume hinweg vor allem ein Immobilienpreisindex ist. Es gibt zwar erhebliche internationale Unterschiede in den relativen Gewichten der einzelnen Vermögensarten bzw. Teilindizes, aber Wohnimmobilien nehmen in allen Ländern und in allen Teilzeiträumen mehr als

---

[13] Nach Angaben der Deutschen Bundesbank (2003b, 53) wurde diese Praxis inzwischen geändert. Die BIZ verwendet nunmehr Immobilienpreisdaten der Bundesbank.

50% des Gesamtvermögens ein, in vielen Ländern 60-70%. Die Anteile des Aktienvermögens sowie des Gewerbeimmobilienvermögens sind international sehr unterschiedlich. Tendenziell nehmen die Anteile der Wohn- und Gewerbeimmobilien ab und derjenige des Aktienvermögens zu. Eine Übersicht über die von BKP (1994, 80) für den Zeitraum von 1988-1992 berechneten Gewichtungsfaktoren für die einzelnen Vermögensarten gibt die nachstehende Tab. 3.10.

Tab. 3.10: Gewichtungsfaktoren für Teilindizes im AAPI für den Zeitraum 1988-1992

	Länder (Auswahl)				*Nachrichtlich (für alle Länder)*	
Gewichtung des Teilindex (gerundet)	**Deutschland**	**Großbrit.**	**USA**	**Japan**	***Min.***	***Max.***
Wohnimmobilien-Vermögen	0,69	0,59	0,61	0,56	*0,56 (JP)*	*0,71 (AU)*
Gewerbeimmobilien-Vermögen	0,16	0,07	0,08	0,13	*0,07 (UK)*	*0,18 (SE)*
Aktien-Vermögen	0,15	0,34	0,31	0,31	*0,15 (FI)*	*0,34 (UK)*
Summe	*1,00*	*1,00*	*1,00*	*1,00*	.	.
Datengrundlage der Gewichtungsfaktoren	*UN-SNA*	*FoF*	*FoF*	*FoF*	.	.

Angaben nach BKP (1994, 80). – Eigene Darstellung.

3.3.3 Der Dynamische Faktor-Index (DFI)

Ein weiterer Ansatz zur Berücksichtigung von Vermögenspreisen in einem neuartigen Inflationsmaß stammt von Bryan, Cecchetti und O'Sullivan (Bryan / Cecchetti / O'Sullivan 2001 [BCOS 2001]). Obwohl die Autoren sich auf Alchian und Klein berufen, geht es hier nicht um die Neudefinition von Preisstabilität bzw. Inflation, sondern um die Konstruktion eines *neuen Indikators* zur Nutzung des Informationsgehalts von Vermögenspreisen für konventionell definierte Verbraucherpreisinflation.

Die grundlegende Hypothese ist, dass Vermögenspreisänderungen „Signale" hinsichtlich der künftigen Verbraucherpreisentwicklung enthalten, aber auch sehr viel informationsloses „Rauschen" (bzw. Lärm; *noise*). Würde man Vermögenspreisen in einem aus Verbraucher- und Vermögenspreisen zusammengesetzten Inflationsmaß ein hohes Gewicht einräumen, so übertrüge sich die relativ hohe Volatilität der Vermögenspreise auf das Inflationsmaß. Eine volatile Zielgröße der Geldpolitik würde wiederum eine sehr volatile bzw. sprunghafte Geldpolitik nach sich ziehen. Der neuartige Indikator, von den Autoren als *Dynamic Factor Index* (DFI) bezeichnet, soll nun den Informationsgehalt bzw. die „Signale" aus der Vermögenspreisentwicklung herausfiltern und in ein kombiniertes Inflationsmaß einbringen, nicht aber das „Rauschen" bzw. denjenigen Anteil der Vermögenspreisänderungen, die keinen Informationsgehalt bezüglich der

Verbraucherpreisinflation enthalten. Der DFI ist *eine Art von Kerninflationsindex* für den „grundlegenden" Trend in der Verbraucherpreisentwicklung, der auf Grundlage einer um Vermögenspreise erweiterten Menge von Preisen ermittelt wird. Hinter einem solchen Indikator steht die theoretische Vermutung, dass bei Betrachtung nur der gegenwärtigen Verbraucherpreise *in den Vermögenspreisen verborgene Inflationsrisiken* übersehen werden könnten. Dem steht gegenüber, dass ein auf erweiterter Basis ermittelter Preistrend den Trend nicht nur in den Verbraucherpreisen, sondern teilweise auch einen von der gegenwärtigen und künftigen Verbraucherpreisentwicklung unabhängigen (Teil-) Trend in den Vermögenspreisen widerspiegelt.

Die *Ermittlung der Gewichte* für die einzelnen Verbraucher- und Vermögenspreise im kombinierten Index orientiert sich nun nicht an theoretischen Überlegungen, der Nachbildung der Vermögensstruktur eines oder mehrerer Sektoren oder dergleichen, sondern lediglich an den empirischen bzw. *statistischen* Eigenschaften der einzelnen Preise relativ zum ihrem Aggregat.

Grundidee ist dabei, dass man aus der Gesamtheit aller Einzelpreisänderungen (oder Änderungen von Teilindizes) in einem Zeitraum, einen Gewichtungsschlüssel zunächst vorausgesetzt, einen gemeinsamen Preistrend bzw. eine Preisniveauänderung (oder Änderung eines Gesamtindex) ermitteln kann:

$$\dot{P}_t = \sum w_{it} \cdot \pi_{it}; \quad \sum w_{it} = 1 \qquad (3.3)$$

Die Summe der Gewichtungsfaktoren w_{it} ist dabei eins. Man kann nun wiederum jede Einzelpreisänderung zur Preisniveauänderung in Beziehung setzen, indem man sie als Summe des gemeinsamen (aggregierten bzw. systematischen) Preistrends π_t und einer individuellen (idiosynkratischen) Preisänderungskomponente x_{it} interpretiert:

$$\pi_{it} = \pi_t + x_{it} \qquad (3.4)$$

BCOS (2001, 15) verstehen nun unter Inflation den gemeinsamen Preistrend in allen Preisen einer Volkswirtschaft, ohne dass ihnen alle Preise vorliegen würden. Es fehlen insbesondere die Preise für den Zukunftskonsum. Ein nur auf Grundlage einer Teilgesamtheit von Preisen ermitteltes Inflationsmaß ist also wegen Unvollständigkeit verzerrt (*excluded goods bias*) und gibt die tatsächliche Inflationsentwicklung nur unvollkommen wieder. Bezogen auf die Teilgesamtheit der vorliegenden Preise ergibt die gewichtete Summe aller idiosynkratischen Preisänderungen null, bezogen auf die Gesamtheit aller Preise, auch der nicht vorliegenden, ist dies bei angenommener Verzerrung nicht der Fall (vgl. BCOS 2001, 15):

$$\dot{P}_t = \sum_i w_{it} \cdot (\pi_t + x_{it}) = \sum_i w_{it} \cdot \pi_t + \sum_i w_{it} \cdot x_{it} = \pi_t + \sum_i w_{it} \cdot x_{it} \qquad (3.5)$$

$\dot{P}_t$ steht nun für den Inflationsindex und π_t für den DFI. Bis hier wurden die Gewichtungsfaktoren der einzelnen Preise als gegeben angenommen. Die Idee von BCOS, ein *statistisches Kriterium* anstelle von Nutzenüberlegungen für die Ermittlung von Gewichtungsfaktoren zu verwenden, lässt sich am Beispiel eines einfachen, auf Wynne (2000) zurückgehenden, statischen Index illustrieren.[14] In dessen *Varianzgewichteten Preisindex* (*Variance-weighted Price Index*, VWPI) geht ein Einzelpreis umso stärker ein, je ähnlicher sich der Einzelpreis relativ zum (zunächst auf Grundlage von Gleichgewichtung ermittelten) Preisniveau verhält, bzw. ein Einzelpreis geht umso schwächer ein, je stärker er um das Preisniveau streut:

$$w_i = \frac{\left(\frac{1}{\sigma_i^2}\right)}{\sum_{j=1}^{n}\left(\frac{1}{\sigma_j^2}\right)} \qquad (3.6)$$

BCOS (2001, 16ff) stellen ein komplizierteres Verfahren zur Ermittlung der Gewichtungsfaktoren mit einer ähnlichen Grundidee vor, präsentieren aber in Cecchetti et al. (2000, 87f) die Ergebnisse von nach der vorigen Formel bzw. nach Wynne (2000) ermittelten Gewichtungsfaktoren, mit denen Teilindizes für Verbraucherpreise, Immobilienpreise und Aktienkurse in einem kombinierten Inflationsindex, den VWPI, eingehen:

Tab. 3.11: Gewichtungsfaktoren für Teilindizes im VWPI nach Cecchetti et al. (2000)

	Ausgewählte Länder				*Nachrichtlich (für alle 11 Länder)*		
Gewichtung des Teilindex (gerundet)	**Nieder-lande**	**Groß-britan-nien**	**USA**	**Japan**	***Min.***	***Me-dian***	***Max.***
Verbraucher-preise	0,946	0,801	0,910	0,774	*0,722 (NZ)*	*0,907 (NO)*	*0,946 (NL)*
Immobilien-preise	0,046	0,180	0,076	0,202	*0,046 (NL)*	*0,088 (NO)*	*0,263 (NZ)*
Aktien-Kurse	0,009	0,019	0,015	0,024	*0,003 (FI)*	*0,012 (CA)*	*0,024 (JP)*
Summe	*1,000*	*1,000*	*1,000*	*1,000*	.	.	.
Berechnungs-zeitraum	*II 1970 – IV 1998*	*III 1968 – I 1998*	*II 1963 – IV 1998*	*II 1957 – III 1998*	.	.	.

Angaben nach Cecchetti et al. (2000, 88, Tab. A6.1). – Eigene Darstellung.

[14] Wynne, M. A. (2000): Core Inflation: A Review of Some Conceptual Issues. [Unpublished manuscript.] Federal Reserve Bank of Dallas. – Die Literaturangabe ist von Cecchetti et al. (2000, 140) übernommen und erfolgt hier ausnahmsweise aus zweiter Hand, da es dem Verfasser nicht gelungen ist, das Original zu beschaffen.

Da für Deutschland keine Ergebnisse vorliegen, werden hier ersatzweise die Ergebnisse für die Niederlande angegeben. Die hohe Volatilität von Aktienkursen bzw. auch von Aktienindizes bewirkt beim hier verwendeten Gewichtungsverfahren, dass Aktienkurse für das kombinierte Inflationsmaß mit Werten um 0-2% praktisch keine Rolle spielen. Die Volatilität von Immobilienpreisen liegt zwischen denjenigen von Aktienkursen und von Verbraucherpreisen, was ein Gewicht von 5-26% impliziert. Den höchsten Anteil am kombinierten Index haben weiterhin die Verbraucherpreise mit 72-95%.
Die Beobachtung, dass es schon aufgrund ihrer Volatilität fraglich ist, ob Vermögenspreise als geldpolitische Zielgröße oder als ein Teil davon geeignet sind, ist ein gültiges Argument, aber nicht hinreichend zur Begründung einer geldpolitischen Rolle für einen DFI bzw. VWPI. Vielmehr bleibt bei diesem Indexkonzept die Frage offen, welche ökonomische Bedeutung dem gemeinsamen Preistrend von Vermögens- und Verbraucherpreisen überhaupt zukommt. Auch ist das Bestehen statistischer Gemeinsamkeiten zwischen Verbraucher- und anderen Preistrends unspezifisch in Bezug auf Vermögenspreise und Vermögenspreisinflation.[15] Unabhängig von diesem Begründungsproblem liefern die Berechnungen von BCOS 2001 das Ergebnis, dass Aktienkursen in einem VWPI ein vernachlässigbar kleines Gewicht, Immobilienpreisen aber ein mittleres Gewicht zukommt.

3.3.4 Erweiterte Indizes der Monetären Bedingungen (Extended MCIs)

Ein *Monetary Conditions Index* (MCI) ist ein Indikator für den geldpolitischen Kurs, in welchen ein kurzfristiger realer Zinssatz und ein realer Wechselkurs eingeht.[16] In einer kleinen offenen Volkswirtschaft wird beiden Größen ein bedeutender Einfluss auf die aggregierte Nachfrage, auf die gesamtwirtschaftliche Auslastung bzw. die Produktionslücke und somit auf die Verbraucherpreisentwicklung zugeschrieben. Goodhart / Hofmann (2000; 2001) und Smets (1997) schlagen nun vor, verschiedene Finanzmarktgrößen, darunter auch Preise von Vermögenswerten, in einen erweiterten MCI einzubeziehen, da auch diese die aggregierte Nachfrage beeinflussen und ihrerseits von der Geldpolitik beein-

[15] Man könnte mit derselben Begründung einen gemeinsamen Preistrend beispielsweise in Verbraucherpreisen und in Kupferpreisen suchen. Auch hier würde sich das genannte Interpretationsproblem stellen, aber auch hier wäre eine theoretische Ad-hoc-Begründung möglich.

[16] Ein *MCI* ist ein gewogener Durchschnitt aus kurzfristigem realem Zinssatz und realem Wechselkurs, der insbesondere für kleine offene Volkswirtschaften als geldpolitisch steuerbare Größe mit maßgeblichem Einfluss auf die Produktionslücke propagiert worden ist. Ein MCI hat in den von den Notenbanken von Kanada und Australien praktizierten Strategievarianten des Inflation Targeting bereits eine *Rolle als Operating Target* gespielt, in anderen Ländern eine Rolle *als Wirkungsindikator* (*policy stance indicator*) für die nachträgliche Beurteilung des geldpolitischen Kurses. (Vgl. Smets 1997, 9, und GH 2000, 4.)

flusst werden.[17] Im Zusammenhang einer Strategie des Inflation Targeting zielt eine solche Erweiterung darauf ab, Prognosen der Produktionslücke zu verbessern, somit auch die Inflationsprognose und die Leistungsfähigkeit der genannten Strategie.[18] In Goodhart / Hofmann (2001, 4) wird der erweiterte MCI auch als *Financial Conditions Index* (FCI) bezeichnet.

Wegen des angenommenen aktiv-kausalen Einflusses der Finanzmarktdaten und Vermögenspreise auf die Inflationsentwicklung, aber auch wegen des passiv-vorausschauenden Charakters der Bildung von Finanzvariablen vermuten Smets und GH, dass diese einen (empirischen) *Informationsgehalt* in Bezug auf die künftige Inflationsentwicklung besitzen. Demnach könnte man Inflationsprognosen bzw. in solche einfließende Prognosen der Entwicklung der Produktionslücke verbessern, indem man Finanzmarktgrößen zu diesen Prognosen mit heranzieht. Üblicherweise gelten die vergangenen bzw. beobachteten Werte *kurzfristiger Zinssätze* als Bestimmungsgröße der Produktionslücke.[19]

Smets (1997, 9ff) diskutiert in grundsätzlicher Hinsicht die Erweiterung eines als Operating Target verwendeten MCI um weitere Finanzvariablen, wovon er eine Verbesserung von Prognosen der Produktionslücke erwartet. Die Bestimmung der relativen Gewichte wird als eine rein empirische Frage angesehen, bzw. die Gewichtung entspricht dem relativen Informationsgehalt der einzelnen Finanzvariablen bei der Prognose der Produktionslücke.

Goodhart / Hofmann (2001, 4) geben für ihre Idee zur Erweiterung eines MCI auch explizit eine Indexformel an. Ihr *Financial Conditions Index* ist definiert als mit den Gewichtungsfaktoren w_i gewogener Durchschnitt der Abweichungen der Werts q_{it} der i-ten Finanzvariablen in Periode t von deren langfristigem Durchschnittswert $\overline{q}_{it}$, wobei dieser als gleitender Durchschnitt periodenweise neu ermittelt wird:

$$FCI_t = \sum_i w_i \cdot (q_{it} - \overline{q}_{it}) \qquad (3.7)$$

[17] Goodhart und Hofmann (2000, 2) sowie Smets (1997, 9) gehen von einem weiten Begriff der Vermögenspreise aus und zählen hierzu auch finanzielle Größen bzw. Finanzvariablen (*financial variables*), die keine Stückpreise von Vermögenswerten darstellen. Bei Smets (1997, 9f) umfassen die *Finanzvariablen* neben den üblicherweise im MCI enthaltenen kurzfristigen Zinssätzen und Wechselkursen auch langfristige Zinssätze und Aktienkurse. Goodhart / Hofmann (2000, 3) beziehen neben kurzfristigen Zinssätzen und realen Wechselkursen auch reale Immobilienpreise, reale Aktienkurse und reale Kassenhaltung (*real money balances*) in ihre Betrachtung ein.

[18] *Prognosen der Produktionslücke* spielen insbesondere bei einer geldpolitischen Strategie des Inflation Targeting eine herausgehobene Rolle.

[19] Dies können sowohl kurzfristige nominale als auch kurzfristige reale Zinssätze sein, da in den hierzu herangezogenen Modellen, anhand derer alternative Varianten von Inflation Targeting diskutiert werden, auf kurze Sicht Preisrigiditäten bestehen.

Die *Gewichtungsfaktoren* sind hier nicht das Ergebnis theoretischer Überlegungen oder der Nachbildung sektoraler Vermögensaggregate, sondern das Resultat empirischer Eigenschaften der einbezogenen Variablen. GH *schätzen* die Gewichtungsfaktoren w_i *nach zwei* verschiedenen *Verfahren*. Zum einen wählen sie als Gewichtungsfaktoren die geschätzten Koeffizienten der zugehörigen Finanzvariablen in der aggregierten Nachfragegleichung eines kleinen ökonometrischen Strukturmodells (*reduced form model*). Zum anderen schätzen sie Gewichtungsfaktoren auf Grundlage der Reaktionen der Variablen auf bestimmte Schocks (*impulse responses*) im Rahmen eines vektorautoregressiven (VAR-) Modells, das dieselben Variablen wie das kleine ökonometrische Modell enthält. (Vgl. GH 2001, 5.) Der Unterschied der beiden Verfahren liegt darin, dass das erste Verfahren von einer bestimmten Struktur des Transmissionsmechanismus ausgeht, nach welchem Finanzvariablen die künftige Inflationsentwicklung nur über die Produktionslücke beeinflussen, während das zweite Verfahren keine solche Struktur annimmt, die Finanzvariablen die künftige Inflationsentwicklung also auch auf anderem Wege beeinflussen können. (Vgl. GH 2001, 13.)
Aus den beiden Verfahren resultieren zwei Sätze von Gewichtungsfaktoren und somit *zwei Varianten des FCI*. Die beiden Varianten unterscheiden sich im relativen Gewicht der realen Immobilienpreise. In den nach dem ersten Verfahren ermittelten FCI gehen diese mit einem geringeren Gewicht ein als in die zweite Variante. Dies gilt beispielsweise auch für die für Deutschland und für die Gesamtheit der G7-Länder für den Betrachtungszeitraum I 1973 bis IV 1998 geschätzten Gewichte (vgl. GH 2001, 19):

Tab. 3.12: FCI-Gewichte nach Goodhart / Hofmann (2001)

	FCI-Gewichte für Deutschland		**FCI-Gewichte für den G7-Durchschnitt**	
FCI-Variante „Vermögenspreis"	***auf Basis von kleinem Strukturmodell***	***auf Basis von VAR-Modell***	***auf Basis von kleinem Strukturmodell***	***auf Basis von VAR-Modell***
Realer Zinssatz	0,61	0,43	0,50	0,46
Realer Wechselkurs	0,12	0,08	0,15	0,10
Reale Immobilienpreise	0,18	0,46	0,23	0,40
Reale Aktienkurse	0,09	0,03	0,12	0,04
Summe	*1,00*	*1,00*	*1,00*	*1,00*

Angaben nach Goodhart / Hofmann (2001, 19). – Eigene Darstellung.

Die beiden Varianten von FCIs haben gemeinsam, dass sie zwar relativ gute *In-Sample*-Prognosen der zukünftigen Inflationsentwicklung liefern, aber relativ schlechte *Out-of-Sample*-Prognosen. (Vgl. GH 2001, 25.) Der gesicherte bzw. wirtschaftspolitisch belastbare Informationsgehalt der Finanzvariablen für die zukünftige Inflationsentwicklung scheint also eher gering zu sein. Weiterhin fällt bei den Schätzergebnissen auf Basis des kleinen Strukturmodells auf, dass den gegenüber einem einfachen MCI zusätzlich in den FCI eingehenden Variablen nur ein *relativ geringes Gewicht* zukommt. Reale Immobilienpreise und reale Aktienkurse scheinen über die Produktionslücke kaum einen Einfluss auf die künftige Inflation auszuüben, sondern allenfalls über andere Wirkungsmechanismen. Daher kommt ihnen für die Prognose der Produktionslücke keine besondere Rolle zu.[20]
Die Nützlichkeit bereits einfacher MCIs als Indikator oder *operating target* für die Geldpolitik ist in der Literatur heftig umstritten. (Vgl. Bundesbank 1999.) Das vermeintlich einfache Maß für den geldpolitischen Kurs ist interpretationsbedürftig, da die Art von Schocks, welche auf die Komponenten eines MCI einwirken, identifiziert werden muss, um die gebotene Reaktion auf eine Veränderung im MCI zu ermitteln. Daher stellt sich die Frage, welchen Erkenntnisgewinn die Betrachtung eines MCI gegenüber der getrennten Beobachtung seiner Komponenten erbringt. Unbeschadet dieser allgemeinen Kritik an MCIs und der Diskussion um die Vor- und Nachteile einer Strategie des Inflation Targeting erscheint die Ausgangsüberlegung von Goodhart / Hofmann (2001) und Smets (1997) folgerichtig: Wenn in einen MCI die relevanten Prognosegrößen für die Produktionslücke aufgenommen werden sollen und wenn deren Auswahl und Gewicht primär eine empirische und nicht eine theoretische Frage darstellen, dann können auch Vermögenspreise und andere Finanzmarktdaten auf ihren Informationsgehalt hin geprüft und in einen erweiterten MCI aufgenommen werden. Wie schon beim DFI ist das Argument unspezifisch in Bezug auf Vermögenspreise. Im Ergebnis kommt Vermögenspreisen im FCI bzw. erweiterten MCI je nach Schätzmethode ein geringes oder ein mittleres Gewicht zu. Allerdings ist ein möglicher Informationsgehalt von Vermögenspreisen in Bezug auf Produktionslücke und Inflation an sich noch kein Argument für die Verwendung dieses Indexkonzepts, denn dieser Informationsgehalt kann auch unabhängig von MCIs untersucht werden. Die Zuverlässigkeit und somit der wirtschaftspolitische Nutzen aus dem hier besprochenen Index ist schon daher fraglich, weil er

[20] Dieses Ergebnis widerspricht in gewisser Weise dem *Vorgängeraufsatz Goodhart / Hofmann (2000)*, der auf Grundlage eines kleinen ökonometrischen Modells von Rudebusch und Svensson verschiedene Finanzvariablen hinsichtlich ihres Informationsgehalts für die Entwicklung der Produktionslücke untersucht und zum Ergebnis kommt, dass Änderungen der realen Immobilienpreise und der realen Aktienkurse zur Prognose der Produktionslücke taugen, nicht aber der kurzfristige Realzins, Änderungen der realen Geldmengenaggregate oder des realen Wechselkurses. (Vgl. GH 2000, 16f.)

schon dem Grundgedanken nach auf ökonometrisch geschätzte Gewichtungsfaktoren angewiesen ist. Diese sind erstens modellabhängig (bzw. nicht robust im Hinblick auf die Schätzungsmethode), zweitens im Zeitablauf möglicherweise nicht konstant, und drittens sind die Regressoren möglicherweise nicht exogen, wofür im vorliegenden Fall insbesondere der vorausschauende Charakter von Vermögenspreisen spricht. (Vgl. zu dieser Kritik GH 2001, 8f.)

3.3.5 Intertemporale Preisindexkonzepte: Der Alchian-Klein-Vorschlag

Die in diesem Unterabschnitt darzustellenden Indexkonzepte beruhen auf der Überlegung, dass herkömmliche einperiodische Preisindizes Inflation nur unvollkommen wiedergeben, wenn Haushalte ihren Nutzen intertemporal maximieren. Bei einem herkömmlichen einperiodischen Verbraucherpreisindex werden die Haushalte genau dann schlechter gestellt, wenn diejenigen Verbraucherpreise allgemein ansteigen, die sich auf den Konsum der Gegenwartsperiode beziehen. Intertemporal nutzenmaximierende Haushalte stehen aber auch dann bereits in der Gegenwart schlechter da, wenn die Preise für den Konsum der zukünftigen Perioden allgemein ansteigen, selbst wenn die Preise für den Gegenwartskonsum gleich bleiben. Aus dieser Perspektive sind herkömmliche Preisindizes im Gegensatz zu den Haushalten kurzsichtig und daher unvollständig. Diese Kritik wurde von Alchian / Klein (1973) formuliert, die auch Vorüberlegungen zu einem angemesseneren Inflationsmaß angestellt haben. Auf diese Vorüberlegungen bauen wiederum die Indexkonzepte von Pollak (1989 [1975]) auf. Sowohl Alchian / Klein als auch Pollak geht es also primär um ein adäquates Maß für Verbraucherpreisinflation, nicht um Vermögenspreise per se, somit auch nicht um die Messung von Vermögenspreisinflation. Alchian / Klein beziehen dennoch Vermögenspreise in ihre Überlegungen ein, da sie in ihnen Ersatzgrößen für die nicht-beobachtbare Preise des Zukunftskonsums sehen. Pollak erwähnt Vermögenspreise nicht, sieht sich aber ebenfalls mit dem Problem konfrontiert, dass weder die Gegenwartspreise des Zukunftskonsums noch die zukünftigen Gegenwartspreise des Zukunftskonsums bekannt sind. Zumindest eine von beiden Preismengen ist aber für die Berechnung seines ICOLI erforderlich.

3.3.5.1 Das Konzept eines Lebenskostenindex (COLI) nach Alchian und Klein

Laut Alchian / Klein (1973, 173; im Folgenden [AK 1973]) sind *herkömmliche Inflationsmaße* wie Verbraucherpreisindizes und den BIP-Deflator *im Ansatz unangemessen* für die Messung der Kaufkraft des Geldes. Sie entwickeln stattdessen ein eigenes Indexkonzept, einen „Lebenskostenindex" (*cost-of-life index; COLI*), im Gegensatz zu den vorgenannten Lebenshaltungskostenindizes (*cost-of-living index*). Der „Lebenskostenindex" wird wiederum in zwei Formen vorgestellt, einmal als „Preisindex gleichen Nutzens" (*iso-utility price index*), der nur aus Verbraucherpreisen besteht, und einmal als „Preisindex bei konstanter

Wohlfahrt“ (*constant welfare price index*), in welchen Vermögenspreise eingehen.

Der Index misst Inflation als die Änderung des Preisniveaus, die beim Übergang von einem Zustand bzw. von einer Bedingung A („vor Preisänderung“ bzw. „bei alten Preisen“) in einen Zustand / eine Bedingung B („nach Preisänderung“ / „bei neuen Preisen“) erfolgt.

Der Zeithorizont der Individuen reicht von t=0 an unendlich weit in die Zukunft. Der *Nutzen* eines Individuums zu einem Zeitpunkt ist eine Funktion der Gesamtheit aller Ansprüche auf Konsum zum dann gegenwärtigen und zu allen zukünftigen Zeitpunkten, d.h. auf Mengen von Konsumgütern in Gegenwart und Zukunft (AK 1973, 174):

$$U = U([q(i,t)]) \qquad (3.8)$$

Mit anderen Worten, die Individuen interessieren sich *nicht nur* für ihren *Konsum in der Gegenwartsperiode*, sondern sie berücksichtigen ihren zukünftigen Konsum bereits bei ihren gegenwärtigen Entscheidungen. Ihr Optimierungsproblem besteht also nicht lediglich darin, in der laufenden Periode die Zusammensetzung nur des jeweiligen Gegenwartskonsums zu wählen. Bestünde es nur hierin, dann wäre ein herkömmlicher Verbraucherpreisindex ein angemessenes Maß für die Kaufkraft des Geldes aus Sicht des (repräsentativen) Individuums.

Es gibt zu allen Zeitpunkten dieselbe Anzahl *n* verschiedenartiger Konsumströme (*consumption service flows*), im folgenden zur Vereinfachung Konsumgüter genannt. Es gibt Märkte und somit Preise für den Erwerb bzw. Verbrauch eines jeden Konsumguts nicht nur in der Gegenwart, sondern auch zu allen Zeitpunkten der Zukunft, d.h. es gibt in der Gegenwart Zukunftskonsumgütermärkte für alle Kombinationen der einzelnen Konsumgüter mit den späteren Zeitpunkten. Es sind daher auch alle Gegenwartspreise für Zukunftskonsum bekannt, und diese stellen den größten Anteil an allen Verbraucherpreisen dar. Demgegenüber stellen die Gegenwartspreise für Gegenwartskonsum, deren Preisniveauänderungen durch herkömmliche Verbraucherpreisindizes dargestellt werden sollen, nur einen geringen Anteil an allen Verbraucherpreisen. Die Gegenwartspreise für Gegenwarts- und Zukunftskonsum bilden zusammen den laufenden *Konsumgüterpreisvektor* im Zustand *A*:

$$[p_A(i,t)]$$

Ein einzelnes Element dieses Preisvektors, $p_A(i,t)$, gibt den Preis eines Konsumguts *i* für den Verbrauch in Zeitpunkt *t* an.

Die Individuen wählen in der Gegenwart die mengenmäßige Zusammensetzung ihres Gegenwarts- und Zukunftskonsums dergestalt, dass sie damit bei gegebenen Preisen und gegebenem nominalem Vermögen ihren Nutzen maximieren. Es resultiert der *optimale Konsummengenvektor*, welcher der mengenmäßigen Zusammensetzung des optimalen Warenkorbs entspricht:

$$[q_A(i,t)]$$

Das *nominale Vermögen* (*nominal wealth*) eines Individuums zu einem Zeitpunkt besteht aus der Gesamtheit der mit dem laufenden Preisvektor bewerteten Ansprüche auf Gegenwarts- und Zukunftskonsummengen (AK 1973, 175):

$$W_A \equiv \int_0^\infty \left[\sum_{i=1}^{n} q_A(i,t) \cdot p_A(i,t) \right] dt \qquad (3.9)$$

Kommt es nun zur *allgemeinen Preisänderung* bzw. zum Übergang von Zustand A zu Zustand B, dann lässt sich bei gegebenem neuen Preisvektor ein (hypothetischer) neuer Konsummengenvektor konstruieren, mit dem das Individuum kostenminimal *dasselbe Nutzenniveau* realisiert wie mit dem vorherigen Konsummengenvektor:
$[q_B\,(i,t)]$
Man kann dies als eine veränderte, aber nutzengleiche Zusammensetzung des Warenkorbs interpretieren.
Bewertet man die Konsumgütermengen des neuen Mengenvektors mit den Preisen des neuen Preisvektors, so erhält man den Wert des *hypothetischen nominalen Vermögens*, W_B, das für den Erwerb des neuen Warenkorbs erforderlich wäre. Man beachte, dass dies dem tatsächlichen Wert des Vermögens des Individuums nach Preisänderung weder entsprechen muss noch soll. Vielmehr entspricht es dem nominalen Wert derjenigen Ansprüche auf Gegenwarts- und Zukunftskonsum, die in dem Warenkorb zusammengefasst sind. Dessen mengenmäßige Zusammensetzung ändert sich zwar im Zuge einer allgemeinen Preisänderung, aber das aus den Warenkörben vor und nach Preisänderung resultierende Nutzenniveau ist dasselbe. Am Verhältnis der Nominalwerte der beiden Warenkörbe wird nun die Veränderung des Preisniveaus und somit *Inflation nach Alchian / Klein* abgelesen:

$$P_{AB} \equiv \frac{W_B}{W_A} \equiv \frac{\int_0^\infty \left[\sum_{i=1}^{n} q_B(i,t) \cdot p_B(i,t) \right] dt}{\int_0^\infty \left[\sum_{i=1}^{n} q_A(i,t) \cdot p_A(i,t) \right] dt} \qquad (3.10)$$

Alchian / Klein (1973, 175) nennen diesen Index den *Preisindex konstanten Nutzens* (*iso-utility price index*). Ein Wert von $P_{AB} > 1$ entspricht Inflation, ein Wert von $P_{AB} < 1$ entspricht Deflation. Der Preisindex konstanten Nutzens ist zwar ein angemessenes Inflationsmaß im Sinne intertemporal nutzenmaximierender Haushalte, bliebe aber für praktische Zwecke nutzlos, da sich die Preise des Zukunftskonsums als die erforderlichen Inputs nicht angeben lassen. In der Realität existieren *keine* (bzw. fast keine) *Märkte und Preise für Zukunftskonsum.*
Die zweite grundlegende Idee von Alchian / Klein besteht nun darin, gegenwärtige *Vermögenspreise als Näherungsgröße* für die nicht-beobachtbaren gegen-

wärtigen Preise des Zukunftskonsums zu interpretieren. Um ihren Zukunftskonsum zu bestreiten, bauen private Haushalte Vermögen auf und halten es. Alchian / Klein interpretieren *Vermögenspreise* als die Preise der Vermögenswerte, nicht im Sinne einer beliebigen Auswahl von Finanzmarktdaten. Es existieren *m* Arten von Vermögenswerten. Das Vermögen eines Individuums ist die Summe seiner Vermögenswerte, und wie oben ausgeführt wird das Vermögen vollständig für Gegenwarts- und Zukunftskonsum verwendet (AK 1973, 176):

$$W_A \equiv \sum_{j=1}^{m} P_A(j) \cdot Q_A(j) \equiv \int_0^{\infty} \left[\sum_{i=1}^{n} q_A(i,t) \cdot p_A(i,t) \right] dt \qquad (3.11)$$

Es lassen sich nun jeweils Beziehungen zwischen den Mengenvektoren und den Preisvektoren herstellen. *Zum einen* lässt sich zu jedem optimalen Konsummengenvektor $[q_A(i,t)]$ ein entsprechender Vektor von Vermögensgütermengen $[Q_A(j)]$ ermitteln. Mit anderen Worten, zu einem intertemporal optimalen Konsumgüterwarenkorb lässt sich ein entsprechendes Portfolio von Vermögenswerten angeben.[21] *Zum anderen* entsprechen dann die Vektoren der Vermögenspreise $[P_A(j)]$ und der Verbraucherpreise $[p_A(i,t)]$ einander. Demnach können die Vermögenspreise als Näherungsgröße für die Verbraucherpreise verwendet werden, die sich in der hier gewählten Zusammensetzung ja überwiegend auf den Zukunftskonsum beziehen.
Alchian / Klein verwenden einen *extrem weiten Vermögensbegriff*, der letztlich auch alle lang- und kurzlebigen Verbrauchsgüter einschließt.[22]
Beim Übergang von Zustand A zu Zustand B sehen sich die Individuen wieder einer *allgemeinen Preisänderung* ausgesetzt. Nun ist ein hypothetisches Portfolio bzw. ein veränderter Vermögensmengenvektor $[Q_B(j)]$ dergestalt zu ermitteln, dass er bei Gültigkeit der neuen Preisvektoren $[P_A(j)]$ und $[p_B(i,t)]$ dem nutzengleichen, aber in der Zusammensetzung veränderten Konsumgütermengenvektor $[q_B(i,t)]$ entspricht.
Der resultierende Index, von Alchian / Klein (1973, 177) *Preisindex bei konstanter Wohlfahrt* (*constant welfare price index*) genannt, in dem der nichtbeobachtbare bewertete Zukunftskonsum durch bewertete Vermögensgüter ersetzt ist, lautet:

---

[21] Hierzu ist zweierlei anzumerken. Erstens ist bei dieser Beziehung beider Mengenvektoren unerheblich, ob die Vermögenswerte die entsprechenden Nutzungen unmittelbar abgeben, oder ob sie später wieder verkauft und die Erlöse gegen die Konsumgüter eingetauscht werden. Zweitens ist es nicht das Ziel, die tatsächliche Zusammensetzung des Vermögens eines Individuums wiederzugeben, sondern lediglich ein Äquivalent für dessen optimalen Konsummengenvektor.

[22] Sie schreiben hierzu (AK 1973, 177): „It is crucial to emphasize that the vectors $[Q_A(j)]$ and $[Q_B(j)]$ must include all assets – consumer and producer, durable and nondurable, tangible and intangible, financial and nonfinancial, human and nonhuman. All sources of present and future consumption services must be considered."

$$P_{AB} \equiv \frac{W_B}{W_A} \equiv \frac{\sum_{j=1}^{m} P_B(j) \cdot Q_B(j)}{\sum_{j=1}^{m} P_A(j) \cdot Q_A(j)} \tag{3.12}$$

Dieser Vermögenspreisindex darf *nicht* unmittelbar als Maß für die persönliche Wohlfahrt des Vermögen haltenden Individuums infolge von Vermögenspreisänderungen interpretiert werden, weil die Vermögensportfolios, die durch $Q_B(j)$ und $Q_A(j)$ beschrieben werden, keiner tatsächlichen Vermögensstruktur eines Wirtschaftssubjekts, Sektors oder einer Volkswirtschaft entsprechen und auch nicht entsprechen sollen. Es handelt sich lediglich um hypothetische Vermögensportfolios, die gemäß ihrer Konstruktion miteinander und mit dem Zukunftskonsum nutzengleich sein sollen. Daher ist auf Grundlage dieses Index auch keine Aussage darüber möglich, ob eine wirtschaftliche Einheit durch eine Vermögenspreisänderung besser oder schlechter gestellt wird.[23]

Der Alchian-Klein-Index basiert zwar zum weit überwiegenden Teil auf Vermögensmengen und Vermögenspreisen und zu einem geringen Teil auch aus Verbraucherpreisen und Konsumgütermengen, wenn man einen herkömmlichen Vermögensbegriff zugrundelegt, der kurzlebige Konsumgüter ausschließt. Der Index ist aber *nicht* einfach ein gewogener Durchschnitt eines herkömmlichen Verbraucherpreisindex mit einem reinen Vermögenspreisindex in dem Sinne, dass in diesem die Änderung der Preisdimension eines in irgendeiner Weise „realen" Vermögensaggregats erfasst würde, etwa dem Vermögen des privaten Haushaltssektors. Er vergleicht Vermögen vor und nach der allgemeinen Preisänderung in zwei hypothetischen Zusammensetzungen, die den nutzengleichen Konsumgüterwarenkörben entsprechen sollen. Aus dieser hypothetischen Wertänderung lässt sich zwar die Änderung eines Preisniveaus von den hypothetischen Änderungen hypothetischer Mengen von Vermögensgütern trennen. Die Preisniveauänderung beruht zwar auf den tatsächlichen Änderungen der einzelnen Preise, aber deren Aggregation erfolgt anhand von Gewichtungsfaktoren, die sich aus den hypothetischen Mengen und deren Änderungen ergeben, nicht aber aus der tatsächlichen Vermögenszusammensetzung eines oder mehrerer Sektoren.

Da sich der Alchian-Klein-Index fundamental von einem herkömmlichen Verbraucherpreisindex unterscheidet, würde seine Verwendung als Zieldefinition der Preisniveaustabilität eine radikale Veränderung der geldpolitischen Praxis bedeuten. Eine solche *Neudefinition von Preisstabilität* bzw. von Inflation und

---

[23] Hierzu merken Alchian / Klein (1973, 177) an: „Since our asset price index is not constructed on the basis of assets actually owned by an individual we are therefore not measuring whether the individual is better or worse off after a change in prices, only whether he requires more or less money to reach the same utility level. [...] Any combination of inflation or deflation and better off or worse off is possible."

Deflation bedeutet unter anderem, dass das, was bislang darunter verstanden wurde, wegen einer mangelhaften theoretischen Fundierung irrelevant ist, darunter die Zeitreihen zur vergangenen Preisniveauentwicklung, und durch Daten und Beurteilungen anhand des neuen Inflationsmaßes ersetzt wird.[24]
Der Kurs der Geldpolitik würde sich bei Neudefinition gegenüber der bisherigen Praxis dann verändern, wenn die beiden Indizes divergieren. Dies ist dann zu erwarten, wenn die allgemeine Vermögenspreisentwicklung von der allgemeinen Verbraucherpreisentwicklung abweicht. (Von dem im vorigen Absatz erläuterten Problem hypothetischer Mengen wird dabei abgesehen.) Vermögenspreisinflation, hier als Ersatzgröße für die Inflation bei den Gegenwartspreisen des Zukunftskonsums, bei gleichzeitig stabilem Verbraucherpreisniveau bedeutet, dass ein herkömmlicher Index die Inflation unterzeichnet und die Geldpolitik zu expansiv bzw. zu akkomodierend ausfallen würde. Entsprechend wäre der geldpolitische Kurs bei einer Kombination aus Vermögenspreisdeflation und stabilem Verbraucherpreisniveau zu restriktiv.

3.3.5.2 Zwei Konzepte für einen Intertemporalen Lebenshaltungskostenindex (ICOLI) nach Pollak

Theoretische Vorarbeiten zu einem Intertemporalen Lebenshaltungskostenindex (*Intertemporal Cost-of-Living Index*, ICOLI) stammen von Robert Pollak (1989 [1975]). Wie bei AK (1973) betreiben die privaten Haushalte *intertemporale Nutzenmaximierung*. Daher kann ein einperiodischer Index die Kaufkraft des Geldes aus Sicht der Haushalte nicht angemessen wiedergeben, zumindest sofern Zukunfts- und Gegenwartskonsum nicht unabhängig voneinander in die Nutzenfunktion des Haushaltes einfließen. Pollak sucht einen einperiodischen Index systematisch zu einem intertemporalen Index der Lebenshaltungskosten zu erweitern.
Ausgangspunkt ist ein einperiodischer Index. Ein Lebenshaltungskostenindex $I(.)$ misst die relative Änderung der minimalen Ausgaben, die zur Erlangung ein und desselben Nutzenniveaus beim Übergang von einem Preisregime auf ein anderes erforderlich sind. Ein Nutzenniveau entspricht bei gegebenen Präferenzen R einer Indifferenzkurve s. Der Übergang zwischen zwei Preisregimes entspricht einer allgemeinen Preisänderung. Das Preisregime vor Preisänderung lässt sich durch den Vektor der Bezugspreise, P^b, wiedergeben, dasjenige nach Preisänderung durch den Vektor der Vergleichspreise, P^a. Die jeweils minimal erforderlichen Ausgaben lauten $E(P^b,s)$ und $E(P^a,s)$. Der *einperiodische Lebenshaltungskostenindex* hängt also von den beiden Preisvektoren, von der gegebe-

[24] Alchian / Klein (1973, 185) formulieren ihre Kritik an herkömmlichen einperiodischen Indizes wie folgt: „Presently employed price indices are improper measures of the change in the money cost of an iso-utility consumption package. Reliance on these biased numbers as an indicator or target of monetary policy makes it difficult for the monetary authorities to know what they are doing, let alone what they should be doing."

nen Präferenzrangfolge und der gewählten Indifferenzkurve bzw. dem gewählten Nutzenniveau ab (vgl. Pollak 1989, 71):

$$I\left(P^a, P^b, s, R\right) = \frac{E\left(P^a, s\right)}{E\left(P^b, s\right)} \tag{3.13}$$

Der Index hängt genau dann nicht von der Wahl einer bestimmten Indifferenzkurve ab, wenn das gegebene System homothetisch zum Ursprung ist. (Pollak 1989, 71.)
Im nächsten Schritt wird der einperiodische zu einem intertemporalen Lebenshaltungskostenindex erweitert. Es gibt zu jedem Zeitpunkt n Güter. Die Restlebensdauer der Haushalte beträgt T Perioden, sie ist also endlich. Der Preis eines Gutes i zum Verbrauch in Periode t lautet p_{it}, die zugehörige Menge x_{it}. Der Preisvektor mit den Preisen aller Güter für eine Periode t ist n-dimensional und lautet:

$$P_t = (p_{1t}, \ldots, p_{it}, \ldots, p_{nt})'.$$

Der zugehörige Mengen- bzw. Konsumvektor lautet entsprechend:

$$X_t = (x_{1t}, \ldots, x_{it}, \ldots, x_{nt})'.$$

Der Preisvektor mit den Preisen aller Güter in allen Perioden ist $n{\cdot}T$-dimensional und lautet (hier unter Weglassung der Indizierung für ein Preisregime, a oder b, oder weiterer Indizes):

$$P = (P_1, \ldots, P_t, \ldots, P_T) = \begin{pmatrix} p_{11} & \cdots & p_{1T} \\ \cdots & p_{it} & \cdots \\ p_{n1} & \cdots & p_{nT} \end{pmatrix} \tag{3.14}$$

Der zugehörige Mengenvektor, d.h. der *intertemporale Konsumvektor* bzw. Lebenskonsumpfad (*lifetime consumption path*), lautet entsprechend:

$$X = (X_1, \ldots, X_t, \ldots, X_T) = \begin{pmatrix} x_{11} & \cdots & x_{1T} \\ \cdots & x_{it} & \cdots \\ x_{n1} & \cdots & x_{nT} \end{pmatrix} \tag{3.15}$$

Zentraler Gedanke von Pollak ist nun, dass es bei intertemporaler Betrachtung *zwei mögliche Interpretationen für Preise* bzw. Verbraucherpreise gibt, denen auch zwei Interpretationen eines ICOLI entsprechen. Dies sind zum einen Futures-Preise P^F bzw. ein ICOLI auf Grundlage derselben, $I^F(.)$, und zum anderen Spot-Preise P^S bzw. ein ICOLI auf deren Grundlage, $I^S(.)$.
Der Futures-Preis $p^F{}_{it}$ ist derjenige Preis, der in der Gegenwart, also in Periode 1, bezahlt werden muss, um in Periode t eine Einheit des Gutes i verbrauchen zu können. Der Spot-Preis $p^S{}_{it}$ ist demgegenüber derjenige Preis, der in der laufen-

den bzw. Verbrauchsperiode t bezahlt werden muss, um in Periode t eine Einheit des Gutes i verbrauchen zu können. Man kann Futures-Preise bzw. Spot-Preise für $t \neq 1$ auch als *Gegenwartspreise bzw. Zukunftspreise des Zukunftskonsums* bezeichnen.
Bei der *Futures-Interpretation des ICOLI* wird der gesamte Lebenskonsum X in der Gegenwart bezahlt. Seine Berechnung in der Gegenwart setzt die Existenz entsprechender Futures-Märkte in Periode 1 voraus. Die zugehörigen *Ausgaben* lauten (hier für Preisregime a):

$$E\left(P^{F,a}, s\right) = \sum_{\tau=1}^{T} \sum_{k=1}^{n} p_{kt}^{F,a} \cdot x_{kt} \tag{3.16}$$

Der zugehörige *ICOLI auf Grundlage von Futures-Preisen* lautet:

$$I^{F}\left(P^{F,a}, P^{F,b}, s, R\right) = \frac{E\left(P^{F,a}, s\right)}{E\left(P^{F,b}, s\right)} \tag{3.17}$$

Er beschreibt das Verhältnis der für die Erreichung ein und derselben bestimmten Indifferenzkurve s (bzw. eines bestimmten Nutzenniveaus) minimal aufzuwendenden Ausgaben unter zwei miteinander zu vergleichenden Preisregimes a und b (bzw. beim Übergang von Preisregime b auf Preisregime a).
Bei der *Spot-Interpretation des ICOLI* wird der Lebenskonsum in den jeweiligen Verbrauchsperioden bezahlt. Seine Berechnung in der Gegenwart setzt perfekte Voraussicht (perfect foresight) voraus. Die zugehörigen Ausgaben sind auf die Gegenwart abzudiskontieren. Hierzu benötigt man die Werte des realen Zinssatzes für die Zukunft. Diese sind preisregimespezifisch. Der Realzinssatz in t für den Zeitraum von t bis $(t+1)$ unter Preisregime a lautet r^a_t. Der Realzinsvektor r^a enthält die Realzinssätze für alle Perioden:

$$r^a = (r^a_1, \ldots, r^a_t, \ldots, r^a_{T-1})$$

Analog ist zu Preisregime b ein Realzinssatz r^b_t und ein Realzinsvektor r^b anzugeben. Die auf die Gegenwart abdiskontierten *Ausgaben* für den Lebenskonsumpfad X lauten (hier für Preisregime a):

$$E\left(P^{S,a}, r^a, s\right) = \sum_{\tau=1}^{T} \prod_{\nu=0}^{\tau-1} \left(\frac{1}{1+r_\nu^a}\right) \sum_{k=1}^{n} p_{k\tau}^{S,a} \cdot x_{k\tau} \tag{3.18}$$

Ein Barwertpreis $p_{it}^{PV,a}$ sei der auf die Gegenwart abdiskontierte Spot-Preis $p_{it}^{S,a}$ für den Verbrauch einer Einheit von Gut i in der zukünftigen Periode t unter Preisregime a (für b analog):

$$p_{it}^{PV,a} = p_{it}^{S,a} \cdot \prod_{\nu=0}^{t-1} \left(\frac{1}{1+r_\nu^a}\right) \tag{3.19}$$

Dies ermöglicht die folgende Darstellung der Ausgaben (hier für Preisregime *a*):

$$E\left(P^{S,a}, r^a, s\right) = \sum_{\tau=1}^{T} \sum_{k=1}^{n} p_{k\tau}^{PV,a} \cdot x_{k\tau} = E\left(P^{PV,a}, s\right) \qquad (3.20)$$

Diese Darstellung stimmt formal mit derjenigen bei Futures-Interpretation des ICOLI überein. (Vgl. Pollak 1989, 72.)
Der *ICOLI auf Grundlage von Spot-Preisen* lautet (Pollak 1989, 73):

$$I^S\left(P^{S,a}, r^a, P^{S,b}, r^b, s, R\right) = \frac{E\left(P^{S,a}, r^a, s\right)}{E\left(P^{S,b}, r^b, s\right)} \qquad (3.21)$$

Er beschreibt das Verhältnis der für die Erreichung ein und derselben bestimmten Indifferenzkurve *s* (bzw. eines bestimmten Nutzenniveaus) bei gegebener Präferenzrangfolge *R* (bzw. bei gegebener Nutzenfunktion) minimal aufzuwendenden Ausgaben unter zwei miteinander zu vergleichenden Preis- und Realzinsregimes *a* und *b* (bzw. beim Übergang von Preis- und Realzinsregime *b* auf *a*).
Der Spot-ICOLI unterscheidet sich vom Futures-ICOLI vor allem in seiner expliziten Berücksichtigung der Realzinssätze, die zum Abdiskontieren der Zukunftspreise für Zukunftskonsum auf die Gegenwartsperiode benötigt werden, während die Realzinssätze bei der Preisbildung auf den Gegenwartsmärkten für Zukunftskonsumgüter implizit eingehen.
Der intertemporale unterscheidet sich vom einperiodischen Lebenshaltungskostenindex in der Präferenzrangfolge *R* und in den Preisregimes P^a und P^b. Beim einperiodischen Index ordnet die Präferenzrangfolge Kombinationen von Mengen verschiedener Güter in einer Periode, beim intertemporalen Index Kombinationen von Mengen verschiedener Güter in verschiedenen Perioden. Die Preisregimes sind beim einperiodischen Index unterschiedliche Kombinationen von Preisen derselben Güter in einer Periode, beim intertemporalen Index unterschiedliche Kombinationen von Preisen derselben Güter in mehreren Perioden. (Vgl. Pollak 1989, 73.)
Hinsichtlich der *Frage einer praktischen Umsetzung* ist beim Futures-ICOLI die Annahme der Existenz von Futures-Märkten für Konsumgüter und beim Spot-ICOLI die Annahme der perfekten Voraussicht bezüglich der laufenden Verbraucherpreise der Zukunft fragwürdig bzw. derzeit nicht erfüllt.

3.3.6 Beurteilung

Nach der Vorstellung der einzelnen Indexkonzepte soll nun die eingangs gestellte Frage beantwortet werden, inwieweit die vorhandenen Indizes und Indexkonzepte ein nützliches Instrument für die Wirtschaftspolitik darstellen und die Arbeit von Geldpolitik und Finanzaufsicht erleichtern.

Der *AAPI* ist das einzige der hier vorgestellten Indexkonzepte, welches tatsächlich zur regelmäßigen Berechnung eines Index verwendet wird. Die resultierenden Zeitreihen werden für weitergehende Untersuchungen von Vermögenspreisinflation genutzt. (So z.B. von Detken / Smets 2004.) Die Beurteilung der nationalen Vermögenspreisentwicklungen anhand eines allgemeinen Vermögenspreisindex stellt eine *erhebliche Verbesserung* gegenüber der Betrachtung nur eines Aktienindex dar, also gegenüber der bislang verbreiteten, unangemessenen Gleichsetzung von Vermögenspreisen mit Aktienkursen. Weitere Verbesserungsmöglichkeiten bestehen in der Einbeziehung weiterer Vermögensarten, der getrennten und der zusammengefassten Berechnung für den privaten Haushaltssektor und den nicht-finanziellen Unternehmenssektor sowie in der Vereinheitlichung der Inputdaten. Dabei sind insbesondere international in einheitlicher Weise erhobene Immobilienpreisdaten wünschenswert. Obwohl sein theoretischer Unterbau, insbesondere bezüglich der Wahl und Berechnung der Gewichtungsfaktoren, dürftig ist, ermöglicht der AAPI eine umfassendere Darstellung und Einschätzung der Vermögenspreisentwicklung, als dies bislang üblich war. Bereits aus diesem Grund hat er sich als nützlich erwiesen.

Für *DFI / VWPI* und *FCI / erweiterten MCI* sind punktuell Berechnungen angestellt worden, sie werden aber nicht fortlaufend neu berechnet. Dies erscheint auch nicht erforderlich, da es zur Untersuchung des Informationsgehalts von Vermögenspreisen bezüglich der Verbraucherpreisinflation und (im Falle des FCI) auch der Produktionslücke nicht notwendig ist. Beide Indexkonzepte sind wegen ihrer Interpretationsbedürftigkeit und ihrer schmalen theoretischen Begründung von eingeschränktem praktischem Nutzen für die Wirtschaftspolitik. Auch wenn ein DFI / VWPI einen gemeinsamen Preistrend in Vermögenspreisen und Verbraucherpreisen darstellen kann, bleibt die Frage bestehen, wie dies ökonomisch zu interpretieren ist. Wenn man trotz seiner theoretischen Schwächen an der Verwendung eines MCI festhalten möchte, erscheint es sinnvoll zu überprüfen, ob Vermögenspreise und weitere Variablen einen zusätzlichen Informationsgehalt besitzen, der sich für Prognosen der Produktionslücke und der Inflation nutzen lässt.

Auch für den *ICOLI* sind, in modifizierter Form, punktuell Berechnungen angestellt worden. Eine Reihe praktischer und theoretischer Probleme steht der unmittelbaren Umsetzung des Indexkonzepts von Alchian / Klein und Pollak im Wege, somit auch einer wirtschaftspolitischen Nutzung dieses Indexkonzepts. Der Nutzen des Alchian-Klein-Vorschlags besteht bis heute eher darin, dass er eine umfassende Diskussion über die theoretische Begründung der Wahl von Preisindizes als Inflationsmaß ausgelöst hat, somit auch zum Nachdenken über die theoretische Begründung konventioneller Verbraucherpreisindizes. Beispielsweise widmet die EZB ihrer Wahl des Harmonisierten Verbraucherpreisindex (HVPI / HCPI) als Inflationsmaß eine Hintergrundstudie (Camba-Mendez

2004) zu ihrer eigenen geldpolitischen Strategie, in der sie sich auch ihre Ablehnung des Alchian-Klein-Vorschlags begründet.
Ein Argument *für* den Alchian-Klein-Vorschlag besteht darin, dass er im Gegensatz zu herkömmlichen Verbraucherpreisindizes *dynamisch* ist, nicht statisch, und daher eher der Tatsache gerecht wird, dass Haushalte bei ihren Entscheidungen einen weiteren Zeithorizont als nur die Gegenwartsperiode im Blick haben, dass sie also intertemporale und nicht nur einperiodische Nutzenmaximierung betreiben.

Tab. 3.13: Kurzübersicht der Argumente für und gegen den Alchian-Klein-Vorschlag

Pro	**Contra**
[1] dynamische Betrachtung	[1] Nichtexistenz von Märkten und Preisen (fehlende Datenverfügbarkeit I)
	[2] Schwierigkeit der Ermittlung nutzengleicher Portfolios (fehlende Datenverfügbarkeit II)
	[3] Problem der ökonomischen Interpretation von Vermögenspreisänderungen im CWPI
	[4] Unzureichende bzw. teilweise fehlende direkte Beziehungen zwischen Vermögenspreisen und zukünftigen Verbraucherpreisen, Produktion
[2] theoretische Plausibilität der intertemporalen Nutzenmaximierung	[5] Fehlende geldpolitische Steuerbarkeit von Vermögenspreisen (Endogenität)
	[6] Ungenauigkeit wegen des in Vermögenspreisen enthaltenen „Rauschens" (noise)
	[7] Erwartungsstabilisierung auch bei einperiodischem Preisindex und dauerhaft stabilitätsorientierter Geldpolitik möglich (Äquivalenzargument)

Die Argumente *gegen* den Alchian-Klein-Vorschlag lassen sich wie folgt zusammenfassen. (Vgl. zu den einzelnen Argumenten Alchian / Klein 1973, 187-188, und Camba-Mendez 2003, 38f.) *Erstens* existieren weder die Märkte noch die Preise für den Zukunftskonsum, wie sie für den COLI erforderlich wären, und die Ermittlung der für den CWPI ersatzweise benötigten Vermögenspreise wäre sehr aufwendig. *Zweitens* ist die Ermittlung nutzengleicher Mengenvektoren schwierig und aufwendig, da bei Alchian / Klein keine tatsächlichen Vermögensportfolios nachgebildet werden, also etwa das Portfolio des repräsentativen Individuums. *Drittens* sind Vermögenspreisänderungen im Rahmen des CWPI theoretisch schwer zu interpretieren. *Viertens* stehen nur Teile der Vermögenspreise in einer direkten Beziehung zur zukünftigen Verbraucherpreisentwicklung. Insbesondere bei den Preisen finanzieller Vermögenswerte ist dies fraglich. Es werden bei Alchian / Klein aber im Prinzip alle Vermögenspreise berücksichtigt. Insgesamt besteht daher keine direkte Verbindung zwischen Änderungen von Vermögenspreisen und Änderungen von Verbraucherpreisen. Ähnliches gilt für direkte Beziehungen von Vermögenspreisen zu Produktion und Auslastungsgrad. *Fünftens* sind Vermögenspreise aus Sicht einer Notenbank geldpolitisch kaum steuerbar, insbesondere ihre realen Bestimmungsgrößen. Daher eignen sie sich nicht als geldpolitische Zielgrößen. *Sechstens* enthalten Vermögenspreise viel „noise“ („Rauschen“ bzw. „Lärm“), d.h. ihre Änderungen besitzen oft keinen Informationsgehalt, sondern sind Ausdruck verschiedenartiger kurzfristiger Störungen. Dies gilt insbesondere für Aktienkurse. Schließlich ist *siebtens* denkbar, dass der Unterschied zwischen einem Alchian-Klein-Index und einem herkömmlichen Verbraucherpreisindex in der Praxis irrelevant ist, solange die Geldpolitik nur glaubwürdig und auf Dauer stabilitätsorientiert ist. Aus Sicht der Wirtschaftssubjekte ist eine fortwährende Stabilisierung des intertemporalen Preisniveaus des jeweiligen Gegenwarts- und Zukunftskonsums möglicherweise in der Wirkung einer von Jahr zu Jahr wiederholten Stabilisierung des Preisniveaus des jeweiligen Gegenwartskonsums ähnlich. Selbst wenn es zeitweilig zu Abweichungen in den aufgezeigten Preisentwicklungen kommen sollte, so ist fraglich, ob dies den mit der Einführung eines Alchian-Klein-Index verbundenen Mehraufwand lohnt.

Obwohl die theoretische Begründung eines intertemporalen Verbraucherpreisindex einleuchtend erscheint, ist dessen praktische Berechnung nicht oder allenfalls mit prohibitiv hohem Aufwand oder nur mithilfe von theoretisch schwer begründbaren Zusatzannahmen möglich. Die Einführung eines Alchian-Klein-Index ist daher nicht zu empfehlen.[25]

3.4 Fazit: Vermögenspreisindizes und sonstige Indizes zur Abhilfe gegen Vermögenspreisinflation

Indizes *von* Vermögenspreisinflation i.e.S. wie der AAPI der BIZ sind eine Untergruppe der Indizes *gegen* Vermögenspreisinflation i.w.S. Vermögenspreisindizes bilden mit anderen Worten eine von vier Arten von Indizes, die als wirtschaftspolitische Antwort auf das Problem der Vermögenspreisinflation diskutiert werden.

---

[25] Zu derselben Schlussfolgerung kommt die EZB. In einer Hintergrundstudie zu ihrer geldpolitischen Strategie (Camba-Mendez 2003) begründet die EZB ihre Wahl des HVPI und ihre Ablehnung des Alchian-Klein-Konzepts. Letztere lautet *explizit*:
„The above discussion brings us to a sixth summary statement:
There are both theoretical and empirical concerns against including asset prices in the index used for quantifying the price stability objective."
(Camba-Mendez 2003, 39. Hervorhebung im Original.)

Der AAPI der BIZ ist der bislang einzige allgemeine Vermögenspreisindex, der für eine Vielzahl von Ländern laufend berechnet wird. Er stellt das beste verfügbare Maß *von* (bzw. für) Vermögenspreisinflation dar.
Die anderen drei Indexkonzepte liegen nur im Entwurf vor, werden aber weder laufend berechnet, noch sollen sie Maße für Vermögenspreisinflation darstellen.
Dem Alchian-Klein-Indexkonzept liegt die in hohem Maße plausible theoretische Idee zugrunde, dass der für die Beurteilung der Teuerung maßgebliche Preisindex intertemporal sein sollte, wenn Haushalte ihren Nutzen intertemporal maximieren. Von der Ersetzung eines herkömmlichen einperiodischen Verbraucherpreisindex durch einen Alchian-Klein-Index ist aber aus mehreren (zuvor dargelegten) theoretischen und praktischen Gründen abzuraten.
Dem DFI liegt die ebenfalls plausible Idee zugrunde, dass Vermögenspreise und Verbraucherpreise möglicherweise einen gemeinsamen Preistrend aufweisen. Der Informationsgehalt von Vermögenspreisen für Verbraucherpreisinflation lässt sich aber auch in anderer Form als einem gemeinsamen Index geldpolitisch nutzbar machen.
Der FCI bzw. erweiterte MCI ist im Unterschied zu den übrigen drei Indexkonzepten kein Preisindex. Er soll also weder die Entwicklung der Vermögenspreise, noch diejenige der Verbraucherpreise, noch beide gemeinsam wiedergeben. Vielmehr geht es um die Nutzung des Informationsgehalts von Finanzmarktgrößen aller Art, darunter von den Preisen der Vermögenswerte, für Produktionslücke und Inflation, durch die Einbeziehung aller empirisch gehaltvollen Variablen in einen Indikator. Da die Begründung letztendlich rein empirischer Natur ist, bleibt sie in theoretischer Hinsicht unspezifisch in Bezug auf Fragen der Vermögenspreisinflation.
Insgesamt erscheint ein allgemeiner Vermögenspreisindex wie der AAPI der BIZ, der als Inflationsmaß von Vermögenspreisinflation i.e.S. verwendet werden kann, als der *wirtschaftspolitisch nützlichste* Beitrag, den die Diskussion über Indexkonzepte im Zusammenhang mit Problemen der Vermögenspreisinflation bislang hervorgebracht hat. Vor diesem Hintergrund sind *zwei Empfehlungen* geboten, eine erste im Sinne einer perfekten Lösung und eine zweite im Sinne einer pragmatischen Lösung des Problems der quantitativen Messung und Wiedergabe von Vermögenspreisinflation. Erstens ist die Entwicklung eines *„idealen“* allgemeinen Vermögenspreisindex auf Grundlage von VGR-Daten voranzutreiben, was insbesondere eine Klärung der bislang unbeantworteten theoretischen Fragen erfordert, wie sie in Grundzügen in Abschnitt 3.2 diskutiert wurden. Zweitens ist bis zu einer solchen „perfekten“ Lösung der mit dem AAPI der BIZ vorhandene Messansatz, der auf verschiedene Nicht-VGR-Statistiken aufbaut, *pragmatisch* weiterzuentwickeln, unter anderem durch Einbeziehung weiterer Vermögensarten, insbesondere weiterer Komponenten des Finanzvermögens, sowie durch eine Klärung der sektoralen Abgrenzung bei der Ermittlung der Gewichtungsfaktoren.

4 Ein geschlossener theoretischer Ansatz zur Erklärung von Vermögenspreisinflation: Das einfache und das erweiterte Finanzakzelerator-Modell

4.1 Einführung

Sofern die wirtschaftspolitische Diskussion über Vermögenspreisinflation und –deflation anhand von volkswirtschaftlichen Modellen geführt wird, haben sich hier noch keine Ansätze als dominierend durchgesetzt.[1] Vielverprechend erscheint hier der *Finanzakzelerator-Ansatz von Bernanke und Gertler* (Bernanke/ Gertler/ Gilchrist 1999 und Bernanke/ Gertler 1999). Er hat eine gewisse Prominenz erlangt, unter anderem indem ihn sowohl einzelne Gegner einer expliziten geldpolitischen Reaktion auf Vermögenspreisinflation, etwa die genannten Autoren (Bernanke / Gertler 2001), als auch einzelne Befürworter (z.B. Cecchetti et al. 2000) wiederholt als Grundlage ihrer Argumentation verwendet haben.

In dieser *Kontroverse* befürworten Bernanke / Gertler ein schwaches bzw. nur implizites „Gegensteuern", Cecchetti et al. hingegen ein starkes bzw. auch explizites „Gegensteuern" (leaning against the wind) in Bezug auf die allgemeine Tendenz der Vermögenspreisentwicklung. Dabei haben beide Seiten zwei Punkte *gemeinsam*: Sie argumentieren beide erstens im Rahmen einer geldpolitischen Strategie des *Inflation Targeting* sowie zweitens auf Grundlage desselben Modells, des *Modells von Bernanke / Gertler (1999)*.

Der *erste* Punkt schränkt die Relevanz der genannten Modelle und Positionen etwa für den Euroraum nicht ein. Zwar sind zumindest Bernanke, Cecchetti und Gertler allgemeine Befürworter einer Strategie des Inflation Targeting, doch lassen sich die beiden Positionen in der Kontroverse bzw. die zugehörigen Argumente weitgehend analog auf Geldpolitik bei anderen Strategien übertragen.

Der *zweite* Punkt, der eine gewisse Ergebnisoffenheit des Ansatzes von Bernanke und Gertler impliziert, macht die betreffenden Modelle in theoretischer Hinsicht besonders interessant. Das Modell Bernanke / Gertler (1999; fortan *BG 1999* bzw. *erweitertes Modell*) stellt, wie im folgenden ausgeführt wird, seinerseits eine Variante bzw. Erweiterung eines früheren, aber fast zeitgleich veröffentlichten Modells von Bernanke / Gertler / Gilchrist (1999; fortan *BGG 1999* bzw. *Grundmodell*) dar.

Der *Hauptunterschied* zwischen beiden Modellen besteht darin, dass im *Grundmodell* das Vermögenspreisniveau[2] rein endogen bestimmt wird und mit dem *Fundamentalwert* des Vermögens übereinstimmt, im *erweiterten Modell* BG 1999 aber zur der fundamentalen eine nicht-fundamentale Vermögenspreiskom-

[1] Ebenso wenig haben sich theoretische Orthodoxien in dem Sinne herausgebildet, dass man den Gegnern und Befürwortern von Notenbankinterventionen jeweils einen modelltheoretischen Ansatz zuordnen könnte. Auch sind die vorhandenen Ansätze derart heterogen, dass man nicht von Modellgruppen sprechen kann.

[2] Das Vermögenspreisniveau ist durch einen einzelnen Vermögenspreis wiedergegeben.

ponente hinzutritt, die als ein *exogener Blasenmechanismus* modelliert ist. Es unterscheiden sich also die Ursachen von Vermögenspreisänderungen, bei Simulationen auch ihr Ausmaß, und ihr möglicher zeitlicher Verlauf ist mehr (BG 1999) oder weniger (BGG 1999) eingeschränkt. Die nachgelagerten Wirkungen, die in beiden Modellen über den Finanzakzelerator laufen, sind aber qualitativ dieselben. Bereits im Grundmodell wirken Vermögenspreisänderungen makroökonomisch auf das relative Ausmaß der Fremdfinanzierung, auf das Niveau der Investitionen und auf den Grad an gesamtwirtschaftlicher Aktivität. Im erweiterten Modell verstärken auftretende Blasen diese Wirkungen von Vermögenspreisänderungen in quantitativer Hinsicht.

Die divergierenden wirtschaftspolitischen Empfehlungen beruhen auf unterschiedlichen Simulationsrechnungen des erweiterten Modells, welches explizit Blasen zulässt. Die *unterschiedlichen Simulationsergebnisse* resultieren wiederum aus unterschiedlichen Annahmen bezüglich der Parameterwerte und des Verhaltens der Blase.

Im folgenden werden beide Modelle kurz vorgestellt, zunächst das Grundmodell mit Finanzakzelerator, dann das erweiterte Modell mit dem exogenen Blasenmechanismus als den jeweiligen zentralen Neuerungen. Anschließend werden die Ergebnisse der Simulationsrechnungen dargestellt, die auf Grundlage des erweiterten Modells durchgeführt wurden.

4.2 Das Grundmodell mit Finanzakzelerator

4.2.1 Theoriekontext

Bernanke und Gertler integrieren *Kreditmarktunvollkommenheiten* in ein makroökonomisches Modell, um aufzuzeigen, wie diese ökonomischen Schaden in Form von verstärkten konjunkturellen Ausschlägen bis hin zu Wirtschaftskrisen verursachen können.

Damit treten sie aus der Tradition von Modellen heraus, in denen das *Modigliani-Miller-Theorem* gilt, laut welchem die Finanzierungsstruktur sowohl unbestimmt als auch unerheblich für die makroökonomischen Realgrößen ist. Vielmehr knüpfen sie an eine andere Denktradition an, deren Vertreter wie I. Fisher und H. Minsky die kausale Rolle von finanziellen Störungen (*financial distress*) für makroökonomische Probleme betont haben. (Vgl. BGG 1999, 1343.)

Bernanke und Gertler verstehen unter Kreditmarktunvollkommenheiten Probleme der *asymmetrischen Information* zwischen Kreditnehmern und Kreditgebern. Wegen der aus Informationsasymmetrien resultierenden Missbrauchsmöglichkeiten würde eine Kreditbeziehung nicht zustande kommen, wenn sich nicht bestimmte vertragliche und institutionelle Arrangements herausbildeten, mittels derer Informationsasymmetrien gemindert werden können. Dies ist nur unter Kosten möglich, die im Modell als Überwachungskosten (*monitoring cost*) bzw. Kosten des Insolvenzfalles (*bankruptcy cost*) wiedergegeben sind. Sie führen zu

einem Aufschlag auf den risikolosen Zins, also zu einer relativen Kapitalverteuerung bei Kredit- gegenüber Selbstfinanzierung, weshalb dieser Aufschlag „Außenfinanzierungsprämie“ (*external finance premium*) genannt wird. Nimmt der Grad der Informationsasymmetrie zu, dann steigen die damit verbundenen Kosten an. Wenn deshalb ein erheblicher Anteil der Kreditbeziehungen nicht mehr zustande kommt, dann verringert sich das Volumen der Kreditvergabe. Dies stört die Kapitalallokation und bewirkt insgesamt einen Rückgang der Ausgaben für Konsum und Investitionen, wenn es in erheblichem Maße Wirtschaftssubjekte gibt, denen neben Krediten keine alternativen Finanzierungsmöglichkeiten offen stehen.
Im Grundmodell werden diese Überlegungen nun wie folgt durch den *Finanzakzelerator* wiedergegeben. Allgemein treffen Schocks die Volkswirtschaft und wirken über Kreditmarktunvollkommenheiten auf das Volumen der Kreditvergabe sowie auf Ausgaben und Produktion. Im Besonderen bewirkt ein (evtl. durch Schocks bedingter) Vermögenspreisanstieg eine Zunahme des Wertes des Vermögens potentieller Kreditnehmer, also einen Wertzuwachs bei liquiden Mitteln und anzubietenden Kreditsicherheiten. Eine Zunahme des Unternehmervermögens bei zunächst unverändertem Gesamtkapital bedeutet dann eine höhere unmittelbare Beteiligung des Unternehmers an den Risiken seines Unternehmens. Dies impliziert eine Verringerung des Verhaltensrisikos aufgrund von Informationsasymmetrien, was eine Verbilligung von Krediten, einen Rückgang der „Außenfinanzierungsprämie“ bzw. eine Erhöhung des Kreditangebots und sodann eine Ausweitung des effektiven Kreditvolumens bzw. des Gesamtkapitals ermöglicht. Dieser Zusammenhang zwischen Vermögen, „Außenfinanzierungsprämie“ und Kreditvolumen wird als Finanzakzelerator bezeichnet. Dieser wirkt anschließend über die Investitionen auf die Ausgaben und die gesamtwirtschaftliche Aktivität.
Der Finanzakzelerator kann deshalb im Modell angelegte exogene *Konjunkturschwankungen verstärken.* Umgekehrt üben exogene Vermögenspreisschwankungen Einfluß auf den Konjunkturverlauf aus: Trifft etwa eine Vermögenspreissteigerung auf einen wirtschaftlichen Aufschwung, verstärkt sie diesen. Trifft sie hingegen auf einen Abschwung, mildert sie ihn. Nur der erste Fall wird von den Autoren untersucht. Hier verhalten sich Vermögenspreise prozyklisch, schwanken also gleichzeitig und gleichgerichtet mit der Produktion um ihren langfristigen Gleichgewichtswert. Auch das Unternehmervermögen verhält sich dann prozyklisch, die „Außenfinanzierungsprämie“ aber antizyklisch, das Kreditvolumen, die Investitionen und die schließlich die gesamten Ausgaben wieder prozyklisch.
BGG (1999, 1345ff) treffen einige erläuterungsbedürftige *Modellannahmen.* Dies sind erstens die Existenz von Preisrigiditäten, zweitens die verzögerte Ausführung von Investitionsentscheidungen und drittens heterogene Unternehmen (bzw. Wirtschaftssubjekte), die viertens eine endliche Lebensdauer aufweisen.

Erstens wäre Geldpolitik bei vollständig flexiblen Preisen auch kurzfristig real wirkungslos.[3] Eine rationale Begründung für Preisrigiditäten setzt aber voraus, dass zumindest ein Teil der Anbieter Preise setzen kann. Dies können im Modell die Einzelhändler, eine eigens zwecks Modellierung von Preisrigiditäten eingeführte Klasse von Wirtschaftssubjekten.
Zweitens erzeugen verzögerte Investitionsentscheidungen (*decision lags in investment*) per Annahme eine gewünschte Modelleigenschaft, nämlich einen zeitlichen Vorlauf der Vermögenspreise vor den Investitionen.
Drittens könnte es bei homogenen Wirtschaftssubjekten im Gleichgewicht keine Unternehmen mit unterschiedlichem Vermögen geben, daher auch keine vermögensbedingten Unterschiede im Zugang zu Fremdfinanzierung.
Viertens könnten Unternehmer bei unendlicher Lebensdauer solange Vermögen akkumulieren, bis der Unternehmenssektor vollständig auf Selbstfinanzierung übergegangen wäre. Fremdfinanzierung würde dann nicht mehr nachgefragt, und der Finanzakzelerator würde ökonomisch wirkungslos. Stattdessen wird angenommen, dass „sterbliche" Unternehmer laufend ein- und austreten dergestalt, dass ihr Anteil an der Bevölkerung konstant bleibt.

4.2.2 Struktur des Grundmodells

Im Modell gibt es *drei Arten von Wirtschaftssubjekten*: Haushalte, Unternehmer und Einzelhändler. Weiterhin gibt es den Staat.

4.2.2.1Haushalte

Haushalte haben einen unendlichen Zeithorizont und sind risikoavers. Sie arbeiten, konsumieren und sparen. Sie halten (verzinsliche) Einlagen bei Finanzintermediären, die den risikolosen Zins einbringen, und (unverzinsliches) Geld, d.h. sie betreiben reale Kassenhaltung.
Ein Haushalt hat also drei Quellen von Einkommen und vier mögliche Verwendungen. Er erzielt Arbeitseinkommen, $W_t \cdot H_t$, erhält Zinsen[4] auf bestehende Einlagen, $(R_t - 1) \cdot D_t$, und bekommt die Dividenden der Einzelhändler ausgezahlt, Π_t. (Letzteres ist eine die Modellierung vereinfachende Hilfsannahme, die bei der Vorstellung der Einzelhändler erklärt wird.) Aus diesem Einkommen konsumiert er, indem er Güter von den Einzelhändlern kauft, C_t, er ändert die Höhe seiner realen Einlagen (etwa Spareinlagen; zweiter Summand rechts) sowie die Höhe der realen Kassenhaltung (dritter Summand rechts), und schließlich zahlt er Steuern an die Regierung, T_t. Dies lässt sich zur *Budgetrestriktion* des einzelnen Haushalts zusammenfassen (vgl. BGG 1999, 1387):

---

[3] Es handelt sich um ein Modell mit einer Rolle für Geldpolitik, aber „*ohne Geld*": Im Modell wird Geldpolitik durch den Nominalzinssatz wiedergegeben, es gibt keine Geldmengenvariable.
[4] Da R_t ein Zinsfaktor ist, bezeichnet $(R_t\text{-}1)$ einen Zinssatz.

$$W_t \cdot H_t + (R_t - 1) \cdot D_t + \Pi_t = C_t + (D_{t+1} - D_t) + \left(\frac{M_t - M_{t-1}}{P_t} \right) + T_t \qquad (4.1)$$

Haushalte maximieren ihren Erwartungsnutzen der gegenwärtigen und aller künftigen Perioden aus Konsum (erster Summand in eckigen Klammern), realer Kassenhaltung (zweiter Summand) und Freizeit (dritter Summand), wie an der *Zielfunktion* des Haushalts abzulesen ist (BGG 1999, 1387): [5]

$$\max E_t \left[\sum_{k=0}^{\infty} \beta^k \cdot \left[\ln(C_{t+k}) + \eta \cdot \ln\left(\frac{M_{t+k}}{P_{t+k}} \right) + \nu \cdot \ln(1 - H_{t+k}) \right] \right] \qquad (4.2)$$

Aus der logarithmischen Zielfunktion (bzw. Nutzenfunktion) folgen die Optimalitätsbedingungen für den intertemporalen Konsum (bzw. die Konsum-Spar-Entscheidung), für die Wahl der realen Kassenhaltung und für das Arbeitsangebot (bzw. die Arbeit-Freizeit-Entscheidung). Der Haushalt kann die Höhe der Steuern und der Einzelhändlerdividenden nicht beeinflussen. Mit den genannten drei Entscheidungen ist implizit (bzw. über die individuelle Budgetrestriktion) auch die letzte verbleibende Entscheidung, diejenige bezüglich der Veränderung der Einlagen, getroffen.

4.2.2.2 Produzierende Unternehmen

Unternehmer haben einen endlichen Zeithorizont und sind risikoneutral. (Vgl. BGG 1999, 1347.) Ihre Wahrscheinlichkeit in einer Periode, bis zur Folgeperiode im Geschäft zu bleiben, ist durch den Parameter τ gegeben.[6] Die Wahrscheinlichkeit, aus dem Geschäft auszuscheiden und fortan nur noch das eigene Vermögen zu verzehren, ist in jeder Periode $(1-\tau)$. Es treten annahmegemäß in jeder Periode so viele Unternehmer neu ein, dass sich der Anteil der Unternehmer an allen Wirtschaftssubjekten bzw. an der Bevölkerung nicht ändert.

Ein Unternehmer erwirbt in jeder Periode t von neuem das gesamte (Sach-) Kapital seines Unternehmens.[7] Zusätzlich kauft er in t Arbeitsleistungen von den Haushalten. Er produziert mit beiden Faktoren bei konstanten Skalenerträgen in der jeweiligen Folgeperiode $(t+1)$ ein homogenes Gut. Dabei nutzt sich das Kapital ab, was Abschreibungen erforderlich macht. Er verkauft das verbliebene Kapital sogleich wieder am Kapitalmarkt (auch Kapital ist hier ein homogenes Gut) und verkauft die produzierten Güter an die Einzelhändler.

---

[5] Die Notation der Parameter wurde zur Vermeidung von Verwechslungen von ζ zu η bzw. von ξ zu ν geändert.

[6] Dieser Parameter heißt im Original γ, hier in Übereinstimmung mit der Notation in BG 1999 τ.

[7] Durch diese Annahme wird verhindert, daß nur neue Kredite dem Finanzakzelerator unterliegen. Dies verstärkt die Wirkung des Finanzakzelerators. Möglicherweise führt dies dazu, dass Simulationen den Effekt des Finanzakzelerators überschätzen.

Den Kauf von Sachkapital kann ein Unternehmer auf zwei Weisen finanzieren, in der Regel nutzt er beide Möglichkeiten. Die beiden Finanzierungsalternativen sind Selbstfinanzierung (bzw. Innen-Eigen-Finanzierung) und Kreditfinanzierung (bzw. Außen-Fremd-Finanzierung). Bei *Eigenfinanzierung* bringt er sein Nettovermögen (net worth / entrepreneurial wealth) ins Unternehmen ein und hat Opportunitätskosten in Form entgangener risikoloser Erträge. Bei *Fremdfinanzierung* nimmt er Kredite auf. Die Fremd- bzw. Kreditfinanzierungsbeziehungen bestehen jeweils für eine Periode und unterliegen einer *Informationsasymmetrie* zwischen Kreditnehmer und Kreditgeber, die ex post im Falle des Kreditausfalls Kosten für den Kreditgeber verursacht und daher ex ante Kreditfinanzierung für alle Kreditnehmer verteuert. Dies bedarf einer Erläuterung.

Zu Beginn bzw. *ex ante* kennen weder Kreditnehmer noch Kreditgeber den tatsächlichen späteren Ertrag aus dem Investitionsprojekt des Kreditnehmers (Bruttokapitalertrag / gross return on capital, $\omega^j \cdot R^k_{t+1}$), sondern dieser ist risikobehaftet bzw. unsicher. Ein solches Risiko besteht sowohl für den tatsächlichen Bruttoertrag auf das Kapital eines einzelnen Unternehmers als auch für den „durchschnittlichen" tatsächlichen Bruttoertrag auf das Aggregat des Kapitals aller Unternehmer.[8]

Am Ende bzw. *ex post* erfährt der Kreditnehmer seinen tatsächlichen Bruttokapitalertrag kostenlos, für den Kreditgeber entstehen beim Erwerb dieser Information genau dann *Überwachungskosten* (*auditing cost, monitoring cost*), wenn der Kreditnehmer insolvent wird bzw. falls der Kredit ausfällt. (Der kreditnehmende Unternehmer scheidet dann aus, der Kreditgeber verbleibt mit dem nach Abzug der Überwachungskosten verbleibenden Ertrag des Investitionsprojekts.) Die Höhe der Überwachungskosten bemisst sich als ein konstanter Anteil μ am tatsächlichen Bruttoertrag des gesamten Unternehmenskapitals. Falls der tatsächliche Bruttoertrag des Investitionsprojekts dies zulässt, bezahlt der Kreditnehmer bzw. Unternehmer dem Kreditgeber bzw. Intermediär Zinsen und Tilgung, und für den Kreditgeber fallen dann trotz Informationsasymmetrie keine Überwachungskosten an.

Für das Ausfallrisiko einschließlich des möglichen Anfallens von Überwachungskosten lässt sich der Kreditgeber von vornherein mit der Vereinbarung eines Kreditzinssatzes oberhalb des risikolosen Zinssatzes (d.h. oberhalb der Opportunitätskosten einer risikolosen Alternativanlage) *entschädigen.* Die Höhe dieser Differenz, der sogenannten *Außenfinanzierungsprämie* (*external finance premium*), hängt von der Höhe des Nettovermögens des Unternehmers ab. Ein Anstieg seines *Nettovermögens* ermöglicht einem Unternehmer also zum einen

---

[8] Dementsprechend kann man das Risiko eines einzelnen Investitionsprojekts als die Kombination eines aggregierten (bzw. *systematischen*) Risikos und eines zusätzlichen rein individuellen (bzw. *idiosynkratischen*) Risikos auffassen. Umgekehrt ist das Gesamtrisiko aller Investitionsprojekte gleich dem aggregierten Risiko, die idiosynkratischen Risiken fallen bei aggregierter Betrachtung weg.

vermehrte Eigenfinanzierung und zum anderen günstigere und umfangreichere Fremdfinanzierung.[9] Im Rahmen des Modells lässt sich eine proportionale Beziehung zwischen dem Nettovermögen eines Unternehmers und dem Wert des Gesamtkapitals seines Unternehmens herleiten.[10]
Das Nettovermögen eines Unternehmers stammt aus Gewinnen und aus Arbeitseinkommen. Die *Gewinne* stammen wiederum aus früheren Investitionsprojekten sowie aus etwaigen Kapitalgewinnen beim Wiederverkauf von Kapital. Das *Arbeitseinkommen der Unternehmer* stammt, analog zu demjenigen der Haushalte, aus dem Verkauf von Arbeitsleistungen, hier Unternehmerarbeit genannt.
Hilfsweise wird im Modell die Existenz von *zwei Unterarten von Unternehmen* neben dem Grundtyp der das Großhandelsgut produzierenden Unternehmen angenommen, die nicht explizit modelliert werden.
Erstens gibt es *Finanzintermediäre*, welche die Einlagen von den Haushalten sammeln und Kredite an die produzierenden Unternehmer vergeben. Dabei sorgen sie für eine perfekte Diversifizierung der Kreditrisiken, so dass die idiosynkratischen Risiken, welche die einzelnen Unternehmer betreffen, herausfallen und nur die systematischen bzw. aggregierten Risiken verbleiben. Dies ermöglicht den Finanzintermediären, auf die Einlagen den einheitlichen risikolosen Zins zu zahlen. Wegen des Wettbewerbs auf dem Kreditmarkt erwirtschaften die Finanzintermediäre im Aggregat keine Gewinne.
Zweitens gibt es *Investitions- bzw. Kapitalgüter produzierende Unternehmen.* Sie produzieren bei konstanten Skalenerträgen „neues Kapital“ und erwirtschaften im Aggregat keine Gewinne.[11]

4.2.2.3Einzelhändler

Die Einzelhändler kaufen von den Unternehmern das einheitliche Gut als Großhandelsgut auf dem zugehörigen Markt, auf dem vollkommene Konkurrenz herrscht. Sie betreiben sodann ohne Kosten Produktdifferenzierung und verkaufen die Produktvarianten als Einzelhandelsgut auf Märkten, auf denen *monopolistische Konkurrenz* herrscht. Die Existenz von Einzelhändlern und ihrer begrenzten Preissetzungsmacht dient der Einführung von *Preisrigiditäten* in das

[9] Dieser Umstand ist im Modell Grundlage für die makroökonomische Relevanz von Vermögenspreisänderungen, somit auch der Grund für die Relevanz des Modells im Zusammenhang mit Vermögenspreisinflation.
[10] Ein zumindest teilweise fremdfinanzierter Unternehmer wählt das Gesamtkapital seines Unternehmens so, dass der Grenzertrag des Kapitals den Grenzkosten der Außenfinanzierung entspricht. Siehe hierzu den Beginn der Herleitung des Finanzakzelerators weiter unten.
[11] Nach BGG (1999, 1356) gibt es bei ihrer Produktionstätigkeit *steigende marginale Anpassungskosten* (increasing marginal adjustment costs in the production of capital). Auf die Produktionsfunktionen der beiden Arten produzierender Unternehmen wird an anderer Stelle eingegangen.

Modell nach der Methode von Calvo (1983). Ein einzelner Preis wird von t bis $(t+1)$ mit konstanter Wahrscheinlichkeit $(1-\theta)$ angepasst und bleibt mit Wahrscheinlichkeit θ unverändert. Die entstehende Trägheit der Preisniveauanpassung ist Voraussetzung für eine zumindest *kurzfristige reale Wirksamkeit von Geldpolitik.*

Anders als die zuvor erwähnten Finanzintermediäre und Kapitalgüter produzierenden Unternehmen erwirtschaften die Einzelhändler im Aggregat aufgrund ihrer Marktmacht Gewinne. Annahmegemäß werden die Gewinne der Einzelhändler als Dividenden an die Haushalte ausgeschüttet bzw. rückerstattet, so dass Einzelhändler (abgesehen von ihrer Funktion als Vehikel für die Modellierung von Preisrigiditäten) im Modell keine eigenständige Rolle spielen.

4.2.2.4Geld- und Fiskalpolitik

Die Regierung finanziert die Staatsausgaben durch (einkommensunabhängige) Kopfsteuern und reale Geldschöpfung. Geldpolitik wird im Modell annahmegemäß über die Setzung des Nominalzinssatzes im Rahmen einer Reaktionsregel, nicht aber über die Steuerung der Geldschöpfung betrieben: „The government adjusts the mix of financing between money creation and lump-sum taxes to support the interest rate rule […]“ (BGG 1999, 1389.)

4.2.3 Herleitung des Finanzakzelerators

Der Finanzakzelerator ist die zentrale Neuerung des Modells BGG 1999. Indem Vermögen über das mögliche und das effektive Ausmaß der Fremdfinanzierung mitentscheidet, bekommen Vermögenspreisänderungen einen Einfluss auf das Volumen der Investitionen und somit auf die gesamtwirtschaftliche Aktivität. Im Modell verbirgt er sich in der folgenden Gleichung in Log-Differenzen:

$$\underbrace{E_t\left[r^k_{t+1}\right]-r_{t+1}}_{\uparrow} = -\upsilon \cdot \left[\underbrace{n_{t+1}}_{\uparrow} - \left(q_{t+1}+k_{t+1}\right)\right] \qquad (4.3)\ [=G.4]$$

Der Finanzakzelerator ist hieran als eine funktionale Beziehung zwischen zwei Größenverhältnissen ablesbar. Auf der einen Seite ist dies das Verhältnis des von den Unternehmern eingebrachten Vermögens, N_{t+1}, zum Gesamtkapital K_{t+1}der Unternehmen (bzw. dem relativen Ausmaß von Fremd- und Eigenfinanzierung, rechte Seite). Das Gesamtkapital besitzt bei einem Kapital- bzw. Vermögenspreis von Q_{t+1} pro Einheit einen Wert von $K_{t+1}\cdot Q_{t+1}$, die Vermögens-Kapital-Quote beträgt $N_{t+1}/(Q_{t+1}\cdot K_{t+1})$. Auf der anderen Seite ist es das geforderte Verhältnis des erwarteten (risikobehafteten) unternehmerischen Kapitalertrags zum Ertrag aus risikoloser Anlage (linke Seite der Gleichung). Die entsprechenden Ertragsfaktoren in Niveaugrößen lauten $E_t[R^k_{t+1}]$ und R_{t+1}. Der hinter der Gleichung stehende Gedanke lässt sich so zusammenfassen: Je höher der Eigen-

finanzierungsanteil der Unternehmer, desto geringer ist der von den Kreditgebern geforderte erwartete Mehrertrag aus den zu finanzierenden Vorhaben.
Wegen ihrer zentralen Bedeutung für das Modell wird diese Gleichung im folgenden ausgehend von zwei anschaulich interpretierbaren Funktionen $s(.)$ und $\psi(.)$, die sich zunächst auf die Betrachtung eines einzelnen Unternehmens beziehen, hergeleitet.[12] Die erste Funktion, $s(.)$, beschreibt den erwarteten Mehrertrag aus unternehmerischem Kapitaleinsatz. Die zweite Funktion, $\psi(.)$, bestimmt den optimalen Kapitaleinsatz relativ zum eigenen unternehmerischen Nettovermögen.

Die Funktion $s(.)$ ist definiert als der erwartete, um den Ertrag aus risikoloser Anlage abdiskontierten, Kapitalertrag (*expected discounted return to capital*) bzw. kurz als *erwarteter unternehmerischer Kapitalmehrertrag*:

$$s_t \equiv E_t\left[\frac{R^k_{t+1}}{R_{t+1}}\right]$$

Wenn die Unternehmer im Gleichgewicht Fremdkapital aufnehmen und so das Gesamtkapital ihres Unternehmens über ihr Vermögen hinaus ausdehnen, gilt:

$$s_t \geq 1$$

Wäre diese Bedingung nicht erfüllt, so würde erwartet, dass die Kapitalgeber nicht aus einem gegenüber risikoloser Anlage erhöhten Ertrag für das mit dem unternehmerischen Einsatz des Kapitals verbundene Risiko entschädigt werden könnten, und es würde von vornherein kein Fremdkapital zur Verfügung gestellt. Es ist zweckmäßig, diese Bedingung *als erfüllt anzunehmen*, weil dies der unternehmerischen Wirklichkeit entspricht und weil mit dem Modell bei vollständiger Eigenfinanzierung keine makroökonomischen Wirkungen der asymmetrischen Information auf Kreditmärkten untersucht werden können.
Für einen einzelnen teilweise fremdfinanzierten Unternehmer gilt, dass sein erwarteter Kapitalertrag im Gleichgewicht den Grenzkosten der Fremdfinanzierung entspricht, die sich wiederum als ein s-faches des risikolosen Ertrags darstellen lassen:

$$E_t\left[R^k_{t+1}\right] = s\left(\frac{N^j_{t+1}}{Q_t \cdot K^j_{t+1}}\right) \cdot R_{t+1}; \quad s'(.) < 0 \tag{4.4}$$

Die Funktion $s(.)$, d.h. der erwartete Unternehmermehrertrag, kann also im Gleichgewicht auch als *Fremdfinanzierungszuschlag* (bzw. Außenfinanzie-

[12] Sie sind Teil und Ergebnis der „*Mikrofundierung*" des Modells. Ihre Herleitung (BGG 1999, 1349ff und 1380ff) aus allgemeinen Grundsätzen / Axiomen („first principles") wird hier aus Platzgründen weggelassen.

rungszuschlag[13] / *external finance premium*) auf den risikolosen Ertrag interpretiert werden. (BGG 1999, 1354.)
Die Funktion $\psi(.)$ beschreibt die *optimale Kapital-Vermögens-Quote* (*capital wealth ratio*), also implizit auch den optimalen Grad an Fremdfinanzierung.[14] Sie ist eine (steigende) Funktion des erwarteten unternehmerischen Kapitalmehrertrags:

$$\psi(s_t)=\frac{Q_t\cdot K_{t+1}^j}{N_{t+1}^j};\quad \psi'(s_t)>0 \tag{4.5}$$

Man sieht, dass sich der optimale Kapitaleinsatz eines Unternehmens als ein ψ-faches des unternehmerischen Nettovermögens darstellen lässt:

$$Q_t\cdot K_{t+1}^j=\psi(s_t)\cdot N_{t+1}^j \tag{4.6}$$

Weiterhin wird die folgende Annahme getroffen. Ist der erwartete unternehmerische gleich dem risikolosen Ertrag, so ist reine Eigenfinanzierung bzw. ein Kapitaleinsatz in Höhe des unternehmerischen Nettovermögens optimal:

$$\psi(1)=1$$

Durch Aggregation der Funktion ψ über alle Unternehmen j und Auflösen nach s erhält man die folgende Funktion, die als *aggregierte Angebotsfunktion für Fremdkapital* interpretiert werden kann (*aggregate supply of investment finance*):

$$E_t\left[R_{t+1}^k\right]=s\left(\frac{N_{t+1}}{Q_t\cdot K_{t+1}}\right)\cdot R_{t+1};\quad s'()<0;\quad 0<\frac{N_{t+1}}{Q_t\cdot K_{t+1}}<1 \tag{4.7}$$

Dabei ist der Index j – gegenüber der ansonsten gleichlautenden Funktion bei einzelwirtschaftlicher Betrachtung, siehe oben – durch Aggregation weggefallen. Dies lässt sich auch schreiben als:

$$\frac{E\left[R_{t+1}^k\right]}{R_{t+1}}=s\left(\frac{N_{t+1}}{Q_tK_{t+1}}\right) \tag{4.8}$$

Durch Logarithmieren erhält man:

---

[13] Da es hier um *Kreditfinanzierung* geht, d.h. um Außen-Fremdfinanzierung, und da keine weiteren Außen- oder Fremdfinanzierungsalternativen betrachtet werden, können hier beide Ausdrücke verwendet werden. Die andere betrachtete Finanzierungsalternative ist die *Selbstfinanzierung* bzw. die Innen-Eigenfinanzierung.

[14] Zugleich beschreibt die Funktion ψ den optimalen Wert des von den Unternehmern zu Periodenbeginn zu kaufenden Kapitals als ein Vielfaches ihres Nettovermögens. Sie hängt vom Verhältnis des erwarteten Kapitalertrags zum erwarteten risikolosen Ertrag ab. (Vgl. BGG 1999, 1353 und 1384.)

$$\ln E\left[R_{t+1}^k\right] - \ln R_{t+1} = \ln s\left(\frac{N_{t+1}}{Q_t K_{t+1}}\right) \tag{4.9}$$

Dieser Ausdruck wird nun durch eine Taylor-Reihe erster Ordnung in der Nähe des Gleichgewichtspfads („steady state") approximiert, um einen zur Herleitung der empirischen Ergebnisse leichter zu verwendenden (log-) linearen Ausdruck zu erhalten. Um die Steigungen der linearen Terme zu bestimmen, werden alle Terme nach ($\ln E_t[R^k_{t+1}]$), ($\ln R_{t+1}$), ($\ln N_{t+1}$), ($\ln Q_t$) und ($\ln K_{t+1}$) abgeleitet und am Gleichgewichtswert ausgewertet. Für die linke Seite gilt:

$$\ln E\left[R_{t+1}^k\right] - \ln R_{t+1}$$
$$\approx \left(\ln E\left[R^k\right] - \ln R\right) + \frac{\partial \ln E\left[R_{t+1}^k\right]}{\partial \ln E\left[R_{t+1}^k\right]} \cdot \left(\ln E\left[R_{t+1}^k\right] - \ln E\left[R^k\right]\right) - \frac{\partial \ln R_{t+1}}{\partial \ln R_{t+1}} \cdot \left(\ln R_{t+1} - \ln R\right) \tag{4.10}$$

Schreibt man die Differenzen der logarithmierten Werte als $E_t[r^k_{t+1}]$ und r_{t+1} und berücksichtigt man $E[R^k] = R^k$, so erhält man:

$$\ln E\left[R_{t+1}^k\right] - \ln R_{t+1} \approx \left(\ln E\left[R^k\right] - \ln R\right) + E_t\left[r_{t+1}^k\right] - r_{t+1} = \left(\ln R^k - \ln R\right) + E_t\left[r_{t+1}^k\right] - r_{t+1} \tag{4.11}$$

Entsprechend gilt für die rechte Seite:

$$\ln s\left(\frac{N_{t+1}}{Q_t K_{t+1}}\right)$$
$$\approx \ln s\left(\frac{N}{QK}\right) + \frac{\partial \ln s}{\partial \ln N_{t+1}} \cdot \left(\ln N_{t+1} - \ln N\right) + \frac{\partial \ln s}{\partial \ln Q_t} \cdot \left(\ln Q_t - \ln Q\right) + \frac{\partial \ln s}{\partial \ln K_{t+1}} \cdot \left(\ln K_{t+1} - \ln K\right)$$

$$= \ln s\left(\frac{N}{QK}\right) + \frac{\partial \ln s}{\partial \ln N_{t+1}} \cdot n_{t+1} + \frac{\partial \ln s}{\partial \ln Q_t} \cdot q_t + \frac{\partial \ln s}{\partial \ln K_{t+1}} \cdot k_{t+1} \tag{4.12}$$

Dabei werden die Ableitungen jeweils an den Gleichgewichtswerten N,Q und K ausgewertet. Speziell gilt:

$$\frac{\partial \ln s}{\partial \ln N_{t+1}} = \frac{\partial \ln s}{\partial s} \cdot \frac{\partial s}{\partial N_{t+1}} \cdot \left(\frac{\partial \ln N_{t+1}}{\partial N_{t+1}}\right)^{-1} = \frac{s'}{s} \cdot \frac{1}{Q_t K_{t+1}} \cdot \left(\frac{1}{N_{t+1}}\right)^{-1} = \frac{s'}{s} \cdot \frac{N_{t+1}}{Q_t K_{t+1}} \tag{4.13}$$

und entsprechend

$$\frac{\partial \ln s}{\partial \ln K_{t+1}} = \frac{\partial \ln s}{\partial s} \cdot \frac{\partial s}{\partial K_{t+1}} \cdot \left(\frac{\partial \ln K_{t+1}}{\partial K_{t+1}}\right)^{-1} = \left(-\frac{s'}{s}\right) \cdot \frac{N_{t+1}}{Q_t K_{t+1}^2} \cdot \left(\frac{1}{K_{t+1}}\right)^{-1} = \left(-\frac{s'}{s}\right) \cdot \frac{N_{t+1}}{Q_t K_{t+1}} \tag{4.14}$$

Ein praktisch identischer Ausdruck bestimmt die Ableitung nach ($\ln Q_t$). Zusammengefasst ergibt sich:

$$\ln s\left(\frac{N_{t+1}}{Q_t K_{t+1}}\right) \approx \ln s\left(\frac{N}{QK}\right) + \left[\frac{s'}{s} \cdot \frac{N_{t+1}}{Q_t K_{t+1}}\right] \cdot (n_{t+1} - q_{t+1} - k_{t+1}) \qquad (4.15)$$

Wegen Auswertung an den Stellen N, Q bzw. K können die Zeitindizes beim Ausdruck in eckigen Klammern weggelassen werden:

$$\ln s\left(\frac{N_{t+1}}{Q_t K_{t+1}}\right) \approx \ln s\left(\frac{N}{QK}\right) + \left[\frac{s'}{s} \cdot \frac{N}{QK}\right] \cdot (n_{t+1} - q_{t+1} - k_{t+1}) \qquad (4.16)$$

Nach Gleichsetzung mit der linken Seite erhält man die folgende (log-linearisierte) Gleichung:

$$(\ln R^k - \ln R) + E_t\left[r^k_{t+1}\right] - r_{t+1} \approx \ln s\left(\frac{N}{QK}\right) + \left[\frac{s'\left(\frac{N}{QK}\right)}{s\left(\frac{N}{QK}\right)} \cdot \frac{N}{QK}\right] \cdot (n_{t+1} - q_{t+1} - k_{t+1}) \qquad (4.17)$$

Aufgrund von ln $s(N/(QK))$ = ln (R^k/R) = (ln R^k – ln R) kann auf beiden Seiten der erste Summand entfallen:

$$E_t\left[r^k_{t+1}\right] - r_{t+1} \approx \left[\frac{s'\left(\frac{N}{QK}\right)}{s\left(\frac{N}{QK}\right)} \cdot \frac{N}{QK}\right] \cdot (n_{t+1} - q_{t+1} - k_{t+1}) \qquad (4.18)$$

Wegen $s(.)$, N, Q, $K > 0$ und $s'(.) < 0$ ist der Ausdruck in eckigen Klammern stets negativ. Daher geben ihn BGG (1999, 1361) zusammenfassend als ($-\upsilon$) und die gesamte hergeleitete Beziehung als Gleichung (4.3) wieder:

$$E_t\left[r^k_{t+1}\right] - r_{t+1} = -\upsilon \cdot \left[n_{t+1} - (q_{t+1} + k_{t+1})\right] \qquad (4.3)\ [=G.4]$$

Gleichung (4.3) enthält den *Finanzakzelerator*: Je größer das unternehmerische Nettovermögen, und desto weniger muss der erwartete unternehmerische, d.h. risikobehaftete, Ertrag über dem risikolosen Ertrag liegen, desto weiter kann durch Fremdfinanzierung das gesamte Unternehmenskapital über das Unternehmernettovermögen hinaus ausgedehnt werden, und desto größer ist schließlich das Investitionsvolumen. Kurz gesagt, es besteht eine positive Beziehung zwischen Unternehmernettovermögen und Investitionen, und dies gilt nicht nur bei einzelwirtschaftlicher, sondern auch bei makroökonomischer Betrachtung.

Die besondere Bedeutung des Finanzakzelerators im Zusammenhang mit *Vermögenspreisinflation* liegt nun darin, dass ein Vermögenspreisanstieg, der im Grundmodell nur fundamental bedingt sein kann, über einen Wertanstieg des Nettovermögens der Unternehmer und eine überproportionale Zunahme der Fremdfinanzierung die Investitionstätigkeit und somit die Produktion anregt. Bei *Vermögenspreisdeflation* gilt die spiegelbildliche Argumentation.

4.2.4 Kapital- und Vermögensakkumulation als Bestimmungsgrößen des Finanzakzelerators

Gleichung (4.3) bestimmt zusammen mit (4.20) und (4.22) die *Nachfrage nach Investitionen.* Relevant im Zusammenhang mit dem Finanzakzelerator ist weiterhin Gleichung (4.21), welche die *Entwicklung des Unternehmernettovermögens* im Zeitablauf beschreibt. Die zweite Bestandsgröße im Modell ist der *Kapitalstock,* dessen Entwicklung Gleichung (G.10) wiedergibt. Da diese Gleichung für die Kapitalakkumulation ihrer Form nach konventionell ist, wird sie im folgenden nicht weiter betrachtet.

Tab. 4.1: Unmittelbar mit der Finanzakzelerator-Gleichung (4.3) verbundene Modellgleichungen

(4.3) [=G.4]		***Gleichung***	***Nr.***	***Interpretation (nach BGG 1999)***
$E_t[r^k_{t+1}] - r_{t+1} = (-\upsilon) \cdot [n_{t+1} - (q_t + k_{t+1})]$	←	$k_{t+1} = \delta \cdot i_t + (1-\delta) \cdot k_t$	(4.19) [=G.10]	Entwicklung des Kapitalstocks
	←	$q_t = \varphi \cdot (i_t - k_t)$	(4.20) [=G.6]	Beziehung Vermögenspreis – Investitionen
	←	$n_{t+1} = \left[\frac{\tau \cdot R \cdot K}{N}\right] \cdot (r_t^k - r_t) + r_t + n_t + \phi_t^n$	(4.21) [=G.11]	Entwicklung des Unternehmernettovermögens
	←	$\upsilon = \psi\left(\frac{R^k}{R}\right) \Big/ \psi'\left(\frac{R^k}{R}\right);\ \psi\left(\frac{R^k}{R}\right) \geq 1;\ \psi'\left(\frac{R^k}{R}\right) > 0$	(*)	(s.o.)
	.	.	.	.
	←	$r^k_{t+1} = \left[\frac{\frac{\alpha \cdot Y}{X \cdot K}}{\frac{\alpha \cdot Y}{X \cdot K} + (1-\delta)}\right] \cdot (y_t - k_t - x_t) + \left[\frac{(1-\delta)}{\frac{\alpha \cdot Y}{X \cdot K} + (1-\delta)}\right] \cdot q_{t+1} - q_t$	(4.22) [=G.5]	Grenzprodukt des Kapitals

Mit Hilfe der genannten Gleichungen wird der *Finanzakzelerator* in ein dynamisches neukeynesianisches Makromodell integriert bzw. „*eingebettet*". In die ihn enthaltende Gleichung (4.3) gehen die Variablen $E_t[R^k_{t+1}]$ (erwarteter unternehmerischer Ertrag), R_{t+1} (risikoloser Ertrag), Q_t (Vermögenspreis), K_{t+1} (Kapital) und N_{t+1} (Unternehmernettovermögen) in Form der jeweiligen Differenz der logarithmierten Variablen von deren logarithmiertem langfristigen Gleichgewichtswert ein,[15] weiterhin die Funktion υ, die ihrerseits vom Verhältnis der langfristigen Gleichgewichtswerte R^k und R abhängt. Die *unmittelbaren* Zusammenhänge zwischen Gleichung (4.3) und weiteren Modellgleichungen lassen sich mit der folgenden tabellarischen Übersicht veranschaulichen:
Nachstehend werden die Gleichungen (4.20), (4.21) und (4.22) auf anschauliche Vorläufergleichungen in Niveaugrößen zurückgeführt und interpretiert. Auf eine zu den vorherigen Ausführungen analoge detaillierte Herleitung der betreffenden Gleichungen in log-linearisierter Form wird verzichtet.

4.2.4.1Die Beziehung zwischen Vermögenspreis und Investitionen

Gleichung (4.20) beschreibt die *Beziehung zwischen dem* einheitlichen *Vermögenspreis* (bzw. dem Preis einer Einheit Kapital) *und den Investitionen*:

$$q_t = \varphi \cdot (i_t - k_t), \quad \varphi > 0 \qquad (4.20)[=G.6]$$

Gleichung (4.20) ist aus dem Angebotsverhalten der Kapitalgüter produzierenden Unternehmen abgeleitet.[16] Die Gewinnfunktion PR_t dieses mit konstanten Grenzkosten operierenden Investitionsgütersektors ist gegeben durch: [17]

$$PR_t = Q_t \cdot K_t \cdot \Phi\left(\frac{I_t}{K_t}\right) - I_t . \qquad (4.23)$$

Annahmegemäß steigt der Output des Investitionsguts mit der Menge des vorhandenen Kapitalstocks:

---

[15] Diese Differenz, die im Modell mit zeitindizierten lateinischen Kleinbuchstaben wiedergegeben wird, heißt im Folgenden kurz „*Log-Differenz*" oder „ logarithmische Abweichung (vom langfristigen Gleichgewicht)".

[16] Dabei ist φ eine wie folgt gewählte Kurzschreibweise (BGG 1999, 1362):
$\varphi = (\Phi^{-1}(.))' / (\Phi^{-1}(.))''$.
Man kann zeigen, dass φ stets positiv ist: Die Funktion Φ steigt und ist konkav, d.h. es gelten $\Phi'>0$ und $\Phi''<0$. Daher ist die Umkehrfunktion $\Phi^{-1}(.)$ steigend und konvex, d.h. es gelten $(\Phi^{-1}(.))'>0$ und $(\Phi^{-1}(.))''>0$. Daher ist der Nenner der Definition von φ und somit auch der Wert von φ stets positiv.

[17] Dabei ist $K_t \cdot \Phi(.)$ die *Produktionsfunktion für neues Kapital* bzw. *für Investitionsgüter*. Annahmegemäß machen die Investitionsgüter produzierenden Unternehmen im Gleichgewicht keine Gewinne. (Vgl. BGG 1999, FN12, 1356.) Hintergrundinformationen zur hier gewählten Modellierung des Investitionsprozesses bieten King / Wolman (1996) und Chirinko (1993).

$$\Phi'\left(\frac{I_t}{K_t}\right) > 0\,; \quad \Phi''\left(\frac{I_t}{K_t}\right) < 0\,.$$

Ableiten nach der optimalen Höhe des Outputs an Investitionsgütern I_t ergibt:

$$PR_t{}' = Q_t \cdot K_t \cdot \Phi'\left(\frac{I_t}{K_t}\right) \cdot \left(\frac{1}{K_t}\right) - 1 = Q_t \cdot \Phi'\left(\frac{I_t}{K_t}\right) - 1 \overset{!}{=} 0\,. \qquad (4.24)$$

Aus der Optimalitätsbedingung folgt dann:

$$Q_t \cdot \Phi'\left(\frac{I_t}{K_t}\right) = 1\,. \qquad (4.25)$$

Die Log-Linearisierung dieser Gleichung ergibt (4.20).
Das Investitionsgut wird (auch) vom zweiten Produktionssektor dieser Volkswirtschaft verwendet. Dieser Sektor produziert das Großhandelsgut Y_t, wobei Kapital K_t und Arbeit L_t eingesetzt werden, A_t ist ein exogener Technologieparameter:

$$Y_t = A_t \cdot K_t^{\alpha} \cdot L_t^{1-\alpha} \qquad (4.26)$$

Fasst man beide Sektoren zusammen, entwickelt sich der Kapitalstock bei periodenweisen Abschreibungen mit Rate δ wie folgt:

$$K_{t+1} = K_{t+1}^{neu} + K_{t+1}^{alt} = \Phi\left(\frac{I_t}{K_t}\right) \cdot K_t + (1-\delta) \cdot K_t \qquad (4.27)$$

4.2.4.2Der Ertrag auf Unternehmenskapital und das Grenzprodukt des Kapitals

Gleichung (4.22) beschreibt den einheitlichen Ertragsfaktor auf in Unternehmen investiertes Kapital (genauer gesagt, die logarithmische Gleichgewichtsabweichung des Ertragsfaktors). Der *Ertrag auf eine Einheit Unternehmenskapital* ergibt sich aus dessen produktivem Einsatz (Grenzprodukt des Kapitals), aus den im Zeitablauf erforderlichen Abschreibungen und aus der Möglichkeit des Wiederverkaufs:

$$r_{t+1}^{k} = \left[\frac{\frac{\alpha \cdot Y}{X \cdot K}}{\frac{\alpha \cdot Y}{X \cdot K} + (1-\delta)}\right] \cdot (y_t - k_t - x_t) + \left[\frac{(1-\delta)}{\frac{\alpha \cdot Y}{X \cdot K} + (1-\delta)}\right] \cdot q_{t+1} - q_t \qquad (G4.22)[=G.5]$$

$$= \left[\frac{\frac{\alpha \cdot Y}{X \cdot K}}{\frac{\alpha \cdot Y}{X \cdot K} + (1-\delta)}\right] \cdot (y_t - k_t - x_t - q_t) + \left[\frac{(1-\delta)}{\frac{\alpha \cdot Y}{X \cdot K} + (1-\delta)}\right] \cdot (q_{t+1} - q_t)$$

Unternehmer verkaufen ihre Produktion, das Großhandelsgut, an Einzelhändler, konsumieren aber selbst Einzelhandelsgüter. Die Einzelhändler verwandeln das

Großhandelsgut kostenlos in das Einzelhandelsgut vor und nehmen bei dessen Verkauf einen Preisaufschlag (*markup*) mit Faktor X_t auf ihren Einkaufspreis vor. Der für die Unternehmer als Konsumenten relevante relative Preis des Großhandelsgutes in Einheiten des Einzelhandelsgutes beträgt demnach ($1 / X_t$). Der erwartete Bruttoertrag auf eine zwischen t und (t+1) zur Produktion des Großhandelsgutes eingesetzten Einheit Kapital setzt sich aus der Rente aufgrund von produktivem Kapitaleinsatz (erster Summand in eckigen Klammern) und dem Kapitalgewinn bzw. –verlust aus dem Wiederverkauf des in (t+1) nach Abschreibung verbliebenen Kapitals (zweiter Summand) zusammen:

$$E_t\left[R_{t+1}^k\right] = E_t\left[\frac{1}{Q_t}\cdot\left[\left(\frac{1}{X_{t+1}}\cdot\frac{\alpha\cdot Y_{t+1}}{K_{t+1}}\right)+Q_{t+1}\cdot(1-\delta)\right]\right]$$

$$= E_t\left[\frac{1}{Q_t}\cdot\left(\frac{1}{X_{t+1}}\cdot\frac{\alpha\cdot Y_{t+1}}{K_{t+1}}\right)+\frac{Q_{t+1}}{Q_t}\cdot(1-\delta)\right] \qquad (4.28)$$

BGG (1999, 1357 und 1363) leiten hieraus die (log-linearisierte) Gleichung (4.22) her, die sie als Grenzprodukt des Kapitals bezeichnen.

4.2.4.3Die Entwicklung des Nettovermögens der Unternehmer

Gleichung (4.21) beschreibt die *Entwicklung des Unternehmernettovermögens*, der neben dem Kapital zweiten Bestandsgröße in beiden Modellvarianten:

$$n_{t+1} = \left[\frac{\tau\cdot R\cdot K}{N}\right]\cdot\left(r_t^k - r_t\right)+r_t+n_t+\phi_t^n \qquad (4.21)[=G.11]$$

Der Parameter τ ist die Wahrscheinlichkeit, dass das Unternehmen die laufende Periode überdauert. Weiterhin ist $\phi^n{}_t$ eine vereinfachte Schreibweise für folgende Restgrößen:

$$\phi_t^n = \left[\frac{\left(R^k - R\right)\cdot K}{R\cdot N}\right]\cdot\left(r_t^k + q_{t-1}+k_t\right)+\left[\frac{(1-\alpha)\cdot(1-\Omega)\cdot Y}{N\cdot X}\right]\cdot y_t - x_t \qquad (4.29)$$

Bei Auflösung dieser vereinfachten Schreibweise und Umgruppieren erkennt man, dass die logarithmische Gleichgewichtsabweichung des unternehmerischen Nettovermögens, n_{t+1}, positiv abhängt von n_t, $r^k{}_t$, q_{t-1}, k_t und y_t. Einen eindeutig negativen Zusammenhang weist x_t auf, einen uneindeutigen, aber für die von BGG gewählten Parameterwerte[18] deutlich negativen Zusammenhang r_t:

[18] Diese betragen $\tau \approx 0{,}97$ (periodenweise Überlebenswahrscheinlichkeit der Unternehmer) und $K/N = 2$ (Kapital-Vermögens-Quote, d.h. der Kehrwert der Fremdfinanzierungsquote [*leverage ratio*]). (Vgl. BGG 1999, 1368.)

$$n_{t+1} = n_t + \left[\frac{K}{N}\cdot\left(\tau\cdot R + \left(\frac{R^k - R}{R}\right)\right)\right]\cdot r_t^k - \left[\frac{K}{N}\cdot\tau\cdot R - 1\right]\cdot r_t$$
$$+\left[\frac{K}{N}\cdot\left(\frac{R^k - R}{R}\right)\right]\cdot\left(q_{t-1} + k_t\right) + \left[\frac{(1-\alpha)\cdot(1-\Omega)\cdot Y}{N\cdot X}\right]\cdot y_t - x_t \qquad (4.30)$$

Ausgangspunkt der Herleitung der Gleichung (4.21) ist die Überlegung, dass Unternehmer als Unternehmenseigner Eigenkapital besitzen und daneben Arbeitseinkommen durch den Verkauf von Arbeitsleistungen erzielen. Das aggregierte Unternehmernettovermögen in $(t+1)$, N_{t+1}, gleicht dem Eigenkapital der seit t (mit Wahrscheinlichkeit τ) „überlebenden" bzw. im Geschäft verbliebenen Unternehmer, $\tau\cdot V_t$, sowie den Löhnen aus Unternehmerarbeit, W^e_t:

$$N_{t+1} = \tau\cdot V_t + W_t^e \qquad (4.31)$$

Das Unternehmereigenkapital in t, V_t, ergibt sich wiederum aus dem Bruttoertrag auf das von $(t-1)$ bis t eingesetzte Gesamtkapital (S1) abzüglich des risikolosen Ertrags auf das eingesetzte Fremdkapital (S2) sowie abzüglich der Zusatzkosten der Fremdfinanzierung (S3):

$$V_t = \overbrace{R_t^k\cdot\left(Q_{t-1}\cdot K_t\right)}^{S1} - \overbrace{R_t\cdot\left(Q_{t-1}\cdot K_t - N_t\right)}^{S2} - \overbrace{\mu\cdot\left[\int_0^{\varpi_t}\omega\, dF(\omega)\right]\cdot R_t^k\cdot\left(Q_{t-1}\cdot K_t\right)}^{S3} \qquad (4.32)$$

Im Aggregat entsprechen die Zusatzkosten der Fremdfinanzierung (S3) den Überwachungskosten bzw. den Kosten der Kreditausfälle. Im Modell wird ein zur Kreditbedienung unzureichender Bruttoertrag durch einen unterhalb von ϖ^j liegenden Schock ω abgebildet. Beim Schwellenwert ϖ^j hätte der Bruttoertrag gerade den Kreditverpflichtungen entsprochen, er entspricht also dem am schlechtesten abschneidenden der noch im Geschäft verbleibenden Unternehmer.

Die Überwachungskosten bilden zusammen mit dem risikolosen Ertrag auf das Fremdkapital, der den Opportunitätskosten des Kreditgebers entspricht, die Kreditrückzahlungen der Unternehmer. Einsetzen dieser Gleichung in die vorige Gleichung und Umgruppieren ergeben eine Vorschrift für N_{t+1} in Abhängigkeit unter anderem von N_t. Das unternehmerische Eigenkapital (erste eckige Klammer) setzt sich bei dieser Darstellung zusammen aus dem um den risikolosen Zins vermehrten Nettovermögen (S1), aus einem Mehrertrag auf das gesamte eingesetzte Kapital, der durch Unternehmertätigkeit erwirtschaftet wurde (S2), und dem Beitrag durch unternehmerischen Arbeitseinsatz H^e. BGG normieren ihn auf eins; ohnehin treffen sie die Annahme, dass der Unternehmerlohn nur einen vernachlässigbaren Beitrag zum Unternehmervermögen leistet.

$$N_{t+1} = \tau \cdot \left[\overbrace{N_t \cdot R_t}^{S1} + \overbrace{(K_t \cdot Q_{t-1}) \cdot \left(\left(1 - \mu \cdot \int_0^{\varpi_t} \omega \; dF(\omega) \right) \cdot R_t^k - R_t \right)}^{S2} \right]$$

$$+ \left[(1-\alpha) \cdot (1-\Omega) \cdot \frac{Y_t}{X_t \cdot \underbrace{H_t^e}_{=1}} \right] \qquad (4.33)$$

Aus dieser leiten BGG (1999, 1358f und 1361f) die log-linearisierte Gleichung (4.21) her.

4.2.5 Kurze Darstellung des gesamten Grundmodells

Nach der Darstellung des Finanzakzelerators und seines Zusammenhangs mit der Kapital- und Vermögensakkumulation wird die Perspektive nochmals erweitert, indem der Rest des Modells bzw. der Gesamtwirtschaft einbezogen wird. Dieser Überblick ist nicht mehr nach Sektoren, sondern nach Modellkomponenten aufgebaut, da hier die Interaktion der verschiedenen Arten von Wirtschaftssubjekten im Vordergrund steht.

4.2.5.1Aggregierte Nachfrage

Die aggregierten Ausgaben Y_t setzen sich zusammen aus dem Konsum der Haushalte C_t, dem Konsum der Unternehmer C^e_t, den Investitionen I_t, den Staatsausgaben G_t und den Ausgaben für die Kreditüberwachung (*monitoring cost*). Diese sind in der Restgröße ϕ^n_t enthalten. Für die Log-Differenzen folgt daraus:

$$y_t = \tfrac{C}{Y} \cdot c_t + \tfrac{C^e}{Y} \cdot c_t^e + \tfrac{I}{Y} \cdot i_t + \tfrac{G}{Y} \cdot g_t + \phi_t^v \qquad [G.1](=4.34)$$

Die Restgröße mit den Ausgaben für die Überwachung der Kapitalnehmer, die angesichts der Informationsasymmetrien bei Fremdfinanzierung erforderlich sind, lässt sich wie folgt aufschlüsseln:[19]

$$\phi_t^v = \frac{\ddot{U} \cdot R^k \cdot K}{Y} \cdot \left[\ln\left(Q_{t-1} \cdot \frac{\ddot{U}_t \cdot R_t^k \cdot K_t}{\ddot{U} \cdot R^k \cdot K} \right) \right] = \frac{\ddot{U} \cdot R^k \cdot K}{Y} \cdot \left[\ln(Q_{t-1}) + \ddot{u}_t + r_t^k + k_t \right];$$

$$\ddot{U} \equiv \mu \cdot \left(\int_0^{\varpi} \omega \, dF(\omega) \right); \quad \ddot{U}_t \equiv \mu \cdot \left(\int_0^{\varpi_t} \omega \, dF(\omega) \right)$$

[19] Zur Vermeidung von Verwechslungen ist die von BGG 1999 doppelt verwendete Variablenbezeichnung D bzw. D_t hier zu $\ddot{U}{\cdot}R^k$ bzw. $\ddot{U}_t{\cdot}R^k_t$ abgeändert, D bzw. D_t bezeichnen weiterhin die Bankeinlagen der Haushalte.

Dabei stehen K_t für das gesamte Kapital, Q_t für den Vermögenspreis bzw. den Preis einer Einheit Kapital, R^k_t für den Ertragsfaktor auf Unternehmenskapital und $Ü_t$ für den Überwachungskostenabschlag auf diesen Faktor.
Der *Konsum der Haushalte* folgt im Zeitablauf der Euler-Gleichung. Der risikolose Zinssatz r_{t+1} bestimmt das Verhältnis zwischen gegenwärtigem und erwartetem zukünftigen Konsum:[20]

$$c_t = -r_{t+1} + E_t\{c_{t+1}\} \qquad [G.2](=4.35)$$

Der *Konsum der Unternehmer* hängt im Wesentlichen vom Wert des Unternehmernettovermögens, N_{t+1}, ab. Ausscheidende Unternehmer verbrauchen annahmegemäß ihr verbleibendes Vermögen. Vermögensänderungen rufen eine Art von Vermögenseffekt hervor:

$$\begin{aligned} c_t^e &= n_{t+1} + \phi_t^{c^e} \\ &= n_{t+1} + \ln\left(\frac{N_{t+1} - C_{t+1}^e}{N_{t+1}}\right) - \ln\left(\frac{N - C^e}{N}\right) \\ &= \ln\left(N_{t+1} - C_{t+1}^e\right) - \ln\left(N - C^e\right) \end{aligned} \qquad [G.3](=4.36)$$

Es folgt die Gruppe der Gleichungen (4.3), (4.20) und (4.22) (bzw. [G.4] bis [G.6]), welche die Erträge auf Kapital bzw. die Investitions- und Kapitalnachfrage erfassen. (Sie wurden zuvor bereits ausführlich vorgestellt.)
Die folgende Gleichung enthält den *Finanzakzelerator*. Je höher der Eigenfinanzierungsanteil der Unternehmer an ihren Unternehmen ($N_{t+1}/(Q_t \cdot K_{t+1})$), desto günstiger sind zusätzliche Kredite, desto weiter kann das Gesamtkapital der Unternehmen ausgeweitet werden, und desto weniger liegt der erwartete (und geforderte) unternehmerische Mehrertrag über dem Ertrag aus risikoloser Anlage[21] (linke Seite):

$$E_t\left[r_{t+1}^k\right] - r_t = -\upsilon \cdot \left[n_{t+1} - \left(q_t + k_{t+1}\right)\right] \qquad [G.4](=4.3)$$

Der *Ertrag auf Kapital* (d.h. der Ertragsfaktor auf den Vermögenspreis bzw. auf den Marktpreis von Kapital, hier als dessen logarithmische Gleichgewichtsabweichung), R^k_t, ergibt sich aus dem Grenzprodukt des Kapitals bei dessen produktivem Einsatz und aus der Wertänderung aufgrund von Vermögenspreisänderungen:

---

[20] Die *intertemporale Substitutionselastizität* hat einen Betrag von eins, wie man dem (fehlenden) Vorfaktor des risikolosen Zinssatzes auf der rechten Seite der Gleichung ansieht. Die Friktion bei Fremdfinanzierung beeinflusst also annahmegemäß nicht das Verhalten der Haushalte. (Vgl. BGG 1999, 1362.)

[21] D.h. über dem *Realzinssatz*. Dieser ist definiert als: $r_t \equiv r^n_t - E_t[\pi_{t+1}]$. Dabei gilt wiederum die Definition von *Inflation*: $\pi_t \equiv p_t - p_{t-1}$. (BGG 1999, 1361.)

$$r^k_{t+1} = \left[\frac{\frac{\alpha \cdot Y}{X \cdot K}}{\frac{\alpha \cdot Y}{X \cdot K} + (1-\delta)}\right] \cdot (y_{t+1} - k_{t+1} - x_{t+1}) + \left[\frac{(1-\delta)}{\frac{\alpha \cdot Y}{X \cdot K} + (1-\delta)}\right] \cdot q_{t+1} - q_t \qquad [G.5](=4.22)$$

$$= \left[\frac{\frac{\alpha \cdot Y}{X \cdot K}}{\frac{\alpha \cdot Y}{X \cdot K} + (1-\delta)}\right] \cdot (y_{t+1} - k_{t+1} - x_{t+1} - q_t) + \left[\frac{(1-\delta)}{\frac{\alpha \cdot Y}{X \cdot K} + (1-\delta)}\right] \cdot (q_{t+1} - q_t)$$

Die *Beziehung zwischen Vermögenspreis* (hier Fundamentalwert gleich Marktpreis) *und Investitionen* ergibt sich aus dem Gewinnmaximierungskalkül der Investitionsgüter herstellenden Unternehmen mitsamt der zugehörigen Produktionsfunktion und lautet:

$$q_t = \varphi \cdot (i_t - k_t); \quad \varphi > 0 \qquad [G.6](=4.20)$$

4.2.5.2Aggregiertes Angebot

Die *Produktionsfunktion* der das Großhandelsgut herstellenden Unternehmen ist vom Cobb-Douglas-Typ. Die logarithmische Abweichung der totalen Faktorproduktivität von ihrem langfristigen Gleichgewichtswert, a_t, sowie des Kapitals, k_t, und der Arbeit der Haushalte, h_t, bestimmen die logarithmische Abweichung vom gleichgewichtigen Produktionsniveau. Die Unternehmerarbeit, $H^e{}_t$, ist bei nach Normierung auf eins und Logarithmierung weggefallen:

$$y_t = a_t + \alpha \cdot k_t + (1-\alpha) \cdot \Omega \cdot h_t \qquad [G.7](=4.37)$$

Die optimale Arbeit-Freizeit-Entscheidung der Haushalte und zugleich das *Arbeitsmarktgleichgewicht* beschreibt folgende Gleichung. Die linke Seite enthält das Grenzprodukt der Arbeit und den Grenznutzen des Konsums.[22] (Vgl. BGG 1999, 1363.) Auf der rechten Seite geht die Arbeitsangebotselastizität η ein:

$$y_t - h_t - x_t - c_t = \eta^{-1} \cdot h_t \qquad [G.8](=4.38)$$

Eine zumindest kurzfristige reale Wirksamkeit von Geldpolitik wird durch den Einbau von *Preisrigiditäten* in das Modell sichergestellt. Diese sind als ein Mechanismus stochastischer verzögerter Preisänderungen (nach Calvo) wiedergegeben. Hierzu werden die Einzelhändler als eine separate Gruppe von Wirtschaftssubjekten eingeführt. Diese stehen beim Verkauf des Gutes zwischen Unternehmern und Haushalten, nehmen in begrenztem Maße eine Produktdifferenzierung vor. Sie erheben gegenüber den Konsumenten einen Preisaufschlag (*markup*) auf ihren Einkaufspreis, der im Grundmodell mit X_t wiedergegeben ist. (Vgl. BGG 1999, 1360 und 1363.) In jeder Periode ist es nun einem Teil θ der Einzelhändler annahmegemäß unmöglich, seinen Preisaufschlag anzupassen.

[22] Dieser *Aufschlag* ist definiert als: $X_t \equiv P^w{}_t / P_t$. (BGG 1999, 1389.) Daraus folgt: $x_t = p^w{}_t - p_t$.

Der dargestellte Mechanismus ist in der Wirkung gleichbedeutend mit einer begrenzten Marktmacht der Einzelhändler. Die tatsächliche *Inflationsentwicklung bei Existenz von Preisrigiditäten* wird durch die folgende Gleichung wiedergegeben:[23]

$$\pi_t = E_{t-1}[\kappa \cdot (-x_t) + \beta \cdot \pi_{t+1}] = \beta \cdot E_{t-1}[\pi_{t+1}] - \kappa \cdot E_{t-1}[x_t] \qquad [G.9](=4.39)$$

Die verzögerte Preisanpassung nach Calvo (1983) wird über den Summanden $\kappa \cdot E_{t-1}[x_t]$ eingeführt. Der Parameter κ hängt von θ ab:[24] Je größer θ, desto mehr Preise werden verzögert angepasst, desto geringer ist der Wert des Parameters κ, desto weniger schlägt das Verhältnis des aktuellen zum gleichgewichtigen Preisaufschlag der Konsumgüter gegenüber dem Preis des Großhandelsgutes, hier in Gestalt seiner Log-Differenz x_t, auf die Inflationsentwicklung durch. Dieser ist umso niedriger, je höher der nachfragebedingte Druck auf die Preise ist.[25] Rekursives Einsetzen für $E_{t-1}[\pi_{t+1}]$ liefert folgende Gleichung:

$$\pi_t = (-\kappa) \cdot \sum_{s=0}^{\infty} \left(\beta^s \cdot E_{t-1}[x_{t+s}]\right) + \underbrace{\lim_{s \to \infty} E_{t-1}\left[\beta^s \cdot \pi_{t+s}\right]}_{=0} \qquad (4.40)$$

Bei gegebenen Parameterwerten gilt also Folgendes: Je geringer der für die Gegenwart und Zukunft erwartete nachfragebedingte Preisdruck, desto höher ist die angegebene Summe (der x-Erwartungswerte) und desto niedriger die gegenwärtige Inflation.
Für die bei BGG (1999, 1367f) angegebenen Parameterwerte (κ=0,086 [β=0,99 und θ=0,75]) erhält man:

$$\pi_t = (0{,}99) \cdot E_{t-1}[\pi_{t+1}] - (0{,}086) \cdot E_{t-1}[x_t]$$

4.2.5.3 Entwicklung der Bestandsgrößen: Vermögens- und Kapitalakkumulation

Bestandsgrößen im Modell sind die Menge des Kapitals (bzw. die Größe des Kapitalstocks) K_t bzw. K_{t+1} sowie der Wert des unternehmerischen Eigenkapitals (*internal equity, entrepreneurial net worth*) N_t.

---

[23] Bei der Darstellung des Grundmodells wird die entsprechende Gleichung auch als *Phillips-Kurve* bezeichnet. (Vgl. BGG 1999, 1389.)

[24] Es gilt: $\kappa \equiv [(1 - \theta) / \theta] \cdot (1 - \theta \cdot \beta)$; $\kappa > 0$; $\partial\kappa / \partial\theta < 0$. Die Wahrscheinlichkeit einer Preisanpassung beträgt
$(1 - \theta)$ und die erwartete Lebensdauer eines Preises $[1 / (1 - \theta)]$.

[25] Bei vermehrter Nachfrage nach dem Einzelhandelsgut müssen diejenigen Einzelhändler, die zu diesem Zeitpunkt ihre Preise nicht erhöhen können, vermehrt das Großhandelsgut nachfragen, wodurch dessen Preis ansteigt, was wiederum den Preisaufschlag teilweise aufzehrt. (Vgl. BGG1999, 1363.)

Der *Kapitalbestand* entwickelt sich in Abhängigkeit von den Investitionen und den Abschreibungen, wobei Investitionen immer um eine Periode verzögert wirksam werden:

$$k_{t+1} = \delta \cdot i_t + (1-\delta) \cdot k_t \qquad [G.10](=4.19)$$

Der *Entwicklung des unternehmerischen Nettovermögens* (relativ zu seinem langfristigen Gleichgewichtswert) hängt unter anderem von der Überlebenswahrscheinlichkeit eines Unternehmens bis zur Folgeperiode, τ, und von der Entwicklung der Erträge aus risikoloser Anlage und aus unternehmerischer Tätigkeit ab:

$$n_{t+1} = \left[\frac{\tau \cdot R \cdot K}{N}\right] \cdot \left(r_t^k - r_t\right) + r_t + n_t + \phi_t^n \qquad [G.11](=4.21)$$

$$= n_t + \left[\frac{K}{N} \cdot \left(\tau \cdot R + \left(\frac{R^k - R}{R}\right)\right)\right] \cdot r_t^k - \left[\frac{K}{N} \cdot \tau \cdot R - 1\right] \cdot r_t$$

$$+ \left[\frac{K}{N} \cdot \left(\frac{R^k - R}{R}\right)\right] \cdot \left(q_{t-1} + k_t\right) + \left[\frac{(1-\alpha) \cdot (1-\Omega) \cdot Y}{N \cdot X}\right] \cdot y_t - x_t$$

4.2.5.4Geldpolitik und technologische Neuerungen

Geldpolitik bzw. die Notenbank verfügt im Modell über das Instrument, den nominalen Zinssatz festzulegen. Bei der vorliegenden *geldpolitischen Reaktionsregel* legt die Notenbank den kurzfristigen Nominalzinssatz unter Berücksichtigung von dessen Vorperiodenwert und der beobachteten Inflation fest:

$$r_t^n = \rho \cdot r_{t-1}^n + \varsigma \cdot \pi_{t-1} + \varepsilon_t^{r^n} \qquad [G.12](=4.41)$$

Die zugehörigen Parameterwerte bei BGG (1999, 1368) lauten: $\rho = 0{,}9$; $\varsigma = 0{,}11$. Durch den hohen Wert für ρ kann der Nominalzinssatz kurzfristig nur maßvoll geändert werden. Das Modell kann zum Vergleich verschiedener geldpolitischer Alternativen herangezogen werden, indem man die Form der Reaktionsregel oder die genannten Parameterwerte ändert.

Die *Entwicklung der Staatsausgaben, G_t, und der totalen Faktorproduktivität, A_t,* ist jeweils ein autoregressiver Prozess, der exogenen Schocks ε^g_t bzw. ε^a_t unterliegt, im Falle der totalen Faktorproduktivität etwa positiven Technologieschocks. So können technologische Neuerungen die Produktivität erhöhen:

$$g_t = \rho_g \cdot g_{t-1} + \varepsilon_t^g \qquad [G.13](=4.42)$$

$$a_t = \rho_a \cdot a_{t-1} + \varepsilon_t^a \qquad [G.14](=4.43)$$

4.3 Das um eine Blase erweiterte Finanzakzelerator-Modell

4.3.1 Grundidee

Die dem erweiterten Modell[26] zugrunde liegende *Idee* besteht darin, dass die Vermögenspreisänderungen, die über den Finanzakzelerator auf die Volkswirtschaft wirken, durch eine Blase verursacht sein können und dass sie einem (vermeintlich) „typischen" Blasenverlauf folgen können. Um dies darzustellen, wird auf das Grundmodell bzw. auf seinen Finanzakzelerator ein exogener Blasenprozess aufgesetzt bzw. „aufgesattelt". Dieser ist zugleich der hauptsächliche Unterschied zum Grundmodell.

Ein solches Modell sucht also eine *kapitalmarkttheoretische* Komponente (aus der Theorie spekulativer Blasen) in ein *makroökonomisches* Modell zu integrieren, das bereits aus „first principles" hergeleitet wurde und bei dem eine umfassende Mikrofundierung angestrebt wurde. Da die Blase als exogener Prozess modelliert wird, deren Eigenschaften weitgehend per Annahme festgelegt werden, sind bereits im Grundansatz der Modellkonstruktion mögliche Konsistenzprobleme angelegt. Mikrofundierte und exogen angenommene Elemente bestehen in einer erklärungsbedürftigen Weise nebeneinander. Deshalb befasst sich der folgende Abschnitt ausführlich mit dem angenommenen Blasenprozess. Dennoch erscheint die Idee vielversprechend, die makroökonomischen Wirkungen bestimmter angenommener zeitlicher Entwicklungsmuster von Vermögenspreisen anhand von Simulationsrechnungen zu beschreiben bzw. quantitativ abzuschätzen.

Tab. 4.2: In Grund- und erweitertem Modell einander entsprechende Variablen

		Grundmodell	**Erweitertes Modell**	
		(Fundamentalwert bzw. Marktpreis)	(Fundamentalwert)	(Marktpreis)
Vermögenspreis(e)		Q_t	Q_t	S_t
Ertragsfaktor(en)	(Riskante Anlage)	R^k_t	R^q_t	R^s_t
	(Risikolose Anlage)	R_t	R_t	R_t
Anmerkung		*Fundamentalwert stets gleich Marktpreis*	*Nur Fundamentalkomponente des Marktpreises*	*Fundamental- und Blasenkomponente*

[26] Für die Modellgleichungen siehe BG (1999, 45-47).

Die Einführung einer „Blase“ bedeutet zunächst, dass zwischen Fundamentalwert und Marktpreis unterschieden wird. Diese waren im Grundmodell identisch. Anstelle des einheitlichen Vermögenspreises und des einheitlichen Ertragsfaktors bei Halten des Vermögensgutes treten jeweils zwei Vermögenspreisvariablen und Ertragsfaktoren, nämlich je einer bezogen auf den Fundamentalwert und je einer bezogen auf den Marktpreis. Tabelle 4.2 gibt eine Übersicht.

4.3.2 Die Struktur des Blasenprozesses

Im Grundmodell BGG 1999 entspricht der Vermögenspreis seinem Fundamentalwert. Das Modell BG 1999 stellt eine Erweiterung des Grundmodells dar, der Vermögenspreis wird nun teilweise fundamental, teilweise nicht-fundamental gebildet. Das *Grundmodell* kann Vermögenspreisinflation also nur darstellen, wenn man diese entweder als Vermögenspreisniveauänderung oder als Vermögenspreislücke interpretiert. Im *erweiterten Modell* wird sie hingegen bereits von den Autoren als Blase eingeführt, also als Fehlbewertung der Vermögenspreise relativ zu einem Fundamentalwert.

Im folgenden wird vorgestellt, wie der nicht-fundamentale Einfluss auf den einzigen Vermögenspreis, zu interpretieren als ein aggregierter Vermögenspreis bzw. als ein Vermögenspreisniveau, in BG 1999 als eine *exogene Blase* modelliert ist.

Aktien verbriefen Ansprüche auf das Eigenkapital von Unternehmen. Auf viele Arten von Kapital sind Abschreibungen vorzunehmen, etwa aufgrund der physischen Abnutzung von Sachkapital. Kapital liefert über eine Periode hinweg Erträge in Form von Dividenden, verliert durch Abnutzung an Wert und kann am Ende der Periode wiederverkauft oder weiter gehalten werden. Der Fundamentalwert einer Einheit Sachkapital in t, Q_t, ist also gleich dem Erwartungswert der abdiskontierten Summe aus Dividendenzahlung in der Folgeperiode, $E_t[D_{t+1}]$, und dem erwarteten, nach Abschreibung verbleibenden Fundamentalwert, d.h. dem Wiederverkaufswert bei Nichtexistenz einer Blase. Diskontfaktor ist der erwartete fundamentale Kapitalertragsfaktor $E_t[R^q_{\ t+1}]$:

$$Q_t = E_t\left[\frac{D_{t+1} + (1-\delta)\cdot Q_{t+1}}{R^q_{t+1}}\right] \qquad (4.44)$$

Im weiteren Sinne ist eine Blase jegliche Abweichung zwischen Fundamentalwert und Marktwert S_t:

$$S_t - Q_t \neq 0 \qquad (4.45)$$

Im engeren Sinne liegt eine Blase vor, wenn die Abweichung länger als eine Periode besteht. Eine einmal bestehende Blase überlebt mit Wahrscheinlichkeit p

bis zur nächsten Periode und platzt mit Wahrscheinlichkeit $(1 - p)$. Wenn sie platzt, fällt der Marktwert zurück auf den Fundamentalwert:

$$S_{t-1} - Q_{t-1} = 0 \tag{4.46}$$

Nach dem Platzen entsteht annahmegemäß keine neue Blase. Wenn eine bestehende Blase überlebt, wächst sie weiter, und zwar umso schneller, je niedriger die Überlebenswahrscheinlichkeit p, je höher der Diskontfaktor R^q_{t+1} und je höher der Blasenwachstumsparameter a ausfallen:

$$(S_{t+1} - Q_{t+1}) = \frac{a}{p} \cdot R^q_{t+1} \cdot (S_t - Q_t) \tag{4.47}$$

Dabei gelten die Restriktionen $0 < a < 1$ und $0 < p < 1$. Wegen $p < 1$ hat eine einmal bestehende Blase eine endliche Lebensdauer, bei unendlicher Lebensdauer wäre der Fundamentalwert für das Marktgeschehen vollständig irrelevant. Auch die Restriktion $a < 1$ stellt einen Rückgang des unbedingten erwarteten Barwerts der Blase und somit eine endliche Lebensdauer sicher:

$$a \cdot (S_t - Q_t) = \frac{(S_{t+1} - Q_{t+1})}{R^q_{t+1}} \cdot p \; [+ 0 \cdot (1-p)] = E_t\left[\frac{S_{t+1} - Q_{t+1}}{R^q_{t+1}}\right] \tag{4.48}$$

Für den (hier ausgeschlossenen) Grenzfall $a = 1$ handelt es sich um eine „rationale Blase“ im Sinne von Blanchard / Watson (1982). (Vgl. BG 1999, 48, Fußnote 14.)[27]

Aus der vorigen Gleichung und der Gleichung des Fundamentalwerts einer Einheit Sachkapital lässt sich nun eine analoge Gleichung für die *Entwicklung des Marktpreises einer Aktie* (bzw. des Aktienkurses, hier mangels anderer Vermögenspreise zugleich die Entwicklung des Vermögenspreisniveaus) *bei Existenz einer Blase* herleiten.

Ausgangspunkt ist die im Zähler rechts um zwei Summanden trivial ergänzte Fundamentalwertgleichung (4.49), aus welcher dann durch Auflösen des Erwartungswerts und Umgruppieren Gleichung (4.50) folgt.

$$Q_t = E_t\left[\frac{D_{t+1} + (1-\delta) \cdot Q_{t+1} + (1-\delta) \cdot S_{t+1} - (1-\delta) \cdot S_{t+1}}{R^q_{t+1}}\right] \tag{4.49}$$

[27] Auf die *Theorie „rationaler Blasen“* wird in dieser Arbeit an anderer Stelle (Kap. 5) ausführlich eingegangen. Die Intuition hinter dieser Theorie lässt sich wie folgt beschreiben: Die Anleger bleiben im Wissen um die Existenz der Blase genau solange weiter im Markt, wie die Blase schnell genug wächst, um sie für das Verlustrisiko im Falle eines Platzens zu entschädigen. Würde sie nicht schnell genug wachsen, würden die (rational handelnden) Anleger aussteigen und die Blase platzen.

$$Q_t + (1-\delta)\cdot E_t\left[\frac{S_{t+1} - Q_{t+1}}{R^q_{t+1}}\right] = E_t\left[\frac{D_{t+1} + (1-\delta)\cdot S_{t+1}}{R^q_{t+1}}\right] \qquad (4.50)$$

Der Erwartungswert auf der linken Seite der Gleichung kann mit Hilfe der vorletzten Gleichung ersetzt werden, die rechte Seite bleibt unverändert:

$$Q_t + (1-\delta)\cdot[a\cdot(S_t - Q_t)] = E_t[.] \qquad (4.51)$$

Ausmultiplizieren, Umgruppieren, Verwendung von $b \equiv a\cdot(1\text{-}\delta)$ und Ausklammern von S_t ergibt:

$$S_t \cdot \left[b + (1-b)\cdot\frac{Q_t}{S_t}\right] = E_t\{.\} \qquad (4.52)$$

Durch Division kann der Ausdruck in eckigen Klammern unverändert in den Nenner des Erwartungswerts auf der rechten Seite verschoben werden, da keine Größen der Periode $t+1$ enthalten sind. Der gesamte Nenner kann als Ertragsfaktor auf Aktien R^s_{t+1} interpretiert und geschrieben werden. Dies ist die gesuchte Gleichung für den Marktpreis von Aktien:

$$S_t = E_t\left[\frac{D_{t+1} + (1-\delta)\cdot S_{t+1}}{R^q_{t+1}\cdot[b + (1-b)\cdot Q_t/S_t]}\right] = E_t\left[\frac{D_{t+1} + (1-\delta)\cdot S_{t+1}}{R^s_{t+1}}\right] \qquad (4.53)$$

In dieser Schreibweise ist der analoge Aufbau der Gleichungen für den Fundamentalwert von Kapital bei Nichtexistenz von Blasen und für den Marktpreis von Aktien bei Existenz von Blasen gut zu erkennen. An der Stelle von Q_t, Q_{t+1} und R^q_{t+1} stehen nun S_t, S_{t+1} bzw. R^s_{t+1}. Wichtig ist nun der Umstand, dass die beiden Faktoren der erwarteten Erträge bei Existenz von Blasen nicht übereinstimmen, wenn sie auch in enger Beziehung zueinander stehen:

$$E_t\left[R^s_{t+1}\right] = E_t\left[R^q_{t+1}\cdot\left[b + (1-b)\cdot\frac{Q_t}{S_t}\right]\right] \Leftrightarrow E\left[\frac{R^s_{t+1}}{R^q_{t+1}}\right] = \left[b + (1-b)\cdot\frac{Q_t}{S_t}\right] \qquad (4.54)$$

Der Bruch (Q_t / S_t) gibt den Anteil des Fundamentalwerts am Marktpreis wieder. Nun sind *drei Fälle* zu unterscheiden (vgl. BG 1999, 25): $(Q_t / S_t) = 1$; $(Q_t / S_t) < 1$; $(Q_t / S_t) > 1$.

Haben erstens beide den gleichen Wert, so nehmen der Bruch und die eckige Klammer den Wert eins an, und die erwarteten Ertragsfaktoren sind identisch. Dies ist der Fall der *Nichtexistenz einer Blase*. Zweitens sind bei einer *positiven Blase* Bruch und Klammer kleiner als eins, der erwartete Aktienertragsfaktor ist dann niedriger als der erwartete fundamentale Ertragsfaktor. Drittens sind bei einer *negativen Blase* Bruch und Klammer größer als eins, der erwartete Aktienertragsfaktor liegt nun über dem erwarteten fundamentalen Ertragsfaktor.

Der exogene Blasenprozess, der in BG 1999 die fundamentale Vermögenspreisbildung überlagert, bildet durch explizite Annahmen insbesondere zu den Werten der Parameter *a* (Blasenwachstum) und *p* (Überlebenswahrscheinlichkeit) nach, was gemeinhin unter einer Vermögenspreisblase bzw. dem dynamischen Verhalten einer solchen verstanden wird. Der Prozess der Preisentwicklung, den Bernanke und Gertler hier ihrem Grundmodell BGG 1999 anbauen und den sie so zu einem Teil der Modellwirklichkeit machen, entspricht demjenigen, der in der Theorie der Blasen konstruiert wird. Allerdings haben empirische Tests der Theorie der Blasen bislang keinen stichhaltigen Beleg für deren Existenz liefern können. Falls man dennoch ihre Existenz annimmt, so zeigt das erweiterte Modell BG 1999 auf, wie die nicht-fundamentale Komponente des Vermögenspreises (bzw. Vermögenspreisniveaus) die Wirkung von Vermögenspreisänderungen auf andere Variablen verstärkt.

4.3.3 Durch die Modellerweiterung bedingte Änderungen im Überblick

Im erweiterten Modell *überlagert und verstärkt der exogene Blasenprozess den* bereits im Grundmodell enthaltenen *Finanzakzelerator*. Vermögenspreisänderungen werden nun teilweise endogen, teilweise exogen verursacht. Endogen wird weiterhin die fundamentale Komponente, exogen aber die Blasenkomponente des Marktpreises von Vermögen bestimmt. Durch die wegen der Möglichkeit von Blasen erforderliche Unterscheidung zwischen Markt- und Fundamentalwert von Vermögen gibt es nun jeweils zwei Vermögenspreise, erwartete und tatsächliche Erträge (Ertragsfaktoren) auf Vermögen, wo es zuvor jeweils einen gegeben hat. Der Modellumfang nimmt daher zu. An Stelle der zugehörigen drei Gleichungen des Grundmodells, die zuvor bei dessen Vorstellung wegen ihres Bezugs zum Finanzakzelerator eingehender dargestellt worden sind, treten im erweiterten Modell sechs Gleichungen, die nunmehr den Finanzakzelerator und den Blasenprozess enthalten. Hinzu kommt in beiden Fällen noch die Gleichung, welche die Entwicklung des Vermögens im Zeitablauf beschreibt.[28] Wie die folgende Übersicht, Tab. 4.3, verdeutlicht, lassen sich die in Grund- und erweitertem Modell entsprechenden Gleichungen einander zuordnen.[29] Die Anordnung der Gleichungen des erweiterten Modells ist so gewählt, dass sich die jeweils erste Gleichung auf den Marktpreis bezieht, die zweite auf die Fundamentalkomponente und die dritte auf die Differenz der beiden vorigen, also auf die Blasenkomponente. Dabei ist die jeweils mit (Δ) gekennzeichnete Gleichung

[28] Gleichung (4.62) (bzw. [E.4]) verbindet die Entwicklung des Fundamentalwerts von Kapital mit derjenigen der Investitionen. Gleichungen (4.55), (4.57), (4.58), (4.59) und (4.63) (bzw. [E.5 bis E.9]) beschreiben die Entwicklung der erwarteten und tatsächlichen Ertragsraten auf Kapital, jeweils bezogen auf den Fundamentalwert und den Marktpreis. Gleichung (4.64) (bzw. [E.14]) erfasst die Entwicklung des Unternehmervermögens.

[29] Dennoch sind Auswahl und Gegenüberstellung einzelner Gleichungen aus zwei verschiedenen Modellen mit Subjektivität behaftet.

lediglich die Differenz der anderen beiden Gleichungen und daher Zusatzinformation, die den systematischen Vergleich erleichtern soll.
Der *erwartete Kapitalmehrertrag* gegenüber der risikolosen Anlagealternative kann im erweiterten Modell auf den Marktpreis (4.55) (bzw. [E.9]) und auf den Fundamentalwert (4.56) (bzw. [Δ]) bezogen werden.

Tab. 4.3, Anfang: Veränderung der Gleichungen für Vermögenspreise und Kapitalerträge durch Erweiterung des Grundmodells um Blasenprozess

	Grundmodell		**Erweitertes Modell**	
	Nr.	*Gleichung*	*Nr.*	*Gleichung*
Erwart. Kapitalmehrertrag	*(4.3), [G.4]*#	$E_t\left[r_{t+1}^k\right]-r_{t+1} = -\upsilon\cdot\left[n_{t+1}-\left(q_{t+1}+k_{t+1}\right)\right]$	*(4.55) [E.9]*#	$E_t\left[r_{t+1}^s\right]-r_t = -\psi\cdot\left[n_t-\left(s_t+k_{t+1}\right)\right]$
			(4.56) [Δ]	$E_t\left[r_{t+1}^q\right]-r_t = -\psi\cdot\left(n_t-k_{t+1}\right) + \left(1+\psi-b\right)\cdot s_t-\left(1-b\right)\cdot q_t$
			(4.57) [E.8]	$E_t\left[r_{t+1}^s-r_{t+1}^q\right] = -\left(1-b\right)\cdot\left(s_t-q_t\right)$
Tatsächlicher Kapitalertrag	*(4.22), [G.5]*	$r_{t+1}^k = \left[\frac{\frac{\alpha\cdot Y}{X\cdot K}}{\frac{\alpha\cdot Y}{X\cdot K}+\left(1-\delta\right)}\right]\cdot\left(y_t-k_t-x_t\right) + \left[\frac{\left(1-\delta\right)}{\frac{\alpha\cdot Y}{X\cdot K}+\left(1-\delta\right)}\right]\cdot q_{t+1}-q_t$	*(4.58) [E.7]*	$r_t^s = \left[\frac{\frac{\alpha\cdot Y}{K}}{\frac{\alpha\cdot Y}{K}+\left(1-\delta\right)}\right]\cdot\left(y_t-k_t+mc_t\right) + \left[\frac{\left(1-\delta\right)}{\frac{\alpha\cdot Y}{K}+\left(1-\delta\right)}\right]\cdot s_t-s_{t-1}$
			(4.59) [E.6]	$r_t^q = \left[\frac{\frac{\alpha\cdot Y}{K}}{\frac{\alpha\cdot Y}{K}+\left(1-\delta\right)}\right]\cdot\left(y_t-k_t+mc_t\right) + \left[\frac{\left(1-\delta\right)}{\frac{\alpha\cdot Y}{K}+\left(1-\delta\right)}\right]\cdot q_t-q_{t-1}$
			(4.60) [Δ]	$r_{t+1}^s-r_{t+1}^q = \left[\frac{\left(1-\delta\right)}{\frac{\alpha\cdot Y}{K}+\left(1-\delta\right)}\right]\cdot\left(s_t-q_t\right)-\left(s_{t-1}-q_{t-1}\right)$
			(4.62) [E.4]	$E_t\left[q_{t+1}\right] = \varphi\cdot\left(i_{t+1}-k_{t+1}\right)$
			(4.63) [E.5]	$E_t\left[s_{t+1}-q_{t+1}\right] = \frac{b}{\left(1-\delta\right)}\cdot R^q\cdot\left(s_t-q_t\right)$

(#): Gleichung enthält im jeweiligen Modell den Finanzakzelerator.

Tab. 4.3, fortgesetzt von vorhergehender Seite: Veränderung der Gleichungen für Vermögenspreise und Kapitalerträge durch Erweiterung des Grundmodells um Blasenprozess

	Grundmodell		Erweitertes Modell	
	Nr.	*Gleichung*	*Nr.*	*Gleichung*
Vermögen	*(4.21), [G.11]*	$n_{t+1} = \left[\frac{\tau \cdot R \cdot K}{N}\right] \cdot \left(r_t^k - r_t\right) + r_t + n_t + \phi_t^n$	*(4.64) [E.14]*	$n_t = \left[R^q \cdot \frac{K}{N}\right] \cdot \left(r_t^s - E_{t-1}\left[r_t^s\right]\right) + \left[R^q \cdot \frac{1-\tau \cdot R^K}{\tau}\right] \cdot y_t + R^q \cdot n_{t-1}$
Verm'preis	*(4.20), [G.6]*	$q_t = \varphi \cdot \left(i_t - k_t\right)$	*(4.61) [Δ]*	$E_t\left[s_{t+1}\right] = \frac{b}{(1-\delta)} \cdot R^q \cdot \left(s_t - q_t\right) + \varphi \cdot \left(i_{t+1} - k_{t+1}\right)$

Bezogen auf den Marktpreis erhält man die modifizierte Gleichung für den Finanzakzelerator.[30] In den erwarteten Fundamentalmehrertrag geht sowohl die Eigenfinanzierungsquote als auch die aktuelle Größe einer etwaigen Blase ein. Letztere bestimmt die Differenz der beiden erwarteten Erträge, (4.57) (bzw. [E.8]). Die Log-Differenzen-Gleichung (4.57) (bzw. [E.8]) entspricht der folgenden, zuvor im Zusammenhang mit dem exogenen Blasenmechanismus hergeleiteten Gleichung in Niveaugrößen:

$$E_t\left[R_{t+1}^s\right] = E_t\left[R_{t+1}^q\right] \cdot \left[b + (1-b) \cdot \frac{Q_t}{S_t}\right] \quad \Leftrightarrow \quad E_t\left[\frac{R_{t+1}^s}{R_{t+1}^q}\right] = b + (1-b) \cdot \frac{Q_t}{S_t} \qquad (4.65)$$

Auch der *tatsächliche Kapitalertrag* aus der Anlage im Unternehmen existiert nunmehr doppelt. Er ergibt sich in beiden Fällen aus dem produktiven Einsatz des Kapitals (erster Summand rechts) und aus der Preis- bzw. Wertänderung des Kapitals (zweiter und dritter Summand), einmal bezogen auf den Marktpreis (4.58/E.7), einmal auf den Fundamentalwert (4.59/E.6).[31] Die Differenz der tatsächlichen Kapitalerträge, (4.60/Δ), hängt nur von der Entwicklung der Blase ab.

Der *Vermögenspreis* bzw. Preis einer Einheit Kapital ist im Grundmodell zugleich Marktpreis und Fundamentalwert, da dort annahmegemäß keine Blase

---

[30] Durch leicht abweichende Periodenzuordnungen haben sich die Zeitindizes teilweise geändert.

[31] Die Gleichungen sind gegenüber dem Grundmodell *leicht modifiziert*. Erstens haben sich auch hier durch leicht geänderte Periodenzuordnungen die Zeitindizes teilweise geändert. Zweitens ist an die Stelle der Variable für den Preisaufschlag der Einzelhändler, x_t, mit umgekehrtem Vorzeichen eine Variable für die Grenzkosten der Produktion, mc_t, getreten. In Niveaugrößen sind diese Grenzkosten der Kehrwert des Preisaufschlags. (Vgl. BG 1999, 46.)

existiert. Im erweiterten Modell sind nun Marktpreis (4.61/Δ) und fundamental gerechtfertigter Preis (4.62/E.4) zu unterscheiden.[32] Ihre Differenz (4.63/E.5) entspricht der Größe der Blase. Der Fundamentalwert ergibt sich wie der Vermögenspreis im Grundmodell aus dem Angebotsverhalten der Investitionsgüter produzierenden Unternehmen. Die Blase entwickelt sich in Abhängigkeit von ihrer eigenen Größe in der Vorperiode. Für den Marktpreis gelten beide vorigen Aussagen anteilig für die Fundamentalkomponente und für die Blasenkomponente.

Die Gleichung (4.63/E.5) für die erwartete Blasenentwicklung in Log-Differenzen gibt im Modell den bereits zuvor in Niveaugrößen dargestellten exogenen Blasenmechanismus wieder:

$$E_t\left[\frac{S_{t+1}-Q_{t+1}}{R^q_{t+1}}\right]=a\cdot(S_t-Q_t) \quad\Leftrightarrow\quad E_t[S_{t+1}-Q_{t+1}]=a\cdot E_t\left[R^q_{t+1}\right]\cdot(S_t-Q_t) \qquad (4.66)$$

Die Gleichung für die *Vermögensakkumulation* bzw. für die Entwicklung des Vermögens im Zeitablauf ist übersichtlicher geworden. Durch unternehmerische Tätigkeit kommt zum aufgezinsten Vermögen der Vorperiode ([S3]), das gewissermaßen um den risikolosen Ertrag vermehrt wurde, eine Kompensation für das Eingehen unternehmerischen Risikos hinzu ([S1] und [S2]). In letztere gehen Prognosefehler bezüglich des marktpreisbezogenen Ertrags ein ([S1]):

$$n_t=\underbrace{\left[R^q\cdot\frac{K}{N}\right]\cdot\left(r^s_t-E_{t-1}\left[r^s_t\right]\right)}_{S1}+\underbrace{\left[R^q\cdot\frac{1-\tau\cdot R^K}{\tau}\right]\cdot y_t}_{S2}+\underbrace{R^q\cdot n_{t-1}}_{S3} \qquad (4.64)[=E.14]$$

4.3.4 Die optimale geldpolitische Reaktion auf Blasen: Darstellung und Diskussion der Simulationsergebnisse

Bernanke und Gertler (1999, 25ff) leiten ihre Antwort auf die Frage, worin die optimale geldpolitische Reaktion auf Vermögenspreisblasen besteht, aus Simulationsrechnungen ihres Modells ab. Dabei erscheinen die geldpolitischen Alternativen als *Varianten* einer Strategie *des Inflation Targeting*, die sich wiederum als Varianten der folgenden geldpolitischen Reaktionsregel darstellen lassen (BG 1999, 26):[33]

---

[32] Weiterhin ändern sich die Gleichungen gegenüber dem Grundmodell durch die leicht veränderte Periodenzuordnung bzw. *Zeitindizierung*. Aus dem beobachteten Vermögenspreis der Gegenwart werden im erweiterten Modell *Erwartungswerte* für Fundamentalwert und Marktpreis.

[33] Die vorgestellte *Reaktionsregel unterscheidet sich von* einer herkömmlichen *Taylorregel* nicht nur durch den Vermögenspreisterm, sondern auch in zwei weiteren Punkten. Erstens handelt die Geldpolitik hier vorausschauend (statt verzögert) in Bezug auf Verbraucherpreisinflation. Zweitens fehlt ein Term für die Produktionslücke bzw. die konjunkturelle Lage. (Vgl. BG 1999, 26.)

$$r_t^n = \bar{r}^n + \beta \cdot E_t[\pi_{t+1}] + \xi \cdot \ln\left(\frac{S_{t-1}}{S}\right); \beta > 1 \qquad (4.67)$$

Politikinstrument ist die Setzung des nominalen Zinssatzes r_t^n. Geldpolitik reagiert auf die erwartete Inflationsrate (der kommenden Periode *t+1*) und auf etwaige (in der Vorperiode *t-1*) beobachtete logarithmische Abweichungen des Marktpreises von Kapital S_{t-1} von dessen langfristigem Gleichgewichtswert *S*. Der Marktpreis von Kapital entspricht hier dem Vermögenspreisniveau bzw. dem Niveau der Aktienkurse. Die Intensität der jeweiligen Reaktion wird durch die Reaktionsparameter β bzw. ξ bestimmt. Die Reaktionen erfolgen um den langfristigen Gleichgewichtswert des nominalen Zinssatzes $\bar{r}^n$ herum, d.h. eine vollständig passive Geldpolitik bzw. das Unterlassen jeglicher Reaktion bestünde in der Festlegung des Nominalzinssatzes entsprechend seines langfristigen Gleichgewichtswerts.
Die Annahme $\beta > 1$ stellt sicher, dass Geldpolitik stabilisierend wirkt. Dies erfordert, dass auf einen Anstieg der erwarteten Inflationsrate mit einer mindestens ebenso starken Erhöhung des Nominalzinssatzes reagiert wird, was zusammengenommen einem Anstieg des Realzinssatzes entspricht. (Vgl. BG 1999, 26.)
Der logarithmische Term ln (S_{t-1} / *S*) gibt *Vermögenspreisinflation / -deflation* wieder, und dies nicht im Sinne einer Blase, sondern *im Sinne einer Vermögenspreislücke*. Der Wert *S* im Nenner ist als der Vermögenspreis bzw. das Vermögenspreisniveau im langfristigen Gleichgewicht zu interpretieren, also entweder als ein langfristiger (möglicherweise gleitender) Durchschnitt oder als der aktuelle Wert eines langfristigen Trends.[34] Während der Einbau einer Blase in ein makroökonomisches Modell die konstitutive Idee des erweiterten Modells darstellt, richtet sich die Geldpolitik in diesem Modell nicht an gegenwärtigen oder zukünftigen, aber kaum beobachtbaren Blasen aus, sondern orientiert sich an der Vermögenspreislücke der Vorperiode als einer beobachtbaren Größe.
Die geldpolitischen *Alternativen* werden nun anhand der geldpolitischen Reaktionen auf Verbraucher- und Vermögenspreisinflation unterschieden. Erstens ist nach der Intensität der Reaktion auf die erwartete Verbraucherpreisinflation bzw. nach dem Wert von β zwischen einer aggressiven ($\beta = 2$) und einer akkomodierenden Geldpolitik ($\beta = 1{,}01$) zu unterscheiden. Zweitens kann eine eigenständige Reaktion auf die beobachtete Vermögenspreisentwicklung (hier: die beobachtete Vermögenspreislücke) erfolgen ($\xi = 0{,}1$) oder nicht erfolgen ($\xi = 0$). Die Kombination der Wahlmöglichkeiten ergibt vier Alternativen, die in der nachstehenden Tabelle 4.4 mit [a] bis [d] gekennzeichnet sind.

[34] Offenbar ist darunter *nicht* der langfristige *Fundamentalwert* oder dessen Vorperiodenwert zu verstehen, für den entsprechend der Notation des Modells *Q* bzw. Q_{t-1} zu schreiben wäre.

Tab. 4.4: Alternativen für die Geldpolitik

		Reaktion auf erwartete Verbraucherpreisentwicklung		
		Schwache Reaktion („akkomodierend“, β =1,01)		*Starke Reaktion („aggressiv“, β =2)*
Reaktion auf beobachtete Vermögenspreisentwicklung	*Keine Reaktion („passiv“, ξ =0)*	**[a]** „akkomodierend-passiv“	→ [1] [3] [5$^+$] [6]	**[b]** „aggressiv-passiv“
		[2$^+$] ↑ [5$^+$]		[2$^+$] ↑ [5]
	Reaktion („aktiv“, ξ =0,1)	**[c]** „akkomodierend-aktiv“	→ [2] [5$^+$]	**[d]** „aggressiv-aktiv“

Die Pfeile verbinden die bei einem *Szenario* (Nummer des Vergleichsszenarios in eckigen Klammern) verglichenen Alternativen und zeigen von der unterlegenen auf die überlegene Alternative. *Bewertungsmaßstab* bzw. normatives Vergleichkriterium ist die Variabilität von Verbraucherpreisinflation und Produktionslücke. Bei fast allen Vergleichen ist eine Alternative der anderen hinsichtlich beider Kriterien überlegen, so dass eine Gewichtung der beiden Kriterien etwa in einer Zielfunktion nicht erforderlich ist.[35] Für die Szenarien gelten unterschiedliche *Randannahmen*, daher werden die Alternativen [a] und [b] mehrfach miteinander verglichen. Szenario [4] vergleicht Ergebnisse bei unterschiedlichen Randannahmen und bei gegebener Alternative [b], und kann daher nicht im Rahmen dieser Abbildung dargestellt werden.[36]

Bei den *Szenarien* [1], [2] und [2$^+$] werden die Alternativen unter normalen Bedingungen miteinander verglichen. Bei den übrigen Szenarien wird überprüft, inwiefern die Ergebnisse dieses Vergleichs bei einzelnen Abweichungen von

[35] *Einzige Ausnahme* ist hierbei der Vergleich der akkomodierend-passiven und der akkomodierend-aktiven Strategie bei Szenario Nr. 5, dem positiven Technologieschock. Hier ist hinsichtlich der Variabilität bei der gesamtwirtschaftlichen Kapazitätsauslastung (Produktionslücke) die aktive der passiven Alternative überlegen, hinsichtlich der Variabilität der Inflation ergibt sich jedoch wieder das „übliche“ Ergebnis der Überlegenheit der aktiven gegenüber der passiven Strategie. (Vgl. BG 1999, 30 [Tab. 1].) Diese Ausnahme ist für das Gesamtergebnis insofern weniger bedeutsam, als dass beide akkomodierenden Alternativen den jeweiligen aggressiven Alternativen eindeutig unterlegen sind. (Daher wird die erwähnte Ausnahme in der tabellarischen Übersicht weggelassen.)

[36] Welche geldpolitischen Alternativen bei den einzelnen Szenarien unter welchen Randannahmen verglichen werden, stellt Tab. A19 in Anhang A.3 systematisch dar.

diesen normalen Bedingungen Bestand haben.[37] Bei Szenario [3] endet die Blase nicht damit, dass der Vermögenspreis auf null zurückgeht, sondern sie löst eine Panik der Anleger aus und geht infolgedessen in eine negative Blase über, was die Anpassungszeit des Vermögenspreises an den Fundamentalwert verdoppelt. Bei Szenario [4] kommt es nicht zu einer negativen Blase, sondern es wird untersucht, wie sich die Ergebnisse der zuvor als optimal beurteilten Strategie für zwei verschiedene Ausgangslagen unterscheiden. Sind die Wirtschaftssubjekte zu Beginn der Blase weniger verschuldet als normal, so sind die Auswirkungen einer Blase weniger gravierend. Dieser Vergleich nur einer Alternative bei zwei Zuständen soll Spielräume für andere als geldpolitische Maßnahmen aufzeigen. Bei den Szenarien [5] und [5^+] werden die Alternativen miteinander verglichen, wenn die Blase zwar nicht negativ werden kann, aber als Überreaktion der Märkte auf verbesserte Fundamentaldaten entsteht. Ein Vermögenspreisanstieg ist unter solchen Umständen teilweise fundamental gerechtfertigt, etwa durch Produktivitätszuwächse bei technologischen Umbrüchen. Beim letzten Szenario, Nr. [6], entsteht die Blase in einem Umfeld bereits verunsicherter Märkte. Störungen des Finanzsystems in anderen Ländern lassen Kapitalgeber zeitweilig vorsichtiger und somit Kredite teurer werden. Die Marktteilnehmer reagieren dann unter Umständen sensibler auf geldpolitische Impulse, als dies normalerweise der Fall wäre.

Für den *Blasenprozess*, der den Simulationen zugrunde liegt, gelten die Parameterwerte a = 0,98 (Wachstumsparameter) und p = 0,5 (periodenweise Überlebenswahrscheinlichkeit). Als Startwert der Blase wird 1% angenommen:

$$S_0 = (1{,}01) \cdot Q_0 \Leftrightarrow S_0 - Q_0 = (0{,}01) \cdot Q_0$$

Leicht unterschiedliche *Zusatzannahmen* gelten für die Szenarien [1] bis [5] (ohne [2^+] und [5^+]) einerseits und für [2^+] und [5^+] andererseits. *Bei [1] bis [5]* werden nur Realisierungen der Blase betrachtet, bei denen diese genau fünf Perioden gedauert hat. (Vgl. BG 1999, 27.)[38] Für die Größe dieser (ex post immer) fünf Perioden bestehenden Blasen gilt dann:

---

[37] Als „*normale Bedingungen*" gilt die Kombination der folgenden vier Annahmen: [i] Beim Platzen gehen die Vermögenspreise auf den Fundamentalwert zurück, der Wert der Blase also auf Null. [ii] In der Ausgangssituation bzw. zu Beginn der Blase herrscht ein als normal angenommener Verschuldungsgrad der Unternehmen vor, d.h. der Eigenfinanzierungs- und der Fremdfinanzierungsanteil am Unternehmenskapital beträgt jeweils 50%. [iii] Ein beobachteter Vermögenspreisanstieg ist ausschließlich Ausdruck einer wachsenden Blase. [iv] Die Außenfinanzierungsprämie besitzt den modellendogen bestimmten Wert, d.h. Fremdfinanzierung ist um einen endogen bestimmten Faktor teurer als Eigenfinanzierung.

Die *Szenarien* ergeben sich durch abweichende Festlegungen bezüglich jeweils einer dieser Annahmen. Siehe auch die in der vorigen Fußnote erwähnte Tabelle im Anhang.

[38] „The ex ante probability that the bubble will burst in any period is 0.5. We assume a realization in which the bubble bursts in period 5." (BG 1999, 27.)

$$
\begin{aligned}
(S_t - Q_t) &= Q_0 \cdot \left(\frac{S_0 - Q_0}{Q_0}\right) \cdot \left(\frac{a}{p}\right)^t \cdot \prod_{s=0}^{t} R_s^q \\
&= Q_0 \cdot (0{,}01) \cdot (1{,}96)^t \cdot \prod_{s=0}^{t} R_s^q \quad \forall\, t = 0,1,\ldots,4\,;\ R_0^q = 1
\end{aligned}
\tag{4.68}
$$

Für gewöhnliche Werte von R^q_t folgen daraus für die Größe der Blase in Prozent von Q_0, dem Fundamentalwert in der Ausgangsperiode:

$(S_0\text{-}Q_0) = 1\%$; $(S_1\text{-}Q_1) \approx 2\%$; $(S_2\text{-}Q_2) \approx 4\%$; $(S_3\text{-}Q_3) \approx 8\%$; $(S_4\text{-}Q_4) \approx 16\%$; $(S_5\text{-}Q_5) = 0\%$.

Bei den Szenarien *[2⁺] und [5⁺]* hingegen werden nur Blasen betrachtet, die zwischen einer und drei Perioden gedauert haben, und diese werden gemäß der Häufigkeit ihres Auftretens bei den wiederholten Rechnungen gewichtet. (Vgl. BG 1999, 30.)[39]

Tab. 4.5, Anfang: Vergleichsszenarien und Interpretation der jeweiligen Simulationsergebnisse

<table>
<tr><th>Nr.</th><th colspan="2">Vergl. Alternativen</th><th>Szenario</th><th>Erläuterung</th><th>Fazit</th></tr>
<tr><td>1</td><td>[a]
[b]</td><td>Akkom.-passiv / aggr.-passiv</td><td rowspan="3">„Normale“ Bedingungen</td><td rowspan="3">„Normal“ bedeutet:
[i] Nach Platzen Rückgang auf Fundamentalwert.
[ii] Anfänglicher Eigen- und Fremdfinanzierungsanteil von jeweils 50%.
[iii] Vermögenspreisanstieg reine Blase, nur nicht-fundamental bedingt.
[iv] Rein modellendogen bestimmte Außenfinanzierungsprämie.</td><td rowspan="3">[1.] Aggressive besser als jeweilige akkomodierende Varianten.
[2.] Inflationsbezogene Reaktion wichtiger, vermögenspreisbezogene Reaktion weniger wichtig für Makro-Ergebnisse.
[3.] Aggressiv-passive Variante optimal, Gegensteuern leicht schädlich.</td></tr>
<tr><td>2</td><td>[c]
[d]</td><td>Akkom.-aktiv / aggr.-Aktiv</td></tr>
<tr><td>2⁺</td><td>[a]
[b]
[c]
[d]</td><td>Alle</td></tr>
</table>

[39] „We considered bubbles lasting one, two, and three periods, weighting them in the population according to their relative likelihood of being realized (conditional on a bubble starting).“ (BG 1999, 30.)

Tab. 4.5, fortgesetzt von vorhergehender Seite: Vergleichsszenarien und Interpretation der jeweiligen Simulationsergebnisse

Nr.	**Verglichene Alternativen**		**Szenario**	**Erläuterung**	**Fazit**
3	[a] [b]	Akkom.-passiv / aggr.-passiv	„Positive Blase – ‚Platzen' – Finanzpanik – *negative Blase* / ‚Undershooting' nach Platzen"	Nach Platzen negative Blase / *„unterschießende" Vermögenspreise* (statt [i]: Rückgang auf Fundamentalwert).	Aggressiv-passive Variante auch bei diesem Blasenverlauf am besten, sogar noch vorteilhafter, da von vornherein *Panik vermieden* wird.
4	[b]	Nur aggressiv-passiv	„Makroökonomische Wirkungen *unterschiedlicher finanzieller Ausgangsbedingungen* bei gegebener optimaler Geldpolitik"	*Niedrigerer anfänglicher Verschuldungsgrad* (statt [ii]: normaler Wert) bedeutet (bei gegebener geldpolitischer Strategievariante) geringere makroökonomische Volatilität.	Auch bei optimaler Geldpolitik weiterhin *andere Bereiche der Wirtschaftspolitik gefordert*: Abbau von Fehlanreizen für übermäßige Verschuldung.
5	[b] [d]	Aggr.-aktiv / aggr.-passiv	„Blase als *Überreaktion auf verbesserte Fundamentalfaktoren*"	Vermögenspreisanstieg *teilweise fundamental bedingt* (statt [iii]: reine Blase).	[1.] Gegensteuern hier sehr schädlich, da *fundamentale Verbesserung „abgewürgt"* wird. [2.] Aggressiv-passive Variante auch hier am besten.
5⁺	[a] [b] [c] [d]	Alle			
6	[a] [b]	Akkom.-passiv / aggr.-passiv	„Verunsicherung der Märkte / *zeitweilig erschwerte Kreditvergabe*"	Exogen bewirkte Kreditverteuerung / *exogen erhöhte Außenfinanzierungsprämie* (statt [iv]: rein endogener Wert).	Aggressiv-passive Variante auch bei verunsicherten Märkten optimal, *impliziert Lockerung bei deflationärem Schock.*

Angaben nach BG (1999, 25ff), eigene Darstellung.

Die *Ergebnisse* der Simulationsrechnungen des Modells BG 1999 unter verschiedenen Vergleichsszenarien lassen sich wie folgt zusammenfassen. (Vgl. BG 1999, 25ff.)

Erstens ist die *„aggressive"* Variante des Inflation Targeting unter normalen Umständen *der „akkomodierenden"* Variante *überlegen*, und zwar unabhängig davon, ob zusätzlich auch „aktiv" auf die Vermögenspreisentwicklung reagiert wird (Nr. [2]) oder nicht (Nr. [1]). Aggressive Inflationsstabilisierung führt im Modell zu einer vergleichsweise geringeren Volatilität der meisten Variablen, insbesondere der Fundamentalwerte der Vermögenspreise selbst. Bei den passiven Strategievarianten wird zwar nicht den Vermögenspreisen selbst, aber den von ihnen erwartetermaßen ausgehenden inflationären Wirkungen von vornherein gegengesteuert. Wegen des vermiedenen Inflationsanstiegs ist bei der aggressiven Politik letztlich eine weit geringere Variation der Nominalzinssätze erforderlich als bei der akkomodierenden Politik.

Zweitens ist die „aggressiv-passive" Alternative der „akkomodierend-passiven" unabhängig vom Verlauf der Vermögenspreisdeflation bzw. vom Verhalten der Vermögenspreise nach dem „Platzen" der Blase überlegen (Nr. [3]), d.h. sowohl dann, wenn die Vermögenspreise auf den Fundamentalwert zurückfallen, als auch dann, wenn sich anschließend eine negative Blase bildet und die Vermögenspreise somit Zyklen durchlaufen. Bereits im Fall der nur-positiven Blase (Nr. [1]) hat gegolten, dass Marktpreis und Fundamentalwert des Vermögens bei der aggressiv-passiven Strategie weniger stark schwanken als bei der akkomodierend-passiven Strategie. Weniger starke Vermögenspreisausschläge während der positiven Blase bedeuten c.p. ein geringeres Risiko einer Finanzpanik, also auch schwächere Ausschläge während einer nachfolgenden negativen Blase. Mit dem als symmetrisch angenommenen Verlauf der aufeinander folgenden positiven und negativen Blase bestätigt sich diese plausible Vermutung in den Simulationen zu Nr. [3].

Drittens gilt die Überlegenheit der „aggressiv-passiven" gegenüber der „akkomodierend-passiven" Variante auch unabhängig davon, ob es zeitweilig zu einer zusätzlichen Verteuerung der Außen- gegenüber der Innenfinanzierung kommt (Nr. [6]), d.h. sie gilt auch dann, wenn Störungen der Finanzmarktaktivität infolge von Vermögenspreisdeflation und einer Verunsicherung der Marktteilnehmer zu einer zeitweiligen Einschränkung der Kreditvergabe bzw. zu strengeren Bedingungen für diese führen. Die aggressive Strategie verhindert hier einen noch stärkeren negativen Ausschlag der Produktionslücke.

Die beiden verbliebenen Vergleichsszenarien *ergänzen* dieses Bild der allgemeinen Überlegenheit der „aggressiv" auf die erwartete Verbraucherpreisinflation antwortenden gegenüber der „akkomodierenden" Strategievariante.

Zum einen führt die „aggressiv-passive" *auch bei teilweise fundamental bedingten Vermögenspreisanstiegen* (d.h. bei gleichzeitigem Wachstum von Fundamentalwert und Blase) zu besseren Ergebnissen als die „aggressiv-aktive" Alternative [5]. Eine zusätzliche Reaktion auf die Vermögenspreisentwicklung ist hier noch schädlicher als im Normalfall einer reinen Blase, da das Gegensteuern die Verwirklichung der fundamentalen Verbesserungen hemmt, etwa indem die Fremdfinanzierung von Investitionen zur Erhöhung der Produktivität frühzeitig verteuert wird.

Zum anderen bleibt selbst bei Wahl der optimalen „aggressiv-passiven" geldpolitischen Alternative weiterhin Spielraum für wohlfahrtssteigernde Eingriffe *anderer Bereiche der Wirtschaftspolitik.* Szenario [4] vergleicht die makroökonomischen Ergebnisse der optimalen Strategie mit und ohne Vorliegen anfänglicher finanzieller Ungleichgewichte. Ungünstige finanzielle Ausgangsbedingungen (*initial financial conditions*) richten auch dann volkswirtschaftlichen Schaden an, wenn die Geldpolitik optimal handelt. Bernanke und Gertler erfassen die genannten finanziellen Ausgangsbedingungen im Modell als den Verschuldungsgrad der Wirtschaftssubjekte zu Beginn einer Blase bzw. einer Vermögenspreisinflation. Sie sehen Überschuldung im Ausgangszustand auch als das Ergebnis verzerrender Steuern und Regulierungen an, die entsprechende Fehlanreize geben. (Vgl. BG 1999, 31.)

Zusammenfassend ist festzustellen, dass eine *eigenständige geldpolitische Reaktion auf die Vermögenspreisentwicklung* bzw. Blasen *nicht geboten* ist, solange die Notenbank im Rahmen eine in Bezug auf die erwartete Inflationsentwicklung „*aggressiv*" stabilisierende Geldpolitik betreibt, also offensiv der erwarteten Tendenz der Verbraucherpreise gegensteuert. Demgegenüber führt eine die Verbraucherpreisinflation *akkomodierende* Vorgehensweise bei Existenz von Vermögenspreisblasen letztlich zu mehr statt weniger makroökonomischer Volatilität. Dieses Ergebnis wird bei BG 1999 anhand des Vergleichs verschiedener Varianten nur der geldpolitischen Strategie des Inflation Targeting hergeleitet.

Dieses Ergebnis lässt sich *entweder Inflation-Targeting-spezifisch oder allgemein interpretieren.* Erstere Interpretation besagt, dass gerade Inflation Targeting zur Eindämmung von Vermögenspreisblasen und ihren schädlichen Wirkungen in der Lage ist, weil dessen konsequente Anwendung hierfür hinreichend ist. Da die Strategie des Inflation Targeting keinen Beschränkungen hinsichtlich der für die Inflationsprognose zu verwendenden Indikatoren bzw. Variablen unterliegt, können auch aus Vermögenspreisen gewonnene Indikatoren herangezogen werden. Die Empfehlung, der Vermögenspreisentwicklung nur insoweit gegenzusteuern, wie diese (Verbraucherpreis-) Inflationsrisiken beinhaltet, macht demnach keine substantielle Änderung der Strategie erforderlich. Ein solches „schwaches Gegensteuern" stellt überhaupt nur insofern eine Strategieänderung dar, als dass der Satz der für die Inflationsprognose verwendeten Indikatoren gegebenenfalls um Vermögenspreise zu erweitern ist. Da Inflation Targeting aber üblicherweise mit einem festen Zeit- bzw. Prognosehorizont arbeitet und dieser nicht notwendigerweise mit dem zeitlichen Abstand übereinstimmt, über welchen Vermögenspreise einen Informationsgehalt bezüglich der

Inflationsentwicklung (oder auch anderer Variablen) besitzen, erfordert die genannte Empfehlung möglicherweise doch eine substantielle Strategieänderung, etwa in Form einer Aufweichung (bzw. Flexibilisierung) oder einer expliziten Verlängerung des Prognosehorizonts.
Die zweite, allgemeine, strategieübergreifende Interpretation der Ergebnisse besteht darin, dass eine bewusste Abweichung von dem durch die Inflationsaussichten gebotenen geldpolitischen Kurs angesichts der Vermögenspreisentwicklung abzulehnen ist. „Leaning against the wind" entspricht der bewussten Wahl eines etwas restriktiveren geldpolitischen Kurses, als allein aufgrund der Inflationsaussichten geboten wäre, und dies unabhängig von der jeweiligen Strategie der Notenbank. Die Argumentation bezüglich des „schwachen Gegensteuerns" ist dann anzupassen. Da andere Strategien der Inflationsprognose nicht dieselbe Rolle zubilligen wie das Inflation Targeting, können sie für sich ohne Zusatzannahmen keine automatisch stabilisierende Wirkung auch in Bezug auf die Auswirkungen von Vermögenspreisbooms beanspruchen.

4.4 Fazit: Der Beitrag des Finanzakzelerator-Ansatzes zum Verständnis von Vermögenspreisinflation

Die zuvor dargestellten Finanzakzelerator-Modelle stellen in *theoretischer* Hinsicht eine wichtige Weiterentwicklung der Makroökonomik dar und sind in *praktischer* Hinsicht relevant für die geldpolitische Diskussion über Vermögenspreisinflation.
Als *theoretische* Weiterentwicklung neukeynesianischer Modelle ist es dem Grundmodell BGG 1999 mit dem *Finanzakzelerator* gelungen, Vermögenspreise und Geldpolitik so in ein makroökonomisches Modell zu integrieren, dass von beiden nicht-triviale, realwirtschaftliche Wirkungen ausgehen. Dies ist demnach in plausibler Weise *möglich*. Das Modell zeigt aber ebenfalls, dass die modelltheoretische Umsetzung der einfachen Idee, wie sie dem Finanzakzelerator zugrunde liegt, auch sehr *aufwendig* ist – der Idee, dass der Zugang der Wirtschaftssubjekte zu Kredit- bzw. Fremdfinanzierung von deren Vermögen abhängt. Das resultierende Modell ist nur noch per Simulation lösbar.
Bei der Erweiterung des Finanzakzeleratormodells um eine exogene Vermögenspreisblase kommt es zu einem Zielkonflikt. Während dem Grundmodell eine *Mikrofundierung* der Modellzusammenhänge angestrebt wird, was zur Komplexität des Modells beiträgt, so liegt der Erweiterung um eine Blase der Wunsch zugrunde, bestimmte empirische Eigenschaften, hier bestimmte Verläufe der Vermögenspreisentwicklung, durch ergänzende Modellannahmen zu erzeugen. Eine exogene Blase stellt in einem ansonsten „mikrofundierten" Modell einen Fremdkörper dar. Für Simulationsrechnungen, mit denen die Wirkungen derartiger Blasen möglichst *empirisch realistisch nachgebildet* werden sollen,

kann ein solches Modell zwar verwendet werden, jedoch erscheint der zuvor mit der „Mikrofundierung" verbundene Aufwand dann unnötig.
In der geldpolitischen Diskussion über Vermögenspreisinflation haben insbesondere Simulationsrechnungen des erweiterten Modells Beachtung gefunden. Umstritten ist dabei die Frage, ob Notenbanken der Vermögenspreisentwicklung über das Maß hinaus gegensteuern sollten, wie diese Inflationsrisiken in Bezug auf die Stabilität des Verbraucherpreisniveaus anzeigen. Bernanke / Gertler (1999) sprechen sich auf Grundlage ihrer Simulationsergebnisse dagegen aus, Cecchetti et al. (2000) sprechen sich dafür aus und kommen zu diesem Ergebnis, indem sie dasselbe Modell unter anderen Annahmen für eigene Simulationen verwenden.
In beiden Fällen sind für die Simulationsrechnungen *restriktive Zusatzannahmen* bezüglich der Blase zu treffen, die einem festen *Verlaufsmuster* gleichkommen. (So wählen beispielsweise BG 1999 für zwei Szenarien nur solche Blasenverläufe aus, die genau fünf Perioden gedauert haben.) Ein solches kann aber weder empirisch noch theoretisch als gesichert angesehen werden. Die Annahme eines konkreten Verlaufsmusters schränkt die allgemeine Gültigkeit derart gewonnener Ergebnisse noch stärker ein, als dies bereits die Annahmen bezüglich des exogenen Blasenprozesses bei der Herleitung des erweiterten Modells getan haben.
Nach Ansicht des Verfassers sind den Finanzakzelerator-Modellen bereits heute *zwei Verdienste* zuzuschreiben. In *theoretischer* Hinsicht ist das Grundmodell mit Finanzakzelerator ein theoretisch konsistenter, umfassender Analyserahmen für die geldpolitischen Handlungsoptionen in Bezug auf Vermögenspreisinflation, wenn man diese nicht primär als eine Blase, sondern als eine *Vermögenspreislücke* interpretiert. In *praktischer* Hinsicht haben sich dank der Kontroverse zwischen Bernanke / Gertler und Cecchetti et al. das schwache und das starke Gegensteuern als die beiden Hauptpositionen in der internationalen geldpolitischen Diskussion über Vermögenspreisinflation durchgesetzt.

5 Weitere Ansätze zur Erklärung von Vermögenspreisinflation

5.1 Methodologischer Überblick

Die wirtschaftspolitische Diskussion über Vermögenspreisinflation wird nur zum geringeren Teil anhand vollständiger makroökonomischer Modelle geführt. Ein solcher geschlossener modelltheoretischer Ansatz wurde im vorigen Kapitel mit den Finanzakzelerator-Modellen von Bernanke / Gertler / Gilchrist (1999) und Bernanke / Gertler (1999) vorgestellt. Größeren Anteil an der Diskussion haben verschiedene Ansätze, die von vornherein nur Teilaspekte des Problems zu erklären suchen (partielle Erklärungsansätze) oder die das vollständige Problem außerhalb eines formal-modelltheoretischen Rahmens zu erklären suchen. Auch diese Theorien können zum Verständnis von Teilaspekten dieses Problems beitragen. Die Ansätze lassen sich grob *drei Perspektiven* zuordnen, einer wirtschaftsgeschichtlichen, einer kapitalmarkttheoretischen und einer makroökonomischen Perspektive.

Die übergeordnete Frage bei der Diskussion der einzelnen Ansätze lautet, was Vermögenspreisinflation als wirtschaftspolitisches Problem (also i.w.S.) ausmacht. Hieran schließen sich die Fragen an, was Vermögenspreisinflation als Ereignis in den Vermögenspreisen (also i.e.S.) ist, welches ihre ökonomischen Ursachen und Wirkungen sind und worin wirtschaftspolitische Eingriffsmöglichkeiten bestehen.

Die Vielfalt der Theorien, mit denen Vermögenspreisinflation in Zusammenhang gebracht werden kann, macht eine Auswahl erforderlich. Unter den *wirtschaftsgeschichtlichen* Ansätzen wird die Beschreibung der idealtypischen Finanzkrise durch Kindleberger ausgewählt, weil sie bis heute die Diskussion über Vermögenspreisinflation prägt. Bei den *kapitalmarkttheoretischen* Ansätzen werden die Markteffizienzhypothese und die Theorien der „rationalen Blasen" sowie der „intrinsischen Blasen" herausgegriffen. Unter den *makroökonomischen* Ansätzen interessieren besonders verschiedene Darstellungen des geldpolitischen Transmissionsmechanismus sowie die monetaristischen und die monetaristisch inspirierten Beiträge zur Diskussion über die Relevanz von Vermögenspreisen für die Geldpolitik.

Eine *Synthese von Teilerklärungen* des Problems der Vermögenspreisinflation zu einem konsistenten Ganzen ist eine *ungelöste* Herausforderung und hätte idealerweise modelltheoretisch zu erfolgen. Die einzelnen Ansätze suchen unter unterschiedlichen Annahmen Erklärungen für Teilaspekte eines umfassenderen Problems. Eine *eklektische* Verbindung der Ergebnisse verschiedener Ansätze beruht möglicherweise auf inkonsistenten Annahmen.

5.2 Wirtschaftsgeschichtliche Perspektive: Vermögenspreise in der idealtypischen Finanzkrise nach Kindleberger

5.2.1 Einführung

Vermögenspreise spielen eine herausgehobene Rolle in der *idealtypischen Finanzkrise*, wie sie Kindleberger (1978) in Anknüpfung vor allem an frühere Arbeiten von Hyman Minsky (u.a. Minsky 1977) beschreibt. Kindlebergers narrativ-wirtschaftsgeschichtliches Buch gehört zu den auch in der wissenschaftlichen Literatur über Vermögenspreisinflation meistzitierten und dort auch für gültig befundenen Werken. (Vgl. insbesondere EZB 2005c, 53, Fußnote 1.) Kindlebergers (gleichzeitige) Beschreibung und Erklärung von Vermögenspreisblasen und Finanzkrisen *prägt* bis in die Gegenwart das *Vorverständnis* der meisten Beobachter in Bezug auf Blasen, Krisen und die Beziehungen zwischen diesen.

Die Beschreibung von Kindleberger wird im Folgenden zunächst in aufbereiteter Form, als *Ablaufschema* von sieben Phasen, *dargestellt*. Anschließend werden die Beziehungen zwischen den verschiedenen Ereignisklassen (Krise, Blase, Boom, Bust usw.) herausgearbeitet, etwa die Beziehung zwischen Blasen und Finanzkrisen, was ein erhebliches Maß an *Interpretation* erfordert. Dies gilt in mindestens gleichem Maße auch für die Frage, was Kindlebergers idealtypischer Krisenverlauf für die wirtschaftspolitische Diskussion über Vermögenspreisinflation impliziert.

5.2.2 Darstellung des Ablaufschemas

Finanzkrisen besitzen nach Kindleberger (1978, insbes. 15-20) einen *charakteristischen Verlauf*. Jede Phase einer Krise weist bestimmte, wiederkehrende Merkmale auf. In Anlehnung an Kindlebergers Darstellung lässt sich die idealtypische Finanzkrise in *sieben Phasen* einteilen.[1]

Eine Finanzkrise *beginnt* mit einem auslösenden Ereignis (displacement), infolgedessen sich die Wirtschaftsstruktur und die Möglichkeiten zur Gewinnerzielung (profit opportunities) verändern.

In der anschließenden *zweiten* Phase, der Boom-Frühphase, wachsen Geld- und Kreditangebot schnell, Bankkredite werden pauschal „instabil". Die Preise von Sachgütern und Wertpapieren steigen, weil hier eine erhöhte Nachfrage auf ein relativ unelastisches Angebot trifft. Es kommt zu Vermögenspreisinflation. Dabei sind bereits positive Rückkopplungen (positive feedback) und zusätzliche Markteintritte zu beobachten.

---

[1] Die Einteilung in sieben Phasen, die Phasenbezeichnungen in der zweiten Zeile der Abbildung und die genaue Zuordnung der einzelnen Merkmale (in den weiteren Zeilen) zu den einzelnen Phasen beruhen auf der Interpretation von Kindlerbergers Aussagen durch den Verfasser. Kindleberger selbst beschreibt den Krisenablauf mit Hilfe der englischen Ausdrücke, hier in der dritten Zeile.

Die *dritte* Phase, die Boom-Spätphase, zeichnet sich durch Euphorie (euphoria) von Seiten der Marktteilnehmer aus, die sich in übermäßiger Handelsaktivität (overtrading) niederschlägt. Letztere weist wiederum drei Merkmale auf. Erstens ist „reine Spekulation“ (pure speculation) zu beobachten, d.h. Käufe nur um des Wiederverkaufs willen. Zweitens überschätzen die Marktteilnehmer systematisch die erzielbaren Gewinne (overestimation of profits), und drittens wird beim Kauf von Vermögenswerten im Übermaß Fremdfinanzierung herangezogen (excessive gearing). Die Markteintritte nehmen weiter zu und umfassen nun auch Laien. In der Boom-Spätphase schlägt rationales in irrationales Verhalten um. Dies kennzeichnet den Beginn einer Manie (mania) bzw. Blase (bubble). Die Spekulation greift von den anfänglichen Objekten auf Scheinwerte (delusive objects) über. Durch den Markteintritt von Ausländern und entsprechende Kapitalströme breitet sich der Boom international aus (international propagation). Infolge des „spekulativen“ Booms steigen Zinssätze, Umlaufgeschwindigkeit und Preise an, sowohl Verbraucher- als auch Vermögenspreise.
Die *vierte* Phase, der Höhepunkt bzw. Wendepunkt, lässt sich als Zögern (hesitation) beschreiben. Dieses weist drei Merkmale auf. Insider beginnen aus dem Markt auszusteigen, die Preise und die Gesamtzahl der Marktteilnehmer stagnieren, da gleich viele Anleger eintreten wie austreten.
Die *fünfte* Phase bzw. Bust-Frühphase besteht im Auftreten einer allgemeinen „finanziellen Notlage“ (financial distress). Ein erheblicher Teil der Spekulanten entwickelt ein Problembewusstsein, es kommt daher zu einer schnellen Umschichtung von illiquiden in liquide Vermögenswerte wie Geld (rush for liquidity).
Die *sechste* Phase bzw. Bust-Spätphase bringt einen allgemeinen Umschwung (revulsion), die dem vorherigen Boom zugrundeliegenden Faktoren geraten in Misskredit (discredit). Infolgedessen gehen die Preise allgemein zurück, es kommt also zu Vermögenspreisdeflation. Die Insolvenzen nehmen zu. Dabei kann es entweder zu einer geregelten Liquidierung oder zu einer Panik (panic) kommen. Es besteht insbesondere die Möglichkeit einer selbstverstärkenden Panik. Mit der sechsten Phase beginnt die Krise im engeren Sinne, die sich durch Banken- oder Firmenpleiten, die Aufdeckung von Betrugsfällen und einen starker Preisrückgang des ursprünglichen Spekulationsobjekts auszeichnet.
Die idealtypische Finanzkrise (sowohl i.w.S. als auch i.e.S.) endet mit der *siebten* Phase, der Krisenbewältigung (crisis resolution). Dabei gibt es drei Möglichkeiten, die auch nebeneinander auftreten können. Erstens kann die Panik mit dem Wiedereintritt von Anlegern in den Markt enden, wenn Preise niedrig genug sind. Zweitens werden möglicherweise Handelsbeschränkungen oder Unterbrechungen verhängt, drittens kann ein Kreditgeber letzter Instanz (lender of last resort) stabilisierend eingreifen.

5.2.3 Zusammenfassung und Beurteilung

Eine zusammenfassende Übersicht über den Ablauf der idealtypischen Finanzkrise bietet die nachstehende Abbildung 5.1:

Abb. 5.1: Ablauf der idealtypischen Finanzkrise nach Kindleberger (1978)

I	II	III	IV	V	VI	VII
Beginn	**Boom-Frühphase**	**Boom-Spätphase**	**Höhepunkt**	**Bust-Frühphase**	**Bust-Spätphase**	**Ende**
„displacement“	***boom under way***	***„euphoria“ „overtrading“***	***Hesitation***	***„financial distress“***	***„revulsion“ „discredit“***	***crisis resolution***
Auslösendes Ereignis	***wirtschaftliche Belebung***	***Euphorie / übermäßige Handelsaktivität***	***Zögern***	***Finanzielle Notlage***	***Umschwung / Misskredit***	***Krisenbewältigung***
-	Anstieg des Vermögenspreisniveaus, steigende Anzahl Marktteilnehmer		Beides stagnierend	Rückgang des Vermögenspreisniveaus, abnehmende Anzahl Marktteilnehmer		-
Verbesserte Gewinnaussichten, Änderung der Wirtschaftsstruktur	Zunahme von Produktion und Investitionen, starkes Geldmengen- und Kreditwachstum	Markteintritte v.a. von Laien, Zunahme irrationalen Verhaltens, evtl. internat. Ausbreitung	Beginn der Marktaustritte von Insidern	Verstärkte Umschichtung in liquide Anlageformen (rush for liquidity)	Evtl. Kurszusammenbruch, Panik (crash / panic)	Evtl. Eingreifen eines Kreditgebers letzter Instanz (lender of last resort)

Die bildreiche Sprache Kindlebergers macht seine Darstellung der idealtypischen Finanzkrise zwar anschaulich, begrenzt aber durch ihre Mehrdeutigkeit ihren wissenschaftlichen Aussagewert. Die Darstellung ist in untrennbarer Weise *zugleich Beschreibung und Erklärung*. So ist beispielsweise unklar, ob Blasen als die Ursache von Finanzkrisen, als ein (notwendiges oder mögliches) Begleitphänomen oder als synonyme Bezeichnung für den gesamten dargestellten Ablauf anzusehen sind. Weder die Beschreibung noch die Erklärung lässt sich als je ein Satz abzählbarer, klar voneinander getrennter Aussagen darstellen. Bei der Beschreibung fällt die Trennung notwendiger von nicht-notwendigen Elementen schwer, bei der Erklärung die Angabe klarer Hypothesen. Kindleberger (1978) präsentiert in einer bildhaften Sprache eine Vielzahl von Begriffen bzw. Vorstellungen, die später von anderen Autoren zum Ausgangspunkt formaler Theorien gemacht wurden, wie z.B. „Herdenverhalten" und „spekulative Blasen". Weder lassen sich diese verschiedenen Theorien beliebig miteinander verbinden, noch werden die zugehörigen Begriffe von Kindleberger durchgängig in einer Weise verwendet, die mit der späteren Formalisierung vereinbar wäre. Dies gilt insbesondere für den Begriff der Blase.

Die *Mehrdeutigkeit* betrifft zum einen das Verhältnis zwischen den Begriffen bzw. Ereignissen der Blase und der (Finanz-) Krise, zum anderen die Frage, ob das Ablaufschema nur beschreibend oder auch erklärend zu interpretieren ist.

Die *Hauptursache* von Vermögenspreisblasen und Finanzkrisen ist nach Kindleberger vor allem das *temporär irrationale Verhalten* eines Großteils der Marktteilnehmer, das wiederum aus einer entsprechenden menschlichen Disposition und aus objektiven Faktoren entspringt. Damit lassen sich die Ursachen letztlich nicht auf wirtschaftspolitischem Wege abstellen.

Aus der Kindlebergerschen Darstellung der idealtypischen Finanzkrise ist *nicht ersichtlich*, worin die *notwendigen* Merkmale *und* worin nur begleitende bzw. *zufällige Merkmale* einer Finanzkrise bestehen. Daher bleibt auch *offen*, *woran und wie frühzeitig* (d.h. in welcher Phase) ein laufendes Ereignis zuverlässig als *eine Finanzkrise erkannt* werden kann. Die große Anzahl von Merkmalen bzw. Beobachtungen, die bei Kindleberger Erwähnung findet, macht einzelne Übereinstimmungen mit laufenden Ereignissen wahrscheinlich, ohne dass deshalb eine Finanzkrise vorliegen muss.

Weiterhin bleibt die genaue Abgrenzung der Ereignisse *„Blase" und „Krise"* und das Verhältnis beider zueinander unklar, wie Abb. 5.2 verdeutlicht. *Im weiteren Sinne* sind „Blasen" und „Krisen" bei Kindleberger dasselbe, nämlich das vollständige Ereignis mit allen seinen Phasen (I bis VII). *Im engeren Sinne* folgt die „Krise" auf die „Blase", und es handelt sich um voneinander getrennte Teilereignisse. Die „Blase" i.e.S. bezeichnet etwa die Phasen III bis VI, die „Krise" i.e.S. etwa die Phasen VI und VII.

Eine Blase bzw. Krise i.w.S. ist zudem gleichbedeutend mit einer *direkten Abfolge von Vermögenspreisinflation und –deflation.* Das gesamte Ereignis wird ebenfalls als „Boom-Bust-Zyklus" bezeichnet, wobei die Vermögenspreisinflation dem Boom und die Vermögenspreisdeflation dem Bust entspricht. Der Boom deckt etwa die Phasen I bis IV und der Bust die Phasen IV bis VII ab.

Nicht nur die *zeitliche* Abgrenzung der Teilereignisse, sondern auch deren *kausales* Verhältnis ist eine offene Frage. Wenn Vermögenspreisinflation (bzw. ein Boom) die anschließende Vermögenspreisdeflation (bzw. den Bust) verursacht, oder wenn eine Blase i.e.S. eine Krise i.e.S. verursacht, dann kommt es ohne das frühere nicht zu dem späteren Teilereignis.

Abb. 5.2: Krisen, Blasen und Boom-Bust-Zyklen in unterschiedlichen Bedeutungsumfängen

<table>
<tr><th colspan="7">Phasen der idealtypischen Finanzkrise nach Kindleberger</th></tr>
<tr><th>I</th><th>II</th><th>III</th><th>IV</th><th>V</th><th>VI</th><th>VII</th></tr>
<tr><td>Beginn</td><td>Boom-Früh-phase</td><td>Boom-Spät-phase</td><td>Höhe-punkt</td><td>Bust-Früh-phase</td><td>Bust-Spät-phase</td><td>Ende</td></tr>
<tr><td>„displace-ment“</td><td>boom under way</td><td>„euphoria“ „over-trading“</td><td>hesitation</td><td>„financial distress“</td><td>„revulsion“ „discredit“</td><td>crisis resolution</td></tr>
<tr><td colspan="2"></td><td colspan="4">Blase i.e.S.</td><td>Finanzkrise i.e.S., häufig auch Panik</td></tr>
<tr><td colspan="7">Blase i.w.S. = Finanzkrise i.w.S. = Boom-Bust-Zyklus</td></tr>
<tr><td colspan="3">Boom
[= Vermögenspreisinflation]</td><td colspan="4">Bust
[= Vermögenspreisdeflation]</td></tr>
<tr><td colspan="7">Andere Ereignisse bzw. Phasenabgrenzungen</td></tr>
</table>

Insgesamt liefert Kindleberger (1978) zwar eine facettenreiche *Beschreibung* eines bestimmten Typus von Finanzkrise, der von der Vermögenspreisentwicklung getrieben wird, aber er liefert *keine Theorie* zu ihrer Erklärung und genauen Erkennung. Man kann nach Kindleberger eine Finanzkrise so definieren, dass sie aus einer Abfolge aus Vermögenspreisinflation und –deflation besteht. Es bleibt dabei offen, ob Vermögenspreisinflation allein bereits ein hinreichendes Erkennungsmerkmal für eine solche Krise ist.

5.3 Kapitalmarkttheoretische Perspektive: Vermögenspreise als Gegenstand der Kapitalmarktforschung

Die Kapitalmarktforschung sucht unter anderem die Preisbildung auf den Finanzmärkten zu erklären. Dies schließt die Preisbildung bei den finanziellen Vermögenswerten mit ein. Die zugehörigen Theorien bzw. Erkenntnisse lassen sich teilweise auf die Märkte für Sachaktiva übertragen. Die Kapitalmarktforschung untersucht nicht die makroökonomischen Auswirkungen von Ereignissen an den Finanzmärkten. Sie leistet daher einen Erklärungsbeitrag nur zu Vermögenspreisinflation i.e.S.

Die *neueren Ansätze* zur Vermögenspreisbildung lassen sich grob in *drei Gruppen* einteilen. *Erstens* gibt es Theorien rationaler Blasen, die rationale Erwartungsbildung bzw. rationales Verhalten zugrunde legen. *Zweitens* gibt es Ansätze mit weniger als rationalem Verhalten wie Theorien von Fads, von irrationalen Blasen sowie „Noise trader"-Ansätze. Eine *dritte* Gruppe von Ansätzen erklärt Ineffizienzen nicht mit irrationalem Verhalten, sondern mit Informationsproblemen, d.h. mit unvollkommener oder heterogener Information.

5.3.1 Die Markteffizienzhypothese als Ausgangspunkt

Den neueren Ansätzen zur Vermögenspreisbildung ist gemeinsam, dass sie von der Markteffizienzhypothese (MEH; engl. *efficient markets hypothesis*, EMH) abweichen, indem ihre Annahmen oder Implikationen einzelnen oder mehreren Annahmen oder Implikationen der MEH widersprechen. Die MEH ist formaler Ausdruck der Meinung, dass sich Vermögenspreise auf Finanzmärkten entsprechend ihrer fundamentalen Bestimmungsfaktoren entwickeln. Diese Meinung war lange Zeit in der akademischen Sphäre allein vorherrschend. In der Gegenwart ist sie dort weiterhin verbreitet, die konkurrierenden Auffassungen werden aber nicht mehr nur von Außenseitern vertreten.

Die *Markteffizienzhypothese* besagt, dass alle preisrelevanten Informationen über die Dispositionen der rationalen, gewinnmaximierenden Marktteilnehmer in die tatsächlichen Marktpreise eingehen.[2]

Sie besitzt fünf wichtige *Implikationen*. (Vgl. hierzu und im Folgenden Kortian 1995.) *Erstens* geben die Marktpreise alle relevanten Informationen in vollem Umfang wieder. *Zweitens* ändern sich Marktpreise nur infolge des Eintreffens neuer relevanter Informationen. Umgekehrt sind alte, bereits bekannte Informationen nutzlos für die Prognose der künftigen Preisentwicklung. *Drittens* würde ein abweichendes Verhalten der Marktpreise den Marktteilnehmern leicht erkennbare und risikolose Möglichkeiten zur Gewinnerzielung eröffnen. *Viertens* wirkt die Spekulation rationaler Marktteilnehmer stets stabilisierend. Die Ausnützung der genannten Möglichkeiten zur Gewinnerzielung bringt den Marktpreis auf den Fundamentalwert zurück. *Fünftens* bringt abweichendes (destabilisierendes) Verhalten von (irrationalen) Marktteilnehmern diesen lediglich Verluste. Passen irrationale Marktteilnehmer bzw. destabilisierende Spekulanten ihr Verhalten nicht an, so scheiden sie aus dem Markt aus. Daher kann sich destabilisierendes und irrationales Verhalten nicht durchsetzen.

---

[2] Der Begriff der „effizienten Kapitalmärkte" geht auf Fama (1970) zurück. Dieser unterscheidet drei Formen von Markteffizienz, diese Unterscheidung wird aber für die weitere Argumentation nicht benötigt.

Viele an Finanzmärkten Tätige melden *Zweifel an der Gültigkeit der MEH* an, insbesondere weil die zweite und die vierte Implikation oftmals praktischer Erfahrung widerspricht. Zu verstärkten Zweifeln an der MEH aus akademischer Sicht tragen eine Reihe von Beobachtungen bei, die empirisch zugänglich sind. Bestimmte *Verhaltensweisen und Ereignisse* scheinen mit der MEH bzw. mit ihren Implikationen unvereinbar zu sein. (Vgl. Kortian 1995, 3.)

Bei den *Verhaltensweisen* sind insbesondere Chartanalyse und technische Analyse, die Verwendung von „stop-loss orders" und die Strategie der „portfolio insurance" zu nennen. Alle diese Verhaltensweisen sind weit verbreitet. *Chartanalyse* und *technische Analyse* beruhen auf der Auswertung vergangener Marktdaten und somit auf öffentlicher Information. Dies dürfte laut MEH keine Möglichkeiten zur Gewinnerzielung eröffnen und widerspricht der zweiten Implikation. *Stop-loss orders* (etwa: „Aufträge zur Verlustvermeidung") sind bedingte Verkaufsaufträge, die dann auszuführen sind, wenn ein Vermögenspreis um einen bestimmten Betrag gefallen ist. Dabei werden bestimmen vergangene Preisbewegungen das gegenwärtige Verhalten eines Anlegers, und dies in einer destabilisierenden Weise. Somit verstoßen sie gegen die vierte Implikation der MEH. Dies gilt auch für *portfolio insurance* (etwa: „Portfolioversicherung") als einer Absicherungsstrategie, die ebenfalls Verkäufe in fallende Märkte und somit destabilisierendes Verhalten impliziert. Wenn die beschriebenen Verhaltensweisen einen *erheblichen und anhaltenden* Einfluss auf die Vermögenspreisentwicklung besitzen, so scheint die MEH nicht zu gelten.

Bei den *Ereignissen*, die einer allgemeinen Gültigkeit der MEH unvereinbar erscheinen, sind viele der spektakulären Fälle von Vermögenspreisdeflation zu nennen, der sich eine eigene wirtschaftsgeschichtliche Literatur angenommen hat. Als Beispiel für eine ältere Finanzkrise ist die „Tulpenmanie" im 17. Jh. in den Niederlanden zu nennen, als Beispiele für neuere Fälle von Vermögenspreisdeflation die Aktienkursrückgänge der Jahre 1987 und 2000. Insbesondere im Fall von 1987 scheint die EMH zu versagen, da an dem betreffenden Tag offenbar keine neuen Informationen eingetroffen sind, die derart starke Vermögenspreisrückgänge zu erklären vermögen. (Vgl. Kortian 1995, 5.)

Die eingangs genannten neueren Ansätze in der Kapitalmarktforschung stellen Versuche dar, auch einzelne oder mehrere derjenigen Phänomene zu erklären, die zur MEH im Widerspruch stehen.

5.3.2 Die Theorie „rationaler Blasen"

5.3.2.1 Grundlagen

Theorien rationaler Blasen versuchen zu zeigen, dass auch bei rationaler Erwartungsbildung und rationalem Verhalten der Marktteilnehmer ein Vermögenspreis anhaltend von seinem Fundamentalwert abweichen kann.

Rationale Erwartungsbildung bedeutet, dass die folgende Kombination von Bedingungen gegeben sein muss. Erstens müssen Erwartungen als mathematische

Erwartungswerte auf Grundlage aller zum jeweiligen Zeitpunkt verfügbaren Informationen getroffen werden. Zweitens verfügen alle Akteure zu einem beliebigen Zeitpunkt über dieselbe Informationsmenge. Drittens kennen und verwenden alle Akteure dasselbe Modell einschließlich der zugehörigen Parameterwerte. (Vgl. Kortian 1995, 8.)
Die Möglichkeit rationaler Blasen ergibt sich aus einer charakteristischen *Unbestimmtheit* dynamischer Modelle der Vermögenspreisbildung. In Modellen, in welchen der Gegenwartspreis eines Aktivums von den erwarteten künftigen Preisänderungen abhängt, sind in jeder Periode *zwei endogene Variablen* zu bestimmen (der gleichgewichtige Gegenwartspreis und seine erwartete Änderungsrate), wofür aber nur *eine Gleichung* zur Verfügung steht, die zugleich rationale Erwartungen und ein Marktgleichgewicht beschreiben soll. Diese Unbestimmtheit bewirkt, dass es nun nicht nur einen, sondern *unendlich viele gleichgewichtige Preispfade* als Lösungen des Modells gibt. Nur einer dieser Preispfade entspricht dem Fundamentalwert des Aktivums, alle anderen enthalten einen Blasenterm.
Existiert erst einmal ein positiver Blasenterm, so ist bei einer rationalen Blase mit *explosivem Wachstum* zu rechnen, d.h. der Marktpreis entfernt sich mit zunehmender Geschwindigkeit vom Fundamentalwert.[3] Das Wachstum einer rationalen Blase ist Ausdruck willkürlicher, (sich) *selbst erfüllender Erwartungen* bezüglich künftiger (weiterer) Vermögenspreisanstiege und somit Kursgewinne.

5.3.2.2 Herleitung der Grundform einer „rationalen Blase"
Diese Überlegungen lassen sich formal am Beispiel des *Dividendenbarwertmodells* mit konstanter Diskontrate / konstantem Zinssatz *r* veranschaulichen. (Vgl. Flood / Hodrick 1990, 88f, und Gürkaynak 2005, 3ff.) Das Dividendenbarwertmodell dient also als Ausgangspunkt für die Herleitung der Theorie der rationalen Blasen. Die für das Modell zentrale Dividendenbarwertgleichung ist wiederum aus der folgenden *Nutzenfunktion* herzuleiten:

$$\max E_t\left[\sum_{i=o}^{\infty}\beta^i \cdot u(c_{t+i})\right]$$

$$u.d.N.: c_{t+i} = y_{t+i} + (q_{t+i} + d_{t+i})\cdot x_{t+i} - q_{t+i}\cdot x_{t+i+1}$$

Dabei ist β der Diskontfaktor, *u(.)* der Nutzen, *c* der Konsum, y_t die Ausstattung in der Periode *t* (endowment), d_{t+1} die Dividendenzahlung bei Halten der Aktie zwischen *t* und *t+1* bzw. im weiteren Sinne die aus dem Halten eines Aktivums erwachsende Leistung, q_{t+1} der Preis der Aktivums nach Dividendenzahlung in *t+1*, und x_{t+1} die zwischen *t* und *t+1* gehaltene Menge des Aktivums.
Die *Bedingung erster Ordnung* für Nutzenmaximierung lautet:

---

[3] Nicht-explosive Unbestimmtheiten in Modellen rationaler Erwartungen werden „*Sunspots*" genannt. (Vgl. Flood/Hodrick 1990, 87.)

$$E_t\left[\beta\cdot\frac{\partial u}{\partial c_{t+i}}\cdot(q_{t+i}+d_{t+i})\right]=E_t\left[\frac{\partial u}{\partial c_{t+i-1}}\cdot q_{t+i-1}\right]$$

Es wird nun eine *lineare* Beziehung zwischen (Erwartungs-) Nutzen und Konsum angenommen. Daraus folgt ein konstanter Grenznutzen und die Risikoneutralität der Akteure:

$$\frac{\partial u}{\partial c_{t+i}}=\frac{\partial u}{\partial c_{t+i-1}}$$

Die Bedingung erster Ordnung vereinfacht sich dann zu:

$$\beta\cdot E_t(q_{t+i}+d_{t+i})=E_t(q_{t+i-1})$$

Annahme einer *risikolosen Anlagealternative* in Form einer risikolosen Schuldverschreibung mit im Zeitablauf konstantem Zinssatz r, keine Arbitragemöglichkeit:

$$\beta=\left(\frac{1}{1+r}\right)$$

Die Bedingung für die *Nichtexistenz von Arbitragemöglichkeiten* lautet dann:

$$E_t(q_{t+i-1})=\left(\frac{1}{1+r}\right)\cdot E_t(d_{t+i}+q_{t+i})$$

Für die Gegenwart (*i = 1*) erhält man die anschaulich interpretierbare *Dividendenbarwertgleichung als rekursive Vorschrift*. Der Preis eines Aktivums in einer Periode t gleicht dem abdiskontierten Erwartungswert sowohl des Wiederverkaufspreises der Folgeperiode t+1 als auch der Dividendenzahlung für das Halten des Aktivums in der Zwischenzeit:

$$q_t=\frac{E_t(d_{t+1}+q_{t+1})}{(1+r)}$$

Die Gleichung kann analog für die Folgeperiode aufgestellt und für den Erwartungswert des Preises in (t+1) *rekursiv eingesetzt* werden:

$$q_t=\frac{E_t\left[d_{t+1}+E_{t+1}\left(\frac{d_{t+2}+q_{t+2}}{1+r}\right)\right]}{(1+r)}$$

Hierbei ermöglicht das *Gesetz der iterativen Erwartungsbildung* (*Law of iterated expectations*) die Angabe der dergestalt verketteten Erwartungswerte als einfache Erwartungswerte, bezogen auf den jeweils früheren Zeitpunkt:

$$E_t[E_{t+1}(d_{t+2}+q_{t+2})]=E_t(d_{t+2}+q_{t+2})$$

Bei Verwendung dieses Gesetzes und insgesamt (*n-1*)-fachem iterativen Einsetzens erhält man:

$$q_t=\left(\frac{1}{1+r}\right)\cdot E_t(d_{t+1})+\left(\frac{1}{1+r}\right)^2\cdot E_t(d_{t+2})+\ldots+\left(\frac{1}{1+r}\right)^n\cdot E_t(d_{t+n})+\left(\frac{1}{1+r}\right)^n\cdot E_t(q_{t+n})$$

Unendlich häufiges Wiederholen liefert:

$$q_t=\sum_{i=1}^{\infty}\left(\frac{1}{1+r}\right)^i\cdot E_t(d_{t+i})+\lim_{i\to\infty}\left(\frac{1}{1+r}\right)^i\cdot E_t(q_{t+i})$$

Der Grenzwert in dieser Gleichung (der zweite Summand auf der rechten Seite) kann grundsätzlich nicht nur einen Wert, sondern beliebige Werte annehmen. Diese Gleichung liefert für eine gegebene Abfolge von Dividendenzahlungen also nicht nur einen aktuellen Preis q_t, sondern beliebig viele. Dies ist die oben erwähnte Unbestimmtheit, die zentral für die Frage der theoretischen Existenz rationaler Blasen ist. Man *definiert* nun den ersten Summanden auf der rechten Seite als den *Fundamentalwert* eines Aktivums:

$$q_t^f\equiv\sum_{i=1}^{\infty}\left(\frac{1}{1+r}\right)^i\cdot E_t(d_{t+i})$$

Dieser Fundamentalwert konvergiert mit fortschreitendem Zeithorizont, d.h. für $i\to\infty$, gegen einen endlichen Wert, wenn die Gegenwartswerte der Dividendenzahlungen der einzelnen Perioden im Zeitablauf abnehmen. Anders ausgedrückt, müssen die erwarteten Dividenden mit einer geringeren Rate als r wachsen, damit der Fundamentalwert nicht explodiert.

Weiterhin *definiert* man eine *Blase* als Abweichung des Markpreises vom Fundamentalwert:

$$B_t\equiv q_t-q_t^f\Rightarrow q_t=q_t^f+B_t=q_t^f+\lim_{i\to\infty}\left(\frac{1}{1+r}\right)^i\cdot E_t(q_{t+i})$$

Es gibt keine Blase, bzw. der Fundamentalwert ist gleich dem Marktpreis, wenn zusätzlich die *Transversalitätsbedingung* angenommen wird:

$$\lim_{i\to\infty}\left(\frac{1}{1+r}\right)^i\cdot E_t(q_{t+i})=0\Rightarrow q_t=q_t^f;B_t=0$$

Nehmen wir dies nicht an, so gibt es unendlich viele Lösungen für den gleichgewichtigen Marktpreis, und zwar je eine für jeden beliebigen Wert des Blasenterms B_t. Der Gegenwartswert der Blase gleicht ihrem erwarteten Gegenwartswert in der Folgeperiode bzw. in allen späteren Perioden ihrer Existenz. Die *erwartete Entwicklung einer rationalen Blase* folgt also nachstehender Vorschrift:

$$B_t = \frac{E_t(B_{t+1})}{(1+r)}$$

Die tatsächliche Entwicklung einer rationalen Blase kann sich von der erwarteten Entwicklung unterscheiden, bzw. es kann zu *Erwartungsirrtümern* b_{t+1} kommen:

$$b_{t+1} \equiv B_{t+1} - E_t(B_{t+1}); \quad E_t(b_{t+1}) = 0$$

Dann gilt für die *tatsächliche Entwicklung einer rationalen Blase*:

$$B_{t+1} = B_t \cdot (1+r) + b_{t+1}$$

Dieses Modell einer rationalen Blase sowie das Dividendenbarwertmodell in der zuvor präsentierten Form gelten unter dem Satz von Bedingungen, der in der nachstehenden Tabelle 5.3 dargestellt wird (vgl. Gürkaynak 2005, 5f):

Tab. 5.3: Bedingungen für die Gültigkeit des Modells einer rationalen Blase (RB) und des Dividendenbarwertmodells (DBWM)

Nr.	**Bedingung**	**Implikation**
1	Keine Informationsasymmetrien	Keine uninformierten Marktteilnehmer
2	Risikoneutralität des repräsentativen Verbrauchers / Haushalts	Weder konstante noch im Zeitablauf variierende Risikoprämien
3	Konstante Diskontrate	.
4	Transversalitätsbedingung nicht erfüllt (RB) / erfüllt (DBWM)	RB: „Blase“, DBWM: „keine Blase“
5	Zusatzbedingung nur bei ökonometrischen Blasentests: Konstanz des Prozesses, der die Dividenden erzeugt	Kein Strukturbruch bei den Dividenden

5.3.2.3 Einfache Spezifikationen des Blasenprozesses

Mit der Möglichkeit von Erwartungsirrtümern ist bereits angesprochen, dass die Entwicklung von Blasen im Zeitablauf für die Marktteilnehmer üblicherweise mit Unsicherheit verbunden ist. Grundsätzlich kann der Blasenprozess *deterministisch oder stochastisch* gedacht und modelliert werden.

Ausgangspunkt ist zunächst der weniger realistische Fall einer *deterministischen rationalen Blase*. Für die gegenwärtige Periode t (bzw. für i = 0) und alle künftigen Perioden (bzw. i = 1, …, ∞) gilt dann:

$$B_{t+i} = B_t \cdot (1+r)^i; \quad b_{t+i} = 0$$

Eine solche Blase besteht, wenn sie zu Beginn existiert hat, ewig, da sie nie platzt. Für den plausibleren Fall stochastischer Blasen ist ein *stochastischer Prozess* zu spezifizieren, der das Verhalten des Blasenterms festlegt. (Vgl. Kortian1995, 11.)

Der einfachste Fall einer stochastischen Blase besteht, wenn man annimmt, dass die Blase mit einer *konstanten* Wahrscheinlichkeit π periodenweise fortbesteht bzw. „überlebt“, und dass sie anderenfalls platzt, wobei sie auf Null zurückgeht:

$$B_{t+1} = \begin{cases} \left(\frac{1+r}{\pi}\right) \cdot B_t & mit\ Wk.\ \pi \\ 0 & mit\ Wk.\ (1-\pi) \end{cases}$$

Der Erwartungswert der Blase lautet dann:

$$E_t(B_{t+1}) = \pi \cdot \left(\frac{1+r}{\pi}\right) \cdot B_t + (1-\pi) \cdot 0 = (1+r) \cdot B_t$$

Wenn eine einmal geplatzte Blase sich nicht neu bilden kann, gilt für die erwartete Blasenentwicklung über mehrere Perioden:

$$B_{t+i} = \begin{cases} \left(\frac{1+r}{\pi}\right)^i \cdot B_t & mit\ Wk.\ \pi^i \\ 0 & mit\ Wk.\ (1-\pi^i) \end{cases}$$

Je geringer die Überlebenswahrscheinlichkeit π, desto schneller wächst eine fortbestehende Blase tatsächlich. Anders ausgedrückt, wird eine Blase von rationalen Marktteilnehmern nur dann aufrechterhalten, wenn dem Verlustrisiko eine entsprechende Gewinnchance gegenüber steht. Je höher die Verlustwahrscheinlichkeit, desto höher die erforderliche erwartete Kompensation für das fortgesetzte Halten des Aktivums.

Dieses Blasenmodell kann nun *erweitert* werden, indem man die Annahme der Konstanz der Überlebenswahrscheinlichkeit aufhebt und diese stattdessen durch eine Funktion bestimmt. Eine *variable* periodenweise Überlebenswahrscheinlichkeit lässt sich etwa in negativer Abhängigkeit von der Lebensdauer der Blase (oder von der Größe der Blase, was beim gewählten Beispiel gleichbedeutend wäre) darstellen. Durch derartige Annahmen lässt sich ein bestimmtes Verhalten der Blase mathematisch nachbilden, ohne dass sich die konkrete Form der mathematischen Vorschrift theoretisch begründen ließe. Ein einfacher Blasenprozess, bei dem die *Blase umso wahrscheinlicher platzt, je länger sie bereits existiert*, lässt sich wie folgt darstellen:

$$B_{t+i} = \begin{cases} B_t \cdot (1+r)^i \cdot \prod_{j=0}^{i} \left(\dfrac{1}{\pi_{t+j}} \right) & mit\ Wk.\ \prod_{j=0}^{i} \pi_{t+j} \\ 0 & mit\ Wk. \left(1 - \prod_{j=0}^{i} \pi_{t+j} \right) \end{cases}$$

Dabei wird die periodenweise Überlebenswahrscheinlichkeit π_{t+j} etwa durch folgende Funktion bestimmt:

$$\pi_{t+j} = (\bar{\pi})^j; \quad 0 < \bar{\pi} < 1; \quad \bar{\pi}\ const.$$

Für die kumulierte Überlebenswahrscheinlichkeit folgt daraus:

$$\prod_{j=0}^{i} \pi_{t+j} = \bar{\pi}^0 \cdot \bar{\pi}^1 \cdot \ldots \cdot \bar{\pi}^i = \bar{\pi}^{[(0,5) \cdot i \cdot (i+1)]}$$

Unter der Bedingung, dass die Blase in $(t+i)$ noch existiert, ist sie um den folgenden Faktor gewachsen:

$$\frac{B_{t+i}}{B_t} = (1+r)^i \cdot \prod_{j=0}^{i} \left(\frac{1}{\pi_{t+j}} \right) = \frac{(1+r)^i}{\bar{\pi}^{[(0,5) \cdot i \cdot (i+1)]}}$$

Die Auswirkung des Übergangs von einer konstanten zu einer absinkenden periodenweisen Überlebenswahrscheinlichkeit (KPÜW bzw. APÜW) wird anhand der Beispielrechnung in Tab. 5.4 verdeutlicht, wobei der Anfangswert für den Zeitraum von t bis t+1 in beiden Fällen 80% und der Zinssatz bzw. die Diskontrate stets 4% betragen. Eine in der Anfangsperiode existierende Blase platzt also mit einer Wahrscheinlichkeit von 20% bis zur Folgeperiode.

Die *periodenweise* Überlebenswahrscheinlichkeit entspricht der *bedingten* Wahrscheinlichkeit, dass die Blase zu Beginn der Folgeperiode (Zeitpunkt *t+j-1*) weiter besteht, wenn sie zu Beginn einer gegebenen Periode (Zeitpunkt *t+j*) noch bestanden hat. Die *kumulierte* Überlebenswahrscheinlichkeit ist die *unbedingte* Wahrscheinlichkeit, dass die Blase, deren Existenz annahmegemäß in der Ausgangssituation (Zeitpunkt *t*) begonnen hat, zu Beginn einer gegebenen Periode (Zeitpunkt *t+j*) noch besteht.

Bei *konstanter* periodenweiser Überlebenswahrscheinlichkeit von 80% besteht die Blase nach fünf Perioden noch mit einer Wahrscheinlichkeit von 32,8%, eine dann noch bestehende Blase ist dann auf das über 3,7-fache ihrer ursprünglichen Größe angewachsen.

Tab. 5.4: Rationale Blasen mit konstanter und mit abnehmender periodenweiser Überlebenswahrscheinlichkeit (Beispielrechnung)

		Zins-faktor	**Blase mit *konstanter* periodenweiser ÜW**			**Blase mit *abnehmender* periodenweiser ÜW**		
[*j*]	[*t+j*]	$[(1+r)^j]$	Per. ÜW [*t+j-1* bis *t+j*]	Kum. ÜW [*t* bis *t+j*]	Relative Größe* $[B_{t+j}/B_t]$	Per. ÜW [*t+j-1* bis *t+j*]	Kum. ÜW [*t* bis *t+j*]	Relative Größe* $[B_{t+j}/B_t]$
0	[t]	1,000	1,000	1,000	1,000	1,000	1,000	1,000
1	[t+1]	1,040	0,800	0,800	1,300	0,800	0,800	1,300
2	[t+2]	1,082	0,800	0,640	1,690	0,640	0,512	2,113
3	[t+3]	1,125	0,800	0,512	2,197	0,512	0,262	4,291
4	[t+4]	1,170	0,800	0,410	2,856	0,410	0,107	10,895
5	[t+5]	1,217	0,800	0,328	3,713	0,328	0,035	34,579

(*): relative Größe der Blase gegenüber Ausgangssituation (t) im Falle ihres Fortbestandes (in t+j).
Unterstrichen sind die kumulativen Überlebenswahrscheinlichkeiten (und die zugehörige relative Blasengröße) in denjenigen Perioden, in welchen deren Werte letztmalig über 0,5 liegen.[4]

Bei *absinkender* periodenweiser Überlebenswahrscheinlichkeit geht diese von 80% für die erste auf 32,8% für die fünfte Periode zurück. Die Blase besteht dann noch mit einer Wahrscheinlichkeit von 3,5%, eine dann noch bestehende Blase besäße dann schon die 34,6-fache Größe der Ausgangssituation.
Da die hier gewählte Funktion für die absinkende periodenweise Überlebenswahrscheinlichkeit der Blase nicht von der Höhe des Zinses bzw. der Diskontrate abhängt, bewirken *Variationen des Zinses* lediglich Änderungen der relativen *Blasengröße*, nicht der periodenweisen oder kumulierten Überlebenswahrscheinlichkeiten, somit auch *nicht* der *zu erwartenden Lebensdauer* einer Blase.
Rationale Blasen weisen ein *explosives Wachstum* auf. Dies gilt für deterministische und für stochastische rationale Blasen, und innerhalb der stochastischen sowohl für diejenigen mit konstanter als auch für diejenige mit zeitabhängiger bzw. variabler periodenweiser Überlebenswahrscheinlichkeit. Im Fall einer negativ zeitabhängigen Wahrscheinlichkeit ist das Platzen der Blase c.p. früher zu erwarten als bei einer konstanten bzw. zeitunabhängigen Wahrscheinlichkeit, wobei eine dennoch weiter bestehende Blase umso stärker wachsen muss, damit die Beteiligung an ihr für die Marktteilnehmer rational bleibt. Die kumulierte Überlebenswahrscheinlichkeit der Blase (d.h. die unbedingte Ex-ante-Wahrscheinlichkeit ihres Fortbestehens) und die Blasengröße unter der Bedin-

[4] Dies bezeichnet die in der Ausgangssituation (Zeitpunkt t) zu erwartende Lebensdauer der Blase. – Beispiel: Vom Blasenbeginn an gesehen, ist das Bestehen einer Blase mit konstanter PÜW (von 80%) zum Zeitpunkt [t+3] letztmalig wahrscheinlicher als ihre Nichtexistenz. Zu diesem Zeitpunkt ist sie etwa auf das 2,2-fache ihrer ursprünglichen Größe angewachsen.

gung dieses Fortbestehens entwickeln sich gegenläufig. Diese Aussage ist, wie im übrigen die gesamte Theorie rationaler Blasen, *weniger* ein Versuch, das Verhalten historischer Blasen idealtypisch zu *beschreiben, als vielmehr* eine *Bedingung* zu benennen, unter der die bewusste Teilnahme an Blasen mit *rationaler Erwartungsbildung* vereinbar bleibt. Die Spezifikation des genauen stochastischen Prozesses innerhalb eines Blasenmodells ist willkürlich. Ob sich in konkreten Zeitreihen von Vermögenspreisen dergestalt definierte „rationale Blasen" nachweisen lassen, ist anschließend empirisch zu überprüfen. *Ökonometrische Tests*[5] haben bislang *keinen Beleg* für eine Existenz „rationaler Blasen" im Sinne der dargestellten Theorie geliefert.[6]

5.3.3 Die Theorie „intrinsischer Blasen"

Eine andere Form von Blase, die ebenfalls mit Rationalität der Marktteilnehmer bzw. mit rationaler Erwartungsbildung vereinbar ist, beschreibt die Theorie „intrinsischer Blasen" nach Froot / Obstfeld (1991). Der Blasenprozess ist eine deterministische nicht-lineare Funktion der Fundamentalfaktoren. Die Blase wird demnach vollständig von den Fundamentalfaktoren bestimmt, aber in einer nicht-linearen Weise. (Vgl. Kortian 1995, 13.)

Der tatsächliche *Aktienkurs* bzw. Marktpreis der Aktie lautet als rekursive Vorschrift (siehe hierzu und im Folgenden Gürkaynak 2005, 24):[7]

$$q_t = \left(\frac{1}{1+r}\right) \cdot E_t\left[d_t + q_{t+1}\right]$$

Der *Fundamentalwert* lautet:

$$q_t^f = \sum_{i=1}^{\infty} \left(\frac{1}{1+r}\right)^i \cdot E_t\left[d_{t+i}\right]$$

Eine intrinsische *Blase* entwickelt sich gemäß folgender rekursiver Vorschrift:

$$B_t = \left(\frac{1}{1+r}\right) \cdot E_t\left[B_{t+1}\right]$$

---

5 *Ökonometrische Tests auf „rationale Blasen"* sind u.a. der „variance bounds"-Test, der zweistufige West-Test und der Integrations-Kointegrations-Test. (Zur Vorgehensweise und weiterführender Literatur vgl. Gürkaynak 2005, 7ff.)

6 Daraus kann *weder* auf die Irrationalität der Erwartungsbildung bzw. des Verhaltens der Marktteilnehmer *noch* auf die allgemeine Nichtexistenz von Blasen geschlossen werden. Auch sind die dargestellten „rationalen Blasen" nicht die einzige Form von Blase, die mit Rationalität vereinbar ist. Eine weiterführende Literatur hat die Frage der Rationalität „rationaler Blasen" aufgegriffen und Bedingungen ermittelt, unter denen eine „rationale Blase" bei rationalen Erwartungen nicht entstehen und daher nicht existieren kann. (Vgl. Kortian 1995, 12f, und die dort angegebene Literatur.)

7 Die *Notation* wurde an diejenige des Abschnitts über „rationale Blasen" angepasst.

Der *Dividendenprozess* wird hier explizit modelliert. Es wird angenommen, dass die logarithmierten Dividenden einen „random walk with drift“ folgen:

$$\ln d_t = \mu + \ln d_{t-1} + \xi_t \; ; \quad \xi_t \sim N(0, \sigma^2)$$

Der *Blasenprozess* einer intrinsischen Blase folgt dann folgender Vorschrift (Gürkaynak 2005, 24; Froot / Obstfeld 1991, 1192):

$$B_t = B(d_t) = c \cdot d_t^{\lambda} \; ; \quad c\ const.; c > 0$$

Die Variable λ ist die größere der beiden Lösungen („positive root“)der folgenden quadratischen Gleichung:

$$\lambda^2 \cdot \sigma^2 / 2 + \lambda \cdot \mu - \ln(1+r) = 0$$

Die entsprechende Lösung für λ lautet:

$$\lambda = -(\mu / \sigma^2) + (1/\sigma) \cdot \sqrt{(\mu/\sigma)^2 + 2 \cdot \ln(1+r)}$$

Aus der Vorschrift für den *Blasenprozess* ist unmittelbar ersichtlich, dass dieser *vollständig vom Niveau der Dividenden abhängt.*
Nimmt man an, dass d_t zu Periodenbeginn bekannt ist, und lässt man in der Fundamentalwertgleichung $i \to \infty$ konvergieren, so erhält man unter Berücksichtigung der Eigenschaften des Dividendenprozesses folgendes Ergebnis (G2005, 25):

$$q_t^f = \kappa \cdot d_t \Leftrightarrow q_t^f / d_t = \kappa \; ; \quad \kappa = \left[e^{(\mu + \sigma^2/2 - \ln(1+r))} \right] / \left[(1+r) - e^{(\mu + \sigma^2/2)} \right]$$

Dies bedeutet, dass der Fundamentalwert eine *lineare* Funktion der Dividenden ist. Gibt es keine intrinsische Blase, stimmt also der Marktpreis mit dem Fundamentalwert überein, so hängt der Marktpreis in linearer Weise von den Dividenden ab. Existiert hingegen eine intrinsische Blase im Aktienkurs, so wird die Beziehung zwischen Marktpreis und Dividenden *nicht-linear*. Das Kurs-Dividenden-Verhältnis (price dividend ratio) lautet dann:

$$q_t / d_t = \kappa + c \cdot d_t^{\lambda - 1} + \iota_t$$

Der letzte Summand auf der rechten Seite der Gleichung, ι_t, ist ein Störterm.
Der *Aktienkurs* hängt also bei Existenz einer Blase linear und bei Nichtexistenz nicht-linear von den *Dividenden* ab. Diesen Unterschied nutzen Froot / Obstfeld (1991) für ihren ökonometrischen Blasentest. Sie untersuchen anhand einer Regression, ob die Dividenden oder eine Konstante das Dividenden-Kurs-Verhältnis erklären. Im Fall der Dividenden liegt ein nicht-lineares Verhältnis zwischen Dividenden und Kurs vor, was als Anzeichen für die Existenz einer intrinsischen Blase interpretiert wird. Im Fall der Konstanten liegt ein lineares Verhältnis und somit ein Anzeichen für die Nichtexistenz einer Blase vor. Die Berechnungen

von Froot / Obstfeld (1991) ergeben den ersten Fall. Auf das Vorliegen einer Blase kann aber nur unter der restriktiven Annahme erkannt werden, dass das Fundamentalwertmodell mit seinem linearen Verhältnis zwischen Dividenden und Aktienkursen wahr ist. Ein weiterer ökonometrischer Test für die Theorie „intrinsischer Blasen" stammt von Driffill / Sola (1998). Die weitere Diskussion in der Literatur kann so zusammengefasst werden, dass auch die Tests für „intrinsische Blasen" *keinen überzeugenden Beleg für die Existenz von Blasen dieser Spezifikation* erbracht haben. (Vgl. Gürkaynak 2005, 25f.)
Unabhängig von diesen empirischen Fragen besitzen „*intrinsische Blasen*" in theoretischer Hinsicht einige *Eigenschaften*, die sie von „rationalen Blasen" unterscheiden. (Vgl. hierzu K1995, 13f.) Erstens können sie lange bestehen, da sie nicht explosiv wachsen. Sie wachsen oder schrumpfen genau dann, wenn sich die Fundamentalfaktoren ändern. In einem Umfeld stabiler Fundamentalfaktoren bleibt die Blasengröße also unverändert. Wenn die Fundamentalfaktoren sich aber ändern, können „intrinsische Blasen" darauf zweitens überreagieren, was hier anhand der nicht-linearen Reaktion blasenbehafteter Aktienkurse auf veränderte Dividenden gezeigt wurde. Drittens können „intrinsische Blasen" platzen und anschließend von neuem entstehen, bzw. der Vermögenspreis kann jederzeit zu seinem Fundamentalwert zurückkehren oder sich von diesem entfernen.

5.3.4 Zusammenfassung und Interpretation in Bezug auf Vermögenspreisinflation

Die *Kapitalmarkttheorie* ist eine eigenständige ökonomische Teildisziplin, die sich unter anderem mit der Erklärung von Aktienkursen und von anderen Vermögenswerten beschäftigt. Sie liefert bislang weder ein allgemein akzeptiertes *Fundamentalwertmodell* noch ein empirisch relevantes *Blasenmodell* für Aktienkurse bzw. für den Aktienmarkt. Die vorhandenen Blasenmodelle wurden entwickelt, um als offensichtlich geltende Anomalien auf Finanzmärkten einer empirisch überprüfbare Weise zu erklären. Die entsprechenden Blasentests haben aber bislang keinen Beleg für die Existenz von Blasen (in der jeweiligen theoretischen Formulierung) geliefert. Trotz ihrer geringen empirischen Relevanz stellen die Theorien „rationaler Blasen" und „intrinsischer Blasen" interessante theoretische Bemühungen dar, die Existenz von Blasen mit der Annahme rationaler Erwartungsbildung vereinbar zu machen. Die Kapitalmarkttheorie hält für die *Erklärung von Anomalien*, die der Markteffizienzhypothese zu widersprechen scheinen, neben den Blasentheorien *weitere Ansätze* parat, die an dieser Stelle nicht behandelt werden können.
Die *Hauptaussagen* der drei zuvor dargestellten Ansätze und ihre Implikationen in Bezug auf Vermögenspreisinflation lauten wie folgt.
Laut *Markteffizienzhypothese* sind die Märkte für finanzielle Vermögenswerte perfekte Informationsverarbeiter. Da Blasen mit Markteffizienz nicht vereinbar sind, kann bei Annahme effizienter Märkte Vermögenspreisinflation nur als

Wachstumsrate oder Lücke definiert werden, und sie erscheint als das Ergebnis übermäßig volatiler Fundamentalfaktoren. Wirtschaftspolitisch gilt es demnach, derartige Volatilität zu vermeiden.

Laut beider dargestellter *Blasentheorien* sind Blasen Anomalien der Preisbildung auf den Märkten für Finanzaktiva, die trotz rationaler Erwartungen bzw. rationalen Anlegerverhaltens bestehen können. Nach der *Theorie „rationaler Blasen"* sind es weiter steigende Gewinnaussichten, welche die Anleger trotz Blase zum Ausharren im Markt veranlassen. Eine solche „rationale Blase" weist notwendigerweise ein explosives Wachstum auf. Nach der *Theorie „intrinsischer Blasen"* können Blasen vollständig durch Änderungen der Fundamentalfaktoren getrieben werden, wenn diese in nicht-linearer Weise die Marktpreise beeinflussen. Eine solche „intrinsische Blase" kann daher wachsen, verschwinden und wiederentstehen, ist also in ihrem möglichen Verhalten im Zeitablauf weniger beschränkt als eine „rationale Blase".

Die Blasentheorien legen eine Definition von Vermögenspreisinflation als Blase nahe. Blasen sind eine Residualerklärung für denjenigen Rest der Preisentwicklung, der nicht mit dem als wahr angenommenen Fundamentalwertmodell erklärt werden kann. Die wirtschaftspolitische Implikation der Theorie der „rationalen Blasen" besteht zunächst nur darin, dass die Beobachtung von Anomalien wie Blasen nicht notwendigerweise mit irrationalem Verhalten der Anleger erklärt werden muss. Die Theorie „intrinsischer Blasen" impliziert, ähnlich wie die Markteffizienzhypothese, dass die Wirtschaftspolitik nicht unnötig zur Volatilität der Fundamentalfaktoren beitragen sollte.

Versuche, *kapitalmarkttheoretische Modelle in allgemeine makroökonomische Modelle „einzubauen"* und so die Kapitalmarkttheorie als Hilfswissenschaft für die Makroökonomik zu gebrauchen, sind in mehrfacher Hinsicht problematisch. Erstens ist durch die Erweiterung eines Makromodells um einen Vermögensmarkt, auf dem der Vermögenspreis stets seinem Fundamentalwert entspricht, wenig an Erkenntnis gewonnen. Der „Einbau" eines Fundamentalwertmodells erweitert ein Makromodell um rein endogene Vermögenspreise. Dies ist nur dann nicht trivial, wenn der Vermögenspreis seinerseits auf die Volkswirtschaft zurückwirkt. Ansonsten bleibt die Vermögenspreisvariable *passiver Ausdruck* der Fundamentalfaktoren.[8] Zweitens ist die Erweiterung eines Makromodells um eine Blase, die entsprechend der Blasenspezifikation einer der vorhandenen Blasentheorien modelliert ist, solange fragwürdig, wie es keine empirisch relevanten bzw. haltbaren Blasenmodelle gibt.[9] Drittens ergeben sich bei einem sol-

[8] Vermögenspreisinflation wäre dann als Lücke oder Wachstumsrate des Vermögenspreises bzw. Vermögenspreisniveaus zu definieren und wäre *per se ökonomisch irrelevant*. Starke Vermögenspreisinflation oder –deflation wäre lediglich Ausdruck starker Veränderungen der Fundamentalfaktoren.

[9] Diese gibt es bis auf den heutigen Tag nicht, siehe z.B. Gürkaynak (2005, 27):

chen „Einbau“ einer Blase Konsistenzprobleme. Zum einen ist das abweichende Verhalten von Käufern und Verkäufern an Vermögensmärkte in konsistenter Weise theoretisch zu motivieren, zum anderen stehen explizite Annahmen zum Blasenverhalten im Widerspruch zu etwaigen Versuchen der Mikrofundierung von Makromodellen.[10]

5.4 Makroökonomische Perspektive I: Vermögenspreise als Teil des geldpolitischen Transmissionsmechanismus

5.4.1 Einführung

Geldpolitik und exogene Schocks wirken über die Vermögenspreise auf die Gesamtwirtschaft, insbesondere auf die gesamtwirtschaftliche Aktivität und auf die Verbraucherpreisentwicklung. Daher sind Vermögenspreise Teil von Gesamtdarstellungen des geldpolitischen Transmissionsmechanismus. Die ökonomische Funktion von Vermögenspreisen im geldpolitischen Transmissionsprozess wird im Folgenden anhand zweier solcher Gesamtdarstellungen erläutert. Diejenige der EZB(2004a) betont die *Interdependenz* der am Transmissionsprozess beteiligten Variablen, diejenige nach Mishkin (2001) stellt *einzelne Wirkungsketten* in den Vordergrund, also klare kausale Abfolgen, die voneinander getrennt werden können.

„The bubble tests teach us little about whether bubbles really exist or not. However we do learn valuable stylized facts about the dimensions in which the present value model of stock prices fails.“ –
Dass vielen Beobachtern die Existenz von „Blasen“ auf Märkten in einem objektiven Sinne offensichtlich erscheint, taugt nicht als Begründung für die „Wiederverwertung“ von kapitalmarkttheoretischen Modellierungsversuchen für Blasen, die sich bereits als empirisch irrelevant bzw. als nicht haltbar herausgestellt haben.

[10] Zum ersten Argument vergleiche Meltzer (1995), zum zweiten Argument siehe die diesbezüglichen Überlegungen zum erweiterten Finanzakzeleratormodell (BG 1999) in Kapitel 4. Ein weiteres Problem ergibt sich beim Versuch des „Einbaus“ einer „*rationalen Blase*“: Die Theorie „rationaler Blasen“ kann nur den Fortbestand, aber *nicht die Entstehung* der Blase erklären. Diese ist daher durch (explizite) Zusatzannahmen darzustellen.
Keine Konsistenzprobleme ergeben sich bei dem Ad-hoc-Modell mit Blase, aber ohne Mikrofundierung, von Kent / Lowe (1997). Dafür verdeutlicht es die Grenzen einer derartigen Vorgehensweise: Das Modell reproduziert genau diejenigen Ergebnisse, die aufgrund der zahlreichen expliziten Annahmen zum Blasenverhalten zu erwarten gewesen sind. Diese Annahmen sind weder das Ergebnis empirischer Untersuchungen noch theoretischer Überlegungen, sondern lediglich eine „Nachbildung“ einer vermeintlich typischen Blase nach dem Augenschein.

5.4.2 Die Rolle von Vermögenspreisen im Transmissionsprozess laut EZB (2004a)

Indem die EZB (2004a, 44-50) ihre Sicht des geldpolitischen Transmissionsmechanismus darlegt, verdeutlicht sie die Rolle der Vermögenspreise im geldpolitischen Wirkungsprozess, wie die nachstehende Übersicht, Abb. 5.5, verdeutlicht.

Abb. 5.5: Rolle der Vermögenspreise im Transmissionsmechanismus laut EZB (2004a)

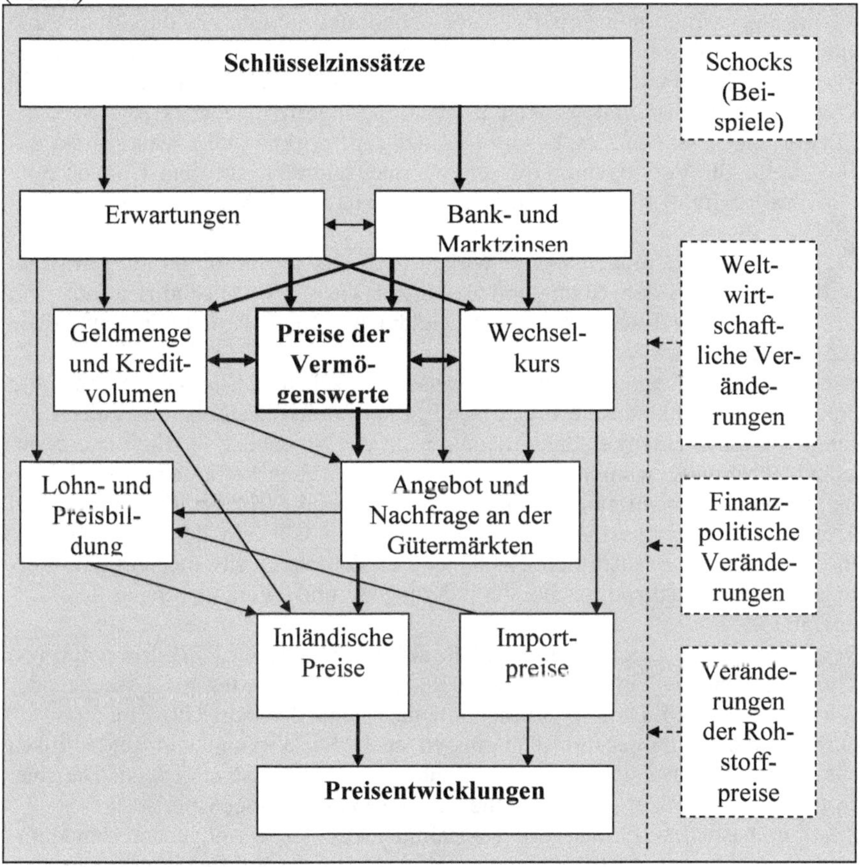

Quelle: EZB (2004a, 45), Abb. 3.1, „Vereinfachte Darstellung des Transmissionsmechanismus von den Zinssätzen zu den Preisen"; im Zusammenhang mit Vermögenspreisen besonders relevante Wirkungszusammenhänge hervorgehoben (dicke Pfeile).

Der Transmissionsmechanismus läuft von den „Schlüsselzinssätzen" als der von der Notenbank unmittelbar steuerbaren Größe aus und läuft – teils über Vermögenspreise, teils an ihnen vorbei – zu den „Preisentwicklungen" als derjenigen Größe, welche den Zielerreichungsgrad beim geldpolitischen Endziel wiedergibt, der Preisstabilität.
Am Anfang der Wirkungskette stehen die „Schlüsselzinssätze", d.h. die für die Geschäfte mit der Zentralbank geltenden Zinssätze, die diese kraft ihres Monopols für die Schaffung von Basisgeld unmittelbar festsetzen kann. Die Schlüsselzinssätze wirken nun direkt auf die „Erwartungen" und auf die „Bank- und Marktzinsen". Erstere stehen für die langfristigen Wachstums- und Inflationserwartungen der Marktteilnehmer, letztere sowohl für kurzfristige Einlage- und Kreditzinsen der Geschäftsbanken als auch für längerfristige Marktzinssätze.
„Erwartungen" sowie „Bank- und Marktzinsen" wirken nun sowohl direkt auf die „Preise für Vermögenswerte" ein als auch indirekt, auf dem Umweg über „Geldmenge [und] Kreditvolumen" einerseits und den „Wechselkurs" andererseits.
Die „Preise für Vermögenswerte" wirken ihrerseits sowohl direkt auf „Angebot und Nachfrage an den Güter- und Arbeitsmärkten" als auch indirekt, auf dem Umweg über ihre Rückwirkung auf „Geldmenge [und] Kreditvolumen" sowie den „Wechselkurs".
Nachgeordnete Elemente des Transmissionsmechanismus sind „Lohn- und Preisbildung", „inländische Preise" und „Importpreise". Die beiden zuletzt genannten Größen bewirken dann die aus Sicht der Notenbank letztlich interessierenden „Preisentwicklungen", die am Ende der Wirkungskette stehen.
Der gesamte Transmissionsmechanismus wird nach Sicht der EZB durch drei Arten von *Schocks* gestört, die an verschiedenen Gliedern der Wirkungskette ansetzen können. Bei den Schocks handelt es sich um „weltwirtschaftliche Veränderungen", „finanzpolitische Veränderungen" und „Veränderungen der Rohstoffpreise".
Der Transmissionsmechanismus enthält also nach Sicht der EZB drei Arten von *Kausalbeziehungen*, in denen „Preise für Vermögenswerte" als Ursache oder Wirkung fungieren. Dies verdeutlicht die nachstehende Übersicht, Tab. 5.6.
Erstens sind Vermögenspreisänderungen auch die Wirkung von geldpolitisch induzierten Erwartungs- sowie von Bank- und Marktzinsänderungen. Daneben bestehen andere, nicht-geldpolitische Einflüsse auf Vermögenspreise.
Zweitens besteht wechselseitige Kausalität zwischen Vermögenspreisänderungen einerseits und Änderungen des Wechselkurses, der Geldmenge und des Kreditvolumens andererseits. Wechselkursänderungen implizieren eine Änderung der relativen Preise zwischen in- und ausländischen Vermögenswerten. Geldmengenänderungen gehen mit einer Änderung des Geldanteils in den Portfolios der Wirtschaftssubjekte einher.

Tab. 5.6: Vermögenspreisänderungen in einzelnen Kausalbeziehungen des geldpolitischen Transmissionsmechanismus

	Art der Kausalbeziehung	Rolle der Vermögenspreisänderung	Kausal verbundene Variablen	Erläuterung
1	Einfache Kausalität	Wirkung	Inflationserwartungen, Wachstumserwartungen, Bankzinssätze, Marktzinssätze	*Direkter* geldpolitischer Einfluss auf Markterwartungen und Finanzierungsbedingungen begründet *indirekten* Einfluss auf Vermögenspreise
2	Wechselseitige Kausalität	Wirkung und Ursache	Wechselkurs, Geldmenge und Kreditvolumen	Interdependenz der finanziellen Variablen
3	Einfache Kausalität	Ursache	Güterangebot, Güternachfrage, Arbeitsangebot, Arbeitsnachfrage	*Direkter* Einfluss auf Ausgaben für Konsum und Investitionen (Einkommens- und Vermögenseffekte) sowie *indirekter* Einfluss über Kreditangebot und –nachfrage (Bilanzkanal)

Ein Anstieg des Kreditvolumens kann Ausdruck eines gestiegenen Werts von Kreditsicherheiten sein, aber auch umgekehrt zur Finanzierung von Vermögenskäufen dienen.

Drittens wirken Vermögenspreisänderungen auf Angebot und Nachfrage an den Güter- und Arbeitsmärkten. Ein Vermögenspreisanstieg kann demnach die Wirtschaftssubjekte bewegen, ihre Ausgaben für Konsum und Investitionen zu erhöhen. Dies kann direkt erfolgen, über Einkommens- und Vermögenseffekte, oder indirekt, über die Kreditvergabe.[11]

Insgesamt ist festzuhalten, dass Vermögenspreise Teil des interdependenten Wirkungszusammenhangs sind, der als Transmissionsmechanismus der Geldpo-

[11] „Schließlich können Bewegungen der Preise für Vermögenswerte die Konsumausgaben und Investitionen über Einkommens- und Vermögenseffekte beeinflussen. [...] Darüber hinaus können Preise für Vermögenswerte die Gesamtnachfrage über den Wert der Sicherheiten beeinflussen, welcher es den Kreditnehmern ermöglicht, ihre Kreditaufnahme zu erhöhen und/oder die von den Kreditgebern/Banken geforderte Risikoprämie zu verringern. Kreditentscheidungen werden oft zu einem großen Teil vom Wert der Sicherheiten abhängig gemacht. Verringert sich der Wert der Sicherheiten, werden Kredite teurer und möglicherweise nur noch so restriktiv vergeben, dass die Ausgaben sinken.“ (EZB 2004a, 46.)

litik bezeichnet wird, und dass die EZB die makroökonomische Wirksamkeit des *„Kreditkanals"* anerkennt.
Die Darstellung des Transmissionsmechanismus durch die EZB (2004a) ist allgemeiner als diejenige durch Mishkin (2001). Sie legt sich weniger auf konkrete einzelne kausale Abläufe fest, zugleich sind die einzelnen Kanäle nach Mishkin aber mit der EZB-Darstellung vereinbar.

5.4.3 Die Rolle von Vermögenspreisen im Transmissionsprozess nach Mishkin (2001)

Mishkin (2001) unterscheidet *neun Transmissionskanäle*. Abb. 5.6 bietet eine Übersicht über die einzelnen Kanäle (→Spalten), die beteiligten Variablen (→Zeilen) und die Vorzeichen der jeweiligen partiellen Ableitung (→Felder). Ein positives Vorzeichen wird mit Pluszeichen, ein negatives mit Minuszeichen wiedergegeben. Felder mit einem nach unten zeigenden Pfeil „↓" markieren Variablen, die beim jeweiligen Transmissionskanal nicht aktiv bzw. beteiligt sind. Diese Felder sind beim Lesen zu überspringen.
Jeder Kanal beginnt mit einem expansiven geldpolitischen Impuls (Geldmengenerhöhung bzw. Senkung des kurzfristigen Nominalzinssatzes; in Zeile 1) und läuft in der betreffenden Spalte über mehrere aktive Variablen (in den grau unterlegten Feldern der Spalte). Schließlich mündet jeder Kanal in eine Zunahme der wirtschaftlichen Aktivität, dargestellt durch eine Zunahme des Bruttoinlandsprodukts (Zeile 27).

5.4.3.1Zinskanal (interest rate channel)

Ein expansiver geldpolitischer Impuls führt zu einem Rückgang des kurzfristigen nominalen und über kurzfristige Preisstarrheiten auch des kurzfristigen realen Zinssatzes. Nach der Erwartungstheorie der Zinsstruktur geht dann auch der langfristige reale Zinssatz zurück. Dies führt zu einem Anstieg verschiedener Arten von Investitionsausgaben der Unternehmen und Haushalte. Unternehmen erhöhen ihre Investitionen in Sachkapital und erhöhen ihre Lagerbestände, Haushalte erhöhen ihre Ausgaben für Wohnimmobilien und langlebige Konsumgüter. Dies bewirkt einen Anstieg der wirtschaftlichen Aktivität. (Vgl. M 2001, 649.)
Ist in der Ausgangslage der kurzfristige Nominalzins bereits null, so dass er nicht weiter gesenkt werden kann, dann bewirkt der geldpolitische Impuls auf anderem Wege einen Rückgang des kurzfristigen Realzinssatzes, nämlich über einen Anstieg des erwarteten Preisniveaus und somit der erwarteten Inflation. (Vgl. M 2001, 650.)
Ein *Bezug zu Vermögenspreisen* besteht in mehrfacher Hinsicht.
Erstens besitzt Geldpolitik über ihren indirekten Einfluss auf kurzfristige reale und über ihren noch indirekteren Einfluss auf langfristige reale Zinssätze einen *Hebel, Vermögenspreise zu beeinflussen.*

Abb. 5.7, Anfang: Transmissionskanäle nach Mishkin (2001)

			Zinskanal ↴	*Weitere Vermögenseffekte*		
	Transmissionskanäle (Spalten)		1	2	3	4
	Variablen (Zeilen; bei bes. Bezug zu Vermögenspreisinflation mit [*])		**Zinskanal**	**Wechselkurseffekt**	**Tobins-q-Effekt**	**Vermögenseffekt**
1	Geldmenge, Schlüsselzinssätze		Geldmenge + kurzfristiger Nominalzins -			
.	.		↓	↓	↓	↓
2	Bank- und Marktzinsen	Kfr. Realzins	-	-	↓	↓
.		.	↓	↓	↓	↓
3		Lfr. Realzins	-	-	↓	↓
4		Lfr. Nominalzins	↓	↓	↓	↓
5	Vemögens-preise	Aktienkurse*	↓	↓	+	+
.		.	↓	↓	↓	↓
6		„Tobins q“ *	↓	↓	+	↓
7	Wechselkurs (e +: Abwert.)		↓	+	↓	↓
8	Finanzvermögen*		↓	↓	↓	+
9	Einlagen bei und Reserven von Banken*		↓	↓	↓	↓
10	Erwartungsfehler bzgl. Infl.		↓	↓	↓	↓
11	Bilanzbild	Cash Flow	↓	↓	↓	↓
12		Verh. Aktiva zu Schulden*	↓	↓	↓	↓
13		Anteil liq. Mittel*	↓	↓	↓	↓
14	Verhaltensrisiken (MH+AS)		↓	↓	↓	↓
15	Risiko finanzieller Notlagen		↓	↓	↓	↓
16	Kredit-volumen	Kreditangebot	↓	↓	↓	↓
17		Kreditnachfrage	↓	↓	↓	↓
.		.	↓	↓	↓	↓
18		Kreditvergabe	↓	↓	↓	↓
19	Außenhandel	Importe	↓	-	↓	↓
20		Exporte	↓	+	↓	↓
.		.	↓	↓	↓	↓
21		Nettoexporte	↓	+	↓	↓
22	Konsum		↓	↓	↓	+
23	Investitionen	d. Haush. in langleb. Konsumgüter	+	↓ ↓	↓ ↓	↓ ↓
24		d. Haushalte in Wohnimmobilien*	+	↓ ↓	↓ ↓	↓ ↓
25		d. Unternehmen	+	↓	+	↓
.		.	↓	↓	↓	↓
26		Gesamte Inv.	+	↓	+	↓
.		.	↓	↓	↓	↓
27	Bruttoinlandsprodukt		BIP +			

Abb. 5.7, Fortsetzung: Transmissionskanäle nach Mishkin (2001)

			Kreditkanal				
	Transmissionskanäle (Spalten)		**5**	**6**	**7**	**8**	**9**
	Variablen (Zeilen; bei bes. Bezug zu Vermögenspreisinflation mit [*])		**Bankkredit-kanal**	**Bilanz-kanal**	**Cash-Flow-Kanal**	**Preisniveau-überra-schungskan.**	**Haushalts-liquiditäts-effekt**
1	Geldmenge, Schlüsselzinssätze		Geldmenge + kurzfristiger Nominalzins -				
.	.		↓	↓	↓	↓	↓
2	Bank- und Markt-zinsen	Kfr. Realzins	↓	↓	↓	↓	↓
.		.	↓	↓	↓	↓	↓
3		Lfr. Realzins	↓	↓	↓	↓	↓
4		Lfr. Nominalzins	↓	↓	-	↓	↓
5	Vemögens-preise	Aktienkurse*	↓	+	↓	↓	+
.		.	↓	↓	↓	↓	↓
6		„Tobins q“*	↓	↓	↓	↓	↓
7	Wechselkurs (e +: Abwert.)		↓	↓	↓	↓	↓
8	Finanzvermögen*		↓	↓	↓	↓	↓
9	Einlagen bei und Reserven von Banken*		+	↓ ↓	↓ ↓	↓ ↓	↓ ↓
10	Erwartungsfehler bzgl. Infl.		↓	↓	↓	+	↓
11	Bilanzbild	Cash Flow	↓	↓	+	↓	↓
12		Verh. Aktiva zu Schulden*	↓	↓	↓	+	↓
13		Anteil liq. Mittel*	↓	↓	↓	↓	+
14	Verhaltensrisiken (MH+AS)		↓	-	-	-	↓
15	Risiko finanzieller Notlagen		↓	↓	↓	↓	-
16	Kredit-volumen	Kreditangebot	+	+	+	+	↓
17		Kreditnachfrage	↓	↓	↓	↓	+
.		.	↓	↓	↓	↓	↓
18		Kreditvergabe	+	+	+	+	+
19	Außen-handel	Importe	↓	↓	↓	↓	↓
20		Exporte	↓	↓	↓	↓	↓
.		.	↓	↓	↓	↓	↓
21		Nettoexporte	↓	↓	↓	↓	↓
22	Konsum		↓	↓	↓	↓	↓
23	Investi-tionen	d. Haush. in langleb. Konsumgüter	↓ ↓	+	↓ ↓	↓ ↓	+
24		d. Haush. in Wohnimmo.*	+	+	↓	↓	+
25		d. Unternehmen	+	+	+	+	↓
.		.	↓	↓	↓	↓	↓
26		Gesamte Inv.	+	+	+	+	+?
.		.	↓	↓	↓	↓	↓
27	Bruttoinlandsprodukt		BIP +				

Ein Rückgang der Realzinssätze bewirkt c.p. einen Rückgang der Diskontrate für erwartete künftige Erträge aus einem Vermögenswert, somit bei gegebenem erwartetem Ertragsstrom einen Anstieg der Vermögenspreise. Dies gilt nicht nur für Bonds, sondern für alle Aktiva. Entscheidend für eine reale Wirkung ist, dass die Geldpolitik *Realzinssätze*, nicht nur Nominalzinssätze beeinflusst. Ein Rückgang der Nominalzinssätze, der mit einem gleich hohen Anstieg der Inflationserwartungen einhergeht, ließe die Realzinssätze und damit im Rahmen des Zinskanals alle realen Größen unverändert, auch die realen Vermögenspreise.
Zweitens bedeutet ein Anstieg der Investitionsausgaben der Haushalte und Unternehmen eine *Mehrnachfrage nach Sachvermögenswerten.* Die Wirkung auf die Vermögenspreise hängt dabei von der Angebotselastizität auf den Vermögensmärkten ab. Reagiert das Angebot von Wohn- und Gewerbeimmobilien kurzfristig unelastisch bzw. nur verzögert, so verursacht der Anstieg der Investitionsausgaben einen vorübergehenden Immobilienpreisanstieg. Bei langlebigen Konsumgütern ist mit einer höheren kurzfristigen Angebotselastizität und somit mit allenfalls geringeren Preisanstiegen zu rechen.
Drittens gilt für den Zinskanal wie für alle folgenden Transmissionskanäle, dass eine *allgemeine wirtschaftliche Belebung* auch die *Ertragsaussichten der Unternehmen* verbessert. In dem Maße, in dem ein expansiver geldpolitischer Impuls also eine realwirtschaftliche Belebung erwarten lässt, steigen auch die erwarteten Ertragsströme aus dem Eigenkapital von Unternehmen, d.h. aus Aktien. Nimmt die Rendite aus Alternativanlagen bzw. der risikolose Zins nicht in demselben Maße zu, so steigen die Aktienkurse.

5.4.3.2 Wechselkurskanal

Ein expansiver geldpolitischer Impuls bewirkt wie beim Zinskanal einen Rückgang der Realzinssätze. Dies macht bei gegebenen ausländischen Zinssätzen eine Anlage in heimischer Währung relativ unattraktiver und löst eine vermehrte Anlage in ausländischer Währung aus. Die heimische Währung wertet ab, was wiederum einheimische gegenüber ausländischen Waren attraktiver macht und einen Anstieg der Nettoexporte nach sich zieht. Dies verursacht eine allgemeine wirtschaftliche Belebung. (Vgl. M 2001, 652.)
Die *Bezüge zu Vermögenspreisen* sind hier indirekter Art.[12]
Erstens gehen Wechselkurse in den Wert des von Inländern gehaltenen ausländischen Vermögens bzw. in den Wert des von Ausländern gehaltenen inländischen Vermögens ein. Wechselkursänderungen lassen Portfolioumschichtungen zwischen in- und ausländischen Aktiva erwarten.
Zweitens bewirkt eine vor allem exportinduzierte, allgemeine wirtschaftliche Belebung eine relative Verbesserung der Geschäftsaussichten der exportorien-

[12] Dabei werden Wechselkurse nicht selbst als Vermögenspreise interpretiert.

tierten gegenüber anderen Branchen, somit auch einen in entsprechend stärkeren Aktienkursanstieg bei exportorientierten Unternehmen.

5.4.3.3 Tobins-q-Kanal

Ein expansiver geldpolitischer Impuls bewirkt eine Zunahme des Geldanteils im Portfolio der Wirtschaftssubjekte über das gewünschte Maß hinaus. Dies führt zu einer Umschichtung von Geld in andere Aktiva, darunter Aktien. Die Mehrnachfrage nach Aktien bewirkt einen Anstieg des Aktienkursniveaus, somit auch eine Zunahme von „Tobins q", das als Quotient aus dem Marktwert der bestehenden Firmen und den Kapitalersetzungskosten (replacement cost of capital) definiert ist. Der Aktienkursanstieg bewirkt dabei einen Anstieg des Wertes im Zähler bei unverändertem Nenner. Ein Anstieg von „Tobins q" impliziert eine relative Verteuerung des Unternehmenswachstums durch den Kauf bestehenden Kapitals, also z.B. durch Übernahmen anderer Unternehmen, gegenüber dem Unternehmenswachstum durch den Kauf neuer Kapitalgüter. Hinsichtlich der Finanzierungsentscheidung von Unternehmen bedeutet ein hohes bzw. steigendes „q", dass sich der durch zusätzliche Aktienemissionen relativ günstig Investitionen in „neues" Kapital finanzieren lassen, während es bei einem niedrigen bzw. fallenden „q" vergleichsweise günstiger ist, durch den Kauf „alten", bereits in anderen Unternehmen gebundenen Kapitals zu wachsen, was aus volkswirtschaftlicher Sicht keine Investitionsausgaben darstellt. Ein Anstieg von „Tobins q" verursacht demnach im Aggregat eine Zunahme der Investitionsausgaben der Unternehmen, d.h. der Ausgaben für neue Kapitalgüter, somit einen Anstieg der aggregierten Nachfrage und eine allgemeine wirtschaftliche Belebung. (Vgl. M 2001, 652f.)

Die Argumentation hinter Tobins-q-Kanal lässt sich *analog* vom Eigenkapital der Unternehmen auf das Nettovermögen der *privaten Haushalte* übertragen. (Vgl. M 2001, 653f.) Ein expansiver geldpolitischer Impuls bewirkt in dieser Perspektive über Portfolioumschichtungen einen Anstieg des Preisniveaus der Wohnimmobilien und des Baulandes. Eine relative Verteuerung bestehenden *Immobilienvermögens* macht die Neuerrichtung von Immobilien im Vergleich zum Kauf bestehender Immobilien günstiger und regt so im Aggregat die Investitionsausgaben der Haushalte an.

Eine alternative Erklärung für den ersten Teil der dargestellten Wirkungskette hebt auf die Wahl eines Portfolios aus Geld, Aktien und Bonds ab. Eine Ausweitung der Geldmenge bewirkt einen Rückgang der *Renditen von Schuldverschreibungen* relativ zu denen von Aktien. Die resultierende Nachfrageverschiebung von Bonds und etwaigen anderen Aktiva hin zu Aktien führt zu einem Niveauanstieg bei Aktienkursen, bis der Renditeunterschied wieder ausgeglichen ist. (Vgl. M2001, 653, Fn. 13.)

Tobins-q-Kanal weist einen mehrfachen *Bezug zu Vermögenspreisen* auf.

Erstens muss Geldpolitik, damit „Tobins q" überhaupt einen Teil des Transmissionsmechanismus darstellt, über den geschilderten Ablauf der Portfoliostörung und –anpassung einen relativ direkten und abschätzbaren Einfluss auf das (nominale) Aktienkursniveau besitzen. Laut der ergänzenden, analogen Argumentation für Tobins-q-Effekt bei Haushalten besitzt Geldpolitik einen solchen Einfluss auch auf das (nominale) Preisniveau von Bauland und Wohnimmobilien.[13] *Zweitens* erklärt Tobins-q-Effekt teilweise das Angebotsverhalten der Unternehmen auf dem Aktienmarkt, sofern es um Neuemissionen geht, und teilweise das Nachfrageverhalten der Unternehmen auf dem Aktienmarkt, sofern es um Fusionen und Übernahmen geht. Demnach erklärt Tobins-q-Theorie die relative Aktivität an Primär- und Sekundärmärkten für Aktien.[14]

5.4.3.4 Vermögenseffekt (wealth effect)

Ein expansiver geldpolitischer Impuls bewirkt in der zuvor geschilderten Weise einen Anstieg der Aktienkurse und Immobilienpreise. Durch diesen allgemeinen Vermögenspreisanstieg ist der Wert des Gesamtvermögens der Haushalte gestiegen, somit auch das Budget für jede einzelne Periode des Lebenszyklus bzw. der Restlebensdauer eines Haushalts. Dies ermöglicht eine Erhöhung des Konsums in der laufenden und allen künftigen Perioden. Konsum ist dabei der Verbrauch kurzlebiger Güter und Leistungen, auch der Leistungen aus der Nutzung langlebiger Konsumgüter, nicht aber der Kauf langlebiger Konsumgüter. Der Konsumanstieg belebt über die aggregierte Nachfrage die wirtschaftliche Aktivität. (M2001, 653f.)
Die als Vermögenseffekte bezeichnete Wirkungskette weist zwei für das vorliegende Problem relevante Teile auf, erstens einen „vorderen" Teilzusammenhang von der Politik- zur Vermögensvariablen und zweitens einen „hinteren" Wirkungsweg von der Vermögens- zur Zielvariablen.
Erstens ist ein einigermaßen *berechenbarer Einfluss der Geldpolitik auf das Vermögenspreisniveau* erforderlich, damit Vermögenspreisänderungen als Teil des geldpolitischen Transmissionsmechanimus angesehen werden können. Der Zusammenhang von geldpolitischem Impuls und Vermögenspreisniveau folgt dem zuvor bei Tobins-q-Kanal beschriebenen Ablauf. Ob Aktienkurse und andere Vermögenspreise mittels Geldpolitik systematisch beeinflusst oder gar gesteuert werden können, ob sich zu den Wirkungen eines solchen Eingriffs eine Wahrscheinlichkeitsverteilung angeben lässt (und wenn ja, welche) und ob (und wenn ja, wie) sich diese Wahrscheinlichkeitsverteilung im Zeitablauf (d.h. be-

[13] Eine offene Frage ist, inwiefern im vorderen Teil der hier dargestellten Wirkungskette ein *Einfluss der Geldpolitik* nicht nur auf nominale Vermögenspreise, sondern *auch auf das reale*, um die erwartete Inflation bereinigte *Vermögenspreisniveau* behauptet wird.
[14] Eine direkte Übertragung dieser Argumentation auf das Angebots- und Nachfrageverhalten der privaten Haushalte an den Märkten für neu gebaute und gebrauchte Immobilien erscheint fragwürdig.

zogen auf behauptete Verlaufsmuster der Vermögenspreisentwicklung wie Vermögenspreiszyklen, Vermögenspreisblasen) ändert, ist seit jeher umstritten. Zweitens *wirken* Vermögenspreisänderungen über Konsum und aggregierte Nachfrage *auf die wirtschaftliche Aktivität und die Inflationsentwicklung.* Dies gilt grundsätzlich sowohl für geldpolitisch induzierte als auch für anderweitig bedingte Vermögenspreisänderungen. Einen gewissen Einfluss auf den Konsum und die wirtschaftliche Aktivität besitzen Vermögenspreisänderungen also auch dann, wenn sie autonom oder durch die Eigendynamik von Vermögensmärkten hervorgerufen werden.[15]
Vermögenseffekte nehmen *in der wirtschaftspolitischen Diskussion* über die ökonomische Rolle von Vermögen und Vermögenspreisen eine *zentrale Rolle* ein, die über ihr empirisch belegbares Gewicht weit hinausgeht. Bisweilen wird das Ausbleiben erheblicher Vermögenseffekte im Zusammenhang mit der Aktienkursentwicklung um das Jahr 2000 herum damit zu erklären versucht, dass die Anleger ihre Vermögenszuwächse nicht als dauerhaft angesehen hätten.[16]

5.4.3.5 Bankkreditkanal

Ein expansiver geldpolitischer Impuls bewirkt ein Wachstum auch der Guthaben der Geschäftsbanken bei der Notenbank (bank reserves) sowie der Einlagen der Nichtbanken bei den Geschäftsbanken. Beides ermöglicht den Geschäftsbanken eine mengenmäßige Ausweitung ihres Kreditangebots. Die Existenz kreditrationierter Wirtschaftssubjekte wird angenommen, d.h. es gibt Haushalte und Unternehmen mit mengenmäßig beschränktem Zugang zu Krediten und ohne direkten Zugang zu Kapitalmärkten. Diese Annahme lässt sich durch Informationsasymmetrien auf Kreditmärkten motivieren, deren Überwindung für diese Wirtschaftssubjekte mit prohibitiv hohen Kosten verbunden wäre. Eine Ausweitung

---

[15] Im Sinne einer Störung der Portfoliozusammensetzung lässt sich dann argumentieren, dass ein *autonomer Vermögenspreisanstieg* eine Ausweitung des wertmäßigen Anteils der betreffenden Vermögensart, etwa des Aktienvermögens, am Gesamtvermögen über das gewünschte Maß hinaus bewirkt und Portfolioumschichtungen hin zu Geld und zu anderen Vermögensarten auslöst. Nachgelagert stellt sich die Frage, welche Wirkungen die Mehrnachfrage nach Geld entfaltet und welche Rolle die Geldpolitik hierbei spielt.

[16] Dies wirft Fragen nach der *Rationalität* des Anlegerverhaltens sowie nach der angemessenen *Interpretation aggregierter Daten* auf. Ein einzelner Anleger, der einen Vermögenspreisanstieg als temporär ansieht bzw. einen Vermögenspreisrückgang rational antizipiert, kann durch den rechtzeitigen Verkauf des betreffenden Vermögenswerts einen Kapital- bzw. Kursgewinn realisieren. Geschwindigkeit und etwaige Kosten des Verkaufs sind eine Frage der Liquidität des betreffenden Marktes bzw. Vermögenswerts. Würden alle Anleger in gleicher Weise den Vermögenspreisrückgang rational antizipieren, so könnten sie dies nicht, denn es gäbe nur Verkäufer, aber keine Käufer. Diese irrige Vorstellung ist auch in der Rede von einem *„allgemeinen Verkauf“* (z.B. EZB 2005c, 53) enthalten, die sich logisch stets nur auf einen Teil der Anlegerschaft beziehen kann.

der angebotenen Kredite bewirkt nun über eine verstärkte Kreditvergabe an Wirtschaftssubjekte ohne anderweitige Finanzierungsalternativen auch im Aggregat eine Erhöhung des Kreditvolumens. Hiermit finanzieren die betreffenden Haushalte den Kauf von Wohnimmobilien und die betreffenden Unternehmen Investitionen. Es steigen also die Investitionsausgaben und die aggregierte Nachfrage, was die wirtschaftliche Aktivität belebt. (Vgl. M 2001, 654f.)
Restriktive Geldpolitik wirkt über den Bankkreditkanal insbesondere dann auf die Investitionsausgaben und die konjunkturelle Entwicklung, wenn den Banken aufgrund von strikten Regulierungen ihres Geschäftsvolumens keine Alternativen bereitstehen, den Abfluss von Einlagen auszugleichen. (Vgl. M2001, 655.)
Wie alle Teilkanäle des Kreditkanals weist auch der Bankkreditkanal Bezüge zu Vermögen und Vermögenspreisen auf, die analog für die übrigen Teilkanäle gelten (und daher an späterer Stelle nicht wiederholt werden). In der ersten Argumentationsfigur fungieren Vermögenspreise als Ursache einer Änderung des Kreditvolumens, in der zweiten als Wirkung.
Erstens lassen sich Informationsasymmetrien zwischen Kreditnehmern und Kreditgebern umso eher überwinden, je höher das Nettovermögen des Kreditnehmers ist. Ein Vermögenspreisanstieg bewirkt c.p. einen Anstieg des Nettovermögens der Unternehmen und Haushalte, somit einen Rückgang der Informationsasymmetrien bzw. der mit ihnen verbundenen Verhaltensrisiken von *moral hazard* und *adverse selection*, einen erleichterten Zugang zu Finanzierungsmitteln und einen Bedeutungsrückgang von Kreditrationierung.
Zweitens wird mindestens ein Teil der Zunahme des Kreditvolumens für den Kauf von Vermögenswerten verwendet werden, was in Abhängigkeit von den Angebots- und Nachfrageelastizitäten einen Vermögenspreisanstieg bewirken kann.
Sieht man von der zuletzt genannten Argumentationsfigur ab, so verweist der Bankkreditkanal nicht auf weitere Möglichkeiten der Geldpolitik, das Niveau der Vermögenspreise gezielt zu beeinflussen.

5.4.3.6 Bilanzkanal (balance sheet channel)

Ein expansiver geldpolitischer Impuls bewirkt (in gleicher Weise wie bei Tobins-q-Kanal und den Vermögenseffekten) einen Anstieg des Aktienkursniveaus. Dies ist gleichbedeutend mit einem Wertzuwachs des Eigenkapitals der Unternehmen, der wiederum einen Wertzuwachs potentieller Kreditsicherheiten und einen Rückgang der Informationsasymmetrien bzw. der mit ihnen verbundenen Verhaltensrisiken bewirkt. Über eine Ausweitung der Kreditnachfrage[17] und der mit diesen Krediten finanzierten Investitionsausgaben wird die aggre-

[17] Der Unterschied zwischen Bankkreditkanal und Bilanzkanal liegt also vor allem darin, dass ersterer primär über das Kredit*angebot* und letzterer über die Kredit*nachfrage* wirkt.

gierte Nachfrage erhöht und die wirtschaftliche Aktivität belebt. (Vgl. M2001, 655.)
Restriktive Geldpolitik wirkt über den Bilanzkanal insbesondere dann auf die Investitionsausgaben und die konjunkturelle Entwicklung, wenn den Unternehmen aufgrund des Wertrückgangs ihres Eigenkapitals den Banken weniger Kreditsicherheiten anzubieten haben und daher weniger Kredite nachfragen können. Aus dem bisherigen Volumen der Kreditvergabe würden den Banken höhere Verhaltensrisiken von Seiten der Unternehmen erwachsen.
Der Bilanzkanal steht über die bereits beim Bankkreditkanal genannten Punkte hinaus in einem mindestens zweifachen Bezug zu Vermögen und Vermögenspreisen.
Erstens impliziert der Bilanzkanal einen Einfluss der Geldpolitik auf das Bilanzbild der Unternehmen, der aber nicht von Fragen der Informationsasymmetrie an Kreditmärkten abhängt, sondern wie bei Tobins-q-Kanal und den Vermögenseffekten durch Portfolioüberlegungen motiviert ist.
Zweitens wirkt ein Wertzuwachs des Eigenkapitals bzw. ein Anstieg des Aktienkursniveaus über die Kreditnachfrage auf Investitionsausgaben und die konjunkturelle Entwicklung. Dies gilt unabhängig davon, ob der Wertzuwachs bzw. Vermögenspreisanstieg geldpolitisch oder anderweitig bzw. autonom bedingt ist. Dieser zweite Teilmechanismus ist auf die Existenz von Informationsasymmetrien an Kreditmärkten angewiesen.[18]

5.4.3.7 Cash-Flow-Kanal

Expansive Geldpolitik bewirkt einen Rückgang der nominalen Zinssätze und, bei gegebenem Schuldenstand, einen Rückgang der Zinszahlungen. Dies erhöht den Cash Flow des betreffenden Unternehmens oder Haushalts und lässt dessen Bilanzbild unter Liquiditätsgesichtspunkten vorteilhafter erscheinen. Dies verringert die aus Informationsasymmetrien resultierenden Verhaltensrisiken und führt zu einer vermehrten Kreditvergabe an Haushalte und Unternehmen, die hiermit zusätzliche Investitionsausgaben finanzieren. Dies erhöht die aggregierte Nachfrage und belebt die wirtschaftliche Aktivität. (Vgl. M2001, 655f.)
Restriktive Geldpolitik bewirkt umgekehrt eine Verschlechterung des Bilanzbildes potentieller Kreditnehmer unter Liquiditätsgesichtspunkten, die noch zur Bilanzverschlechterung aufgrund des Bilanzkanals hinzutritt. Der Unterschied zum Zinskanal besteht unter anderem darin, dass hier den Änderungen nomina-

[18] Obwohl Vermögen hier eine Rolle als Kreditsicherheit zukommt, geht es hier um *Kredite*, die *zu weniger als 100% besichert* sind. Im Falle einer hundertprozentigen Besicherung gäbe es kein Verhaltensrisiko aufgrund von asymmetrischer Information, es würde sich um eine Art von Pfandleihe handeln. Bei makroökonomischer Betrachtung und homogenen Kapital- bzw. Vermögensgütern wäre eine Kreditausweitung genau in Höhe des Wertzuwachses des Eigenkapitals gleichbedeutend mit einer Ausweitung der Selbstfinanzierung.

ler Zinssätze unabhängig von einem etwaigen Zusammenhang mit realen Zinssätzen eine eigenständige makroökonomische Wirkung zukommt.
Von der Kreditverwendung abgesehen, spielen Vermögen und Vermögenspreise beim Cash-Flow-Kanal keine Rolle.

5.4.3.8 Preisniveauüberraschungskanal

Wenn expansive Geldpolitik einen überraschenden Anstieg des Preisniveaus bewirkt, Schulden aber nominal fixiert sind, führt die Überraschungsinflation zu einer realen Abwertung der Schulden von Unternehmen, nicht aber zu einer realen Abwertung der Aktiva. Bei denjenigen Unternehmen, die Nettoschuldner sind, verbessert sich das Bilanzbild, was einen Rückgang informationsasymmetriebedingter Verhaltensrisiken, einen Anstieg der Kreditvergabe, der Investitionsausgaben, der aggregierten Nachfrage und der wirtschaftlichen Aktivität nach sich zieht. (Vgl. M2001, 656.)
Bei restriktiver Geldpolitik und Überraschungsdeflation beschreibt man mit spiegelbildlicher Argumentation eine *debt deflation* nach I. Fisher.
Auch hier spielen Vermögen und Vermögenspreise, von der Kreditverwendung abgesehen, keine unmittelbare Rolle. In Analysen der Weltwirtschaftskrise werden der starke Aktienkursrückgang, der geldpolitische Kurs und die anschließende Deflation auf unterschiedliche Weise zueinander in Beziehung gesetzt.

5.4.3.9 Haushaltsliquiditätseffekt

Expansive Geldpolitik bewirkt (wie bei Tobins-q-Kanal, den Vermögenseffekten und dem Bilanzkanal) einen Anstieg des Aktienkursniveaus, was c.p. einem Wertzuwachs des gesamten Finanzvermögens eines Haushalts bedingt. Finanzvermögen ist liquider als Sachvermögen, daher kann jenes mit geringem Verlust schnell verkauft werden, dieses aber nur unter hohen Verlusten. Je wertvoller das Finanzvermögen eines Haushalts relativ zu dessen Schulden ist, desto geringer ist das Risiko finanzieller Notlagen, die Notverkäufe illiquider Sachvermögenswerte erforderlich machen könnten. Je geringer ein Haushalt sein Risiko finanzieller Notlagen einschätzt, desto höher ist der Anteil am Gesamtvermögen, den er in illiquider Form zu halten bereit ist. Daher verursacht der genannte Anstieg des Finanzvermögens erhöhte Ausgaben des Haushalts für langlebige Konsumgüter und Wohnimmobilien. (Vgl. M2001, 657.)
Umgekehrt bewirkt restriktive Geldpolitik über einen Rückgang der Aktienkurse, des Finanzvermögens der Haushalte, des Liquiditätsgrades des Haushaltsvermögens und des Grades an Sicherheit vor finanziellen Notlagen einen Rückgang der Ausgaben für dauerhafte Konsumgüter und Wohnimmobilien.
Vermögen und Vermögenspreise spielen beim Haushaltsliquiditätseffekt eine mehrfache Rolle.

Erstens besitzt Geldpolitik in der zuvor dargelegten Weise einen systematischen Einfluss auf das Aktienkursniveau, somit auf den Wert des Finanzvermögens der Haushalte.
Zweitens sind Haushalte in ihrem Nachfrageverhalten nach dauerhaften Konsumgütern und Wohnimmobilien auch von Liquiditätsüberlegungen geleitet.
Drittens hängt es bei gegebenem Schuldenstand vom Bilanzbild der Haushalte ab, insbesondere von der Aufteilung des Vermögens in Sach- und Finanzvermögen, wie Sachvermögenspreise auf einen Rückgang von Finanzvermögenspreisen reagieren. Bei geringem Finanzvermögensanteil kann es bei fallenden Finanzvermögenspreisen bzw. Aktienkursen zu Notverkäufen von Sachaktiva kommen, also zu einer Ausweitung der Angebotsmenge und fallenden Preisen an den Märkten für Sachvermögen. Bei hohem Finanzvermögensanteil kommt es nicht zu einer solchen Reaktion. Vermögenspreise können also in Abhängigkeit von der Liquiditätslage der Haushalte unterschiedlich auf geldpolitische Impulse reagieren.

5.4.3.10 Zusammenfassung und Interpretation in Bezug auf Vermögenspreisinflation

Der geldpolitische Transmissionsmechanismus besteht nach Mishkin (2001) aus neun Wirkungskanälen bzw. –ketten. Bei vielen von diesen nehmen Vermögenspreise oder aus ihnen abgeleitete Größen eine mittlere Stellung zwischen dem geldpolitischem Impuls und den Wirkungen auf die wirtschaftliche Aktivität ein. Mithilfe dieser Wirkungsketten lässt sich *Vermögenspreisinflation* zum einen *als* die *Wirkung* expansiver geldpolitischer Impulse interpretieren, zum anderen *als* die *Ursache* von Änderungen der Investitionen (oder der Investitionsausgaben), des Konsums und der Produktion.[19] Alternativ zur ersten und ergänzend zur zweiten Aussage kann Vermögenspreisinflation auch als die Wirkung exogener Schocks auf den geldpolitischen Transmissionsmechanismus angesehen werden. Eine Übersicht über die Wirkungsketten, die vor allem auf die Rolle der Vermögenspreise abhebt, bietet Abb. 5.8.
Der *Einfluss der Geldpolitik auf die Vermögenspreise* bzw. auf die aus ihnen abgeleiteten Größen ist allgemein gleichgerichtet, es besteht ein positives Vorzeichen der partiellen Ableitung. Bei expansiver Geldpolitik steigen demnach die Vermögenspreise. Ein Einfluss der Geldpolitik auf die Vermögenspreise ergibt sich über die Kanäle Nr. 3-6, 8 und 9. Nimmt man zusätzlich an, dass das Angebot von Wohnimmobilien kurzfristig unelastisch ist, so ergibt sich ein weiterer geldpolitischer Einfluss auf die Vermögenspreise, insbesondere über die Preise der Wohnimmobilien, über den Zinskanal (Kanal Nr. 1).

[19] Teilt man die betreffenden Transmissionskanäle bei den Vermögenspreisen bzw. den aus ihnen abgeleiteten Größen, so erhält man zwei Kausalketten, eine „vordere" mit Geldpolitik als Ursache von Vermögenspreisänderungen und eine „hintere" mit Vermögenspreisänderungen als Ursache von Änderungen der wirtschaftlichen Aktivität.

Abb. 5.8: Vermögenspreise in den einzelnen Transmissionskanälen nach Mishkin (2001)

				Zinskanal ↴	*Weitere Vermögens-effekte*			*Kreditkanal*				
		Transmissionskanäle (Spalten)		1	2	3	4	5	6	7	8	9
		Variablen (Zeilen)		**Zinskanal**	**Wechselkurseffekt**	**Tobins-q-Effekt**	**Vermögenseffekt**	**Bankkreditkanal**	**Bilanzkanal**	**Cash-Flow-Kanal**	**Preisniv'überr'kan.**	**Haushaltsliq'effekt**
Geld-politik	1	Geldmenge, Schlüsselzinssätze		Geldmenge + kurzfristiger Nominalzins -								
	…	…		↓	↓	↓	↓	↓	↓	↓	↓	↓
	…	…		↓	↓	↓	↓	↓	↓	↓	↓	↓
Vermögenspreise (und abgeleitete Größen)	5	Vemögenspreise	Aktienkurse*	↓	↓	+	+	↓	+	↓	↓	+
	.		.	↓	↓	↓	↓	↓	↓	↓	↓	↓
	6		„Tobins q" *	↓	↓	+	↓	↓	↓	↓	↓	↓
	8	Finanzvermögen*		↓	↓	↓	+	↓	↓	↓	↓	↓
	9	Einlagen bei und Reserven von Banken*		↓ ↓	↓ ↓	↓ ↓	↓ ↓	+	↓ ↓	↓ ↓	↓ ↓	↓ ↓
	12	Bilanzbild	Verhältnis Aktiva zu Schulden*	↓ ↓	↓ ↓	↓ ↓	↓ ↓	↓ ↓	↓ ↓	↓ ↓	+	↓ ↓
	13		Anteil liq. Mittel*	↓	↓	↓	↓	↓	↓	↓	↓	+
	…	…		↓	↓	↓	↓	↓	↓	↓	↓	↓
	…	…		↓	↓	↓	↓	↓	↓	↓	↓	↓
Wirtschaftliche Aktivität (BIP und BIP-Komp.)	21	Nettoexporte (Außenhandel)		↓	+	↓	↓	↓	↓	↓	↓	↓
	22	Konsum		↓	↓	↓	+	↓	↓	↓	↓	↓
	23	Investitionen	d. Haush. in langleb. Konsumgüter	+	↓ ↓	↓ ↓	↓ ↓	↓ ↓	+	↓ ↓	↓ ↓	+
	24		d. Haushalte in Wohnimmobilien*	+	↓ ↓	↓ ↓	↓ ↓	+	+	↓ ↓	↓ ↓	+
	25		d. Unternehmen	+	↓	+	↓	+	+	+	+	↓
	.		.	↓	↓	↓	↓	↓	↓	↓	↓	↓
	26		Gesamte Inv.	+	↓	+	↓	+	+	+	+	+?
	.		.	↓	↓	↓	↓	↓	↓	↓	↓	↓
	27	Bruttoinlandsprodukt		BIP +								

Regt ein expansiver geldpolitischer Impuls die Investitionen der Haushalte in Wohnimmobilien an, so steigen bei kurzfristig nicht zu erhöhender Angebotsmenge die Preise.[20] Die *Vermögenspreis- und Vermögensvariablen*, die auf Geldpolitik reagieren müssen, damit die betreffenden Kanäle wirksam werden, sind die Aktienkurse (Kanäle Nr. 3, 4, 6 und 9), „Tobins q" (Nr. 3), der Wert des Finanzvermögens (Nr. 4), der Wert der Bankeinlagen und –reserven (Nr. 5), das Wertverhältnis der Aktiva zu den Schulden der Unternehmen (Nr. 8) und der Anteil liquider Mittel am Haushaltsportfolio (Nr. 9).

Der *Einfluss der Vermögenspreise* bzw. der aus ihnen abgeleiteten Größen *auf die Ausgaben und die gesamtwirtschaftliche Aktivität* ist ebenfalls gleichgerichtet bzw. von gleichem Vorzeichen. Vermögenspreisinflation regt demnach Ausgaben und Produktion an, Vermögenspreisdeflation führt zu entsprechenden Rückgängen. Dies gilt unabhängig davon, ob die Vermögenspreisänderung geldpolitisch oder exogen verursacht wurde. Der Einfluss der Vermögenspreisentwicklung auf Ausgaben und Produktion läuft über die Kanäle Nr. 3-6, 8 und 9. Speziell auf den Konsum der Haushalte wirkt Kanal Nr. 4, auf die Investitionen bzw. Investitionsausgaben der Haushalte Nr. 5, 6 und 9 sowie auf die Investitionen der Unternehmen Nr. 3, 5, 6 und 8.

Bei Tobins-q-Kanal (Nr. 3) wirken die Aktienkurse über „Tobins q" auf die Unternehmensinvestitionen. Beim Vermögenseffekt (Nr. 4) wirken die Aktienkurse über das Finanzvermögen auf den Haushaltskonsum. Beim Bankkreditkanal (Nr. 5) wirkt der Wert der Bankeinlagen und –reserven auf die Investitionen von Haushalten und Unternehmen. Beim Bilanzkanal (Nr. 6) wirken die Aktienkurse auf die Investitionen der Haushalte und Unternehmen. Beim Preisniveauüberraschungskanal (Nr. 8) wirkt das Wertverhältnis der Aktiva zu den Schulden der Unternehmen auf deren Investitionen. Beim Haushaltsliquiditätseffekt (Nr. 9) wirken die Aktienkurse über den Anteil liquider Mittel am Portfolio der Haushalte auf deren Investitionen.

5.4.4 Zwischenergebnis

Vermögenspreise spielen eine bedeutende ökonomische Rolle im geldpolitischen Transmissionsprozess. Allgemein sind *drei Arten von Wirkungszusammenhängen* zu unterscheiden. *Erstens* wirkt Geldpolitik auf die Vermögenspreise ein. Expansive Geldpolitik bewirkt tendenziell einen (zumindest nominalen) Vermögenspreisanstieg. *Zweitens* können neben der Geldpolitik andere Einflüsse die Vermögenspreise beeinflussen. Aus Sicht der Notenbank handelt es sich dabei um exogene Schocks. *Drittens* wirken Vermögenspreise ihrerseits auf Ausgaben, Produktion und Verbraucherpreisniveau ein, also auf das Ziel (oder die Ziele) der Geldpolitik.

[20] Diese Argumentation betrifft die Kanäle Nr. 1, 5, 6 und 9.

Aus diesen Wirkungen auf die Zielvariable ergibt sich für die Notenbank die Frage, ob beobachtete Vermögenspreisänderungen durch die eigene Geldpolitik, durch autonome Entwicklungen an den Vermögensmärkten oder durch exogene Schocks verursacht worden sind.[21]
Die beiden behandelten *Gesamtdarstellungen* des geldpolitischen Transmissionsmechanismus räumen den Vermögenspreisen eine Zwischenposition zwischen den geldpolitischen Impulsen einerseits und Ausgaben und Verbraucherpreisentwicklung andererseits ein. Die Darstellung der *EZB* sieht Vermögenspreisentwicklungen in Wechselwirkung mit Entwicklungen der monetären Variablen und der Wechselkurse. (Die Interdependenzbeziehung mit den monetären Variablen wird im anschließenden Abschnitt näher untersucht.) Die Darstellung nach *Mishkin* weist Vermögenspreisen bzw. aus ihnen abgeleiteten Größen wie z.B. „Tobins q" eine Stellung als Zwischenglied in sechs von insgesamt neun Wirkungsketten bzw. Transmissionskanälen zu. Hierzu gehören unter anderem der Vermögenseffekt und der Bilanzkanal.

5.5 Makroökonomische Perspektive II: Ökonomische Beziehungen zwischen Vermögenspreisen und monetären Variablen

5.5.1 Einführung

Nach der EZB-Gesamtdarstellung des geldpolitischen Transmissionsmechanismus besteht zwischen der *Vermögenspreis- und* der *Geldmengenentwicklung* eine wechselseitige Kausalbeziehung. Gemeinsam beeinflussen sie die Verbraucherpreisentwicklung. Insbesondere der *Monetarismus* betont die Bedeutung monetärer Variablen für die Geldpolitik und das gesamte wirtschaftliche Geschehen. Welche Abläufe die genannte Wechselwirkung zwischen Vermögenspreisen und monetären Variablen begründen, darüber geben verschiedene monetaristische sowie in jüngster Zeit auch „monetaristisch inspirierte" Hypothesen Auskunft. *Friedman (1988)* kann als eine monetaristische Antwort auf Vermögenspreisinflation interpretiert werden, und *sieben Hypothesen aus der jüngsten Diskussion* über Vermögenspreisinflation, die um das Jahr 2000 herum aufgelebt ist, lassen sich als Erweiterungen des Geldmengen-Preis-Zusammenhangs darstellen und daher als „monetaristisch inspiriert" bezeichnen.
Ausgangspunkt für die Darstellung sowohl des Vorschlags von Friedman (1988) als auch der neueren Hypothesen ist die nachfolgend skizzierte monetaristische Sichtweise. Diese besitzt eine (geld-) theoretische, eine empirische und eine geldpolitische Dimension.

[21] Ist Vermögenspreisinflation die Folge übermäßig expansiver Geldpolitik, so ist diese entsprechend anzupassen. Ist sie aber das Ergebnis exogener Einflüsse, so hängt die gebotene geldpolitische Reaktion von der Art dieses Einflusses ab.

In (geld-) *theoretischer* Hinsicht besteht die monetaristische Sichtweise vor allem in einer bestimmten Interpretation der Quantitätsgleichung. Diese lautet in Wachstumsraten:

$$\hat{M} + \hat{v} = \hat{Y} + \hat{P}\,; \quad \hat{P} = \pi$$

Aus monetaristischer Sicht ist diese Gleichung so zu interpretieren, dass ein Geldmengenwachstum, das über dasjenige hinausgeht, welches für ein inflationsfreies Wachstum erforderlich wäre, lediglich einen Anstieg des Preisniveaus verursacht, also (Verbraucherpreis-) Inflation.

$$\pi = \hat{M} - \hat{Y} + \hat{v}$$

Geldmengenwachstum und Inflation verhalten sich also nicht in jedem Fall proportional (sog. naive Quantitätstheorie), sondern nur ein (im beschriebenen Sinne) *übermäßiges* Geldmengenwachstum wirkt inflationär (Neo-Quantitätstheorie). Aus monetaristischer Sicht ist das nominale Geldangebot exogen und die reale Geldnachfrage endogen. Die Notenbank kann das nominale Geldangebot steuern, d.h. die Geldmenge, und die Wirtschaftssubjekte entscheiden über ihre gewünschte reale Geldnachfrage. Der Transmissionsmechanismus geldpolitischer Impulse wird aus monetaristischer Sicht durch die Theorie der relativen Preise beschrieben. Die Wirtschaftssubjekte entscheiden über ihre gewünschte reale Kassenhaltung im Rahmen einer Entscheidung über die *optimale Vermögensstruktur*. Die Anleger gewichten die verschiedenen Anlage- bzw. Vermögensarten so, dass unter Abwägung der Kosten und Erträge ein Nutzen- bzw. Ertragsmaximum vorliegt. Preis- oder Mengenänderungen bewirken eine Änderung der wertmäßigen Zusammensetzung des Portfolios und lösen Anpassungsprozesse aus, unabhängig davon, ob es die auslösenden Datenänderungen auf geldpolitische Impulse oder auf exogene Schocks zurückgehen.
In *geldpolitischer* Hinsicht besteht die monetaristische Position in der Befürwortung einer Strategie der Geldmengensteuerung. In der Vergangenheit hat die Bundesbank eine Geldmengensteuerung betrieben. Sie hat den quantitätstheoretischen Zusammenhang *geldpolitisch* genutzt, indem sie ein bestimmtes Geldmengenwachstum angestrebt hat, um auf diese Weise Preisstabilität zu gewährleisten. Das *Geldmengenziel*, d.h. der Richtwert für das Geldmengenwachstum, berechnet sich wie folgt (vgl. GRS 2004, 138):

$$\hat{M}^{Ziel} = \pi^{Norm} + \hat{Y}^{*} - \hat{v}^{*}$$

Dabei steht π^{Norm} für die Preisnorm, d.h. der als zielkonform definierte Wert oder Wertebereich für die Veränderung des (Verbraucher-) Preisniveaus. Das Wachstum des Produktionspotentials, $\hat{Y}^{*}$, entspricht dem geschätzten längerfristigen realen Wirtschaftswachstum. Auch die Änderungsrate der Umlaufgeschwindigkeit, $\hat{v}^{*}$, wird durch einen geschätzten längerfristigen Trendwert wie-

dergegeben. In ähnlicher Weise wie zuvor die Bundesbank berechnet die EZB einen Referenzwert für das Geldmengenwachstum.
Für eine geldpolitische Nutzung des quantitätstheoretischen Zusammenhangs zwischen Geldmengenwachstum und Inflation müssen die folgenden *Bedingungen* gegeben sein: Erstens muss die Notenbank das Geldmengenwachstum steuern können (Kontrollierbarkeit des Geldmengenwachstums), dieses muss aus Sicht der Geldpolitik also exogen sein. Zweitens muss die Geldumlaufgeschwindigkeit im Zeitablauf zumindest funktional stabil sein (Stabilität der Geldnachfrage). Drittens muss die Preisnorm festgelegt und viertens das Potentialwachstum berechnet werden.
Tatsächlich gibt es nicht nur eine einzige Geldmenge, sondern *mehrere Geldmengenabgrenzungen* bzw. -aggregate. Das geldpolitisch interessierende Geldmengenaggregat ist so zu wählen, dass die Notenbank dieses hinreichend genau steuern kann und dass dieses seinerseits in einem hinreichend stabilen langfristigen Zusammenhang mit der Preisentwicklung steht.
Vermögenspreise spielen in der zuvor skizzierten monetaristischen Sichtweise vor allem über die Portfolioanpassungen eine Rolle, sie sind nicht unmittelbar ein Element der Quantitätsgleichung. Vermögenspreise sind die Preise der (mehr oder weniger nahen) Geldsubstitute, die neben Geld Bestandteil des Vermögens bzw. der optimalen Portfolios sind. Veränderungen ihrer Preise oder Mengen wirken auf die wertmäßige Vermögenszusammensetzung und auf die jeweiligen Ertragsraten. Sowohl geldpolitische Impulse als auch Schocks, die auf die Vermögenspreise einwirken, lösen Portfolioanpassungen aus.
Im Folgenden wird die zuvor skizzierte monetaristische Sichtweise *ergänzt* bzw. *erweitert*. Friedman (1988) untersucht die Rolle von Vermögenspreisen bei der Geldnachfrage bzw. das Verhältnis von Vermögenspreisentwicklung und Geldumlaufgeschwindigkeit. Die sieben neueren, „monetaristisch inspirierten" Hypothesen können als Erweiterungen des Geldmengen-Preis-Zusammenhangs um Vermögenspreise bzw. Vermögenspreisinflation dargestellt werden, die im einzelnen unterschiedliche, aber im Vergleich zu Friedman (1988) weitergehende Änderungen der hergebrachten monetaristischen Sichtweise implizieren.

5.5.2 Die Rolle des Aktienmarkts bei der Geldnachfrage nach Friedman (1988)

Friedman (1988) untersucht die *Rolle des Aktienmarkts bei der Geldnachfrage*. Dabei liefert er eine monetaristische Antwort auf die Frage, wie Vermögenspreise dauerhaft geldpolitische Berücksichtigung finden können: Die Wachstumsrate des Vermögenspreisniveaus – hier nur des Aktienkursniveaus – kann direkt als Argument in die Geldnachfragefunktion aufgenommen werden, um Schätzungen der Geldnachfrage zu verbessern. Derartige Schätzungen von Geldnachfragefunktionen werden geldpolitisch unter anderem dazu genutzt, den Kurs der Geldpolitik zu beurteilen.

Konkret untersucht Friedman die Beziehung zwischen dem *Aktienkursniveau* (hier: Wert des Dow-Jones-Index) *und* der *Umlaufgeschwindigkeit des Geldes* (hier: Geldmengenaggregat M2). In *theoretischer* Hinsicht bietet er für diese Beziehung *fünf Interpretationen* an. Die vierte Interpretation legt ein positives, die anderen vier legen ein negatives Vorzeichen nahe. Eine inverse bzw. *negative* Beziehung zwischen Aktienkursen ([DJ]) und Geldumlaufgeschwindigkeit ([v = (YP)/M]) ist gleichbedeutend mit einer direkten bzw. *positiven* Beziehung zwischen Aktienkursen (real; [DJ]) und der Realkassenhaltung je Einkommenseinheit (real cash balances per unit of income; [(M/P)/Y = M/(YP) = 1/v]). (Vgl. Friedman 1988, 222.) Die ersten vier Interpretationen hält Friedman für relevanter bzw. plausibler als die fünfte. (Vgl. Friedman 1988, 223, Fußnote 3.) Eine Übersicht über diese Zusammenhänge bietet Tab. 5.9.

Tab. 5.9: Beziehungen zwischen Vermögenspreisen und Geld nach Friedman (1988)

Bez. Nr.	Idee	Erläuterung	[*d*v/ *d*DJ]	[*d*(1/v)/ *d*DJ]	Effekt
1	Erhöhte relative Geldhaltung mit wachsendem Vermögen	Mit wachsendem Vermögen steigende Geldnachfrage, jeweils relativ zum Einkommen	–	+	Vermögenseffekt
2	Ausgleich des Risikozuwachses im Portfolio	Substitution von Vermögen durch Geld zum Ausgleich eines erhöhten Risikogrades	–	+	
3	Geld zur Abwicklung von Finanzmarkttransaktionen	Erhöhte Geldnachfrage zur Abwicklung eines höheres Volumens von Finanztransaktionen	–	+	
4	Gestiegene Opportunitätskosten der Geldhaltung	Gestiegene Attraktivität von Aktien gegenüber Geld als Anlage	+	–	Substitutionseffekt
5	Erwarteter Wachstumsanstieg	In Erwartung von Wachstum erhöhte Vermögenspreise und erhöhte Geldnachfrage	–	+	„Zusätzl. Effekt“

[DJ]: Aktienkursniveau (→Vermögenspreise); [v]: Geldumlaufgeschwindigkeit (→Geld)

Erstens bewirkt ein Aktienkursanstieg eine Zunahme des Vermögens-Einkommens-Quotienten. Dies lässt eine Zunahme auch des Geld-Einkommens-Quotienten erwarten, also eine geringere Umlaufgeschwindigkeit.

Zweitens bewirkt einen Kursanstieg eine Erhöhung des erwarteten Renditeverhältnisses von riskanten gegenüber risikolosen Aktiva, somit auch einen Anstieg des Risikoniveaus eines gegebenen Portfolios. Bei unveränderter Risikopräferenz wird dieser *Risikoanstieg* durch Portfolioumschichtungen von riskanteren zu weniger riskanten Aktiva wie u.a. Geld *zurückgenommen.*
Drittens bewirkt ein Aktienkursanstieg (bei gegebener Transaktionsmenge) eine Zunahme des nominalen *Volumens der Finanztransaktionen*, wofür zusätzlich Geld nachgefragt wird.
Viertens macht ein realer Aktienkursanstieg Aktien als Portfoliobestandteil attraktiver und löst somit eine Umschichtung von anderen Komponenten, einschließlich Geld, zu Aktien aus. Dieser *Substitutionseffekt* läuft den zuvor erläuterten Effekten zuwider, hat also bei derselben Richtung der Kausalität ein umgekehrtes, nämlich positives Vorzeichen. Das Vorzeichen des Netto- bzw. Gesamteffekts (für [1.] bis [4.]) ist nach Friedman eine empirische Frage. (Vgl. Friedman 1988, 223.)
Schließlich ist *fünftens* ein Effekt mit negativem Vorzeichen vorstellbar, dem aber andere kausale Abläufe zugrunde liegen. Erwartete Zunahmen der realwirtschaftlichen Aktivität schlagen sich, da von den Marktteilnehmern antizipiert, bereits vorher sowohl in erhöhten Aktienkursen als auch in erhöhter Geldnachfrage bzw. einem Rückgang der Umlaufgeschwindigkeit nieder.
Friedman (1988) untersucht den Zusammenhang zwischen Geldmenge und Aktienkursen auch *empirisch*. Auf Grundlage von Quartalsdaten für 1961 bis 1986 erkennt er eine *positive* empirische Beziehung zwischen dem Quotienten aus realer Geldmenge M2 und Einkommen ([(M/P)/Y = M/(PY) = 1/v]) einerseits und dem drei Quartale zuvor herrschenden realen bzw. inflationsbereinigten Aktienkursniveau ([DJ]) andererseits. Weiterhin findet er eine *negative* empirische Beziehung zwischen demselben Geldmengen-Einkommens-Quotienten und dem in derselben Periode herrschenden realen Aktienkursniveau.
Die positive empirische Beziehung interpretiert er (zusammenfassend) als einen *Vermögenseffekt*, die negative als einen *Substitutionseffekt*. Nimmt man die beiden Beziehungen als stabil an, so lässt ein Anstieg des realen Aktienkursniveaus einen Rückgang der Umlaufgeschwindigkeit drei Quartale später erwarten (Vermögenseffekt), aber einen Anstieg der Umlaufgeschwindigkeit in der Gegenwart (Substitutionseffekt).

Vermögenseffekt: $DJ(t)\uparrow \Rightarrow \frac{M}{PY}(t+3)\uparrow;\ \frac{M}{PY}(t+3)\uparrow \Leftrightarrow \frac{1}{v(t+3)}\uparrow \Leftrightarrow v(t+3)\downarrow$

Substitutionseffekt: $DJ(t)\uparrow \Rightarrow \frac{M}{PY}(t)\downarrow;\ \frac{M}{PY}(t)\downarrow \Leftrightarrow \frac{1}{v(t)}\downarrow \Leftrightarrow v(t)\uparrow$

Für die Quartalsdaten des genannten Zeitraums scheint der Vermögenseffekt den Substitutionseffekt zu dominieren, *insgesamt* besteht zwischen Aktienkursniveau und der Umlaufgeschwindigkeit von M2 eine *negative empirische Bezie-*

hung. Dieses Ergebnis ist allerdings nicht robust, denn für Jahresdaten über einen Zeitraum von hundert Jahren gilt das Gegenteil. Das Vorzeichen des Gesamteffekts fällt also für die beiden Datensätze unterschiedlich aus. Ferner scheint das Finanztransaktionsvolumen einen nennenswerten Einfluss nur auf die M1-, nicht aber die M2-Umlaufgeschwindigkeit auszuüben.

5.5.3 Sieben neuere Hypothesen zum Verhältnis von Vermögenspreisen, Geldmengenwachstum und Inflation

Die Frage nach der Bedeutung von Vermögenspreisen für den Zusammenhang zwischen monetären Variablen, insbesondere der Geldmengenentwicklung, und der Inflation, gemessen als Änderung des Verbraucherpreisniveaus, besitzt eine theoretische, eine empirische und eine geldpolitische Dimension. In der internationalen geldtheoretischen und geldpolitischen Diskussion gibt es seit geraumer Zeit einen Streit zwischen Befürwortern und Gegnern einer *herausgehobenen Bedeutung monetärer Variablen*, insbesondere des Geldes bzw. des Geldmengenwachstums. Die Befürwortung einer solchen Sonderstellung des Geldes entspricht *geldpolitisch* der Wahl einer Strategie der Geldmengenziele bzw. der Geldmengensteuerung, im Euroraum auch einer Betonung der monetären Analyse als Element der geldpolitischen Strategie der EZB. In *theoretischer* Hinsicht entspricht sie dem Monetarismus und in *empirischer* Hinsicht einer Betonung des längerfristigen Geldmengen-Preis-Zusammenhangs sowie der Prognostizierbarkeit bzw. (funktionalen) Stabilität der Geldnachfrage. [22]
Mit anderen Worten wird der *geldpolitische Streit* zwischen den Befürworten einer Strategie der *Geldmengensteuerung* (bzw. einer herausgehobenen Rolle für die „monetäre Analyse" der EZB) und denjenigen einer Strategie des *Inflation Targeting* (bzw. einer herausgehobenen Rolle für die „wirtschaftliche Analyse" der EZB) auch in der theoretischen und empirischen Literatur ausgetragen. Vermögenspreisinflation und –deflation stellen u.a. durch die internationale Aktienkursentwicklung vor und nach dem Jahr 2000 den aktuellen Ereignishintergrund dieses auf mehreren Ebenen ausgetragenen geldpolitischen Streits dar und werden insbesondere von der zuerst genannten Richtung zum Element und Gegenstand von Hypothesen gemacht, die als Argument für die eigene geldpolitische Position dienen können. Diese Hypothesen haben gemeinsam, dass sie die Bedeutung monetärer Variablen wie Geld und Kredit betonen. Man kann sie daher als *„monetaristisch inspiriert"* bezeichnen.
Bei einer Strategie der Geldmengensteuerung fungiert ein geeignet abgegrenztes Geldmengenaggregat als geldpolitisches Zwischenziel. Um als Zwischenziel geeignet zu sein, muss die Geldmenge (bzw. das gewählte Geldmengenaggregat) zum einen hinreichend von der Notenbank mit zinspolitischen Mitteln ge-

[22] Zu den Hauptaussagen des Monetarismus und den theoretischen Grundlagen der Geldmengensteuerung vgl. Görgens et al. (2004, 137 ff) und Issing (1998, insbes. 146-148 [Neo-Quantitätstheorie] und 200-202 [quantitätstheoretische Erklärung von Inflation]).

steuert werden können, zum anderen muss sie (bzw. es) einen engen mittel- bis langfristigen Zusammenhang mit der Verbraucherpreisentwicklung aufweisen. (Vgl. z.B. Görgens et al. 2004, 137.) Nimmt man diese Voraussetzungen als gegeben an, so erhält man die in Abb. 5.10 dargestellte *„orthodoxe Sichtweise"*. Sie bildet im Folgenden den gedanklichen Ausgangspunkt für die Darstellung der sieben neueren, „monetaristisch inspirierten" Hypothesen über monetäre Variablen und Vermögenspreisinflation.[23]

Abb. 5.10: „Orthodoxe" Sichtweise

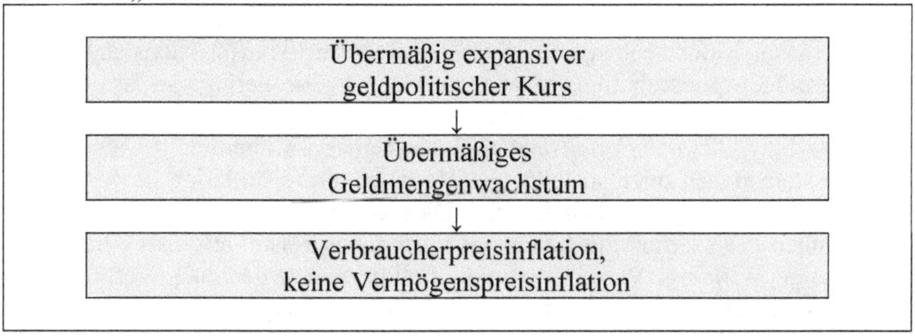

Es handelt sich also um eine Abfolge zweier einfacher, wechselseitig eindeutiger Kausalbeziehungen. Die erste Beziehung ist eine Implikation der Annahmen, dass die Geldmengenentwicklung *exogen* und hinreichend genau *geldpolitisch steuerbar* ist, die zweite Beziehung ist gleichbedeutend mit dem *Geldmengen-Preis-Zusammenhang* in einer strikten bzw. „mechanistischen" Interpretation. Sind die Beziehungen wechselseitig eindeutig, so ergeben sich aus den beiden Beziehungen vier Aussagen: Erstens manifestiert sich eine übermäßig expansive Geldpolitik stets in übermäßigem Geldmengenwachstum, und zweitens verursacht dieses stets Inflation. Drittens ist umgekehrt Inflation immer die Wirkung übermäßigen Geldmengenwachstums (Inflation als „monetäres Phänomen"), und dieses viertens immer Ausdruck eines zu lockeren geldpolitischen Kurses.

[23] Zu dieser Art der Darstellung erscheinen einige *Anmerkungen* geboten:
(1.) *Konsistenz*: Die Hypothesen sind nicht notwendigerweise miteinander vereinbar, da sie unabhängig voneinander formuliert wurden. (2.) Die Hypothesen ersetzen *kein formales monetaristisches* (bzw. monetaristisch inspiriertes) *Modell von Vermögenspreisinflation.* Ein solches existiert bislang nicht. (3.) Die Darstellung durch Abgrenzung von der (stilisierten) „orthodoxen Sichtweise" verfolgt den Zweck, die jeweils enthaltene Neuerung deutlich zu machen. Das Urteil, ob dieses Neue eine *Verletzung oder* eine „kongeniale" *Erweiterung des Geldmengen-Preis-Zusammenhangs* bzw. der (Neo-) Quantitätstheorie darstellt, ist dem geneigten Leser überlassen.

Aus der skizzierten „orthodoxen" Perspektive scheint der *Vermögenspreisentwicklung* eine *eher geringe Bedeutung für die Geldpolitik* zuzukommen. *Erstens* ist Vermögenspreisinflation per se keine Verletzung des geldpolitischen Hauptziels der Preisstabilität, verstanden als Verbraucherpreisniveaustabilität. *Zweitens* sind Vermögenspreise die Preise von Vermögenswerten, die teilweise enge Geldsubstitute darstellen. Eine Einbeziehung dieser Geldsubstitute in erweiterte Geldmengenaggregate ist zwar denkbar, ein solches erweitertes Aggregat wäre den bestehenden Geldmengenaggregaten aber nur dann vorzuziehen, wenn sein empirischer Zusammenhang mit der Verbraucherpreisentwicklung enger ist. Dies erscheint zweifelhaft. *Drittens* sind Vermögenspreise Teil des geldpolitischen Transmissionsmechanismus. Das Gewicht der Transmissionskanäle, die über Vermögenspreise laufen, ist aber vergleichsweise gering. So ist der Vermögenseffekt auf den Konsum im Euroraum von untergeordneter Bedeutung.
Die erste bzw. *Ersatzinflationshypothese* besagt, dass übermäßiges Geldmengenwachstum neben oder anstelle von Verbraucherpreisinflation auch Vermögenspreisinflation verursachen kann.[24] Dies entspricht einer Erweiterung des Geldmengen-Preis-Zusammenhangs um Vermögenspreisinflation als eine weitere zulässige Wirkung. Vermögenspreisinflation ersetzt demnach Verbraucherpreisinflation. Die Ersatzinflationshypothese liefert zwei denkbare Begründungen für eine geldpolitische Zuständigkeit für Vermögenspreisinflation. Zum einen man kann diese zusätzlich als alternative Erscheinungsform von Inflation interpretieren. Zum anderen ist die Geldpolitik ihre Verursacherin.

Abb. 5.11: Ersatzinflationshypothese (monetaristisch inspirierte Hypothese Nr. 1)

Übermäßig expansive Geldpolitik

↓

Übermäßiges Geldmengenwachstum

↓

Vermögenspreisinflation
(neben oder anstelle von Verbraucherpreisinflation)

Die zweite bzw. *Überschussliquiditätshypothese* besagt, dass nicht nur das überschüssige Geldmengenwachstum einer Periode, sondern das kumulierte überschüssige Geldmengenwachstum mehrerer Perioden („Überschussliquidität")

[24] Vgl. z.B. das folgende Zitat von Schninasi (1994, 4): „[...] inflationary pressures were manifested and highly concentrated in asset markets, and not in goods or labor markets [...]"

Verbraucherpreisinflation verursachen kann.[25] Dies entspricht einer Verbreiterung des Analysehorizonts bzw. einer zeitlichen Streckung des Geldmengen-Preis-Zusammenhangs auf Seiten der Ursache bzw. der erklärenden Variablen. Dies erleichtert die Auffindung von empirischen Belegen für seine Gültigkeit, bzw. es erschwert seine Widerlegung.

Abb. 5.12: Überschussliquiditätshypothese (Nr. 2)

Übermäßig expansive Geldpolitik

↓

Übermäßiges Geldmengenwachstum
(*in mehreren Perioden*)

↓

Überschussliquidität (kumuliert)

↓

Verbraucherpreisinflation,
keine Vermögenspreisinflation

Laut der dritten bzw. *Blasenalimentierungshypothese* kann übermäßig expansive Geldpolitik eine „Blase" im verlaufsbezogenen Sinne verursachen, d.h. eine zeitliche und kausale Abfolge von Vermögenspreisinflation und von Vermögenspreisdeflation.[26] Deren allfälliges „Platzen" kann eine Finanzkrise auslösen, die anschließend möglicherweise in eine Deflation in den Verbraucherpreisen übergeht.[27] Dies entspricht einer Erweiterung der Ersatzinflationshypothese um Folgewirkungen von Vermögenspreisinflation, die zusätzliche Begründungen für eine Zuständigkeit der Geldpolitik für Vermögenspreisinflation liefern, und zwar je ein Argument für beide Folgewirkungen. Erstens würden Finanzkrisen die Fähigkeit der Geldpolitik zur Steuerung der wirtschaftlichen Entwicklung einschränken, da Geldpolitik durch den Finanzsektor hindurch auf die nichtfinanziellen Sektoren wirkt. In diesem Sinne ist Finanzstabilität bzw. ein funktionierendes Finanzsystem notwendige Bedingung für die Gewährleistung der

---

[25] Es gibt mehrere empirische *Maße für die Überschussliquidität*: den Geldüberhang, die nominale und die reale Geldlücke. (Vgl. GRS 2004, 186.)

[26] „*Verursachen*" kann dabei unterschiedlich weit ausgelegt werden. Die behauptete Kausalbeziehung bedarf einer Reihe von *Präzisierungen* in den folgenden Punkten: Ist eine zu lockere Geldpolitik die einzige oder eine von mehreren Ursachen? Wirkt sie nur im Zusammenhang mit anderen Faktoren? Begünstigt sie die Entstehung oder nur das weitere Wachstum einer bereits bestehenden „Blase"? – Die Rede von „monetärer Alimentierung" legt eine Interpretation als *notwendige Bedingung* nahe, nicht als hinreichende Bedingung.

[27] Vgl. hierzu Issing (2002b, 24ff), der aber eine explizite und uneingeschränkte Aussage, übermäßiges Geldmengenwachstum verursache „Blasen", vermeidet.

Preisstabilität. Zweitens wäre Verbraucherpreisdeflation eine unmittelbare Verletzung des Ziels der Preisstabilität.

Abb. 5.13: Blasenalimentierungshypothese (Nr. 3)

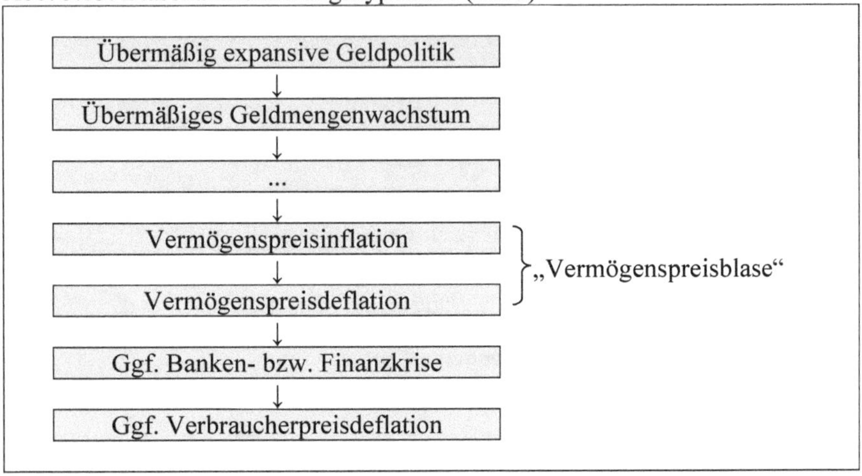

Abb. 5.14: Kombination der ersten drei Hypothesen

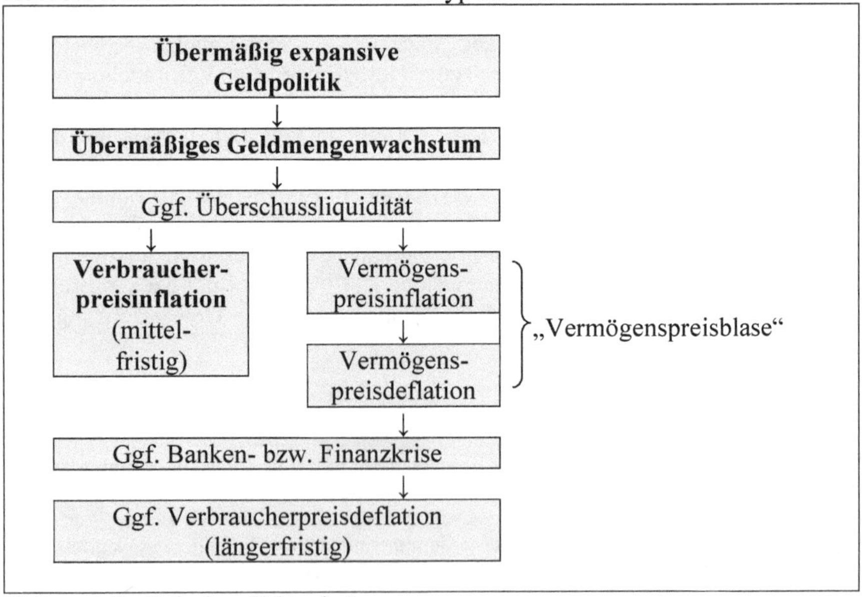

[Fett gesetzt]: „Orthodoxe Sichtweise“

Wie Abb. 5.14 verdeutlicht, liefert die Kombination der ersten drei Hypothesen eine Abfolge, die gegenüber derjenigen der „orthodoxen Sichtweise“ (in Abb. 5.14 fett gesetzt) mehrere Erweiterungen aufweist. Insgesamt lassen sich sowohl Inflation als auch Deflation in den Vermögens- wie in den Verbraucherpreisen (zu verschiedenen Zeitpunkten) als Folgen übermäßig expansiver Geldpolitik darstellen.
Nach der vierten bzw. *Borio-Lowe-Hypothese* können finanzielle Ungleichgewichte Bankenkrisen verursachen. Finanzielle Ungleichgewichte sind bei Borio / Lowe kombinierte bzw. gleichzeitige Trendabweichungen der Vermögenspreise und bestimmter monetärer Variablen, insbesondere von Kredit- und Vermögenspreislücke. (Vgl. Borio / Lowe 2002 und 2004.) Mögliche direkte kausale Beziehungen zwischen Kreditwachstum und Vermögenspreisinflation (bzw. allgemein zwischen den Elementen der finanziellen Ungleichgewichte) sind nicht Gegenstand dieser Hypothese.[28]

Abb. 5.15: Borio-Lowe-Hypothese finanzieller Ungleichgewichte (Nr. 4)

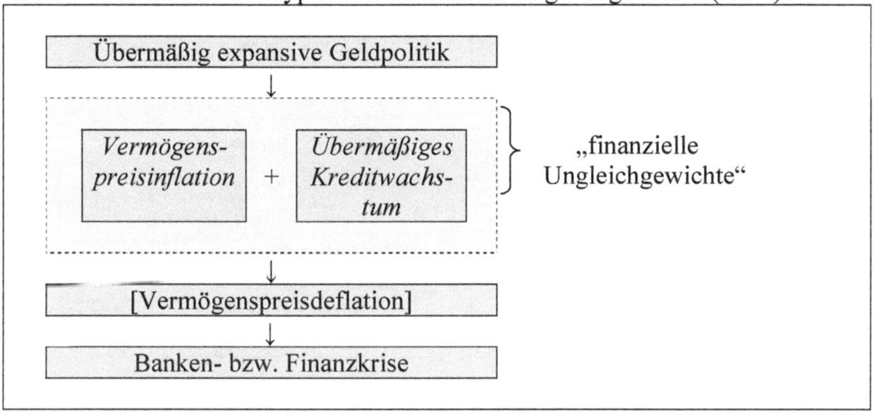

Der zentrale Unterschied der Borio-Lowe Hypothese finanzieller Ungleichgewichte zur „orthodoxen Sichtweise“ liegt darin, dass jene keine herausgehobene ökonomische Rolle speziell für Geld bzw. für die Geldmenge vorsieht, sondern nur für monetäre Variablen allgemein, insbesondere Kredit. Im Wesentlichen wird die Variable „Geld“ durch die Variable „Kredit“ ersetzt. Die Exogenität

[28] Im Unterschied zu den vorherigen Hypothesen werden hier monetäre Variablen und Vermögenspreise zu einer Größe (d.h. zu den „finanziellen Ungleichgewichten“) *zusammengefasst*, und die Zusammenfassung erfolgt als *logische* Konjunktion („A und B“), *nicht* als *kausale* Abfolge („wenn A dann B“). Die Borio-Lowe-Hypothese ist daher im Vergleich zur Kombination der ersten drei Hypothesen (Abb. 5.14) *weniger spezifisch* bezüglich des genauen kausalen Ablaufs, der von übermäßige expansiver Geldpolitik zu einer Bankenkrise führt, und somit *allgemeiner*.

bzw. Steuerbarkeit der Geldmenge und der Geldmengen-Preis-Zusammenhang werden fallen gelassen, aber die Bedeutung der mittelfristigen Perspektive für die Geldpolitik betont.
Die fünfte bzw. *„New Environment"-Hypothese* (bzw. Hypothese eines veränderten Umfelds für Geldpolitik) besagt, dass eine zu lockere Geldpolitik in dem neuen geldpolitischen Umfeld, das durch anhaltend erfolgreiche Inflationsbekämpfung und dauerhaft niedrige Inflationserwartungen gekennzeichnet ist, nicht mehr zu Verbraucherpreisinflation führt, sondern über die Entstehung finanzieller Ungleichgewichte und Bankenkrisen zu neuen Formen von Instabilität.[29] Dies impliziert, dass eine nur am Ziel der Verbraucherpreisstabilität ausgerichtete Geldpolitik insofern zu wirtschaftlicher Instabilität beiträgt, als dass sie die neuartigen Bedrohungen übersieht, die sich aus dem „neuen Umfeld" bzw. aus den veränderten Rahmenbedingungen von Geldpolitik ergeben.

Abb. 5.16: "New Environment"-Hypothese (Nr. 5)

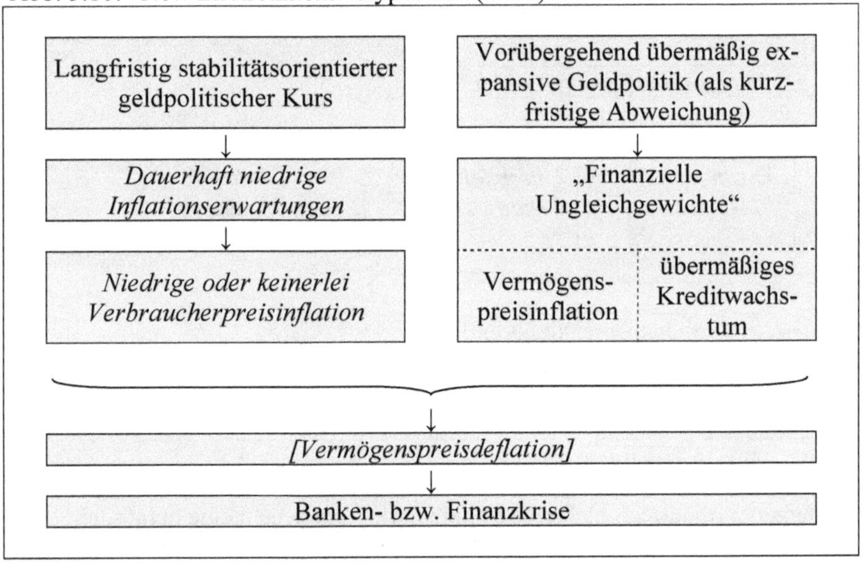

Die „New Environment"-Hypothese stellt gegenüber der Borio-Lowe-Hypothese finanzieller Ungleichgewichte eine Erweiterung um die explizite Abwesenheit von Verbraucherpreisinflation dar. Es soll die Koexistenz von Vermögenspreisinflation mit Verbraucherpreisstabilität erklärt werden. Dies ist eine Zuspitzung gegenüber der Ersatzinflationshypothese. Das Ausbleiben von Verbraucherpreisinflation wird mit der dauerhaften Stabilisierung der Inflations-

[29] Dies ist eine etwas zugespitzte Interpretation von Borio et al. (2003, 27-29).

erwartungen der Marktteilnehmer auf niedrigem Niveau zu begründen versucht, was möglicherweise das Gewicht von Erwartungseffekten auf die Verbraucherpreisinflation überzeichnet.

Laut der sechsten bzw. der *Hypothese der „internationalen Überschussliquidität“* kann die in einem Land durch die lockere Geldpolitik in einem Land geschaffene Überschussliquidität nicht nur dort wirksam werden, sondern daneben oder stattdessen auch in anderen Ländern.[30] Umgekehrt kann Überschussliquidität auch in Ländern mit einer stabilitätskonformen Geldpolitik wirksam werden. Dahinter steht die Vorstellung, dass Liquidität auf einem Markt „geparkt“, aber auch international und zwischen verschiedenen Märkten „verschoben“ werden kann.[31]

Abb. 5.17: Hypothese der „internationalen Überschussliquidität“ (Nr. 6)

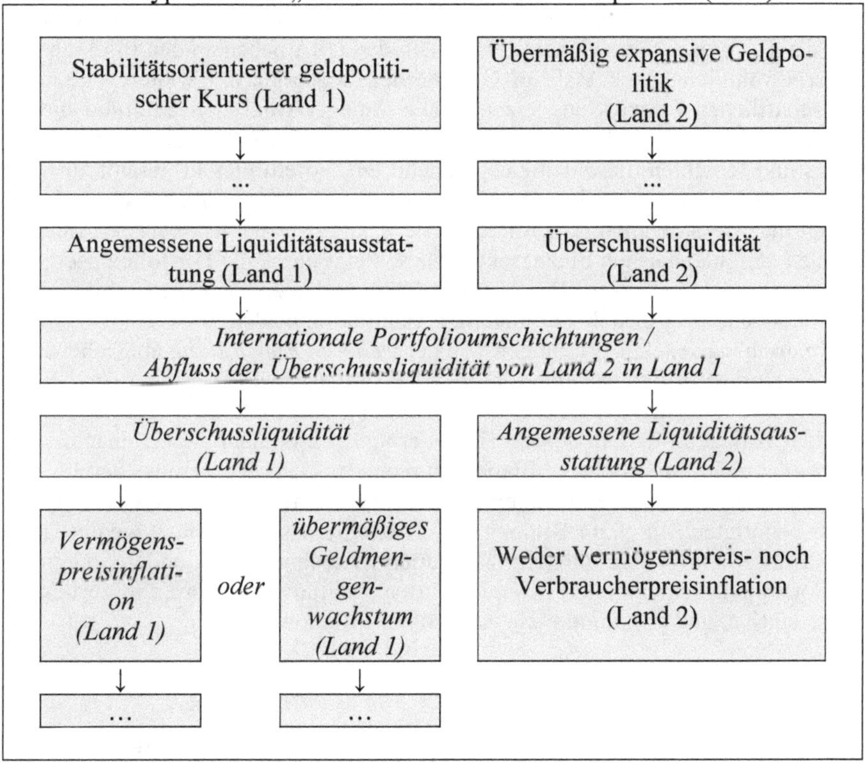

[30] Vgl. z.B. Baks / Kramer (1999, 11ff).

[31] Anschließend kann die Überschussliquidität durch Portfolioumschichtungen zu einem übermäßigen Geldmengenwachstum beitragen, oder sie kann sich auf den Vermögensmärkten nachfragewirksam werden und sich in Vermögenspreisinflation niederschlagen.

Die Erweiterung gegenüber der einfachen Überschussliquiditätshypothese liegt in der Aufhebung der Grenzen zwischen den Währungsräumen. Sie impliziert eine gemeinsame Verantwortung der Notenbanken weltweit für eine stabilitätsorientierte Geldpolitik, da eine einzelne Notenbank gegen das Auftreten von andernorts geschaffener Überschussliquidität machtlos sei. Auf einen einzelnen Währungsraum bezogen, relativiert die internationale Überschussliquiditätshypothese die Exogenität der Geldmenge bzw. die nationale Steuerbarkeit der Geldmengen- und Liquiditätsentwicklung.
Nach der siebten bzw. der *Portfolioumschichtungshypothese* der EZB ist es in den Jahren 2001 bis 2004 trotz einer stabilitätsorientierten Geldpolitik zu einem übermäßigen, aber nicht unmittelbar inflationär wirksamen Geldmengenwachstum gekommen. (Vgl. EZB 2003c und EZB 2005d, 63, Kasten 1.) Dieses ist demnach nicht Ausdruck lockerer Geldpolitik, sondern die Wirkung von Sonderfaktoren. Die Aktienkursdeflation der Jahre 2000/01 und weitere Ereignisse wie die Terroranschläge vom 11.09.2001 in den USA haben an den Märkten ein außergewöhnlich hohes Maß an Unsicherheit bezüglich der weiteren gesamtwirtschaftlichen Entwicklung erzeugt. Die Anleger wünschen aufgrund dieser Verunsicherung eine Erhöhung des Anteils liquider Anlageformen in ihren Portfolios und schichten diese dementsprechend um. Sofern dies insgesamt zu Nettoverkäufen der weniger liquiden Vermögenswerte von den inländischen Haushalten und Unternehmen („nichtfinanzielle Sektoren") an ausländische Anleger oder an den inländischen Finanzsektor führt, steigt durch die Portfolioumschichtungen die Geldmenge an. Dieser übermäßige Geldmengenanstieg schlägt sich nicht notwendigerweise in Verbraucherpreisinflation nieder.
Vielmehr hängen seine Wirkungen von der *weiteren Entwicklung* ab. Dabei sind drei Szenarien zu unterscheiden. (Vgl. EZB 2003e, 12-14, Kasten 1, und EZB 2005a, 29-30, Kasten 2.) Ist die Verunsicherung dauerhaft, so bleibt der Anteil liquider Anlageformen an den Portfolios erhöht, somit auch die Geldnachfrage, und es ist nicht mit erhöhter Inflation zu rechnen. Geht die Verunsicherung zurück, so sind zwei Fälle zu unterscheiden. Zum einen können die dann nicht mehr benötigten Mittel zur Bildung von Transaktionskasse genutzt werden, und es ist mit erhöhter Verbraucherpreisinflation zu rechnen. Zum anderen kann es zu Portfolioumschichtungen in umgekehrter Richtung kommen, d.h. zurück in Finanzaktiva, und es kommt nicht zu erhöhter Inflation.[32]

---

[32] In EZB (2003e) wird noch eine weitere Möglichkeit diskutiert. Legen die Wirtschaftssubjekte der Nicht-MFI-Sektoren mit der überschüssigen Liquidität Immobilien (statt Finanzaktiva), so geht die Überschussliquidität im Aggregat nicht zurück, da die Verkäufer der Immobilien i.d.R. auch Nicht-MFIs sind. Hieran schließt sich wiederum einer der drei im Text erläuterten Mechanismen an. Dieser vierte Mechanismus verzögert demnach lediglich das Eintreten von einem der anderen drei Abläufe.

Abb. 5.18: Portfolioumschichtungshypothese der EZB (Nr. 7)

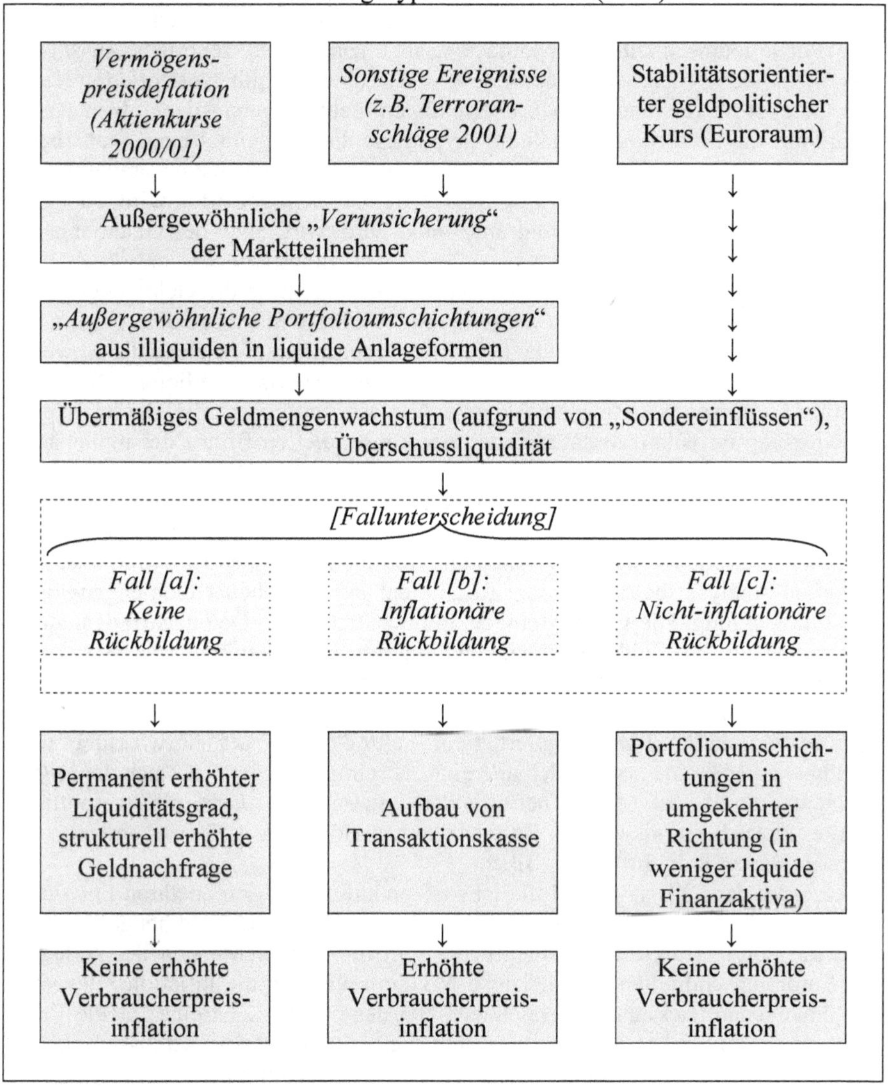

Von den zuvor dargestellten Hypothesen weicht die Portfolioumschichtungshypothese in mindestens zwei Punkten ab. Zum einen wird die „Verunsicherung“ der Marktteilnehmer als makroökonomisch wirksamer Faktor eingeführt.

Zum anderen wird Vermögenspreisdeflation nicht als eine (indirekte) Wirkung übermäßigen Geldmengenwachstums vorgestellt, sondern als dessen Ursache.
Die Portfolioumschichtungshypothese weicht *von* beiden zentralen Aussagen *der „orthodoxen Sichtweise"* ab. Indem sie auf einen stabilitätsorientierten Kurs der Geldpolitik (dennoch) einen übermäßigen Geldmengenanstieg folgen lässt, relativiert die Portfolioumschichtungshypothese die Exogenität bzw. Steuerbarkeit der Geldmenge. Da trotz des übermäßigen Geldmengenanstiegs keine unbedingte Aussage über einen Anstieg der Inflationsrisiken getroffen wird, sondern lediglich eine Fallunterscheidung angeboten wird, wird auch der Geldmengen-Preis-Zusammenhang relativiert.
Die EZB erklärt mit der Portfolioumschichtungshypothese die Geldmengenentwicklung speziell im Zeitraum zwischen Mitte 2001 und Mitte 2003. (Vgl. z.B. EZB 2005a, 24 und 29.) Sie belegt dies mit Beobachtungen, welche die Anwendung der *vier* grundlegenden *Methoden der monetären Analyse* liefert. Die erste Methode, die sogenannte institutionelle Analyse, untersucht die Geldmengenentwicklung im Bilanzzusammenhang der konsolidierten Bilanz der monetären und Finanzinstitute (MFI) im Euroraum, insbesondere die Entwicklung der Komponenten und Gegenposten des Geldmengenaggregats M3. Die zweite Methode, die univariate Analyse, untersucht die Geldmengen- und die Preisentwicklung, jeweils für sich genommen und im Zeitablauf. Die dritte Methode, die bivariate Analyse, betrachtet den Zusammenhang zwischen Geldmengen- und Preisentwicklung. Die vierte Methode, die Schätzung von Geldnachfragemodellen, versucht die Geldmengenentwicklung mit den Bestimmungsgrößen der Geldnachfrage zu erklären, wobei ein unerklärter Rest verbleibt. Eine Übersicht bietet Abb. 5.19.
Die *institutionelle Analyse* liefert zwei Zeitreihen für die Entwicklung der Geldmenge M3, eine „offizielle" und eine „bereinigte" Zeitreihe. Nach der *„offiziellen"* Zeitreihe ist M3 im betreffenden Zeitraum mit 7-9% p.a. wesentlich stärker gewachsen, als es dem Referenzwert in Höhe von 4,5% p.a. entspräche. Dies impliziert hohe Inflationsrisiken.
Nach Sicht der EZB sind die Inflationsrisiken aufgrund der monetären Entwicklung aber tatsächlich niedriger zu veranschlagen, weil das Geldmengenwachstum die Sondereffekte außerordentlicher Portfolioumschichtungen der Anleger im Euroraum enthielten, die offizielle M3-Zeitreihe also die inflationsrelevante Geldmengenentwicklung überzeichnete. Bei der zweiten Zeitreihe für die Entwicklung von M3, *„M3 bereinigt"*, sind diese Sondereffekte herausgerechnet. Grundlage dieser Bereinigung und Beleg für die Portfolioumschichtungshypothese ist eine Beobachtung, die sich aus der *Analyse der Komponenten und Gegenposten von M3* ergeben hat. So haben im betreffenden Zeitraum eine Komponente und ein Gegenposten von M3 ein ungewöhnlich hohes Wachstum aufgewiesen. Dies sind die „marktfähigen Instrumente" insbesondere einschließlich der „Geldmarktfondsanteile" (als Komponente von M3) sowie die „Nettoposit-

on der MFIs gegenüber Nichtansässigen" (als Gegenposten von M3). In der Interpretation der EZB resultiert letzteres daraus, dass Unternehmen und Haushalte weniger ausländische Wertpapiere kaufen bzw. mehr inländische Wertpapiere an Ausländer verkaufen. Ersteres ist laut EZB so zu interpretieren, dass die Unternehmen und Haushalte liquide Mittel zeitweilig in Geldmarktfonds „parken". Über die Portfolioumschichtungshypothese setzt die EZB beide Entwicklungen bzw. deren Interpretationen miteinander direkt in Verbindung.[33] Die inländischen nicht-finanziellen Sektoren haben laut EZB insgesamt ihre Portfolios von Aktien und anderen geldnahen Vermögenswerten hin zu Geld umgeschichtet, d.h. gewissermaßen in M3 hinein.[34]
Betrachtet man nun die Entwicklung der bereinigten M3-Zeitreihe, so ist diese im interessierenden Zeitraum mit 5,5-6,5% p.a. gewachsen, was weiterhin erhöhte Inflationsrisiken impliziert, auch wenn diese im Vergleich zu „M3 offiziell" weniger gravierend erscheinen.
Die drei weiteren Methoden der monetären Analyse sind ökonometrischer Art und verwenden die beiden M3-Zeitreihen als Input. Die *univariate Analyse* verwendet Filterverfahren, um die Geldmengenentwicklung in längerfristige, zyklische und kurzfristige Teilentwicklungen bzw. Komponenten zu zerlegen. Auch das dergestalt von kurzfristigen Einflüssen bereinigte Geldmengenwachstum, „M3 gefiltert", hat im betreffenden Zeitraum mit Werten um 6% p.a. zwischen Ende 2002 und Anfang 2004 über dem Referenzwert von 4,5% gelegen, also erhöhte Inflationsrisiken angezeigt.
Die *bivariate Analyse* der gemeinsamen Entwicklung von Geldmengen und Verbraucherpreisen liefert verschiedene Maße für die Entwicklung der Überschussliquidität, die sich über mehrere Perioden hinweg aufbauen kann, darunter die „nominale Geldlücke" und die „reale Geldlücke".

[33] Eine solche direkte Verbindung kann nur auf Plausibilitätserwägungen beruhen. Simultane Änderungen von Bilanzposten sind nicht notwendigerweise sachlich miteinander verbunden, und eine solche Verbindung lässt sich weder unmittelbar aus den Daten ablesen noch zweifelsfrei belegen.

[34] Damit sich dies in der MFI-Bilanz niederschlägt, müssen zugleich *gegenläufige Geschäfte der Nichtansässigen* (oder des inländischen MFI-Sektors) stattgefunden haben, denn Transaktionen mit langfristigen Wertpapieren zwischen inländischen Nichtbanken lassen die Geldmenge unberührt, etwa Aktienverkäufe von Haushalten an nichtfinanzielle Unternehmen (Vgl. EZB 2004c, Box 1, 47.)
Vor diesem Hintergrund erscheint die spezielle Begründung der Portfolioumschichtungshypothese mit einer außerordentlichen *„Verunsicherung" nur der inländischen nichtfinanziellen Sektoren wenig plausibel.* Die Anschläge des 11. September und die Aktienkursdeflation der Jahre 2000/01 haben ausländische Anleger, insbesondere US-amerikanische Anleger, in mindestens demselben Maße „verunsichert" wie die inländischen Haushalte und Unternehmen, finanzielle wie nicht-finanzielle. Daher fehlt eine stichhaltige Begründung für Netto-Aktienverkäufe der inländischen nichtfinanziellen Sektoren an den inländischen MFI-Sektor oder an die Nichtansässigen infolge dieser Ereignisse.

Tab. 5.19, Anfang: Methoden der monetären Analyse

<table>
<tr><th></th><th colspan="8">Methode</th></tr>
<tr><th></th><th colspan="2">[1]
Institutionelle Analyse</th><th colspan="2">[2]
Univariate Analyse</th><th colspan="2">[3]
Bivariate Analyse</th><th colspan="2">[4]
Analyse von Geldnachfragemodellen</th></tr>
<tr><td>Untersuchungsgegenstand</td><td colspan="2">Entwicklung der Geldmengen und anderer Größen im Bilanzzusammenhang verschiedener VGR-Rechenwerke</td><td colspan="2">Geldmengenentwicklung im Zeitablauf (sowie Preisentwicklung im Zeitablauf)</td><td colspan="2">Gemeinsame Entwicklung von Geldmengen und Preisniveau</td><td colspan="2">Geldmengenentwicklung im Zsh. mit den Bestimmungsfaktoren der Nachfrage</td></tr>
<tr><td>Analysierte Größen</td><td colspan="2">Komponenten und Gegenposten von M3 in der konsolidierten MFI-Bilanz; gesamtwirtschaftliche Finanzierungsströme</td><td colspan="2">Längerfristige, zyklische und kurzfristige Komponenten von M3 (und HVPI)</td><td colspan="2">Maße für Überschussliquidität: „Geldüberhang“, „nominale Geldlücke“, „reale Geldlücke“[35]</td><td colspan="2">Durch Geldnachfrage erklärter Teil der Geldmengenentwicklung</td></tr>
<tr><td></td><td colspan="2">↙ ↘</td><td colspan="2">↙</td><td colspan="2">↙ ↘</td><td colspan="2">↘</td></tr>
<tr><td rowspan="2">Darunter: Indikatoren für Inflationsrisiken</td><td rowspan="2">Wachstum von „M3 offiziell“ …</td><td rowspan="2">Wachstum von „M3 bereinigt“[36] …</td><td rowspan="2">Wachstum von „M3 gefiltert“[37] …</td><td colspan="2">Größe der „nominalen Geldlücke“</td><td colspan="2">Größe der „realen Geldlücke“</td><td rowspan="2">Residuen von Geldnachfrageschätzungen[38] …</td></tr>
<tr><td>auf Basis von „M3 offiziell“ …</td><td>auf Basis von „M3 bereinigt“ …</td><td>auf Basis von „M3 offiziell“ …</td><td>auf Basis von „M3 bereinigt“ …</td></tr>
</table>

35 Basisperiode für die beiden Geldlücken ist der Dezember 1998. Die Basisperiode kann frei gewählt werden.

36 „M3 bereinigt“: Bereinigung um direkt geschätzte Wirkungen der angeblichen Portfolioumschichtungen in der Größenordnung der gleichzeitigen Änderung einer Komponente (marktfähige Instrumente) und eines Gegenpostens (Nettoposition inländ. MFIs gegenüber Nichtansässigen) von M3.

37 „M3 gefiltert“: Filterung mittels Strukturfilter, z.B. Band-Pass-Filter.

Tab. 5.19, fortgesetzt von vorhergehender Seite: Methoden der monetären Analyse

	Methode							
	[1] Institutionelle Analyse		**[2] Univariate Analyse**		**[3] Bivariate Analyse**		**[4] Analyse von Geldnachfragemodellen**	
Ergebnisse 2001-2004[39]	... von ca. 4% (2001) bis ca. 7-9% p.a. (2002 / 2003)	... ca. 5,5-6,5% p.a. (2001-2003)	... ca. 6% p.a. (Ende 2002 – Anfang 2004)	... Anstieg auf ca. 8,5% p.a. (2.Q. 2004)	... Anstieg auf ca. 4,5% p.a. (2.Q. 2004)	... Anstieg auf ca. 5,5% p.a. (2.Q. 2004)	... Anstieg auf ca. 1,5% p.a. (2.Q. 2004)	... Meist positive Residuen (2001-2003)
Vergleichswert	Referenzwert für Geldmengenwachstum: 4,5%			Keine Lücke: 0%				Keine Residuen
Infl'-risiken	hoch	erhöht	erhöht	hoch	erhöht	erhöht	niedrig	erhöht

Die Basisperiode kann dabei frei gewählt werden, bei der EZB ist dies der Monat Dezember 1998. Bis zum zweiten Quartal 2004 ist die „nominale Geldlücke" auf 8,5% (für „M3 offiziell") bzw. 4,5% (für „M3 bereinigt") angestiegen, die „reale Geldlücke" wegen der zwischenzeitigen Teuerung nur auf 5,5% bzw. 1,5%. Vergleichen mit einem Idealwert von 0% zeigen von vier Maßen für die Überschussliquidität also eines hohe, zwei zeigen erhöhte und nur eines zeigt niedrige Inflationsrisiken an.

Die *Analyse von Geldnachfragemodellen* erlaubt es, die Geldmengenentwicklung in einen nachgefragten bzw. erklärten und einen nicht nachgefragten bzw. unerklärten Teil zu zerlegen. Für den betreffenden Zeitraum liefern Geldnachfrageschätzungen meistens positive Residuen, sowohl für Jahres- als auch für Quartalsdaten. Die Geldmenge ist demnach stärker gewachsen, als durch herkömmliche Fundamentalfaktoren der Geldnachfrage erklärt werden kann. Auch dieses Ergebnis deutet auf gewisse Inflationsrisiken hin.

Insgesamt relativiert die EZB mit ihrer Portfolioumschichtungshypothese die von der Geldmengenentwicklung der Jahre 2001-2003/04 ausgehenden Inflati-

[38] Residuen: nicht-erklärter Teil der Geldmengenentwicklung.

[39] Angaben nach: EZB (2004c). (Für Methode [1]: Abb. 1, S. 49; für [2]: Abb. 7, S. 59; für [3]: Abb. 8/9, S. 60; für [4]: Abb. 4/5, S. 54f.)

onsrisiken. Sie dient als Begründung für das Herausrechnen angeblicher Sondereffekte aus der Entwicklung des Geldmengenaggregats M3, sie ist also die *theoretische Rechtfertigung für einen diskretionären Eingriff in die Berechnung der Geldmengenstatistik.* Während die nicht-bereinigte Zeitreihe „M3 offiziell" erhebliche Inflationsrisiken anzeigt, erscheinen diese aufgrund der von „M3 bereinigt" angezeigten Entwicklung vergleichsweise geringer, sind aber auch dann vorhanden. Methodisch ist die Portfolioumschichtungshypothese Ergebnis von Überlegungen im Rahmen der institutionellen Analyse. Die aus der einzelfallbezogenen Bereinigung resultierende M3-Zeitreihe ist anschließend zusammen mit der ursprünglichen M3-Zeitreihe Gegenstand weitergehender Analysen mittels ökonometrischer Methoden.[40]

5.5.4 Zwischenergebnis

Aus einer stilisierten monetaristischen bzw. *„orthodoxen"* Sicht bewirkt eine übermäßig expansive Geldpolitik ein übermäßiges Geldmengenwachstum, und dieses verursacht Verbraucherpreisinflation. Die Geldmenge ist demnach ein nützlicher Indikator sowohl für den geldpolitischen Kurs als auch für die Inflationsrisiken. Für die Vermögenspreisentwicklung verbleibt dabei nur eine untergeordnete Rolle.

In den beiden vorangehenden Abschnitten wurden *zwei Ansätze* vorgestellt, die eine explizite Rolle für Vermögenspreise vorsehen. *Erstens* sieht Friedman (1988) mehrere, gegenläufig wirkende Beziehungen zwischen Vermögenspreisen und Geldumlaufgeschwindigkeit am Werk, die er zu einem positiven Substitutionseffekt und einem negativen Vermögenseffekt zusammenfasst. Nach diesem originär monetaristischen Beitrag ist (*zweitens*) seit Ende der 1990er Jahre anlässlich der Ereignisse an den weltweiten Aktienmärkten eine Reihe „monetaristisch inspirierter" Hypothesen in die geldpolitische Diskussion eingebracht worden.

Diese Hypothesen revidieren bzw. erweitern die „orthodoxe Sichtweise" dergestalt, dass *Vermögenspreisinflation* eine *bedeutende Rolle* im Zusammenhang mit Geldpolitik, Geldmengen- und Verbraucherpreisentwicklung zukommt.

Erstens kann übermäßiges Geldmengenwachstum möglicherweise Vermögenspreisinflation neben oder anstelle von Verbraucherpreisinflation verursachen (Ersatzinflationshypothese). *Zweitens* kann das übermäßige Geldmengenwachstum nicht nur einer Periode, sondern das kumulierte übermäßige Geldmengenwachstum längerer Zeiträume als Überschussliquidität Inflation verursachen (Überschussliquiditätshypothese). *Drittens* kann übermäßiges Geldmengenwachs-

[40] Diese Methoden dienen demnach *nicht* der *Überprüfung der Portfolioumschichtungshypothese* auf ihre Gültigkeit, wozu sie auch nicht geeignet sind, sondern zur Beurteilung der von „beiden" Geldmengenentwicklungen ausgehenden Inflationsrisiken. Werden die Inflationsrisiken anhand von „M3 bereinigt" untersucht, so setzt dies bereits voraus, dass die Portfolioumschichtungshypothese zutrifft.

tum Vermögenspreisblasen alimentieren, auf Vermögenspreisinflation folgen dann Vermögenspreisdeflation sowie möglicherweise Finanzkrisen und Verbraucherpreisdeflation (Blasenalimentierungshypothese). *Viertens* kann eine übermäßig expansive Geldpolitik zur Entstehung „finanzieller Ungleichgewichte“ beitragen, d.h. zu einer Kombination aus übermäßigem Kreditwachstum und Vermögenspreisinflation, was wiederum in Banken- bzw. Finanzkrisen münden kann (Borio-Lowe-Hypothese). *Fünftens* besteht möglicherweise ein neues geldpolitisches Umfeld, in dem übermäßig expansive Geldpolitik vorrangig zur Entstehung finanzieller Ungleichgewichte beiträgt, da sie aufgrund dauerhaft auf niedrigem Niveau stabilisierter Inflationserwartungen nicht mehr zu Verbraucherpreisinflation führt („New Environment“-Hypothese). *Sechstens* kann Überschussliquidität zwischen verschiedenen Ländern verschoben werden und somit in Ländern wirksam werden, in denen die Geldpolitik nicht für ihre Entstehung verantwortlich ist (Hypothese der „internationalen Überschussliquidität“). *Siebtens* kann Vermögenspreisdeflation in Verbindung mit anderen Faktoren die Marktteilnehmer in außergewöhnlichem Maße verunsichern, woraufhin diese außergewöhnliche Portfolioumschichtungen aus weniger liquiden in liquide Anlageformen vornehmen und die Geldmenge stärker anwächst, als es dem geldpolitischen Kurs und den tatsächlichen Inflationsrisiken entspricht (Portfolioumschichtungshypothese).

5.6 Fazit: Der Beitrag der partiellen Erklärungsansätze zum Verständnis von Vermögenspreisinflation

Eine Vielzahl von Ansätzen sucht *Teilaspekte* von Problemen der Vermögenspreisinflation (d.h. von Vermögenspreisinflation i.w.S.) zu erklären. Die partiellen Erklärungsansätze lassen sich grob drei Perspektiven zuordnen.[41]
Aus der *wirtschaftsgeschichtlichen* Perspektive von Kindleberger (1978) ist Vermögenspreisinflation Anfangsphase bzw. Teil jeder „Blase“ bzw. Finanzkrise. Dabei handelt es sich um eine Art von Ereignis, das über verschiedene Län-

[41] Die Ansätze *unterscheiden sich* nicht nur in ihren *Erklärungsperspektiven*, sondern auch in der jeweiligen *Interpretation von Vermögenspreisinflation*, zu der sie in Beziehung gesetzt werden bzw. gesetzt werden können. Dies betrifft beispielsweise die Interpretation von „Inflation“ in „Vermögenspreisinflation“ als „Blase“ (z.B. bei Kindleberger 1978) oder als Änderungsrate des Vermögenspreisniveaus (z.B. bei Friedman 1988). Der interessierte Leser findet einen Überblick über die Ansätze mitsamt der jeweiligen Interpretation von Vermögenspreisinflation in Tab. A23 in Anhang A.4.2.
Eine Synthese der Erkenntnisse der verschiedenen Ansätze im Hinblick auf die Herausforderung der Vermögenspreisinflation wird demnach auch dadurch erschwert, dass sich *auf Ungleiches* (genauer: auf unterschiedlich zu definierende Ereignisse in den Vermögenspreisen) *beziehen*, selbst wenn dieses Ungleiche unter dem einheitlichen Titel der „Vermögenspreisinflation“ verhandelt wird.

der und Epochen hinweg wiederkehrt. In einer „Blase“ verursacht Vermögenspreisinflation die anschließende Vermögenspreisdeflation. Da die Ursachen von „Blasen“ von der Wirtschaftspolitik nicht ausgeräumt werden können, hat die Geldpolitik vor allem dafür Sorge zu tragen, dass sie nicht selbst durch einen übermäßig expansiven Kurs „das Feuer anheizt“.

Eine zweite Perspektive ist diejenige der *Kapitalmarkttheorie*. Hier geht es um die Erklärung des Finanzmarktgeschehens, insbesondere der Preisbildung auf den Märkten für die finanziellen Vermögenswerte.

Laut *Markteffizienzhypothese* sind Vermögenspreise das Ergebnis einer perfekten Informationsverarbeitung durch die betreffenden Märkte. Vermögenspreise entsprechen daher ihrem Fundamentalwert, und Vermögenspreisinflation ist daher nur als eine starke Änderung der Vermögenspreise denkbar, die wiederum das Ergebnis übermäßig volatiler Fundamentalfaktoren ist. Aufgabe der Wirtschaftpolitik ist es demnach, nach Möglichkeit für stabile Fundamentalfaktoren zu sorgen und nicht selbst zu deren Volatilität beizutragen.

Während die Markteffizienzhypothese im Normalfall auf Vermögensmärkte zuzutreffen scheint, gibt es *Anomalien*, die ihr zu widersprechen scheinen. Zu diesen gehören insbesondere Ausnahmesituationen, die Praktiker häufig als „Blasen“ bezeichnen. *Theorien spekulativer Blasen* versuchen diese Art von Anomalie modelltheoretisch darzustellen, um auf dieser Grundlage die Frage der Existenz bestimmter Blasenspezifikationen ökonometrisch testen zu können. Nach der *Theorie „rationaler Blasen“* sind Blasen trotz rationaler Anlegeerwartungen möglich, allerdings müssen derartige Blasen ein explosives Wachstum aufweisen. Ein rationaler Anleger wird im Wissen um die Überbewertung eines Vermögenswertes nur dann im Markt verbleiben, wenn die Gewinnaussichten eines verlängerten Engagements die wachsenden Verlustrisiken mindestens aufwiegen. Nach der *Theorie „intrinsischer Blasen“* kann es ebenfalls zu Blasen bei rationaler Erwartungsbildung kommen, allerdings sind Blasen vollständig, aber in nicht-linearer Weise, Ausdruck veränderter Fundamentalfaktoren. Eine solche Blase kann demnach im Zeitablauf zunehmen, abnehmen, völlig verschwinden und erneut entstehen. Blasentheorien implizieren in Bezug auf Vermögenspreisinflation, dass sie diese unmittelbar abbilden. Die ökonometrischen Blasenstests haben jedoch bis heute *keinen Beleg für die Existenz von Blasen* (der getesteten Spezifikationen) geliefert, weshalb die bestehenden Blasentheorien als empirisch irrelevant anzusehen sind. Sieht man über diesen Umstand hinweg, so impliziert die Theorie der „rationalen Blasen“ für die *Wirtschaftspolitik*, dass die an einer Blase teilnehmenden Anleger keinesfalls irrational handeln müssen, und die Theorie „intrinsischer Blasen“, dass die Wirtschaftspolitik nicht über die Volatilität von Fundamentalfaktoren zur Volatilität von Vermögenspreisen beitragen sollte.

Drittens gibt es Ansätze, die Vermögenspreisinflation aus einer *makroökonomischen* Perspektive untersuchen. Hier sind zwei Gruppen bzw. unterschiedliche

Teilperspektiven zu unterscheiden. Zum einen sind Vermögenspreise *allgemein* Teil des geldpolitischen *Transmissionsmechanismus*. Zum anderen steht die Vermögenspreisentwicklung *speziell* in Wechselwirkung mit den Entwicklungen der *monetären Variablen* und der Verbraucherpreise.

In den beiden behandelten Gesamtdarstellungen des *geldpolitischen Transmissionsmechanismus* nehmen Vermögenspreise eine mittlere Stellung zwischen den geldpolitischen Impulsen und den Zielvariablen ein. Vermögenspreisinflation ist demnach teilweise das Ergebnis expansiver Geldpolitik, aber teilweise auch die Wirkung exogener bzw. nicht-geldpolitischer Einflüsse sowie autonomer Entwicklungen auf den Vermögensmärkten. Unabhängig von ihren Ursachen wirkt Vermögenspreisinflation ihrerseits auf die gesamtwirtschaftlichen Ausgaben, Produktion und Verbraucherpreisentwicklung. Während die Darstellung der EZB (2004) die Interdependenzen im Transmissionsprozess betont, enthält die Darstellung nach Mishkin (2001) konkrete Wirkungsketten. Laut EZB (2004) beeinflussen sich Vermögenspreise, Wechselkurse und monetäre Variablen wechselseitig. Dies impliziert, dass diese Entwicklungen bei der Einschätzung der Risiken von Verbraucherpreisinflation gemeinsam analysiert werden müssen. Nach Mishkin (2001) laufen sechs von neun Transmissionskanälen der Geldpolitik über Vermögenspreise oder über aus diesen abgeleitete Größen. Dies impliziert, dass Vermögenspreisinflation über eine Reihe von Wirkungskanälen auf Ausgaben und Produktion wirkt, etwa über den Vermögens- und den Bilanzeffekt.

Der zweiten makroökonomischen Teilperspektive, die insbesondere auf *Beziehungen zwischen Vermögenspreisen, monetären Variablen und Verbraucherpreisen* abstellt, sind die monetaristischen Überlegungen Friedmans (1988) zu Aktienkursen und Geldnachfrage sowie eine Reihe von „monetaristisch inspirierten" Hypothesen aus der jüngsten geldpolitischen Diskussion über Vermögenspreisinflation zuzuordnen.

Nach Friedman (1988) bestehen zwischen dem Aktienkursniveau und der Umlaufgeschwindigkeit des Geldes im Wesentlichen vier Beziehungen, die sich nach ihrem Vorzeichen zu einem gegenläufigen Vermögenseffekt und einem gleichgerichteten Substitutionseffekt zusammenfassen lassen. Welcher Effekt dominiert, ist eine empirische Frage. Friedman (1988) regt aber an, die Aktienkursentwicklung bei Schätzungen der Geldnachfrage zu berücksichtigen. Aus monetaristischer Sicht ist demnach Vermögenspreisinflation geldpolitisch relevant, weil sie auf die gewünschte Kassenhaltung der Wirtschaftssubjekte einwirkt.

Die sieben neueren, „monetaristisch inspirierten" Hypothesen bilden keine theoretische Einheit, lassen sich aber allesamt als Erweiterungen des Geldmengen-Preis-Zusammenhangs interpretieren. Sie konkretisieren die zuvor bei der EZB-Darstellung des Transmissionsmechanismus erwähnte Interdepedenz zwischen der Geldmengen-, der Kredit- und der Vermögenspreisentwicklung. Sie implizieren, dass die genannten Entwicklungen gemeinsam analysiert werden müssen, um Risiken für die Preisstabilität und die Funktionsfähigkeit des Finanzsystems adäquat zu erfassen.

Tab. 5.20 bietet eine Übersicht über die in diesem Kapitel dargestellten partiellen Erklärungsansätze. Um Quervergleiche zu erleichtern, werden für jeden Ansatz der primäre Erklärungsgegenstand, die Grundidee bzw. Hauptaussage, die Rolle der Geldpolitik und die wirtschaftspolitischen Empfehlungen herausgestellt.

Abb. 5.20, Anfang: Vergleichende Übersicht der partiellen Erklärungsansätze

Perspektive		**Autor / Ansatz**	**[1] Primärer Erklärungsgegenstand**	**[2] Grundgedanke**
Wirtsch.-gesch.	→	**Kindleberger (1978)**	Finanzkrisen gleich Vermögenspreisblasen, wiederkehrende Ereignisse	Beschreibung der idealtypischen *Merkmale von Finanzkrisen*
Kapitalmarkttheorie	→	**Markteffizienzhypothese**	Preisbildung auf Finanzmärkten: Regelfall	Vermögenspreise als Ergebnis *perfekter Informationsverarbeitung* durch Märkte
	Blasentheorien	**„rationale Blasen“**	Preisbildung auf Finanzmärkten: Anomalien / Ausnahmesituationen	„Blasen“ trotz rationaler Erwartungen der Anleger – wegen *Gewinnaussichten*
		„instrinsische Blasen“		... – wegen *nicht-linearer* Reaktion der Marktpreise auf Fundamentalfaktoren
Makro-Perspektive	Darstellungen des geldpolit. TMM	**EZB (2004)**	Makroökonomische Wirkungsweise von Geldpolitik, insbes. über Vermögenspreise auf Verbraucherpreise und wirtschaftliche Aktivität	Vermögenspreise und monetäre Variablen als Elemente eines *interdependenten* Wirkungszusammenhangs
		Mishkin (2001)		Vermögen und Vermögenspreise als Glied vieler *Wirkungsketten* neben dem Zinskanal
	Monetarist. Beiträge	**Friedman (1988)**	Theoret. und empir. Beziehungen zwischen Aktienkursniveau und Geldnachfrage	Mögliche Rolle für Vermögenspreis- gleich Aktienkursinflation als *Element der Geldnachfragefunktion*
		Sieben neuere Hypothesen	Wechselwirkungen von Vermögen / Vermögenspreisen mit Geldmengen-Preis-Zusammenhang	*Geldmengen-Preis-Zusammenhang komplexer* geworden, besteht in erweiterter Form fort. *Erweiterung* um Überschussliquidität, Vermögenspreisinflation usw.

Abb. 5.20, fortgesetzt von vorhergehender Seite: Vergleichende Übersicht der partiellen Erklärungsansätze

Perspektive		**Autor / Ansatz**	**[3] Rolle der Geldpolitik**	**[4] Wirtschaftspolitische Implikation / Empfehlung**
Wirtsch.-gesch.	→	**Kindleberger (1978)**	Geldpolitik kann Krisen verstärken („fueling the flames“), kann aber auch über LOLR Krisen abmildern	Übermäßige monetäre Expansion verhindern. Bei akuter Krise als LOLR eingreifen.
Kapitalmarkttheorie	→	**Markteffizienzhypothese**	Gewisser Einfluss der Geldpolitik auf Fundamentalfaktoren: Nur kurzfristiger Einfluss auf reale FF, längerfristiger Einfluss auf Volatilität	Erwartungsstabilisierung, um unnötige Volatilität der FF zu vermeiden.
	Blasentheorien	**„rationale Blasen“**		
		„instrinsische Blasen“		
Makro-Perspektive	Darstellungen des geldpolit. TMM	**EZB (2004)**	Geldpolitik durch Wirkungen von Vermögenspreisinflation betroffen, daher Analyseaufgabe. Teilweise auch Verursacherin.	Bei Vermögenspreisinflation Ursachen bestimmen. Wenn geldpolitisch verursacht, Kurs anpassen.
		Mishkin (2001)		
	Monetaristische Beiträge	**Friedman (1988)**	Analyseaufgabe: Durch Einbeziehung von Vermögenspreisen genauere Einschätzung der Geldnachfrage	Erweiterte Geldnachfragefunktion zur Beurteilung des geldpolitischen Kurses verwenden.
		Sieben neuere Hypothesen	Geldpolitik durch Wirkungen von Vermögenspreisinflation betroffen, durch Begünstigung übermäßigen Geldmengen- und Kreditwachstums Verursacherin.	Mittelfristig angelegte, stabilitätsorientierte Geldpolitik, um übermäßiges Kreditwachstum, Überschussliquidität und Vermögenspreisinflation zu verhindern.

Abkürzungen:
[FF]: Fundamentalfaktoren; [LOLR]: „Lender of last resort“; [TMM]: Transmissionsmechanismus.

6 Wirtschaftspolitische Antworten auf Vermögenspreisinflation

6.1 Überblick

Gegen Vermögenspreisinflation i.w.S. sind zahlreiche wirtschaftspolitische Eingriffe vorstellbar, die mehrheitlich auch in der Literatur diskutiert werden. Im folgenden werden die *Handlungsoptionen,* welche die Wirtschaftspolitik angesichts von Vermögenspreisinflation besitzt, *in systematischer Weise dargestellt und beurteilt.* Wegen ihrer großen Anzahl werden sie im folgenden Abschnitt 6.2 überblicksartig vorgestellt. Im daran anschließenden Hauptteil des Kapitels, Abschnitt 6.3, werden sie nacheinander ausführlicher dargestellt und beurteilt. In Abschnitt 6.4 wird mit dem zinspolitischen „Gegensteuern" die in der Literatur wohl meist diskutierte Handlungsoption nochmals ausführlicher untersucht, die inhaltlich in hohem Maße unbestimmt und mehrdeutig ist. Aus den hier bestehenden Wahlmöglichkeiten folgt eine Vielzahl von Gestaltungsmöglichkeiten. Eine Formulierung als geldpolitische Reaktionsregel ermöglicht ihre nachvollziehbare Darstellung. Im abschließenden Abschnitt 6.5 werden die wirtschaftspolitischen Empfehlungen angesichts von Vermögenspreisinflation i.w.S. zusammengefasst, wie sie sich aus den in den Abschnitten 6.3 und 6.4 enthaltenen Beurteilungen ergeben.

6.2 Kurze Darstellung der wirtschaftspolitischen Handlungsoptionen

Wie in den vorangegangenen Kapiteln bereits dargelegt wurde, ist Vermögenspreisinflation ein vielschichtiges Problem. Entsprechend *heterogen* sind die Maßnahmen, die als *mögliche Lösungen* für dieses wirtschaftspolitische Problem vorgeschlagen und diskutiert werden. Es kommen mindestens achtzehn verschiedene Maßnahmen als wirtschaftspolitische Antworten auf die Herausforderung der Vermögenspreisinflation in Betracht. Sie sind von ihrem Ansatz her in unterschiedlichem Maße aggressiv und gehören verschiedenen wirtschaftspolitischen Aufgabenbereichen an.

Viele Optionen gehören dem geldpolitischen Bereich an. Eine herausgehobene Stellung nimmt dabei das zinspolitische „Gegensteuern" (Option Nr. 10) ein, der in der Literatur mit Abstand meist diskutierte Lösungsansatz. Die durch Vermögenspreisinflation tangierten wirtschaftspolitischen *Tätigkeitsbereiche* sind neben der Geldpolitik auch die Banken- und Finanzmarktregulierung und –aufsicht (*prudential regulation and supervision*), im Folgenden kurz Finanzaufsicht genannt, und die Wirtschaftsstatistik. Bei mindestens zwei Optionen (Nr. 17 und 18) ist auch der Gesetzgeber gefordert.

Die möglichen wirtschaftspolitischen Reaktionen auf Vermögenspreisinflation lassen sich einer von fünf *Handlungsebenen* bzw. Graden an *Eingriffsintensität* oder Aggressivität zuordnen. Diese werden in der folgenden Übersicht, Tab. 6.1, erläutert.

Tab. 6.1: Handlungsebenen bzw. Grade an Eingriffsintensität

Nr.	Ebene	Erläuterung
I	Informations-bezogene Maßnahmen (→Analyse)	Die Träger der Wirtschaftspolitik gewinnen Informationen, bereiten sie auf und verbreiten sie, um sich selbst und den Marktteilnehmern eine *genauere Einschätzung* der von VmPI/D ausgehenden makroökonom. *Risiken* zu ermöglichen.
II	Direkte Eingriffe (→Strategie-durchführung)	Die Träger der Wirtschaftspolitik versuchen in Situationen ausgeprägter VmPI oder VmPD die *Märkte* bzw. das Verhalten der Marktteilnehmer *direkt zu beeinflussen.*
III	Änderungen der Strategie (→Strategiewahl)	Die Träger der Wirtschaftspolitik bekämpfen VmPI/D i.w.S. oder ihre Ursachen *kontinuierlich,* im Rahmen einer auf Dauer angelegten Vorgehensweise zur Erfüllung des jeweils *bestehenden* Mandats.
IV	Änderungen des Zielsystems (→Zielwahl)	Wie Nr. III, dabei wird zusätzlich Vermögenspreisstabilität als explizites Ziel oder Zielelement vorgegeben. Hierzu muss der Gesetzgeber das *Mandat* bzw. den gesetzlichen Auftrag für den jeweiligen Träger der Wirtschaftspolitik *um* diese *neue Zuständigkeit erweitern.*
V	Änderungen der Zuständigkeiten (→institutioneller Rahmen)	Die Arbeitsteilung zwischen den Trägern der Wirtschaftspolitik bei der Bekämpfung von VmPI/D i.w.S. soll effektiver gestaltet werden. Hierzu muss der Gesetzgeber die Mandate bzw. die gesetzlichen Aufträge für die einzelnen Träger der Wirtschaftspolitik verändern, indem *bestehende Zuständigkeiten umverteilt* werden, möglicherweise auch, indem Institutionen abgeschafft oder neu geschaffen werden.

Auf der Ebene der *informationsbezogenen Maßnahmen* kann die Notenbank in ihrem Kernaufgabenbereich, der *Geldpolitik,* auf die Herausforderung der Vermögenspreisinflation reagieren, indem sie

(1) *Forschungsergebnisse publiziert,* in denen sie einen Informationsvorsprung gegenüber den Marktteilnehmern sieht, etwa bezüglich der Nachhaltigkeit von Bewertungsniveaus an Vermögensmärkten,

(2) den *Informationsgehalt* von Vermögenspreisen in Bezug auf die Entwicklung makroökonomischer Größen *nutzt,* etwa in Form von auf Vermögenspreise aufbauenden Indikatoren für die Erwartungen der Marktteilnehmer bezüglich der Entwicklungen von Inflation und BIP-Wachstum, oder

(3) den *Zeithorizont bei der Analyse* von Inflationsrisiken und der Entwicklung des gesamtwirtschaftlichen Umfelds *ausweitet*, um so mögliche längerfristige Wechselwirkungen zwischen den Vermögenspreisen und monetären Variablen bei der geldpolitischen Entscheidungsvorbereitung zu berücksichtigen,

Eine Notenbank in ihrer Nebenfunktion als *Finanzaufseher* oder eine eigenständige Finanzaufsichtsbehörde kann auf dieser Ebene auf das Problem der Vermögenspreisinflation reagieren, indem sie

(4) ihre *Analysen der Vermögenspreisentwicklung* und etwaiger von ihr ausgehender Risiken für die Stabilität des Finanzsystems periodisch und in systematischer Form *in Finanzstabilitätsberichten* veröffentlicht, oder

(5) einen Satz von Indikatoren für die *mikro- und makroprudenzielle Analyse* von Risiken für die Finanzstabilität entwickelt und dabei auch Vermögenspreise berücksichtigt, sofern diese aussagekräftig sind.

Ergänzend kann eine Notenbank in ihrer *wirtschaftsstatistischen* Nebenfunktion oder eine eigenständige amtliche Statistikbehörde auf dieser Ebene tätig werden, indem sie

(6) eine *vollständige Vermögensrechnung* nach ESVG 1995 durchführt und liefert, damit der Öffentlichkeit aktuelle, systematisch erhobene und vollständige Daten zur Vermögens- und zur Vermögenspreisentwicklung zur Verfügung stehen,

(7) *Vermögenspreisindizes* konzipiert und berechnet, welche die Vermögenspreisentwicklung, auch Sonderentwicklungen, aussagekräftig wiedergeben.

Die nächst höhere Ebene von Maßnahmen gegen Vermögenspreisinflation ist diejenige der unmittelbar wirksamen bzw. der *direkten Eingriffe*. Die Notenbank kann hier die Durchführung einer gegebenen geldpolitischen Strategie modifizieren, indem sie

(8) *in Stresssituationen* schnell und angemessen *reagiert*, etwa als *Lender of Last Resort* bei drohenden Liquiditätsengpässen im Bankensystem bei schweren Fällen von Vermögenspreisdeflation,

(9) die Marktteilnehmer durch *öffentliche Kommentare* zu beeinflussen sucht, wenn sie Bewertungsniveaus an Vermögensmärkten als nicht nachhaltig ansieht, oder

(10) Vermögenspreisinflation und –deflation jeweils zinspolitisch „*gegensteuert*".

Tab. 6.2, Anfang: Die wirtschaftspolitischen Handlungsoptionen

Nr.	Handlungsoption	Zweck / Absicht
1	Publikation von Forschungsergebnissen	Marktkonformer Abbau evtl. Informationsvorsprünge d. Notenbank ggü. Marktteilnehmern
2	Nutzung des Informationsgehalts von Vermögenspreisen	Berücksichtigung der makroökonomischen Rolle von Vermögenspreisen
3	Neugewichtung der "Säulen" / Verlängerung d. Analysehorizonts	Wie Nr. 2, insbes. evtl. monetäre Ursachen von VmPI/D sowie evtl. mittel- bis langfristige Risiken für Preis- und Finanzstabilität
4	Laufende Analyse der Vermögenspreisentwicklung in Finanzstabilitätsberichten	Regelmäßige, schnelle u. systemat. Information der Marktteilnehmer über vermögenspreisbedingte Risiken für die Finanzstabilität
5	Mikro- und makroprudenzielle Indikatoren für Finanzstabilität / Frühwarnsystem für Finanzkrisen	Messung und Wiedergabe von Finanzstabilität durch einen festen Satz von Indikatoren, frühzeitiges Aufzeigen von Störpotentialen
6	Vollständige VGR-Vermögensstatistik	Schneller verfügbare, umfassendere, systematisch erhobene Daten zur Vermögens(preis)entwicklung, insbes. bei Immobilien
7	Vermögenspreisindizes	Aussagekräftige Kennzahlen für die Entwicklung der Vermögenspreise, auch Sonderentwicklungen
8	Notfallpläne und Reaktion bei akuter Krisengefahr (Lender of Last Resort)	Schnelle und angemessene Reaktion in Stresssituationen, u.a. durch schnelle Bereitstellung von Liquidität
9	Öffentliche Kommentare zu Bewertungsniveaus	Direkte Marktbeeinflussung bei Anzeichen von VmPI/D, „verbales Gegensteuern"
10	**Gegensteuern**	Zinspolitische Maßnahmen bei Anzeichen von VmPI/D, in verschiedenen Ausgestaltungen
11	Einsatz bestehender Instrumente der Finanzaufsicht	Gewährleistung von Makro-Finanzstabilität durch Einsatz von Mikro-Instrumenten, u.a. Kapitaldeckungsvorschriften, Stresstests
12	Weiterentwicklung des Instrumentariums der Finanzaufsicht	Entwicklung von Aufsichtsinstrumenten, die in spezifischer Weise den von Vermögenspreisen ausgehenden Makrorisiken vorbeugen, wenigstens aber nicht prozyklisch wirken

Tab. 6.2, fortgesetzt von vorhergehender Seite: Die wirtschaftspolitischen Handlungsoptionen

Nr.	Handlungsoption	Zweck / Absicht
13	Reine Geldmengensteuerung oder reines Inflation Targeting	Nutzung automatischer Stabilisierungseigenschaften durch Einführung der jeweiligen idealtypischen geldpolitischen Strategie
14	Neuausrichtung der Finanzaufsicht („regulating with the market“, Überprüfung bestehender Regulierungen)	Unterstützung der Eigenvorsorge der Marktteilnehmer gegen Makrorisiken, Abschaffung bzw. Anpassung von Aufsichtsinstrumenten und -praktiken ohne nachweisbaren ökonomischen Nutzen
15	Eigenständiges Vermögenspreisziel (als Zweitziel)	Stabilisierung der Verbraucher- und der Vermögenspreisentwicklung durch Geldpolitik
16	Neudefinition von Preisstabilität	Wie Nr. 8, dabei Zusammenfassung beider Teilziele zu einem einheitlichen Ziel
17	Explizites Mandat / größere Unabhängigkeit der Finanzaufsichtsbehörde	Ausrichtung der Aktivitäten auf den Auftrag (Finanzstabilität), Stärkung gegenüber Versuchen politischer Einflussnahme
18	Alleinzuständigkeit der Notenbanken (oder der Finanzaufsichtsbehörden) für Finanzstabilität	Effektivere Gewährleistung der Finanzstabilität durch Bündelung der Kompetenzen für Mikro- und Makro-Stabilisierung

Auf dieser Ebene kann die *Finanzaufsicht* ergänzend reagieren, indem sie

(11) *bestehende Instrumente* wie z.B. Kapitaldeckungsvorschriften und Stresstests *einsetzt*, um das Finanzsystem gegenüber von den Vermögenspreisen ausgehenden Schocks widerstandsfähiger zu machen, oder

(12) die *Instrumente* dergestalt *weiterentwickelt*, dass diese in spezifischer Weise den von der Vermögenspreisentwicklung ausgehenden Risiken begegnet, zumindest aber nicht Ausschläge der Vermögenspreise oder der konjunkturellen Entwicklung in ihrer Wirkung verstärkt.

Mit dem Übergang auf eine dritte Handlungsebene steigt die Aggressivität der möglichen Eingriffe weiter an. Auf der Ebene der *Strategiewahl* kann die *Geldpolitik* der Herausforderung der Vermögenspreisinflation begegnen, indem sie

(13) eine *reine geldpolitische Strategie* wie Geldmengensteuerung oder Inflation Targeting *einführt*, und so die (angeblichen) automatischen Stabilisierungseigenschaften der bevorzugten Strategie auch im Hinblick auf Vermögenspreisinflation nutzt,

Im Bereich der Finanzaufsicht existieren keine elaborierten Strategien wie in der Geldpolitik. Dennoch kann die *Finanzaufsicht* durch ihre strategische Ausrichtung zur Eindämmung möglicher Folgeschäden von Vermögenspreisinflation beitragen, indem sie

(14) die Aufsichtsinstrumente und –praktiken *auf ihren ökonomischen Nutzen überprüft* und gegebenenfalls anpasst oder abschafft, und indem sie die gesamte Aufsichtstätigkeit dergestalt *neu ausrichtet*, dass sie Marktteilnehmer in deren Eigenbemühungen um Vorsorge gegenüber makroökonomischen Risiken unterstützt.

Aggressive Antworten auf Vermögenspreisinflation sehen Änderungen am wirtschaftspolitischen *Zielsystem* vor. Auf dieser Ebene kann die *Geldpolitik* das Problem der Vermögenspreisinflation angehen, indem sie

(15) neben dem Ziel der Preis(niveau)stabilität auch ein *eigenständiges Ziel der Vermögenspreis(niveau)stabilität* verfolgt, oder

(16) das Ziel der *Preisstabilität* dergestalt *neu definiert*, dass in die Berechnung des zu stabilisierenden Preisniveaus sowohl Verbraucher- als auch Vermögenspreise eingehen.

Auch im Bereich der *Finanzaufsicht* besteht ein Zielsystem, das aber der Öffentlichkeit weniger bekannt ist und dessen theoretische Begründung weniger abgeschlossen erscheint, als dies für Geldpolitik der Fall ist. Der Gesetzgeber ist auf dieser Ebene im Bereich der Finanzaufsicht gefordert,

(17) die zuständige Institution mit einem *klaren Auftrag* auch zur Gewährleistung der Stabilität des Finanzsystems zu versehen, im Falle einer Finanzaufsichtsbehörde die *Unabhängigkeit* der Institution gegenüber Versuchen politischer Einflussnahme nach dem Vorbild einer Notenbank zu stärken.

Die im Ansatz aggressivsten Maßnahmen gegen Vermögenspreisinflation betreffen die *Zuständigkeiten* bzw. den institutionellen Rahmen sowohl von Geldpolitik als auch von Finanzaufsicht. Auf dieser höchsten Ebene möglicher Antworten auf Vermögenspreisinflation kann der *Gesetzgeber* tätig werden, indem er

(18) eine *Alleinzuständigkeit für* die Gewährleistung der *Stabilität des Finanzsystems* schafft, etwa durch Bündelung aller diesbezüglichen Kompetenzen bei der Notenbank, und so einen geeigneten Rahmen auch für einen effektiven und effizienten Schutz des Finanzsystems gegenüber von der Vermögenspreisentwicklung ausgehenden Risiken bereitstellt.

Die Tabellen 6.2 und 6.3 fassen die Handlungsoptionen übersichtlich zusammen. Tab. 6.2 listet die Handlungsoptionen auf, wobei jeweils zur

Tab. 6.3, Anfang: Zweidimensionale Übersicht der wirtschaftspolitischen Handlungsoptionen

		Aufgabenbereich		
			Weitere Aufgabenbereiche	
		Geldpolitik	**[a] Finanz-Aufsicht**	**[b] Wirtschafts-statistik**
Ebene / Eingriffsintensität (von oben nach unten zunehmend)	***Ebene I:*** **Informationsbezogene Maßnahmen**	**[I] Strategieanpassung bei Analyse u. Information:** 1 Publikation von Forschungsergebnissen; 2 Nutzung des Informationsgehalts von Vermögenspreisen; 3 Neugewichtung der „Säulen“ / Verlängerung des Analysehorizonts	**[Ia] Analyse u. Information:** 4 laufende Analyse der Vermögenspreisentwicklung in Finanzstabilitätsberichten; 5 mikro- und makroprudenzielle Indikatoren für Finanzstabilität / Frühwarnsystem für Finanzkrisen	**[Ib] Lieferung u. Aufbereitung statistischer Daten:** 6 Vollständige VGR-Vermögensstatistik; 7 Vermögenspreisindizes
	Ebene II: **Direkte Eingriffe**	**[II] Strategieanpassung beim außenwirksamen Handeln:** 8 Notfallpläne und Reaktion bei akuter Krisengefahr (Lender of Last Resort); 9 öffentliche Kommentare zu Bewertungsniveaus; 10 Gegensteuern	**[IIa] Anpassung und Einsatz der Aufsichtsinstrumente:** 11 Einsatz bestehender Instrumente; 12 Weiterentwicklung des Instrumentariums (Erhöhung der Schockabsorptionsfähigkeit des Finanzsystems; spezifisch gegen VmPI wirksame Instrumente)	X
	Ebene III: **Strategie**	**[III] Strategiewahl:** 13 Reine Geldmengensteuerung oder reines Inflation Targeting	**[IIIa] Strategische Ausrichtung:** 14 Neuausrichtung („regulating with the market“, Überprüfung bestehender Regulierungen)	X

Tab. 6.3, fortgesetzt von vorhergehender Seite: Zweidimensionale Übersicht der wirtschaftspolitischen Handlungsoptionen

		Aufgabenbereich		
			Weitere Aufgabenbereiche	
		Geldpolitik	**[a] Finanz-Aufsicht**	**[b] Wirtschafts-statistik**
Ebene / Eingriffsintensität	***Ebene IV:* Zielsystem**	**[IV] Änderung des Zielsystems:** 15 eigenständiges Vermögenspreisziel (als Zweitziel); 16 Neudefinition von Preisstabilität	**[IVa] Klärung des Zielsystems:** 17 Explizites Mandat der Finanzaufsichtsbehörde / (größere) Unabhängigkeit	
	***Ebene V:* Zuständigkeiten**	**[V] Geänderter institutioneller Rahmen:** 18 Alleinzuständigkeit der Notenbanken (oder der Finanzaufsichtsbehörde) für Finanzstabilität		

Erläuterung der Zweck bzw. die Absicht des Eingriffs angegeben wird. Ordnet man die Handlungsoptionen *vertikal* nach Handlungsebene, Aggressivität bzw. Eingriffsintensität (→Zeilen)[1] *und horizontal* nach dem zugehörigen wirtschaftspolitischen Aufgabenbereich (→Spalten), so erhält man als kompakte

[1] Die Handlungsoptionen unterscheiden sich voneinander in mindestens zweierlei Hinsicht. Zum einen gehören sie *unterschiedlichen wirtschaftspolitischen Tätigkeitsbereichen* an, und zum anderen implizieren sie *unterschiedlich intensive bzw. aggressive Eingriffe,* die unterschiedlich weit reichende Änderungen des Ausgangszustands implizieren.
Die *Intensität eines Eingriffs* kann absolut (Änderung gegenüber einem hypothetischen Ausgangszustand ohne Staat) oder relativ (Änderung gegenüber dem Status Quo) verstanden werden. Staatliches Handeln in Form von Geldpolitik und Finanzaufsicht sind in den hier behandelten Bereichen des modernen Wirtschaftslebens aber allgegenwärtig. Der „Ausgangszustand" einer modernen Volkswirtschaft ohne Staatseingriffe in Form von Geldpolitik und Finanzaufsicht ist daher unbekannt. Die beiden Interpretationen von Eingriffsintensität kommen beispielweise bei einer vollständigen Deregulierung zu unterschiedlichen Ergebnissen, denn im absoluten Sinne liegt dann kein Eingriff mehr vor, somit die niedrigstmögliche Eingriffsintensität. Im relativen Sinne kann ein solcher Eingriff aber eine starke Abweichung vom Status Quo, somit ein Eingriff hoher Intensität.
Für den Zweck der hier gewählten Darstellung genügt ein intuitives Verständnis von *„Aggressivität"* der jeweiligen Handlungsoptionen.

Übersicht Tab. 6.3, in der die Erläuterungen aus Tab. 6.2 nicht wiederholt werden.

6.3 Die wirtschaftspolitischen Handlungsoptionen im Einzelnen

Im Folgenden werden die wirtschaftspolitischen Handlungsoptionen nacheinander ausführlich dargestellt und diskutiert. Die Reihenfolge entspricht der Nummerierung in Abb. 6.3.[2] Die Ausführungen folgen bei jeder Option demselben Ablauf. Zunächst wird ihr Inhalt erläutert, dann werden kurz Vor- und Nachteile diskutiert, in Beziehung zur jeweiligen Ausgangslage im Euroraum bzw. in Deutschland gesetzt und abschließend beurteilt. dargestellt („Erläuterung – Diskussion – Status Quo – Beurteilung“).

6.3.1 Handlungsebene I: Informationsbezogene Maßnahmen (Nr. 1-7)

Handlungsoption Nr. 1: Publikation von Forschungsergebnissen

Wenn eine Notenbank zu der Einschätzung gelangt, dass sie die Vermögensmarktentwicklung und die von ihr ausgehenden Risiken besser einschätzen kann als die Marktteilnehmer, so kann sie versuchen, den betreffenden Informationsvorsprung abzubauen, indem sie die zugehörigen Forschungsergebnisse veröffentlicht, statt ihn zur Grundlage weitergehender, direkter Eingriffe zu machen. Der Idee nach wirkt diese Form der Aufklärung gegen Vermögenspreisinflation indirekt und dezentral, wenn die Marktteilnehmer die vermittelte Information „einpreisen“, d.h. in ihre Dispositionen an den Vermögensmärkten einfließen lassen.

Tab. 6.4.a: Handlungsoption Nr. 1

Handlungs-option	**Publikation von Forschungsergebnissen**
Zweck / Absicht	Marktkonformer Abbau etwaiger Informationsvorsprünge der Notenbank gegenüber den Marktteilnehmern.
Ausgangs-lage	Laufende Aufgabe.
Empfehlung	Ja.

[2] Die Optionen werden demnach *ebenen- und gruppenweise* dargestellt. Die Aggressivität der diskutierten Maßnahmen steigt von Ebene zu Ebene an. Innerhalb der Ebenen stehen die Optionen aus dem Bereich der Geldpolitik vor denjenigen der Finanzaufsicht. Auf der ersten Ebene folgen darauf noch die Optionen im Bereich der Wirtschaftsstatistik

Der *Status Quo* im Euroraum hinsichtlich dieser Handlungsoption kann nicht beurteilt werden, da es sich um eine laufende Aufgabe für die Notenbank handelt, die nicht durch einmaliges Handeln abgeschlossen werden kann.
Die Handlungsoption ist *zu empfehlen.* Sie ist im Ansatz marktwirtschaftskonform und schonender als direkte Eingriffe. Versuche zur Aufklärung der Marktteilnehmer sind unschädlich, allerdings möglicherweise unwirksam. Sie sind nur kurzfristig wirksam, wenn die Aufmerksamkeitsspanne der Märkte für Neupublikationen kurz ist, oder vollständig unwirksam, wenn Informationsprobleme nicht zu den Ursachen eines konkreten Falles von Vermögenspreisinflation gehören. So könnten die Marktteilnehmer um die Problematik eines Bewertungsniveaus wissen, aber aufgrund von Fehlanreizen kurzfristorientiert handeln. Möglicherweise irrt sich eine Notenbank auch in der Vermutung eines Informationsvorsprungs.

Handlungsoption Nr. 2: Nutzung des Informationsgehalts von Vermögenspreisen
Wenn Vermögenspreise gegenüber anderen Variablen einen Informationsgehalt in Bezug auf interessierende makroökonomische Größen besitzen, so kann ihn eine Notenbank nutzen, indem sie auf Vermögenspreisen basierende geldpolitische Indikatoren entwickelt und diese in ihre Entscheidungsfindung einbezieht.

Tab. 6.4.b: Handlungsoption Nr. 2

Handlungs-option	**Nutzung des Informationsgehalts von Vermögenspreisen**
Zweck / Absicht	Berücksichtigung der makroökonomischen Rolle von Vermögenspreisen, insbesondere Vermögenspreise als geldpolitische Indikatoren.
Ausgangs-lage	Laufende Aufgabe. Eigene Indikatorengruppe im Rahmen der „wirtschaftlichen Analyse".
Empfehlung	Ja.

Die Nutzung des Informationsgehalts von Vermögenspreisen ist ebenfalls eine *laufende Aufgabe*, die sich stets von neuem stellt. Die EZB beobachtet gegenwärtig Vermögenspreise im Rahmen der ehemaligen *zweiten Säule* bzw. „wirtschaftlichen Analyse". Die auf ihnen beruhenden Indikatoren bilden einen Teil der Indikatorengruppe zur „Analyse von Finanzmarktentwicklungen". Vermögenspreisen kann eine aktive oder eine passive Indikatorfunktion in Bezug auf verschiedene geldpolitisch relevante makroökonomische Größen zukommen, etwa in Bezug auf die Inflations-, Zins- und Wachstumserwartungen der Marktteilnehmer.[3]

Auch diese Option ist *zu befürworten.* Eine umfassendere Information der geldpolitischen Entscheidungsträger ist stets zu begrüßen, allerdings scheint der zusätzliche Informationsgehalt von Vermögenspreisen, der über denjenigen der anderen Indikatoren hinausgeht, beschränkt zu sein, insbesondere bei Aktienkursen und Immobilienpreisen.[4]

Handlungsoption Nr. 3: Neugewichtung der „Säulen" / Verlängerung des Analysehorizonts

Möglicherweise gehen von der gemeinsamen Entwicklung von Vermögenspreisen und monetären Variablen auf mittlere bis lange Sicht Risiken für die Preis- und die Finanzstabilität aus, die bei einem kürzeren geldpolitischen Prognosehorizont übersehen werden könnten. Eine Verlängerung des Zeithorizonts geldpolitischer Analysen (vgl. Borio et al. 2003, 43) bzw. speziell im Falle der EZB eine stärkere Gewichtung der monetären Analyse können dann helfen, diesen zusätzlichen Informationsgehalt von Vermögenspreisen und monetären Variablen zu nutzen.[5]

Da die „monetäre Analyse" eine der beiden Säulen der geldpolitischen Strategie der EZB darstellt, ist im Euroraum ein verlängerter Analysehorizont im Vergleich zu einer Strategie des Inflation Targeting bereits gegeben. Bei der Revision ihrer geldpolitischen Strategie hat die EZB deren Darstellung geändert, indem die vormalige erste Säule nunmehr als „monetäre Analyse" an die zweite Stelle gerückt ist. (Vgl. etwa EZB 2004a, 57.) Man kann dies als eine Neugewichtung interpretieren, die der hier diskutierten Option zuwiderläuft.

---

[3] Dies lässt sich mit dem folgenden Zitat (EZB 2004a, 60, Hervorhebung durch den Verfasser) belegen:
„Darüber hinaus wird auch die Entwicklung von Finanzmarktindikatoren und der *Preise für Vermögenswerte* – nicht zuletzt angesichts ihres potentiellen Einflusses auf die Preisentwicklung – genau beobachtet [...]. Zudem können anhand der Preise für Vermögenswerte und der Anlagerenditen Erkenntnisse über die Erwartungen an den Finanzmärkten, einschließlich der erwarteten Preisentwicklung, gewonnen werden."

[4] Es ist auffällig, dass als Beispiel für vermögenspreisbasierte Indikatoren (hier: für die Inflationserwartungen der Marktteilnehmer) meist die Renditedifferenz inflationsindexierter und nicht-indexierter Staatsanleihen angeführt wird, obwohl ansonsten Aktien bzw. Aktienmärkte im Mittelpunkt der Diskussion über Vermögenspreisinflation in entwickelten Volkswirtschaften stehen, Anleihen bzw. Anleihemärkte aber kaum eine Rolle spielen.

[5] Issings wiederholte Betonung der Bedeutung eines mittelfristigen, nicht kurzfristigen, Analysehorizonts (z.B. Issing 2003, 31) befürwortet vordergründig lediglich den Status Quo der geldpolitischen Strategie der EZB, impliziert aber einen Vorrang der „monetären Analyse", was möglicherweise auch als eine Forderung nach einer stärkeren Gewichtung der „monetären Analyse" gegenüber der „wirtschaftlichen Analyse" interpretiert werden kann.

Tab. 6.4.c: Handlungsoption Nr. 3

Handlungs-option	**Neugewichtung der "Säulen" / Verlängerung des Analysehorizonts**
Zweck / Absicht	Wie Nr. 2, insbesondere Berücksichtigung etwaiger monetärer Ursachen von VmPI/D sowie etwaiger mittel- bis langfristiger Risiken für die Preis- und die Finanzstabilität.
Ausgangs-lage	Verlängerter Analysehorizont v.a. durch „monetäre Analyse". Entgegengesetzte Neugewichtung bei Strategierevision 2004.
Empfehlung	Ja (Verlängerung Analysehorizont). Nicht erforderlich (Neugewichtung).

Eine *Neugewichtung* der Säulen der EZB-Strategie erscheint *nicht erforderlich*, zumal der genaue Inhalt einer solchen Forderung unklar bleibt. Eine *Verlängerung* des Prognosehorizonts ist gegenüber einer reinen Ein- bis Zweijahresbetrachtung *zu empfehlen*. Von der Kombination historisch hohen Kreditwachstums mit Vermögenspreisinflation scheint ein erhöhtes Risiko von Störungen des Bankensystems bis hin zu Bankenkrisen auszugehen. Weiterhin erscheint plausibel und kann nicht ausgeschlossen werden, dass übermäßiges Geldmengenwachstum zu Vermögenspreisinflation beiträgt. Dies gilt auch für die Möglichkeit, dass umgekehrt in Vermögensmärkten „gebundene Liquidität" durch Portfolioumschichtungen erneut in übermäßiges Geldmengenwachstum mündet und sich somit verzögert in erhöhter Inflation niederschlägt.[6]

Handlungsoption Nr. 4: Laufende Analyse der Vermögenspreisentwicklung in Finanzstabilitätsberichten

Die für Finanzstabilität zuständige Institution (Notenbank oder Finanzaufsichtsbehörde) kann die Vermögenspreisentwicklung und andere mögliche Quellen makroökonomischer Risiken für das Funktionieren des Finanzsystems regelmäßig, schnell und systematisch analysieren und diese Analysen in Finanzstabilitätsberichten veröffentlichen.

Auch hierbei handelt es sich um eine laufende Aufgabe. Die Bundesbank hat im Dezember 2003 mit der Veröffentlichung von Finanzstabilitätsberichten begonnen.[7]

---

[6] Wie in Kapitel 5 dargelegt wurde, ist eine Vielzahl von Beziehungen zwischen den Entwicklungen der monetären Variablen, Vermögens- und Verbraucherpreisen denkbar. Das Verhältnis ist insbesondere in der kurzen Frist komplex.

[7] Diese Berichte waren zunächst Teil von Monatsberichten, seit 2005 sind sie eine eigenständige Publikation (Bundesbank 2005b). Vermögenspreise werden darin an mehreren Stellen behandelt, etwa die Immobilienpreisentwicklung (S. 13) und die Aktienkursentwicklung (S. 25f).

Tab. 6.4.d: Handlungsoption Nr. 4

Handlungs-option	**Laufende Analyse der Vermögenspreisentwicklung in Finanzstabilitätsberichten**
Zweck / Absicht	Regelmäßige, schnelle und systematische Information der Marktteilnehmer über vermögenspreisbedingte Risiken für die Finanzstabilität.
Ausgangs-lage	Laufende Aufgabe. Finanzstabilitätsberichte der BBk seit 2004/05.
Empfehlung	Ja.

Diese Option ist *zu befürworten*. Finanzstabilitätsberichte erscheinen als ein geeigneter Rahmen, von einer Arbeitsdefinition von Finanzstabilität ausgehend zu einer systematischeren Analyse der diesbezüglichen makroökonomischen Risiken zu gelangen und in dem Sinne Transparenz herzustellen, dass die Öffentlichkeit nicht nur das Urteil der zuständigen Behörde über die Lage im Finanzsystem und an den Vermögensmärkten erfährt, sondern auch die Analysen, auf denen derartige Urteile beruhen. Die Auseinandersetzung mit der Öffentlichkeit ermöglicht auch eine Weiterentwicklung der Analysekonzepte. Die Abtrennung von der laufenden Kommentierung makroökonomischer Entwicklungen in den Monatsberichten einer Notenbank verringert das Risiko, dass die Analysen als verklausulierte Ankündigungen zinspolitischer Maßnahmen missverstanden werden. Ein möglicher Nachteil von Transparenz in Bezug auf Fragen der Finanzstabilität besteht darin, dass die bei angespannter Lage im Finanzsystem zu erwartenden „schlechten Nachrichten" unter Umständen aktiv zur Verunsicherung der Marktteilnehmer beitragen.

Handlungsoption Nr. 5: Mikro- und makroprudenzielle Indikatoren für Finanzstabilität / Frühwarnsystem für Finanzkrisen

Die zuständige Institution kann das Ziel der Finanzstabilität in operationaler, also für Dritte eindeutig nachvollziehbarer Weise definieren und den Grad der Zielerreichung bzw. die Lage durch einen festen Satz von Indikatoren, die auf Mikrodaten und Makrodaten beruhen, wiedergeben. Dabei kann sie Informationen verwenden, die sie durch makroökonomische Analyse und durch ihre Aufsichtstätigkeit erwirbt. Perspektivisch kann sie so möglicherweise Störpotentiale

---

Im ersten Finanzstabilitätsbericht liefert die *Bundesbank* (2003c, 8) eine *Definition von Finanzstabilität*: „Der Begriff der Finanzstabilität beschreibt in einem breiten Sinne einen Zustand, in dem das Finanzsystem seine zentralen Funktionen, wie die Allokation der finanziellen Mittel und der Risiken sowie die Abwicklung von Zahlungen in einer Volkswirtschaft, effizient erfüllt, und zwar gerade auch bei Schocks, in Stresssituationen und in strukturellen Umbruchphasen."

für die Finanzstabilität frühzeitig aufzeigen und ein Frühwarnsystem für Krisen entwickeln.
Derzeit gibt es zahlreiche Vorarbeiten für mikro- und makroprudenzielle Indikatoren für Finanzstabilität, insbesondere praktische Vorarbeiten beim IWF. Auch die Bundesbank beschäftigt sich im Zusammenhang mit ihrer Rolle als Bankenaufseherin mit makroprudenziellen Analysen und Risiken für die Stabilität des Bankensystems. (Vgl. hierzu Bundesbank 2005b, 44-82.) Weiterhin wurden weltweit mehrere Versuche eines Frühwarnsystems für Finanzkrisen unternommen, die bislang relativ erfolglos geblieben sind.[8]

Tab. 6.4.e: Handlungsoption Nr. 5

Handlungs-option	**Mikro- und makroprudenzielle Indikatoren für Finanzstabilität / Frühwarnsystem für Finanzkrisen**
Zweck / Absicht	Messung und Wiedergabe von Finanzstabilität durch einen festen Satz von Indikatoren, frühzeitiges Aufzeigen von Störpotentialen.
Ausgangs-lage	Vielfältige theoretische Vorarbeiten. Praktische Vorarbeiten des IWF. Makroprudenzielle Analyse bei der BBk (Bankenaufsicht).
Empfehlung	Ja.

Diese Option schließt sich an die vorherige an und ist *zu befürworten.* Allerdings setzt eine Selbstbindung an eine von Dritten nachvollziehbare Definition von Finanzstabilität voraus, dass diese – zumindest angewandt auf vergangene Ereignisse – zu plausiblen Einschätzungen (Krise / keine Krise) führt. Dabei sollte sich eine solche Analyse nicht auf die Vergangenheit beschränken, sondern die aktuelle Lage im Finanzsystem und die erkennbaren Risiken für dessen Stabilität beurteilen. Damit derartige Beurteilungen durch eine Notenbank oder sonstige Behörde glaubwürdig sein können, muss die betreffende Institution grundsätzlich in der Lage sein, auch negative Beurteilungen abzugeben. Da sie im Fall negativer bzw. kritischer Beurteilungen mit dem Vorwurf zu rechnen hat, durch derartiges öffentliches Wirken aktiv zur Destabilisierung beizutragen, geraten ihre Beurteilungen leicht unter den Verdacht der Schönfärberei. Die Selbstbindung an eine gleich bleibende[9] und objektive (d.h. von Dritten nach-

[8] Der Misserfolg bisheriger „Frühwarnsysteme" für Finanzkrisen ist ernüchternd, stellt aber keinen Grund dar, es nicht weiter zu versuchen. Im Übrigen beziehen sich die betreffenden Untersuchungen meist auf Währungskrisen, nicht auf reine Bankenkrisen.
[9] Würde die Analysegrundlage fallweise wechseln, begäbe sich die Institution in Gefahr, den aktuellen Entwicklungen stets nur „hinterherzulaufen". Sie behielte dann zwar immer recht, würde die Marktteilnehmer aber nicht mehr mit neuen Informationen versorgen.

vollziehbare) Analyse- und Urteilsgrundlage erscheint als eine Möglichkeit, Glaubwürdigkeit zu erlangen.

Handlungsoption Nr. 6: Vollständige VGR-Vermögensstatistik
Die für Wirtschaftsstatistik zuständigen Institutionen können eine vollständige Vermögensrechnung im Rahmen der Volkswirtschaftlichen Gesamtrechnung durchführen. Auf diese Weise werden der Öffentlichkeit systematisch erhobene und umfassendere Daten über die Entwicklung von Vermögenspreisen und Vermögensbeständen zur Verfügung gestellt, insbesondere über die Entwicklungen an den Immobilienmärkten. Solche Daten bieten den wirtschaftspolitischen Entscheidungsträgern und den Marktteilnehmern eine verlässlichere Grundlage für Analysen und Beurteilungen der Entwicklungen der Vermögenspreise und Vermögensmärkte, ermöglichen somit auch ein fundierteres Urteil über Vermögenspreisinflation und die von ihr ausgehenden Risiken.

Tab. 6.4.f: Handlungsoption Nr. 6

Handlungs-option	**Vollständige VGR-Vermögensstatistik**
Zweck / Absicht	Schneller verfügbare, umfassendere und systematisch erhobene Daten zur Vermögens(preis)entwicklung, insbesondere bei Immobilien.
Ausgangs-lage	„Große Lösung“ in Deutschland abgelehnt, nicht in Aussicht. Teilvermögensrechnungen bei StBA, BBk. Nicht-VGR-Immobiliendaten bei BBk in Kooperation mit privatem Anbieter.
Empfehlung	Ja.

Derzeit ist eine vollständige Vermögensrechnung in Deutschland *nicht in Sicht*, sie wurde aus Kostengründen *abgelehnt*. (Vgl. Buchwald 2000.) Teilvermögensrechnungen werden beim Statistischen Bundesamt für das Anlagevermögen und bei der Bundesbank für das Geld- bzw. Finanzvermögen geführt. Weiterhin führt das Statistische Bundesamt in mehrjährigen Abständen eine Einkommens- und Verbrauchsstichprobe durch, die vor allem über die Vermögensstruktur der privaten Haushalte informiert, nicht aber über Entwicklungen in den Vermögenspreisen. Für das Immobilienvermögen liegen nur Daten vor, die nicht nach einer VGR-Systematik wie dem ESVG 1995 erhoben werden. Die Bundesbank bezieht Immobilienmarktdaten von einem privaten Anbieter (Beratungsfirma Bulwien und Partner), die aber nicht in vollem Umfang der Öffentlichkeit zur Verfügung gestellt werden. (Vgl. Bundesbank 2003b.)
Auf europäischer Ebene bereiten Eurostat und EZB derzeit eine neue volkswirtschaftliche Statistik vor, ein System vierteljährlicher finanzieller und nichtfinanzieller Konten, das nach institutionellen Sektoren aufgeschlüsselt ist. (Vgl. EZB

2006a, 115.) Es wird unter anderem Aufschluss über die Finanz-, Güter- und Dienstleistungstransaktionen sowie die Bestände an Forderungen und Verbindlichkeiten der Sektoren des *Euroraums* geben.[10]
Die Option ist (entgegen der Beschlusslage) *zu empfehlen.* Ohne systematische und auf eine vollständige Abdeckung angelegte Erhebungen zum Immobilienvermögen sind nur willkürlich zu wählende Ersatzgrößen für die Preis- und Bestandsentwicklung bei der bedeutendsten Vermögensart verfügbar. Dieser Mangel bei der Erfassung der Vermögenspreisentwicklung kann auch durch raffinierte Auswertungsverfahren nicht behoben werden. Das Bild von Vermögenspreisinflation bleibt so unvollständig bzw. ungenau, wenn diese nicht nur auf das Finanzvermögen bezogen werden soll.

Handlungsoption Nr. 7: Vermögenspreisindizes
Sofern entsprechende Daten und Theorien vorhanden sind, kann die Vermögenspreisentwicklung in verdichteter Form durch Vermögenspreisindizes wiedergegeben werden. Diese können darauf abzielen, die Vermögenspreisentwicklung für sich genommen darzustellen, oder in Bezug auf die von ihr ausgehenden Risiken für die Preisstabilität oder Finanzstabilität. Vermögen muss in mehrfacher Hinsicht abgegrenzt werden, und eine solche Abgrenzung hat theoriespezifisch zu erfolgen. Für jede theoretische Hypothese ist daher eine eigene Kennzahl der Vermögenspreisentwicklung abzugrenzen.

Tab. 6.4.g: Handlungsoption Nr. 7

Handlungsoption	**Vermögenspreisindizes**
Zweck / Absicht	Aussagekräftige Kennzahlen für die Entwicklung der Vermögenspreise, auch Sonderentwicklungen.
Ausgangslage	AAPI der BIZ bislang umfassendster Ansatz.
Empfehlung	Ja.

Derzeit ist der Aggregierte Vermögenspreisindex (engl.: AAPI) der BIZ der umfassendste Versuch, einen für die allgemeine Vermögenspreisentwicklung charakteristischen Index zu entwickeln und laufend zu berechnen. Er deckt Aktien- und Immobilienvermögen ab, verwendet die jeweils „besten" verfügbaren Länderdaten und wird laufend angepasst.
Die Option ist *zu befürworten.* Der AAPI der BIZ stellt bei allen Mängeln eine erhebliche Verbesserung gegenüber der Gleichsetzung der Vermögenspreis- mit der Aktienkursentwicklung dar, wenn die Vermögenspreisentwicklung wieder-

[10] Die Sektoren sind: private Haushalte, finanzielle Unternehmen, nicht-finanzielle Unternehmen, Staat, Ausland.

gegeben werden soll. Weitere umfassende oder partielle Vermögenspreisindizes sind denkbar. Solange es keine vollständige VGR-Vermögensrechnung in Deutschland gibt, sollte eine überschaubare Anzahl von Indizes für die nationale und regionale Preisentwicklung bei Wohn- und Gewerbeimmobilien auf möglichst breiter Grundlage entwickelt und regelmäßig veröffentlicht werden.

6.3.2 Handlungsebene II: Direkte Eingriffe (Nr. 8-12)

Handlungsoption Nr. 8: Notfallpläne und Reaktion bei akuter Krisengefahr

Wenn Vermögenspreisdeflation eine Stresssituation im Finanzsystem verursacht, die über Liquiditätsengpässe, Bankenzusammenbrüche und Ansteckung zu einer Krise führen könnte, kann die Notenbank möglicherweise stabilisierend als Lender of Last Resort eingreifen, indem sie umgehend Liquidität bereitstellt und diese wieder entzieht, sobald die Situation sich entschärft hat. Aufgabe der Finanzaufsicht ist es u.a. sicherzustellen, dass insolvente Banken in geregelter Weise aus dem Markt ausscheiden, ohne dass es zu Verwerfungen kommt. Zur Reaktion auf verschiedene Szenarien, etwa starke Vermögenspreisdeflation, sind frühzeitig Vorüberlegungen anzustellen, welche in Notfallplänen niedergelegt werden können. Sind in Stresssituationen mehrere Stellen gefordert, etwa die Notenbank und eine eigenständige Finanzaufsichtsbehörde, so sind für den Ernstfall Informationsaustausch und Arbeitsteilung vorzubereiten.

Tab. 6.4.h: Handlungsoption Nr. 8

Handlungs-option	**Notfallpläne und Reaktion bei akuter Krisengefahr (Lender of Last Resort)**
Zweck / Absicht	Schnelle und angemessene Reaktion in Stresssituationen, u.a. durch schnelle Bereitstellung von Liquidität.
Ausgangs-lage	Präzedenzfälle fehlen. Position der EZB unbekannt. Notfallpläne BBk, BAFin? Memorandum of Understanding BBk/BAFin.
Empfehlung	Offene Frage (LOLR). Ja (Notfallpläne).

Die derzeitige Position von EZB, Bundesbank und BAFin zur Frage eines möglichen Eintretens als Lender of Last Resort (LOLR) ist unbekannt. Allgemein ist weder bekannt, ob es Notfallpläne gibt, noch worin deren Inhalt bestehen könnte. Präzendenzfälle für ein Auftreten als LOLR fehlen. Anders als die Federal Reserve hat die EZB auf die Aktienkursdeflation des Jahres 2000 nicht (bzw. nicht erkennbar) mit einer schnellen Zinssenkung reagiert.[11] In allgemeiner

[11] Die Fed hat ihre Leitzinsen von Ende 2000 bis Ende 2001 von etwa 6,5% auf etwa 1,75% gesenkt, die EZB von etwa 4,8% auf etwa 3,3%, wobei die Fed früh und die EZB spät mit deutlichen Zinssenkungen begonnen hat.

Form haben Bundesbank und BAFin ihre Zusammenarbeit und Arbeitsteilung in einer Übereinkunft (Memorandum of Understanding) dargelegt.
Die Frage, ob ein Eintreten als *LOLR* geboten oder abzulehnen ist, besitzt eine lange akademische Vorgeschichte und ist *nicht abschließend geklärt*, weshalb an dieser Stelle auf eine Empfehlung verzichtet wird. Es besteht weitgehende Übereinstimmung in einigen Punkten. Erstens sollten im Ernstfall nur illiquide und solvente, nicht aber illiquide und insolvente Banken unterstützt werden. Einzelne Banken sollten also aus dem Markt ausscheiden können und nur die Ansteckung „gesunder" Banken verhindert werden, um einen allgemeinen Vertrauensverlust der Anleger in das Bankensystem zu verhindern. Zweitens sollte sich die zuständige Stelle nicht vorab festlegen, ob und unter welchen konkreten Bedingungen sie überhaupt als LOLR eintritt („constructive ambiguity"). Drittens sollte die zugeführte Liquidität bei Beruhigung der Lage wieder vom Markt genommen werden, damit der Eingriff nicht inflationär wirkt. Ein Eintreten als LOLR besitzt mehrere Nachteile. Möglicherweise ist es gegenüber einer privatwirtschaftlichen Lösung, etwa in Form eines Einlagensicherungsfonds der Banken, suboptimal, da beim LOLR die Gewinne von den Bankeigentümern privatisiert und die Verluste teilweise auf die Öffentlichkeit abgewälzt werden. Diese Asymmetrie bedingt möglicherweise ein Moral-Hazard-Verhalten von Seiten der Banken, etwa ein „Hochbieten" der Vermögenspreise im Vertrauen auf öffentliche Unterstützung im Verlustfalle. Somit würde eine Notenbank, mit deren Eintritt als LOLR gerechnet würde, selbst teilweise zu Vermögenspreisinflation beitragen. Ein weiterer Nachteil besteht darin, dass Rettungsmaßnahmen, die für das Bankensystem als Gesamtheit vorgesehen sind, aufgrund politischer Einflussnahme „industriepolitisch" missbraucht werden können, um in ordnungspolitisch bedenklicher Weise Rettungsmaßnahmen für einzelne Banken durchzuführen bzw. zu tarnen.
Unabhängig von ihrer Ausgestaltung sind die Reaktionen in verschiedenen Ernstfällen frühzeitig vorzubereiten. *Notfallpläne* sind also *zu empfehlen.*

Handlungsoption Nr. 9: Öffentliche Kommentare zu Bewertungsniveaus
Eine Notenbank kann bei Anzeichen von (hoher) Vermögenspreisinflation versuchen, die Marktentwicklung direkt zu beeinflussen, indem sie öffentliche Kommentare zum Bewertungsniveau an den Vermögensmärkten abgibt und somit „verbal gegensteuert". Der Unterschied zu den informationsbezogenen Maßnahmen Nr. 1-7 besteht darin, dass hier eine Wirkung durch Bekanntgabe des Urteils der Notenbank angestrebt wird, nicht über die Offenlegung der zu einem solchen Urteil führenden Informationen.

Tab. 6.4.i: Handlungsoption Nr. 9

Handlungs-option	**Öffentliche Kommentare zu Bewertungsniveaus**

Zweck / Absicht	Direkte Marktbeeinflussung bei Anzeichen von VmPI/D, „verbales Gegensteuern“.
Ausgangs-lage	Präzedenzfall: Greenspans Bemerkungen über „irrationalen Überschwang“ (irrational exuberance). Präzedenzfälle im Euroraum fehlen. Position der EZB unbekannt. Bundesbank: vorsichtige Befürwortung.
Empfehlung	Nein.

Als Präzedenzfall für „verbales Gegensteuern“ gilt eine Rede des seinerzeitigen Fed-Präsidenten Greenspan, in welcher er die Aktienkursentwicklung als Ausdruck „irrationalen Überschwangs“ (irrational exuberance) bezeichnete. (Greenspan 1996.) Ein Präzendenzfall im Euroraum fehlt, und die Position der EZB zu dieser Form direkter Marktbeeinflussung ist unbekannt.[12] Die Bundsbank scheint öffentliche Kommentare von Notenbankern gegen Vermögenspreisinflation vorsichtig zu befürworten.[13]

„Verbales Gegensteuern“ hat im Fall Greenspans *schnell, aber nur vorübergehend* zu einem Rückgang des Aktienkursniveaus geführt. Da derartige Bemerkungen in der Folgezeit nicht wiederholt wurden, ist nicht bekannt, ob auf diesem Wege auch anhaltende Wirkungen erzielt werden können. Eine *Wirksamkeit* lässt sich auf mindestens drei Weisen *erklären*: Die erste Hypothese („Überlegenheitshypothese“) lautet, dass die Marktteilnehmer von einer *überlegenen* Marktkenntnis Greenspans ausgehen und seinem Urteil auch dann vertrauen, wenn ihnen die Urteilsgrundlage nicht bekannt ist. Die zweite Hypothese („Ankündigungshypothese“) besagt, dass die Marktteilnehmer in den Äußerungen eine *Ankündigung* restriktiver geldpolitischer Schritte sehen und hierauf umgehend reagieren. Nach der dritten Hypothese („Noise-Trader-Hypothese“) reagieren die Anleger auch auf neu eintreffende Scheininformationen. Auch wenn Greenspans Bemerkung keinen Informationsgehalt besitzt im Sinne der ersten beiden Hypothesen, kann es sich aus Sicht der informierten Anleger lohnen, auf

---

[12] Tatsächlich geben Vertreter der EZB vereinzelt Kommentare zur Vermögenspreisentwicklung ab, etwa 2005/06 zur Immobilienpreisentwicklung in Spanien und Irland, ohne dass hierin bislang der Versuch einer direkten Marktbeeinflussung zu erkennen ist.

[13] Vgl. z.B. das folgende Zitat aus einer Rede von Bundesbank-Präsident Weber (2006, 9): „Die beschriebenen Schwierigkeiten [des zinspolitischen Gegensteuerns] legen ein vorsichtiges, jedoch kein rein passives Verhalten der Notenbanken nahe, falls sie mögliche Übertreibungen an den Vermögensmärkten zu erkennen glauben. Ein empfehlenswerter Weg ist, dass Notenbanken den Blick der Marktteilnehmer möglichst frühzeitig auf Bereiche lenken, in denen sich potentiell Ungleichgewichte aufbauen. Ein passender Rahmen, um blasenartige Entwicklungen (kritisch) zu kommentieren, können zum einen öffentliche Äußerungen von Zentralbankvertretern sein [...], zum anderen auch Stabilitätsberichte [...].“ (Auslassungen und Ergänzungen in eckigen Klammern durch den Verfasser.)

ihr Bekanntwerden zu reagieren in der Erwartung, dass viele uninformierte Anleger (*noise traders*) Aktien verkaufen werden.
Trifft die *Überlegenheitshypothese* zu, so ist „verbales Gegensteuern" ein dauerhaft unabhängiges Instrument, dessen Einsatz nachhaltige Wirkungen auf das Vermögenspreisniveau entfalten kann.[14] Es wäre dann ein brauchbares zusätzliches Instrument gegen Vermögenspreisinflation im Sinne Tinbergens, wenn man davon ausgeht, dass die herkömmlichen geldpolitischen Instrumente der Stabilisierung des Verbraucherpreisniveaus dienen. Allerdings könnte die Notenbank ihre Überlegenheit in den Augen der Marktteilnehmer festigen, indem sie die Analysen veröffentlicht, auf denen ihre „überlegene" Beurteilung des Marktgeschehens beruht.
Trifft die *Ankündigungshypothese* zu, so handelt es sich nur kurzfristig um ein unabhängiges, längerfristig aber um ein abhängiges Instrument. Notenbankkommunikation kann die eigentliche, auf Verbraucherpreisstabilität abzielende Geldpolitik unterstützen, wenn sie vollständig im Dienst ihrer Vermittlung steht. In diesem Sinne sollte die Greenspansche Bemerkung nur gemacht werden, wenn sie der Vermittlung der Einschätzung dient, dass die Inflationsrisiken zugenommen haben, und wenn später tatsächlich die Schlüsselzinssätze angehoben werden sollen. Wenn der vermeintlichen Ankündigung Zinsschritte folgen, gewinnt die Geldpolitik durch die Ankündigung an Glaubwürdigkeit. Wenn einer vermeintlichen Ankündigung keine Zinsschritte folgen, beschädigt sie entweder die Glaubwürdigkeit von Bemerkungen mit Ankündigungscharakter, oder Bemerkungen unklaren Charakters werden fortan ignoriert.
Nach der *Noise-Trader-Hypothese* ist „verbales Gegensteuern" nur dann ein wirksames Instrument, wenn ein erheblicher Anteil der Marktteilnehmer aus uninformierten Anlegern besteht. „Verbales Gegensteuern" kann zwar dem Wesen nach für informierte Anleger Informationsmüll bzw. eine Scheininformation darstellen, eine Reaktion ist wegen der vielen uninformierten Anleger und deren unkritischen Glaubens in Notenbankverlautbarungen dennoch geboten.
Zusammenfassend ist festzuhalten, dass „verbales Gegensteuern" möglicherweise *zumindest kurzfristig wirksam* ist, aber *nicht* im Sinne eines *unabhängigen Instruments* eingesetzt werden sollte.[15] Wenn es im Sinne der dritten Hypothese nur deshalb wirkt, weil ausreichend viele uninformierte Anleger auch auf Notenbankverlautbarungen ohne Informationsgehalt reagieren, ist es abzulehnen, zumal die Wirksamkeit im Wiederholungsfalle wegen Lernprozessen abnehmen

---

[14] Bei der Abhängigkeit oder Unabhängigkeit des Instruments geht es um die Frage, ob Kommunikation zinspolitische Maßnahmen der Notenbank nur flankieren soll (Abh.) oder nicht (Unabh.).

[15] Fratzscher (2004) untersucht Notenbankverlautbarungen zu Devisenmarktentwicklungen, also nicht zur Vermögenspreisentwicklung, unter der Prämisse, dass es sich dabei um ein unabhängiges Instrument handelt.

dürfte. Die für eine dauerhafte Wirksamkeit im Sinne der ersten Hypothese erforderliche Voraussetzung, dass die Marktteilnehmer die Notenbank als eine ihnen überlegene Analystin der Vermögensmärkte ansehen, erscheint ähnlich unplausibel wie die dafür nicht erforderliche Annahme, dass diese Überlegenheit der Notenbank eine objektive Tatsache ist. Überzeugender ist die zweite Hypothese, wonach die Notenbankkommentare zum Bewertungsniveau deshalb wirken, weil sie von den Anlegern als Ankündigungen bevorstehender Zinsschritte interpretiert werden. Folgen diese tatsächlich, so handelt es sich nicht mehr um ein unabhängiges, vom zinspolitischen Gegensteuern verschiedenes Instrument. Folgen diese nicht, so werden die Anleger entweder vergleichbare Äußerungen nicht mehr als Ankündigungen interpretieren, oder sie sehen sich von der Notenbank getäuscht. In beiden Fällen verliert das „verbale Gegensteuern" im Wiederholungsfalle seine Wirksamkeit, im zweiten Fall nimmt zusätzlich die Glaubwürdigkeit der Notenbankkommunikation ab.

Handlungsoption Nr. 10: Gegensteuern
Bei Anzeichen hoher Vermögenspreisinflation oder -deflation kann die Notenbank versuchen, das Bewertungsniveau an den Märkten direkt zu beeinflussen, indem sie ihre Schlüsselzinssätze in entsprechender Weise variiert und somit „zinspolitisch gegensteuert".[16]

Tab. 6.4.j: Handlungsoption Nr. 10

Handlungs-option	**Gegensteuern**
Zweck / Absicht	Zinspolitische Maßnahmen bei Anzeichen von VmPI/D, in verschiedenen Ausgestaltungen (*siehe folgender Unterabschnitt*).
Ausgangs-lage	Präzedenzfälle nicht bekannt. Position der EZB 2005 geändert hin zu vorsichtiger Befürwortung.
Empfehlung	Vorerst nein, aber weiter untersuchen.

Präzendenzfälle eines zinspolitischen „Gegensteuerns" gegen die Vermögenspreisentwicklung sind nicht bekannt. Da Außenstehenden der Zinssatz, von welchem die Notenbank durch „Gegensteuern" bewusst abwiche, nicht bekannt ist, kann ein Fall von „Gegensteuern" nur anhand der Eigenkommentare einer Notenbank oder anhand von Schätzungen festgestellt werden. Bei den Eigenkommentaren gibt es daher ein Glaubwürdigkeitsproblem, insbesondere sofern sie nachträglich abgegeben werden. Die Position der EZB zum Gegensteuern hat

[16] Unter *Gegensteuern ohne weiteren Zusatz* wird im Folgenden stets „zinspolitisches Gegensteuern" im Sinne von Option Nr. 10 verstanden, nicht aber „verbales Gegensteuern" im Sinne von Option Nr. 9.

sich von einer klaren Ablehnung (EZB 2002, 50f) hin zu einer vorsichtigen Befürwortung in Ausnahmefällen (EZB 2005c, 64-67) gewandelt.[17] Zur konkreten Ausgestaltung eines „Gegensteuerns“ hat sich die EZB nicht geäußert. Die bestehenden Wahlmöglichkeiten werden im folgenden Unterkapitel dargestellt und diskutiert.

Nach bisherigem Stand ist ein zinspolitisches „Gegensteuern“ für die praktische Geldpolitik noch *nicht zu empfehlen*, aber anhand verschiedener (konkreter) Varianten *weiter zu untersuchen*. Änderungen der Schlüsselzinssätze besitzen mit Sicherheit („allgemeine“) gesamtwirtschaftliche Wirkungen. Wie bei den zuvor behandelten Darstellungen des geldpolitischen Transmissionsmechanismus dargestellt, wirken sie dabei teilweise („speziell“) über Vermögenspreise und Vermögensmärkte. Die Vorteilhaftigkeit eines zinspolitischen Gegensteuers ist umstritten.

Aus der *allgemeinen* bzw. gesamtwirtschaftlichen *Wirksamkeit* ergibt sich der Umstand, dass die Wirkungen nicht auf einzelne Märkte oder volkswirtschaftliche Sektoren eingegrenzt werden können, die bei Vermögenspreisinflation in besonderem Maße involviert sind. Zinsschritte, die nicht vollständig durch die Inflationsaussichten bei den Verbraucherpreisen geboten sind, besitzen daher erhebliche Nebenwirkungen, die den Kosten entsprechen, welche eine übermäßig restriktive Geldpolitik über die nicht von Vermögenspreisinflation betroffenen Märkte bei den „unbeteiligten“ Sektoren verursacht. Diesen sicheren Kosten einer partiell deflationären Geldpolitik sind die unsicheren (bis ungewissen) Erträge gegenüberzustellen, die den vermiedenen Kosten der Vermögenspreisinflation im Falle unterlassenen Gegensteuerns entsprechen.

Die unsicheren Erträge des Gegensteuerns hängen mit der Frage der *speziellen Wirksamkeit* des Gegensteuerns in Bezug auf die Vermögenspreisinflation selbst zusammen. Bei den Vermögenspreisen sind beide Szenarien unklar, die Reaktion der Vermögenspreise auf ein Gegensteuern ebenso wie die weitere Entwick-

---

[17] In dem früheren Aufsatz lehnt die EZB ein Gegensteuern implizit ab, indem sie ein Vermögenspreisziel ablehnt und ein Gegensteuern als einen Sonderfall von Vermögenspreisziel erscheinen lässt. (Vgl. EZB 2002, 50f.) Im späteren Aufsatz unterscheidet die EZB dann zwischen drei Vorgehensweisen unterscheidet, erstens Vermögenspreiszielen, zweitens einem Aufstechen von Blasen und drittens einem frühzeitigen Gegensteuern. Die ersten beiden Vorschläge werden abgelehnt, der dritte vorsichtig befürwortet. (Vgl. EZB 2005, 64-67.)

So, wie der vorliegenden Arbeit „Gegensteuern“ interpretiert wird, handelt es sich sowohl bei der zweiten als auch bei der dritten Vorgehensweise um ein „Gegensteuern“. Der Unterschied besteht lediglich im Timing der zinspolitischen Maßnahmen gegen Vermögenspreisinflation.

Die Veränderung der Position der EZB besteht also vor allem darin, dass sie optimistischer in Bezug auf die frühzeitige Erkennbarkeit von „Vermögenspreisblasen“ geworden ist. Dies überrascht insbesondere angesichts der Tatsache, dass die EZB im späteren Aufsatz explizit anerkennt, dass „Blasen“ empirisch bislang nicht nachgewiesen werden konnten. (EZB 2005, 55.)

lung der Vermögenspreise bei der Unterlassungsalternative.[18] Will man beides im Rahmen einer Funktion darstellen, welche eine Vermögenspreisvariable in Abhängigkeit von einer Politikzinsvariablen darstellt, so fällt auf, dass sehr Unterschiedliches mit intuitiven Argumenten belegt werden kann.
Unstrittig ist, dass die *volkswirtschaftlichen Kosten* in Form von „Nebenwirkungen“ erheblich sind und dass sie zunehmen, je stärker der Politikzins erhöht wird. Umstritten ist die Höhe der *volkswirtschaftlichen Erträge* in Form einer vermiedenen Krise, in Abhängigkeit von unterschiedlich starken Zinsänderungen. Erstens erscheint plausibel, dass leichte Zinserhöhungen gegen Vermögenspreisinflation und somit gegen die Krisengefahr wirkungslos bleiben, weil sich Anleger, die auf zweistellige kurzfristige Renditen spekulieren, nur in seltenen Fällen von geringfügigen Erhöhungen ihrer Finanzierungskosten abschrecken lassen. Der Ertrag ist dann null („Größenordnungsargument“). Zweitens wird behauptet, die Erträge von Gegensteuern seien null oder negativ, weil es unter bestimmten Bedingungen erst zu dem unkontrollierten Rückgang der Vermögenspreise führe, den es eigentlich hätte vermeiden sollen („Unfallargument“). Drittens wird argumentiert, dass auch eine leichte Erhöhung des Politikzinssatzes gegen Vermögenspreisinflation wirksam sei, weil sie den „marginalen“ Anleger von einem spekulativen Engagement auf den Vermögensmärkten abhalte, indem sie seine Fremdfinanzierungskosten erhöhe („Grenzanleger-Argument“). Ein viertes Argument lautet, eine Zinserhöhung stelle eine Art von „Versicherung“ gegen die Möglichkeit einer Blase und die damit angeblich verbundenen volkswirtschaftlichen Folgekosten dar, und die optimale „Prämie“ sei zwar möglicherweise gering, aber größer als null („Versicherungsargument“).
Die Empfehlung für oder gegen Gegensteuern hängt nun vom Größenverhältnis der sicheren zusätzlichen zu den unsicheren Erträgen (bzw. vermiedenen Kosten) ab. Starkes Gegensteuern ist in jedem Fall abzulehnen, da die sicheren hohen Kosten in Form von „Nebenwirkungen“ die unsicheren Erträge überschreiten. Schwaches Gegensteuern ist nach dem Größenordnungs- und dem Unfallargument ebenfalls abzulehnen, nach dem Grenzanleger- und dem Versicherungsargument möglicherweise zu befürworten.

Handlungsoption Nr. 11: Einsatz bestehender Instrumente der Finanzaufsicht

Geldpolitik gilt dem Ansatz nach als Makro-Stabilisierungsaufgabe, Finanzaufsicht als Mikro-Stabilisierungsaufgabe. Wenn Finanzaufsicht dazu beiträgt, dass jede einzelne Bank ausreichende Risikovorsorge betreibt und bei Insolvenz in geregelter Weise aus dem Markt ausscheidet, so trägt sie über die (Mikro-) Stabilisierung der einzelnen Banken auch zur (Makro-) Stabilisierung des Finanzsystems als Gesamtheit bei. Finanzaufsicht wirkt in Bezug auf Vermögenspreis-

[18] In der Blasenterminologie entsprechen diese Szenarien den offenen Fragen, wo sich das Vermögenspreisniveau einstellt, wenn man die vermeintliche Blase „aufsticht“ sowie wenn man sie „von alleine platzen lässt“

inflation und –deflation passiv, indem sie die Fähigkeit des Finanzsystems stärkt, makrökonomische Schocks etwa in Form von Vermögenspreisdeflation zu absorbieren.[19] Zu den bestehenden Instrumenten der Finanzaufsicht, die im Zusammenhang mit Vermögenspreisinflation und (Makro-) Finanzstabilität relevant sind, zählen Kapitaldeckungsvorschriften und Stresstests.

Tab. 6.4.k: Handlungsoption Nr. 11

Handlungs-option	**Einsatz bestehender Instrumente der Finanzaufsicht**
Zweck / Absicht	Gewährleistung von Makro-Finanzstabilität durch Einsatz von Mikro-Instrumenten, u.a. Kapitaldeckungsvorschriften, Stresstests.
Ausgangs-lage	Laufende Aufgabe. Beitrag zur effektiven Stabilisierung des Finanzsystems unbekannt. Weiterentwicklung von Kapitaldeckungsvorschriften und Stresstest-Methoden.
Empfehlung	Ja, sofern ökonomisch nutzbringend.

Die Gewährleistung eines funktionierenden Finanzsystems durch den Einsatz bestehender Instrumente der Finanzaufsicht ist eine laufende Aufgabe. Der Beitrag zur effektiven Stabilisierung des Finanzsystems ist unbekannt, zumal Art und Umfang etwaiger Eigenbemühungen der Marktteilnehmer in einem hypothetischen Vergleichszustand ohne Finanzaufsicht unbekannt sind. Kapitaldeckungsvorschriften werden international im Rahmen von „Basel II" neu gestaltet, Stresstest-Methoden werden laufend dezentral weiterentwickelt.
Sofern Finanzaufsicht in ihrer heutigen Form effektiv zu einer Stabilisierung des Finanzsystems beiträgt und dieses gegen von den Vermögensmärkten ausgehenden Schocks widerstandsfähiger macht, ist sie *zu befürworten.* Ob ein unreguliertes Finanzsystem (z.B. „free banking") zu ähnlichen Arrangements und im Ergebnis zu effizienterer Risikovorsorge und einem höheren Grad an Finanzstabilität beitragen würde, kann nicht beantwortet werden. *Allgemein* darf nicht übersehen werden, dass Finanzaufsicht auch dann, wenn sie in Bezug auf das Ziel der Finanzstabilität effektiv ist, Kosten verursacht. Eine Kosten-Nutzen-Abwägung ist wegen der Form des Nutzens, d.h. wegen der vermiedenen Kosten von Finanzkrisen, nur in qualitativer Weise möglich. Dies gilt auch für einzelne Instrumente der Finanzaufsicht wie Kapitaldeckungsvorschriften und Stresstests. *Kapitaldeckungsvorschriften* stellen sicher, dass für bestimmte Risiken in einem Mindestumfang Eigenkapitalpuffer gebildet werden, aus denen eventuelle Verluste bei Vermögenspreisdeflation gedeckt werden können. Kapitaldeckung ver-

[19] Anders als beispielsweise beim zinspolitischen Gegensteuern (Nr. 10) geht es also nicht darum, Vermögenspreisinflation (und –deflation) selbst zu verhindern, sondern es geht darum zu verhindern, dass diese eine Krise verursachen kann.

ursacht Kosten, indem sie das Geschäftsvolumen reduzieren, etwa das Volumen der Kreditvergabe einer Bank. Bei *Stresstests* werden die Auswirkungen bestimmter Ereignisse bzw. Szenarien auf die Bilanz des betreffenden Unternehmens durchgespielt, beispielsweise die Auswirkungen eines zwanzigprozentigen Rückgangs der Aktienkurse und Immobilienpreise auf das Kreditgeschäft und das Eigenkapital einer Bank. Stresstests ermöglichen die Identifikation von Schwachpunkten, ohne diese selbst zu beheben, und verursachen Kosten in der Durchführung. Die Ergebnisse von Stresstests können nur so relevant sein wie die Beschreibungen der zugehörigen Risikoszenarien.

Handlungsoption Nr. 12: Weiterentwicklung des Instrumentariums der Finanzaufsicht

Eine Weiterentwicklung der Instrumente der Finanzaufsicht kann zu einem effizienteren und effektiveren Vermeidung ökonomischer Schäden durch Vermögenspreisinflation / -deflation beitragen, wenn als gegeben angesehen wird, dass Finanzaufsicht grundsätzlich eine passive Schutzfunktion für das Finanzsystem erfüllen kann. Die bestehenden Instrumente weisen in diesem Zusammenhang zwei Mängel auf. Zum einen wirken sie unspezifisch in Bezug auf die von Vermögenspreisinflation ausgehenden Risiken. Zum anderen entfalten sie teilweise unerwünschte ökonomische Nebenwirkungen, indem sie vorhandene zyklische Bewegungen der Konjunktur und der Vermögenspreisentwicklung verstärken.

Tab. 6.4.1: Handlungsoption Nr. 12

Handlungs-option	**Weiterentwicklung des Instrumentariums der Finanzaufsicht (Erhöhung der Schockabsorptionsfähigkeit des Finanzsystems; spezifisch gegen VmPI wirksame Instrumente)**
Zweck / Absicht	Entwicklung von Aufsichtsinstrumenten, die in spezifischer Weise den von Vermögenspreisen ausgehenden Makrorisiken vorbeugen, zumindest aber nicht prozyklisch wirken.
Ausgangs-lage	Laufende Aufgabe. Beispiele: „Dynamic Provisioning“ der span. NZB, Basel II.
Empfehlung	Ja, sofern ökonomisch nutzbringend.

Demnach könnte die Wirksamkeit von Finanzaufsicht gestärkt werden, indem die bestehenden Instrumente verbessert oder indem neue Instrumente entwickelt werden. Bei dieser Weiterentwicklung des Instrumentariums handelt es sich um eine Maßnahme gegen Vermögenspreisinflation, wenn mindestens eine der beiden folgenden Anforderungen erfüllt wird. So können die Instrumente zum einen *spezifisch* bei den von Vermögenspreisinflation ausgehenden Risiken ansetzen. Zum anderen können sie *allgemein* (d.h. in Bezug auf Vermögenspreisinfla-

tion problemunspezifisch) die Schockabsorptionsfähigkeit des Finanzsystems verbessern helfen, u.a. durch eine weniger prozyklische Wirkungsweise.
Die Anpassung der Instrumente und Praktiken der Finanzaufsicht, sei es durch Notenbanken oder Finanzaufsichtsbehörden, an neuartige Entwicklungen wie Vermögenspreisinflation ist eine *laufende Aufgabe*. Inwiefern im Euroraum Vorarbeiten zur Entwicklung vermögenspreisinflationsspezifischer Instrumente laufen, ist nicht bekannt. Einen Versuch zur Entwicklung eines weniger prozyklisch wirkenden Instruments, hier von Regeln für die Bildung von Rückstellungen (für Verluste durch Kreditausfälle), stellt die Einführung von „dynamic provisioning" durch die spanische Zentralbank dar. (Vgl. Carmichael / Esho 2001, 19f.)
Wenn bestehende Instrumente und Praktiken der Finanzaufsicht nicht substantiell zu ihren wirtschaftspolitischen Zielen beitragen, insbesondere zur Gewährleistung eines funktionierenden Finanzsystems, sind sie *abzuschaffen*. Wenn die Finanzaufsicht ihre ökonomische Schutzfunktion erfüllt, aber ihre Instrumente behebbare Mängel aufweisen, sind sie zu *reformieren*. Die Entwicklung schonenderer Instrumente ist weiterhin im Sinne einer *zweitbesten Lösung* auch dann zu empfehlen, wenn eine Deregulierung ökonomisch sinnvoll wäre, aber nicht durchgesetzt werden kann.
Die Forderungen nach der Entwicklung vermögenspreisinflationsspezifischer Instrumente und nach der Vermeidung prozyklischer Wirkungen von Finanzaufsicht sind grundsätzlich zu begrüßen.[20] Nur im Einzelfall kann aber geklärt werden, ob ihre Umsetzung möglich und sinnvoll ist. Wenn Vorsorgemaßnahmen (etwa die Bildung von Rückstellungen) gegen eine bestimmte Art von Schadensereignis (bzw. von simultanen Schocks) erst bei Eintreten der ersten Schadensfälle eingeleitet werden, sobald die ersten Schadensfälle eintreten, so kann dies prozyklisch wirken, und es zeigt an, dass die Entscheidungsträger überrascht wurden. Ist das Schadensereignis neuartig und unvorhersehbar, so ist die beschriebene verspätete Reaktion unvermeidlich. Gegen vorhersehbare, wenn auch im Zeitpunkt und im Ausmaß unbekannte Schadensereignisse kann frühzeitig vorgesorgt werden, und eine verspätete Reaktion ist grundsätzlich vermeidbar. Möglicherweise ist Vermögenspreisdeflation nach einer länger andauernden Vermögenspreisinflation ein solches vorhersehbares Ereignis, gegen des-

[20] Dies sollte *nicht* als eine Forderung nach einer antizyklischen Finanzaufsicht im Sinne einer Prozesspolitik missverstanden werden. Eine Feinsteuerung von Konjunktur- oder Vermögenspreiszyklen durch die laufende Variation von Vorschriften der Finanzaufsicht, etwa durch die Variation der relativen Größe der obligatorischen Eigenkapitalpuffer, ist weder praktikabel noch wünschenswert. Sie ist nicht praktikabel, weil die Regulierungen nur mit erheblichem Zeitverzug geändert werden können. Sie ist nicht wünschenswert, u.a. weil sie - ähnlich wie eine antizyklische Konjunkturpolitik- schon im Ansatz ordnungspolitisch bedenklich ist.

sen Folgen frühzeitig Vorsorge getroffen werden könnte, was wiederum von der Finanzaufsicht sicherzustellen wäre. Die Vorsorge kann über „Puffer“ in der Bilanz erfolgen, zum einen in Form von Eigenkapitalpuffern, zum anderen in Form von Neubewertungsspielräumen aufgrund vorsichtiger Wertansätze. Mit Eigenkapitalpuffern können Verluste aufgefangen werden, ohne dass Notverkäufe zur Bedienung von Verbindlichkeiten notwendig werden. Bei der Wahl vorsichtiger Wertansätze werden Aktiva und Passiva so bewertet, dass Änderungen des Marktwerts in unerwünschter Richtung nicht sofort zu einer Anpassung des Buchwerts führen müssen. Denkbar sind in Bezug auf Vermögenspreisinflation und –deflation, je nach Risikoart, die Einführung einer volatilitätsabhängigen Komponente bei der Eigenkapitalunterlegung (Kapitaldeckung), die Bewertung zu langfristigen historischen Trendwerten oder ein volatilitätsabhängiger Abschlag vom Marktpreis bei der Bilanzierung (Wertansätze).

Auch bei der Beurteilung derartiger komplexerer Regulierungen sind erwartete Kosten und Nutzen abzuwägen. Das Zustandekommen eines Nutzens steht unter der Voraussetzung, dass die *Informationserfordernisse* der Regulierung realistisch sind. Überfordern sie die Finanzaufsicht oder die Beaufsichtigten, so ist die Regulierung unwirksam oder sogar kontraproduktiv. Kosten entstehen unter anderem in administrativer Form als *Regulierungsaufwand* bei den Beaufsichtigten und in der Aufsichtsbehörde (Bürokratiewachstum). Kosten in Form von *Wachstumseinbußen* entstehen, wenn nachhaltiges, etwa technologieinduziertes Wachstum von der Finanzierungsseite her durch „antizyklisch“ wirkende Regulierungen „abgewürgt“ wird.

6.3.3 Handlungsebene III: Strategie (Nr. 13-14)

Handlungsoption Nr. 13: Reine Geldmengensteuerung oder reines Inflation Targeting

Wenn eine bestimmte reine geldpolitische Strategie automatische Stabilisierungseigenschaften auch in Bezug auf mögliche Fehlentwicklungen bei den Vermögenspreisen besitzt, kann die Einführung und konsequente Anwendung dieser Strategie eine ausreichende geldpolitische Antwort auf Probleme der Vermögenspreisinflation bzw. –deflation darstellen und explizite weitere Maßnahmen überflüssig machen. Mit Geldmengensteuerung und Inflation Targeting konkurrieren zwei idealtypische bzw. reine geldpolitische Strategien um den Anspruch, an sich bereits die Lösung des hier betrachteten Problems zu sein.

Durch eine konsequente *Geldmengensteuerung* kann unter drei Bedingungen verhindert werden, dass Vermögenspreisinflation und –deflation überhaupt auftreten. Somit kann das Problem vollständig bei seiner angeblichen Ursache gelöst werden, wenn (erstens) die Strategie der Geldmengensteuerung übermäßige monetäre Expansion verhindern kann, wenn (zweitens) diese eine notwendige Bedingung für Vermögenspreisinflation ist und wenn (drittens) diese wiederum eine notwendige Bedingung für Vermögenspreisdeflation ist.

Unter einem anderen Satz von Bedingungen ist *Inflation Targeting* die gesuchte Strategie. Die Einführung und Anwendung der *direkten Inflationssteuerung* liefert automatisch die optimale geldpolitische Reaktion auf Vermögenspreisinflation und –deflation mit, wenn diese genau darin besteht, der Vermögenspreisentwicklung nur in dem Maße gegenzusteuern, wie diese einen Informationsgehalt für Verbraucherpreisinflation besitzt („implizites Gegensteuern"). Dass es sich um die optimale Reaktion handelt, wird mit den Ergebnissen von Simulationsrechnungen belegt, bei denen mittels eines makroökonomischen Modells verschiedene Reaktionen miteinander verglichen werden. Es handelt sich um die automatische Reaktion im Rahmen einer Strategie des Inflation Targeting, wenn man hierunter (erstens) eine Strategie versteht, bei der die Geldpolitik an einer zentralen Inflationsprognose ausgerichtet wird, wenn für diese (zweitens) beliebige Variablen mit empirischem Informationsgehalt berücksichtigt werden können, und wenn (drittens) Vermögenspreise eine solche Variable mit relevantem Informationsgehalt für die Inflationsentwicklung sind.

Tab. 6.4.m: Handlungsoption Nr. 13

Handlungs-option	**Reine Geldmengensteuerung oder reines Inflation Targeting**
Zweck / Absicht	Nutzung automatischer Stabilisierungseigenschaften durch Einführung der jeweiligen idealtypischen geldpolitischen Strategie.
Ausgangs-lage	Zwei-Säulen-Strategie laut EZB auch angesichts von VmPI bewährt. Alleinige Betonung der monetären Analyse als implizite Forderung nach Geldmengensteuerung interpretierbar. Verlängerter Analysehorizont durch mittelfristige Ausrichtung. Inflation Targeting insbes. i.H. auf VmPI von EZB, BBk abgelehnt.
Empfehlung	Beides nicht erforderlich im Hinblick auf Vermögenspreisinflation.

Die Zwei-Säulen-Strategie der EZB kann als eine Mischung der beiden genannten idealtypischen Strategien interpretiert werden, wobei die „monetäre Analyse" der Geldmengensteuerungskomponente und die „wirtschaftliche Analyse" der Inflation-Targeting-Komponente entspricht. Die Verbindung beider Komponenten wird als „Gegenprüfung" bezeichnet. Ein Übergang auf eine der beiden idealtypischen Strategien ist derzeit nicht vorgesehen. Die Einführung der Strategie des Inflation Targeting wird explizit abgelehnt. Die alleinige Betonung einer der beiden „Säulen" in einzelnen Publikationen der EZB und der Bundesbank kann als verdeckte Forderung nach Einführung der jeweils zugehörigen reinen Strategie interpretiert werden, wird aber nicht explizit erhoben.

Die Einführung einer idealtypischen geldpolitischen Strategie erscheint allein im Hinblick auf Vermögenspreisinflation *nicht erforderlich.* Die Debatte über Vermögenspreisinflation liefert keine ausreichenden Gründe, die bestehende EZB-Strategie aufzugeben und eine idealtypische Strategie anzunehmen.
Allerdings haben Anhänger beider Strategien versucht, Vermögenspreisinflation zu einem Argument für die *Überlegenheit der jeweils präferierten Strategie* gegenüber der jeweils anderen zu machen, also einem „point in case" im Dauerstreit dieser beiden geldpolitischen „Lager".
Ausgangspunkt für die Argumentation sind zwei einfache und plausible *Vermutungen.* Zum einen kann das übermäßige Wachstum monetärer Variablen neben oder anstelle von Verbraucherpreisinflation möglicherweise auch Vermögenspreisinflation verursachen, und zwar bei der Wahl eines längerfristigen, aber nicht genau angebbaren Zeithorizonts. Zum anderen kann Vermögenspreisinflation über einen festen Ein- oder Zweijahreshorizont möglicherweise zu erhöhter Verbraucherpreisinflation beitragen, weshalb Vermögenspreise wie alle anderen Variablen auch als Kandidaten für die Beurteilung kurzfristiger Inflationsrisiken (EZB) bzw. für die Inflationsprognose (IT) in Frage kommen.
Anhänger der Geldmengensteuerung sehen die erste Vermutung durch die Ergebnisse zweier empirischer Untersuchungen (siehe Kap. 2) bestätigt, deren Ergebnisse in Bezug auf die Rolle von Geld als möglicher Ursache von Vermögenspreisinflation eher als gemischt anzusehen sind. Anhänger des Inflation Targeting machen die zweite Vermutung zum Kern einer geldpolitischen Reaktion auf Vermögenspreisinflation, die im Rahmen eines umfangreichen makroökonomischen Modells (siehe Kap. 3) dargestellt werden kann. Sie sehen diese Reaktion als optimal an, da diese von den Autoren des Modells mit entsprechenden Ergebnissen von Simulationsrechnungen dieses Modells belegt worden ist. Hieran hat sich ein Streit über die Robustheit der Modellaussagen und über die den Simulationsrechnungen zugrunde liegenden Annahmen angeschlossen. Das Modell selbst ist nicht explizit lösbar.
Einerseits kann man nun argumentieren, Geldmengensteuerung sei dem Inflation Targeting aus zwei Gründen überlegen. Erstens könne es bei ihrer konsequenten Anwendung nicht mehr zu Vermögenspreisinflation kommen, da sie ja mit übermäßigem Geldmengenwachstum deren Ursachen abschaffe. Zweitens sei der feste Zeithorizont der beim Inflation Targeting zentralen Inflationsprognose zu kurz, um die Verursachung von Vermögenspreisinflation zu erfassen, so dass die Notenbank hier entweder fallweise von ihrem Prognosehorizont abweichen und längerfristige Zusammenhänge betrachten müsse oder die zu Vermögenspreisinflation führenden Entwicklungen übersehe. Die inhaltliche Bestimmtheit des Inflation Targeting bezüglich des relevanten zeitlichen Analysehorizonts wird so in eine Schwäche und die diesbezügliche inhaltliche Unbestimmtheit der Geldmengensteuerung in eine Stärke umgedeutet.

Andererseits kann man in analoger Weise argumentieren, dass (umgekehrt) Inflation Targeting der Geldmengensteuerung aus zwei Gründen überlegen sei. Erstens sei die optimale Reaktion auf Vermögenspreisinflation, eine vorausschauende geldpolitische Neutralisierung des Inflationsbeitrags der Vermögenspreisentwicklung, ohnehin gleichbedeutend mit der konsequenten Anwendung von Inflation Targeting, das ja eine Berücksichtigung aller inflationsrelevanten Variablen bei der Inflationsprognose vorsieht, also auch eine Berücksichtigung der Vermögenspreise. Zweitens sei die Perspektive der Geldmengensteuerung mit ihrer vorrangigen Betrachtung monetärer Variablen als Inflationsursachen zu eng, um Inflationsrisiken angemessen einschätzen zu können, da die nichtmonetären Inflationsursachen vollständig übersehen würden. In diesem Fall wird die inhaltliche Bestimmtheit der Geldmengensteuerung mit ihrer theoretisch begründeten Auswahl der inflationsrelevanten Variablen in eine Schwäche und die inhaltliche Unbestimmtheit (bzw. die atheoretische Beliebigkeit) des Inflation Targeting hinsichtlich der Auswahl der zu analysierenden Variablen in eine Stärke umgedeutet.

Die vorherige Diskussion verdeutlicht, dass die Versuche, Vermögenspreisinflation zu einem Argument für die Überlegenheit der einen oder anderen geldpolitischen Strategie zu machen, nicht zu überzeugen vermögen. Die beiden zuvor dargestellten Ausgangsvermutungen sind nicht von der Hand zu weisen, können aber im Rahmen der bestehenden Zwei-Säulen-Strategie der EZB zugleich berücksichtigt werden. So kann der kurzfristige Informationsgehalt von Vermögenspreisen in Bezug auf Verbraucherpreisinflation einschließlich eines aktiven Inflationsbeitrags im Rahmen der „wirtschaftlichen Analyse" erfasst und berücksichtigt werden, und die mögliche mittel- bis langfristige Verursachung von Vermögenspreisinflation durch übermäßiges Geld- oder Kreditwachstum im Rahmen der „monetären Analyse".[21] Auf diese Weise kann sichergestellt werden, dass weder makroökonomische Risiken übersehen werden, die nur bei mittel- bis langfristiger Betrachtung erkennbar werden, noch dass mit der Vermögenspreisentwicklung eine mögliche kurzfristige Inflationsquelle übersehen wird. In diesem Sinne scheint die Zwei-Säulen-Strategie der EZB sowohl dem

---

[21] Mit möglichen Wirkungszusammenhängen zwischen Geld, Kredit, Vermögenspreisen und Verbraucherpreisen beschäftigt sich Unterkapitel 5.5, insbesondere Abschnitt 5.5.3. Dass übermäßiges Geldmengen- und Kreditwachstum über die Bildung von Überschussliquidität zu Vermögenspreisinflation beitragen können, erscheint plausibel. In allgemeiner Form ist die Aussage nicht falsifizierbar, und für spezifische Varianten dieser Grundaussage liegen empirische Befunde vor, die nur als gemischt anzusehen sind. Dass aber übermäßige monetäre Expansion die einzige oder auch nur eine notwendige Ursache von Vermögenspreisinflation sei, erscheint fraglich. Die hierauf aufbauende Politikempfehlung von Geldmengensteuerung als einer hinreichenden Lösung setzt voraus, dass man sich darauf verlassen kann, dass es mit der Verhinderung einer übermäßigen monetären Expansion nie mehr zu Vermögenspreisinflation komme.

Inflation Targeting als auch der Geldmengensteuerung an Flexibilität überlegen zu sein.

Handlungsoption Nr. 14: Neuausrichtung der Finanzaufsicht

Finanzaufsicht kann im Rahmen ihres bestehenden Auftrags effektiver zum passiven Schutz des Finanzsystems und der Gesamtwirtschaft gegen mögliche Schädigungen durch Vermögenspreisinflation beitragen, indem sie dauerhaft nach zwei Grundsätzen neu ausgerichtet wird. Zum einen sind die bestehenden Regulierungen bzw. die bestehenden Instrumente und Praktiken *generell* daraufhin zu *überprüfen*, inwiefern sie einen nachweisbaren ökonomischen Nutzen erbringen, vor allem in Form eines Beitrags zur Finanzstabilität. Zum anderen ist die Aufsichtstätigkeit stärker auf eine Unterstützung der Eigenvorsorge der Marktteilnehmer gegen Risiken auszurichten („regulating with the market"), insbesondere gegen solche aus makroökonomischen Quellen wie Vermögenspreisinflation. Finanzaufsicht kann effektiver werden, wenn sie systematisch auf die bei den Beaufsichtigten vorhandenen Methodenkenntnisse beim Risikomanagement und Risikocontrolling zurückgreift. Auf diese Weise kann dem Umstand Rechnung getragen werden, dass die für Finanzaufsicht zuständige Institution diesbezüglich zumindest gegenüber einem Teil der Beaufsichtigten keinen Wissensvorsprung besitzt.

Tab. 6.4.n: Handlungsoption Nr. 14

Handlungs-option	**Neuausrichtung der Finanzaufsicht („regulating with the market", Überprüfung bestehender Regulierungen)**
Zweck / Absicht	Unterstützung der Eigenvorsorge der Marktteilnehmer gegen Makrorisiken, Abschaffung bzw. Anpassung von Aufsichtsinstrumenten und -praktiken ohne nachweisbaren ökonomischen Nutzen.
Ausgangs-lage	Position von EZB, BBk und BAFin unbekannt.
Empfehlung	Ja.

Die Position von BAFin und Bundesbank zu einem kooperativeren Aufsichtsansatz ist nicht bekannt. Beispiele für einen solchen veränderten Ansatz finden sich unter „Basel II", wo etwa bankeigene Risikomodelle zur Verwendung bei der Eigenkapitalunterlegung anerkannt werden können.[22] Die Positionen in der

[22] Im Zusammenhang mit „Basel II" und einem veränderten Aufsichtsansatz ist auch der Übergang von einer *quantitativen* zu einer *qualitativen* Aufsicht zu erwähnen. „Basel II" gibt im Rahmen seiner zweiten Säule Grundprinzipien für eine solche qualitative Bankenaufsicht vor. (Vgl. Bundesbank 2004, 76.) Hintergrund ist die Erkenntnis, dass die bisherige, rein an quantitativen Kriterien ausgerichtete Eigenkapitalanforderungen allein nicht die Solvenz der

Frage einer dauerhaften, quasi-strategischen Ausrichtung der Finanzaufsicht an klar definierten ökonomischen Zielen, darunter auf die Finanzstabilität, sind für die BAFin ebenfalls nicht bekannt.[23] Die Bundesbank hat ihrem Finanzstabilitätsbericht eine Definition von Finanzstabilität vorangestellt. Die Überprüfung bestehender Regulierungen auf ihre ökonomische Rechtfertigung ist eine laufende Aufgabe.

Eine Neuausrichtung der Instrumente und Aktivitäten der Finanzaufsicht im Sinne der dargestellten Prinzipien ist zu empfehlen. Ein kooperativer Aufsichtsansatz erscheint schon daher geboten, weil die fortgeschrittensten Marktteilnehmer im adäquaten Umgang u.a. mit makroökonomischen Risiken einen Wissensvorsprung vor den Aufsichtsbehörden besitzen. Eine stärkere Ausrichtung auf nachvollziehbar zu definierende ökonomische Ziele ist empfehlenswert, weil der Beitrag der Finanzaufsicht zu diesen Zielen ihre einzig mögliche ökonomische Rechtfertigung darstellt. Die Nennung von „Finanzstabilität“ als Regulierungszweck in Rechtsdokumenten kann einen effektiven ökonomischen Beitrag zu ihrer Sicherung nicht ersetzen.

6.3.4 Handlungsebene IV: Zielsystem (Nr. 15-17)

Handlungsoption Nr. 15: Eigenständiges Vermögenspreisziel

Eine Notenbank kann ihre Geldpolitik neu ausrichten, indem sie neben dem Ziel der Preisstabilität ein eigenständiges wirtschaftspolitisches Ziel der Vermögenspreis(niveau)stabilität verfolgt, was wiederum eine entsprechende Änderung des Mandats der Notenbank durch den Gesetzgeber erfordert. Die Neuausrichtung der Geldpolitik wäre möglicherweise wohlfahrtssteigernd, wenn die Preisniveaustabilität der Vermögenspreise einen makroökonomisch bzw. wirtschaftspolitisch an sich erstrebenswerten Zustand darstellte, der sich nicht in seiner ökonomischen Bedeutung, aber in der Sache substantiell von der herkömmlichen Preisstabilität (Verbraucherpreisniveaustabilität) und von der Stabilität des Finanzsystem unterschiede.

Tab. 6.4.o: Handlungsoption Nr. 15

Handlungs-option	**Eigenständiges Vermögenspreisziel (als Zweitziel)**
Zweck / Absicht	Stabilisierung der Verbraucher- und der Vermögenspreisentwicklung durch Geldpolitik.
Ausgangs-	Kein Vermögenspreisziel.

beaufsichtigten Banken sicherstellen konnten. Das Problem lag dabei weniger beim Gesamtumfang als bei der (risikoadäquaten) Verteilung der Eigenkapitalpuffer.

[23] Zwar ist der gesetzliche Auftrag der BAFin auch im Sinne von Finanzstabilität zu interpretieren, aber es ist nicht bekannt, ob die BAFin ihr eigenes Instrumentarium laufend auf seinen tatsächlichen ökonomischen Beitrag zur Gewährleistung eines funktionierenden Finanzsystems überprüft.

lage	Explizite Ablehnung durch die EZB.
Empfehlung	Nein.

Im Euroraum besteht *kein Vermögenspreisziel*, und die EZB lehnt eine Einführung derartiger Ziele explizit ab. (Vgl. EZB 2002, 50f, und EZB 2005c, 64 und 69.) Das Hauptziel der Geldpolitik, Preisstabilität, ist so definiert, dass es Vermögenspreise nicht umfasst. Die Definition der Preisstabilität impliziert nicht Vermögenspreisniveaustabilität, und diese wird von der EZB auch nicht allgemein als notwendige Bedingung für Preisstabilität interpretiert.
Die Einführung eines Vermögenspreisziels ist *abzulehnen*, sei es als Zielkorridor für Vermögenspreisniveaustabilität oder als explizites Vermögenspreisziel im Sinne eines Zielniveaus formuliert. Erstens ist fraglich, inwiefern die Geldpolitik über eine entsprechende Steuerungsfähigkeit verfügt. Zweitens ist die Geldpolitik mit dem bestehenden Auftrag ausgelastet und verlöre im Hinblick auf diesen an Berechenbarkeit, würde sie alternierend oder gleichzeitig zwei Hauptziele verfolgen. Drittens fehlen für konkrete Formulierungen von Vermögenspreiszielen, insbesondere für ein explizites Zielniveau (etwa „DAX bei 6000") Kriterien für eine überzeugende theoretische Rechtfertigung, sie wären demnach willkürlich. Viertens könnte durch ein Vermögenspreisziel fundamental getriebenes Wachstum „abgewürgt" werden.

Handlungsoption Nr. 16: Neudefinition von Preisstabilität
Eine Notenbank kann ihre Geldpolitik neu ausrichten, indem sie das vorrangige geldpolitische Ziel der Preisstabilität dergestalt neu definiert, dass das maßgebliche Preisniveau sowohl Verbraucherpreise als auch Vermögenspreise umfasst. Ein Anstieg aller Verbraucherpreise oder aller Vermögenspreise würde sich jeweils unmittelbar im neuen Inflationsmaß niederschlagen. Die Neuausrichtung der Geldpolitik ist möglicherweise wohlfahrtssteigernd, wenn das neue, umfassendere Konzept zur Messung von Preisstabilität die allgemeine Teuerung theoretisch angemessener wiedergibt als das bisherige, nur auf Verbraucherpreise abstellende Konzept.
Die bestehende, „quantitative" Definition von Preisstabilität der EZB bezieht sich auf die Stabilität des Verbraucherpreisniveaus, gemessen durch den HVPI. Dies widerspricht einer Neudefinition im Sinne der Stabilität eines Verbraucher- und Vermögenspreise umfassenden Preisniveaus. Die EZB lehnt den Alchian-Klein-Vorschlag (Alchian / Klein 1973) in einer Hintergrundstudie zu ihrer geldpolitischen Strategie, Camba-Mendez 2004, explizit ab.

Tab. 6.4.p: Handlungsoption Nr. 16

Handlungs-option	**Neudefinition von Preisstabilität**
Zweck /	Wie Nr. 15, dabei Zusammenfassung beider

Absicht	Teilziele zu einem einheitlichen Ziel.
Ausgangs-lage	Quantitative Definition von Preisstabilität als Stabilität des Verbraucherpreisniveaus (HVPI). Explizite Ablehnung des Alchian-Klein-Vorschlags in Hintergrundstudie der EZB.
Empfehlung	Nein.

Eine Neudefinition von Preisstabilität im Sinne des Alchian-Klein-Vorschlags ist *nicht zu empfehlen.* Neben prohibitiven Problemen bei einer praktischen Berechnung spricht gegen ein solches Inflationsmaß, dass es bereits der Idee nach nicht auf eine Berücksichtigung von Vermögenspreisinflation neben herkömmlicher Verbraucherpreisinflation abzielt. Vielmehr dienen Vermögenspreise lediglich als Ersatzgrößen für nicht beobachtbare Größen und gehen daher in einer theoretisch konstruierten Gewichtung in den Index ein, die nichts mit der realen Vermögensstruktur eines Sektors oder einer Volkswirtschaft zu tun hat oder haben soll.[24]

Handlungsoption Nr. 17: Explizites Mandat und größere Unabhängigkeit einer separaten Finanzaufsichtsbehörde

Eine von der Notenbank getrennte Finanzaufsichtsbehörde kann ihre Aufsichtstätigkeit neu ausrichten und effektiver zum passiven Schutz der Volkswirtschaft gegen mögliche Schädigungen durch Vermögenspreisinflation beitragen, wenn ihr der Gesetzgeber ein klares Mandat erteilt, in welchem die Gewährleistung der Stabilität des Finanzsystems eine herausgehobene Rolle einnimmt, und wenn er sie mit einem demjenigen von Notenbanken vergleichbaren Grad an institutioneller Unabhängigkeit ausstattet.

Derzeit ist die Bundesanstalt für Finanzdienstleistungsaufsicht (BAFin) eine dem Bundesfinanzministerium untergeordnete, abhängige Behörde. Aufgaben der Finanzaufsicht werden auch von einzelnen Zentralbereichen der Bundesbank wahrgenommen, deren politische Unabhängigkeit primär dem Schutz ihrer geldpolitischen Zuständigkeit dient, aber auch die Aufsichtstätigkeit weitgehend politischen Einfluss entzieht. Forderungen nach Mandat und Unabhängigkeit für die BAFin sind nicht bekannt.

Tab. 6.4.q: Handlungsoption Nr. 17

Handlungs-option	**Explizites Mandat / größere Unabhängigkeit der Finanzaufsichtsbehörde**
Zweck / Absicht	Ausrichtung der Aktivitäten auf den Auftrag (Finanzstabilität), Stärkung gegenüber Versuchen politischer Einflussnahme.

[24] Eine Darstellung des Indexkonzepts von Alchian und Klein (COLI / ICOLI) sowie eine ausführlichere Diskussion befindet sich in Abschnitt 3.3.5.

Ausgangs-lage	Keine derartigen Forderungen bekannt.
Empfehlung	Ja, aber nur dann, wenn Nr. [18] nicht realisierbar.

Wenn man die bestehende geteilte Zuständigkeit für Finanzaufsicht als gegeben ansieht, ist eine Stärkung der BAFin durch ein klares, vor allem ökonomisch begründetes Mandat und durch ein höheres Maß an institutioneller Unabhängigkeit zu empfehlen, um die Finanzaufsicht politischer Einflussnahme zu entziehen.[25] Ein klarer Auftrag kann die Durchsetzung von Maßnahmen zur Stabilisierung des Finanzsystems möglicherweise erleichtern und setzt die Tätigkeit der BAFin einer öffentlichen Erfolgskontrolle aus. Eine Stärkung der bestehenden Institution gegenüber Versuchen politischer Einflussnahme erscheint leichter durchsetzbar als eine Alleinzuständigkeit der Notenbank für Fragen der Finanzstabilität (Nr. 18), es handelt sich aber um eine „zweitbeste" Lösung. Möglicherweise sind die einer Behörde der Allfinanzaufsicht übertragenen Aufgaben zu vielfältig, als dass sie sich zu einem für die weitere Öffentlichkeit leicht nachvollziehbaren Mandat zusammenfassen ließen, wie dies bei Geldpolitik der Fall ist.

6.3.5 Handlungsebene V: Zuständigkeiten(Nr. 18)

Handlungsoption Nr. 18: Alleinzuständigkeit für Finanzstabilität

Der Gesetzgeber kann zu einer effektiveren Gewährleistung eines funktionierenden Finanzsystems beitragen, somit auch zum effektiveren Schutz desselben und der Volkswirtschaft vor den möglichen Folgen von Vermögenspreisinflation, indem er eine Alleinzuständigkeit für das Ziel der Finanzstabilität schafft. Die Bündelung der Zuständigkeiten kann entweder bei der Notenbank oder bei einer eigenständigen Finanzaufsichtsbehörde erfolgen. Im Fall der Notenbank impliziert dies die Zusammenfassung der Aufgaben der Geldpolitik und der Finanzaufsicht in einer Institution, im Fall der Finanzaufsichtsbehörde die Verteilung der beiden Aufgaben auf je eine Institution.

Tab. 6.4.r: Handlungsoption Nr. 18

Handlungs-option	**Alleinzuständigkeit der Notenbanken (oder der Finanzaufsichtsbehörden) für Finanzstabilität**
Zweck /	Effektivere Gewährleistung der Finanzstabilität durch Bünde-

[25] Der gesetzliche Auftrag der BAFin ist in §6 Abs. 2 KWG festgelegt: „Die Bundesanstalt [für Finanzdienstleistungsaufsicht] hat Missständen im Kredit- und Finanzdienstleistungswesen entgegenzuwirken, welche [1.] die Sicherheit der den Instituten anvertrauten Vermögenswerte gefährden, [2.] die ordnungsgemäße Durchführung der Bankgeschäfte oder Finanzdienstleistungen beeinträchtigen oder [3.] erhebliche Nachteile für die Gesamtwirtschaft herbeiführen können." (Ergänzungen in eckigen Klammern durch den Verfasser.)

Absicht	lung der Kompetenzen für Mikro- und Makro-Stabilisierung.
Ausgangs-lage	Von EZB nicht offiziell gefordert.
Empfehlung	Ja (vorzugsweise Notenbanken), aber im Hinblick auf Vermögenspreisinflation nicht zwingend erforderlich.

Auf *europäischer* Ebene besitzt das ESZB lediglich eine *Mitwirkungsrolle bei der Gewährleistung der Finanzstabilität*, daher auch bei der Finanzaufsicht. Art. 105 Abs. 5 EGV sieht ausdrücklich keine primäre Zuständigkeit vor, sondern nur die Aufgabe, die jeweils zuständigen Behörden zu unterstützen.[26] Dies sind je nach Land Finanzaufsichtsbehörden oder nationale Zentralbanken. Diese sind zwar an sich Teil des Eurosystems, als Finanzaufseher handeln sie aber außerhalb ihrer Mitgliedschaft im Eurosystem. Darüber hinaus können dem Eurosystem künftig weitere, „besondere" Aufgaben im Bereich der Finanzaufsicht zugewiesen werden. (Vgl. Art. 105 Abs. 6 EGV.) Die *EZB* hat in Fragen der Aufsicht und der Finanzstabilität nur eine beratende Funktion.[27]
Auf *nationaler* Ebene besteht in Deutschland eine zwischen der Bundesbank und dem BAFin geteilte Zuständigkeit für den Aufgabenbereich der Finanzaufsicht bzw. für das Ziel der Finanzstabilität.[28] Die Zusammenarbeit wird durch

---

[26] Art. 105 Abs. 5 EGV (Hervorhebung durch den Verfasser):
„Das ESZB *trägt zur reibungslosen Durchführung* der von den zuständigen Behörden auf dem Gebiet der Aufsicht über die Kreditinstitute und der Stabilität des Finanzsystems ergriffenen Maßnahmen *bei.*"
Diese zuständigen Behörden sind, je nach Land, entweder NZBen oder eine oder mehrere separate Finanzaufsichtsbehörden. Wenn die jeweilige NZB zuständig ist, dann handelt sie außerhalb ihrer Funktion als Mitglied des ESZB.
Die Mitverantwortung des Eurosystems für die Gewährleistung der Finanzstabilität ist im Zusammenhang mit „Vermögenspreisinflation" von besonderer Bedeutung. Hieraus ergibt sich die Möglichkeit, an der Entwicklung besserer Regeln und Verfahren zur Eindämmung der Wirkungen von Vermögenspreisinflation mitzuwirken, sowie an der Abschaffung eventueller unnötiger oder schädlicher Regeln und Verfahren der Finanzaufsicht.
[27] Dies regelt Art. 25 Abs. 1 der ESZB-Satzung: „Die EZB kann den Rat, die Kommission und die zuständigen Behörden der Mitgliedstaaten in Fragen des Geltungsbereichs und der Anwendung der Rechtsvorschriften der Gemeinschaft hinsichtlich der Aufsicht über die Kreditinstitute sowie die Stabilität des Finanzsystems beraten und von diesen konsultiert werden."
[28] Die Arbeitsteilung zwischen BAFin und Bundesbank ist vor allem durch §7 KWG geregelt. Abs. 1 legt die gemeinsame Aufgabe fest: „Die Bundesanstalt und die Deutsche Bundesbank arbeiten nach Maßgabe dieses Gesetzes zusammen. Unbeschadet weiterer gesetzlicher Maßnahmen umfasst die Zusammenarbeit die laufende Überwachung der Institute durch die Deutsche Bundesbank. [...]" (Auslassung durch den Verfasser.)
Das Verhältnis zwischen beiden Institutionen bei der Wahrnehmung dieser Aufgabe ist Gegenstand von Abs. 2: „Die Deutsche Bundesbank hat dabei die Richtlinien der Bundesanstalt

eine Vereinbarung geregelt.[29] Eine Alleinzuständigkeit ist vom Gesetzgeber *weder auf europäischer noch auf nationaler Ebene vorgesehen* und wird auch nicht offiziell von der EZB oder der Bundesbank gefordert.

Die Schaffung einer Alleinzuständigkeit für das Ziel der Finanzstabilität ist zu befürworten, wenn auch für die Lösung von Problemen der Vermögenspreisinflation nicht zwingend erforderlich. Die Zusammenfassung bei den nationalen Zentralbanken weist gegenüber derjenigen bei separaten Finanzaufsichtsbehörden den Vorteil auf, dass sie bei den Notenbanken mit geringerem Aufwand zu verwirklichen ist. Die erforderliche makroökonomische Expertise und die Unabhängigkeit vor politischer Einflussnahme sind bei Notenbanken derzeit eher gegeben als bei separaten Finanzaufsichtsbehörden. Die Zusammenfassung der Makro- und Mikro-Stabilisierungsaufgaben bzw. von Geldpolitik und Finanzaufsicht bei einer Institution könnte sich lediglich im Falle eines Zielkonflikts zwischen Preisstabilität und Finanzstabilität als Problem erweisen. Ein solcher Zielkonflikt ist beispielsweise dann denkbar, wenn es in einem inflationären Umfeld zu einer angespannten Situation im Bankensystem kommt. Die Gewährleistung der Preisstabilität würde dann eine geldpolitische Straffung, diejenige der Finanzstabilität möglicherweise eine kurzzeitige geldpolitische Lockerung sowie aufsichtliche Maßnahmen erfordern. Als Gegenargument ist diese Art von Zielkonflikt aber als wenig relevant anzusehen, da zusätzliche Liquidität befristet zur Verfügung gestellt und dann wieder vom Markt genommen werden kann. Weiterhin könnten eventuell auftretende Interessenkonflikte, die sich möglicherweise aus derartigen Zielkonflikten ergeben, ebenso gut zwischen verschiedenen Abteilungen einer Institution verhandelt werden wie zwischen separaten Institutionen. Ein gewichtiger Vorteil der Alleinzuständigkeit wäre die Vermeidung kostenträchtiger bürokratischer Doppelstrukturen.

---

zu beachten. Die Richtlinien der Bundesanstalt zur laufenden Aufsicht ergehen im Einvernehmen mit der Deutschen Bundesbank. Kann ein Einvernehmen nicht innerhalb einer angemessenen Frist hergestellt werden, erlässt das Bundesministerium der Finanzen solche Richtlinien im Benehmen mit der Deutschen Bundesbank. Die aufsichtsrechtlichen Maßnahmen [...] trifft die Bundesanstalt gegenüber den Instituten. Die Bundesanstalt legt die von der Deutschen Bundesbank getroffenen Prüfungsfeststellungen und Bewertungen in der Regel ihren aufsichtsrechtlichen Maßnahmen zugrunde.“ (Auslassungen durch den Verfasser.) Der Wortlaut des Gesetzes verdeutlicht, dass die Bundesbank in ihrer Aufsichtstätigkeit über ein geringeres Maß an gesetzlich geschützter Unabhängigkeit verfügt als in ihrer geldpolitischen Tätigkeit.
Abs. 3 bis 5 regeln den Informationsaustausch.

[29] „Vereinbarung über die Zusammenarbeit zwischen der BAFin und der Bundesbank“ vom 30.10.2002, abrufbar unter www.bundesbank.de. Mit dieser Vereinbarung soll u.a. Doppelarbeit vermieden werden.

6.3.6 Kurze Zusammenfassung der wirtschaftspolitischen Ausgangslage bezüglich der einzelnen Handlungsoptionen

Die nachstehende Tabelle 6.5 enthält eine kurze, zusammenfassende Übersicht über die wirtschaftspolitische Ausgangslage, wie sie im Euroraum bzw. in Deutschland in Bezug auf die einzelnen Handlungsoptionen angesichts von Vermögenspreisinflation besteht und wie sie bei der Darstellung der einzelnen Handlungsoptionen bereits beschrieben wurde.

Der nachfolgende Abschnitt 6.4 befasst sich eingehend mit den Gestaltungsmöglichkeiten für ein „zinspolitisches Gegensteuern", Handlungsoption Nr. 10,

Tab. 6.5, Anfang: Die wirtschaftspolitische Ausgangslage in Deutschland bzw. im Euroraum

Eb.	Handlungsoption		Status Quo
	Nr.	*Inhalt*	
I	1	Publikation von Forschungsergebnissen	Laufende Aufgabe.
	2	Nutzung des Informationsgehalts von Vermögenspreisen	Laufende Aufgabe. Eigene Indikatorengruppe im Rahmen der „wirtschaftlichen Analyse".
	3	Neugewichtung der "Säulen" / Verlängerung des Analysehorizonts	Verlängerter Analysehorizont v.a. durch „monetäre Analyse". Entgegengesetzte Neugewichtung bei Strategierevision 2004.
	4	Laufende Analyse der Vermögenspreisentwicklung in Finanzstabilitätsberichten	Laufende Aufgabe. Finanzstabilitätsberichte der BBk seit 2003.
	5	Mikro- und makroprudenzielle Indikatoren für Finanzstabilität / Frühwarnsystem für Finanzkrisen	Vielfältige theoretische Vorarbeiten. Praktische Vorarbeiten des IWF. Makroprudenzielle Analyse bei der BBk (Bankenaufsicht).
	6	Vollständige VGR-Vermögensstatistik	„Große Lösung" in Deutschland abgelehnt, nicht in Aussicht. Teilvermögensrechnungen bei StBA, BBk. Nicht-VGR-Immobiliendaten bei BBk in Koop. mit privatem Anbieter.
	7	Vermögenspreisindizes	AAPI der BIZ bislang umfassendster Ansatz.

Tab. 6.5, fortgesetzt von vorhergehende Seite: Die wirtschaftspolitische Ausgangslage in Deutschland bzw. im Euroraum

Eb.	Handlungsoption		Status Quo
	Nr.	*Inhalt*	
II	8	Notfallpläne und Reaktion bei akuter Krisengefahr (Lender of Last Resort)	Präzedenzfälle fehlen. Position der EZB unbekannt. Notfallpläne BBk, BAFin? Memorandum of Understanding BBk/BAFin.
	9	Öffentliche Kommentare zu Bewertungsniveaus	Präzedenzfälle fehlen. Position der EZB unbekannt.

	10	Gegensteuern (→vgl. Abschnitt 6.4)	Präzedenzfälle nicht bekannt. Position der EZB 2005 geändert hin zu vorsichtiger Befürwortung.
	11	Einsatz bestehender Instrumente der Finanzaufsicht	Laufende Aufgabe. Beitrag zur effektiven Stabilisierung des Finanzsystems unbekannt. Präzendenzfälle und Position zu zeitlich gezieltem Einsatz unbekannt.
	12	Weiterentwicklung des Instrumentariums der Finanzaufsicht	Laufende Aufgabe. Beispiele: „Dynamic Provisioning“ der span. NZB, Basel II.
III	**13**	Reine Geldmengensteuerung oder reines Inflation Targeting	Zwei-Säulen-Strategie laut EZB auch angesichts von VmPI bewährt. Verlängerter Analysehorizont durch mittelfristige Ausrichtung. Inflation Targeting insbes. i.H. auf VmPI von EZB, BBk abgelehnt. Alleinige Betonung der monetären Analyse als implizite Forderung nach Geldmengensteuerung interpretierbar.
	14	Neuausrichtung der Finanzaufsicht („regulating with the market“, Überprüfung bestehender Regulierungen)	Position der EZB, BBk, BAFin unbekannt.
	15	Eigenständiges Vermögenspreisziel (als Zweitziel)	Kein Vermögenspreisziel. Explizite Ablehnung durch EZB.
IV	**16**	Neudefinition von Preisstabilität	Quantitative Definition von Preisstabilität als Stabilität des Verbraucherpreisniveaus (HVPI). Explizite Ablehnung des Alchian-Klein-Vorschlags in Hintergrundstudie der EZB.
	17	Explizites Mandat / größere Unabhängigkeit der Finanzaufsichtsbehörde	Keine derartigen Forderungen bekannt.
V	**18**	Alleinzuständigkeit für Finanzstabilität	Von EZB nicht offiziell gefordert.

bevor in Abschnitt 6.5 die wirtschaftspolitischen Empfehlungen zusammengefasst werden, wie sie sich aus den vorangehenden Beurteilungen der einzelnen wirtschaftspolitischen Handlungsoptionen ergeben.

6.4 Gestaltungsmöglichkeiten für ein „zinspolitischen Gegensteuern“: Eine eingehendere Untersuchung der Handlungsoption Nr. 10

6.4.1 Übersicht über die Gestaltungsmöglichkeiten

Die in der Literatur meistdiskutierten Vorschläge, wie die Wirtschaftspolitik auf Vermögenspreisinflation und –deflation reagieren soll, beziehen sich auf verschiedene *Varianten des geldpolitischen „Gegensteuerns"* (leaning against the wind). So befürworten beispielsweise Bernanke / Gertler (1999) ein Gegensteuern gegen die Vermögenspreisentwicklung in dem Ausmaß, wie sie zu Verbraucherpreisinflation beitragen, gegenüber einem Gegensteuern, das darüber hinausgeht. Die EZB (2005c, 64) bevorzugt das „Gegensteuern" dem „Aufstechen" einer angeblichen Blase. Die beiden Beispiele verdeutlichen, dass unter „Gegensteuern" Ungleiches verstanden wird, und dass dieses Ungleiche zudem mit jeweils unterschiedlichen Alternativen verglichen wird.

Im Folgenden wird unter „Gegensteuern" eine Vorgehensweise verstanden, bei der eine Notenbank über die Setzung ihrer Schlüsselzinssätze auf die Vermögenspreisentwicklung antwortet. Eine solche Vorgehensweise lässt sich auf vielfältige Weise ausgestalten, dementsprechend viele Varianten eines „Gegensteuerns" lassen sich beschreiben.

Um aus der Idee des Gegensteuerns eine *konkrete bzw. „operationale" Handlungsempfehlung abzuleiten*, ist eine Reihe von *Präzisierungen* erforderlich. So ist insbesondere zu klären,

(i) ob das geldpolitische Gegensteuern in Form einer geldpolitischen Reaktionsregel formuliert werden kann und soll, oder ob dies aufgrund seiner Komplexität eine dem Problem unangemessene Vereinfachung darstellen würde (→formale Darstellbarkeit),

(ii) ob unmittelbar der Vermögenspreisentwicklung gegengesteuert werden soll, ihren inflationären (bzw. deflationären) Wirkungen oder ihren Ursachen, etwa in Form übermäßigen Geldmengenwachstums (→Wahl der Objektvariablen),

(iii) ob der Vermögenspreisentwicklung ständig gegengesteuert werden soll, also auch dann, wenn sie nicht auffällig ist, oder ob ihr nur dann (zeitweilig) gegengesteuert werden soll, wenn sie zu Befürchtungen einer Blase Anlass gibt (→Kontinuität),

(iv) ob das Gegensteuern je nach Größe der Fehlentwicklung quantitativ abgestuft erfolgen kann, oder ob über derartige Fehlentwicklungen nur ein beschränktes, qualitatives Wissen erlangt werden kann, was nur ein unabgestuftes Gegensteuern („ganz oder gar nicht") zuließe (→Dosierbarkeit),

(v) ob bereits bei Verdacht oder nur bei vollständiger Gewissheit einer massiven Fehlentwicklung gegengesteuert werden soll, bzw. ab welchem Mindestmaß an Gewissheit dies geschehen soll (→erforderliche Gewissheit),

(vi) ob das Gegensteuern an der erwarteten oder an der gegenwärtig beobachteten Vermögenspreisentwicklung ausgerichtet werden soll (→Zeitperspektive),

(vii) ob kräftig oder schwach gegengesteuert werden soll, bei gegebenem Ausmaß der Fehlentwicklung (→Stärke),

(viii) ob auch regional bzw. teilräumlich begrenzt auftretenden Fehlentwicklungen gegengesteuert werden soll (→Teilräume),

(ix) ob auch dann gegengesteuert werden soll, wenn die Fehlentwicklung auf einzelne Vermögensarten bzw. Vermögensmärkte begrenzt ist (→einzelne Märkte),

(x) ob die Vermögenspreisinflation als Maß der Fehlentwicklung als eine Abweichung vom Fundamentalwert (Blase), als eine Abweichung vom Trendwert (Lücke) oder als eine Veränderung gegenüber der Vorperiode (Wachstumsrate) definiert werden soll (→Definitionstyp der Objektvariablen),

(xi) ob nur der Vermögenspreisinflation, nur der Vermögenspreisdeflation oder beiden gegengesteuert werden soll (→Symmetrie), und schließlich,

(xii) ob der Vermögenspreisinflation nur in dem Maße gegengesteuert werden soll, wie diese zusätzliche Inflation in den Verbraucherpreisen impliziert, oder ob der Vermögenspreisinflation darüber hinaus als solcher gegengesteuert werden soll (→Inflationsneutralisierung).

Eine Übersicht über diese Punkte, hinsichtlich derer der Begriff des Gegensteuerns zu präzisieren ist, gibt die nachstehende Abbildung 6.6. Die Wahlmöglichkeiten werden als *alternative Attribute* des „Gegensteuerns" dargestellt, z.B. „implizit / explizit". Die Festlegungen bei den einzelnen Punkten bestimmen über die Form der geldpolitischen Reaktionsregel, mit der jeder operationalisierbare Vorschlag dargestellt werden kann. Aus der Kombination dieser Wahlmöglichkeiten ergibt sich eine Vielzahl von *Varianten des Gegensteuerns*.
Der folgende Abschnitt geht von der Überlegung aus, dass sich *jede systematische Vorgehensweise* in Form einer (heuristischen) geldpolitischen *Reaktionsregel* darstellen lässt.[30]
Tab. 6.6: Ansatzpunkte und jeweilige Optionen bei der Ausgestaltung von „Gegensteuern"

Nr.	***Ansatzpunkt***	***Jeweilige Wahlmöglichkeiten*** *(→Kleinbuchstaben)*
[i]	Formale Darstell-	[a] Regelgebunden oder

[30] Dreierlei bedeutet dies *nicht*: Erstens sind die resultierenden Reaktionsregeln nicht notwendigerweise linear, zweitens sind sie nicht notwendigerweise ökonometrisch schätzbar, drittens sind die präsentierten Regeln nicht notwendigerweise die einzig mögliche Umsetzung der jeweils erläuterten Variationsmöglichkeit.

	barkeit	[b] diskretionär gegensteuern („~“)
[ii]	Wahl der Objektvariablen	[a] Der VmPI/D selbst, [b] ihren Wirkungen oder [c] ihren Ursachen ~
[iii]	Dauerhaftigkeit	[a] Permanent oder [b] temporär ~
[iv]	Dosierbarkeit (Genauigkeit der Dosierung)	[a] Stetig (genau dosiert) oder [b/c] diskret („ganz oder gar nicht“; „stark, schwach oder gar nicht“) ~
[v]	Erforderliche Gewissheit	[a] Schon auf Verdacht oder [b] erst bei Gewissheit ~
[vi]	Zeitperspektive	[a] Der erwarteten oder [b] der aktuellen VmPI/D ~
[vii]	Stärke (Höhe der Dosierung)	[a] „Aufstechen“ (kräftig) oder [b] „sanfte Landung anstreben“ (schwach)
[viii]	Teilräume	[a] Nur allgemeiner oder [b] auch regional begrenzter bzw. teilräumlicher VmPI/D ~
[ix]	Einzelne Märkte	[a] Nur totaler oder [b] auch partieller, d.h. auf einzelne Vermögensarten bzw. –märkte begrenzter, VmPI/D ~ (→ 1. Dimension von VmPI)
[x]	Definitionstyp der Objektvariablen	Der VmPI/D gemessen als [a] Blase, [b] Lücke oder [c] Wachstumsrate ~ (→ 2. Dimension von VmPI)
[xi]	Symmetrie	[a] Symmetrisch oder [b] asymmetrisch ~ (→ 3. Dimension von VmPI)
[xii]	Inflationsneutralisierung	[a] Nur implizit oder [b] auch explizit ~ (→ 4. Dimension von VmPI)

Umgekehrt sind alle Vorgehensweisen bzw. Lösungsvorschläge, die sich auf „Gegensteuern“ beziehen, aber nicht als Reaktionsregel darstellen lassen, bzw. die sich jeglicher formalen Darstellung entziehen, unsystematisch. Über unsystematische Vorgehensweisen lassen sich ex ante keine wissenschaftlichen Aussagen treffen. Was sich nicht darstellen lässt, kann auch nicht in verbindlicher Weise diskutiert werden.

6.4.2 Darstellung und Diskussion der einzelnen Gestaltungsmöglichkeiten

[i] Formale Darstellbarkeit: flexibel oder unflexibel gegensteuern?

Regelgebundenes Gegensteuern ([a]) lässt sich angemessen durch eine geldpolitische Reaktionsregel darstellen, bei diskretionärem Gegensteuern ([b]) ist dies nicht der Fall. Wenn sich die Notenbank mit einer Regel vorab auf die Größen festlegt, von denen die Politikreaktion abhängt, bleibt kein Platz für die anderen Größen, die sich möglicherweise erst in Zukunft als bedeutsam herausstellen, also für die „flexible" Reaktion auf Unvorhergesehenes.

Tab. 6.7.a: Wahlmöglichkeiten beim „Gegensteuern" (Teil 1 von 12)

Ansatzpunkt	***„Rules vs. discretion" / Vorbehalt eines Entscheidungsspielraums?***	
Entscheidungsproblem	Soll das Gegensteuern regelgebunden oder diskretionär erfolgen, etwa nur dann, wenn die Notenbank anhand qualitativer Kriterien eine Blase ausmacht?	
Optionen	**[a]**	**[b]**
Name	Regelgebunden / unflexibel / „mechanistisch" ~	Diskretionär / flexibel / „Expertenurteil berücksichtigend" ~
Regel	Langform: $r_t^n = \bar{r}^n + \beta \cdot E_t\left[\pi_{t+1}^{CP}\right] + \gamma^b \cdot f\left(\pi_{t-1}^{AP}\right) + \gamma^c \cdot f\left(\pi_t^{AP}\right) + \gamma^f \cdot f\left(E_t\left[\pi_{t+1}^{AP}\right]\right) + \delta^{z1} \cdot z_{1,\bullet} + \delta^{z2} \cdot z_{2,\bullet} + \ldots$ Kurzform: $r_t^n = \bar{r}^n + \beta \cdot E_t\left[\pi_{t+1}^{CP}\right] + \gamma^\bullet \cdot f\left(\pi_\bullet^{AP}\right) + \delta^{z1} \cdot z_{1,\bullet} + \ldots$	*Kann prinzipiell nicht angegeben werden.*

Bei [a] ist die Grundform der geldpolitischen Reaktionsregel angegeben, die bei den folgenden Wahlmöglichkeiten (ii) bis (xii) variiert wird. Der Politikzins ist nach dieser Regel wie folgt zu setzen:

$$
\begin{aligned}
r_t^n = {} & \bar{r}^n \\
& + \underbrace{\beta \cdot \left(E_t\left[\pi_{t+1}^{CP}\right] - \bar{\pi}_{Ziel}^{CP}\right)}_{\text{Teilreaktion auf VbPI / D}} \\
& + \underbrace{\gamma^b \cdot f\left(\pi_{t-1}^{AP} - \bar{\pi}_{Ziel}^{AP}\right) + \gamma^c \cdot f\left(\pi_t^{AP} - \bar{\pi}_{Ziel}^{AP}\right) + \gamma^f \cdot f\left(E_t\left[\pi_{t+1}^{AP} - \bar{\pi}_{Ziel}^{AP}\right]\right)}_{\text{Teilreaktionen auf VmPI / D (rückblickend / gleichzeitig / vorausschauend)}} \\
& + \underbrace{\delta^{z1} \cdot \left(z_{1,\bullet} - \bar{z}_{1,Ziel}\right) + \delta^{z2} \cdot \left(z_{2,\bullet} - \bar{z}_{2,Ziel}\right) + \ldots}_{\text{Teilreaktionen auf sonstige Variablen}}
\end{aligned}
$$

Der Politikzins gleicht dem „neutralen Zins" $\bar{r}^n$ zuzüglich der Teilreaktionen auf verschiedene Objektgrößen. Dies sind die Teilreaktionen auf erwartete Ver-

fehlungen der Zielrate der Verbraucherpreisinflation (2. Zeile), auf Funktionen der zukünftigen, gegenwärtigen oder vergangenen Verfehlungen der Zielrate der Vermögenspreisinflation (3. Zeile) sowie auf erwartete Verfehlungen der Zielwerte sonstiger Variablen (4. Zeile).
Diese Reaktionsregel lässt sich vereinfachen, indem man alle Zielwerte (Verbraucherpreisinflation, Vermögenspreisinflation, sonstige Variablen) gleich null setzt bzw. indem die Variablen nun als Abweichungen von ihren Zielwerten definiert (bzw. umgedeutet) werden:

$$r_t^n = \bar{r}^n + \underbrace{\beta \cdot E_t\left\lfloor \pi_{t+1}^{CP} \right\rfloor}_{\text{TR auf VbPI / D}} + \underbrace{\gamma^b \cdot f\left(\pi_{t-1}^{AP}\right) + \gamma^c \cdot f\left(\pi_t^{AP}\right) + \gamma^f \cdot f\left(E_t\left\lfloor \pi_{t+1}^{AP} \right\rfloor\right)}_{\substack{\text{Teilreaktionen auf VmPI / D} \\ \text{(rückblickend / gleichzeitig / vorausschauend)}}} + \underbrace{\delta^{z1} \cdot z_{1,\bullet} + \delta^{z2} \cdot z_{2,\bullet} + \ldots}_{\text{Teilreaktionen auf sonstige Variablen}}$$

Zu empfehlen ist Option [a]. Jede systematische Vorgehensweise ist formal als Regel darstellbar, ex ante kann nur über systematische Vorgehensweisen diskutiert werden. In der geldpolitischen Praxis mag sich eine Abweichung von derartigen Regeln in Ausnahmesituationen als unumgänglich herausstellen, jedoch lässt sich Unvorhersehbares nicht vorab wissenschaftlich bearbeiten.[31] Behält sich die Geldpolitik eine „flexible" Reaktion vor, die sich nicht vorab in Form einer Regel darstellen lässt, so vergrößert sie ihren diskretionären Entscheidungsspielraum.

[ii] Wahl der Objektvariablen: der Vermögenspreisentwicklung selbst, ihren Wirkungen oder ihren Ursachen gegensteuern?
Gegensteuern gegen die Vermögenspreisentwicklung selbst ([a]) entspricht der Aufnahme eines expliziten Vermögenspreisterms in der Reaktionsregel.[32] Gegensteuern gegen die (angeblichen) Wirkungen ([b]) oder Ursachen ([c]) von

---

[31] Die EZB vertritt in der *praktischen* (nicht der akademischen) Frage, wie ein geldpolitisch optimales „Gegensteuern" beschaffen ist, eine skeptische Position in Bezug auf Reaktionsregeln:
„Es ist jedoch unwahrscheinlich, dass eine angemessene geldpolitische Antwort auf mutmaßliche Verzerrungen der Vermögenspreise in einer einfachen, um einen Vermögenspreisindex erweiterten Reaktionsregel zu finden ist." (EZB 2005c, 67.)
Sie macht in dem zitierten Aufsatz weder „harte" Aussagen über die Ausgestaltung des von ihr gutgeheißenen frühzeitigen Gegensteuerns, noch äußert sie sich darüber, wie über ein „zinspolitisches Gegensteuern" ohne erweiterte Reaktionsregeln wissenschaftlich diskutiert werden kann.

[32] Durch diese Aufnahme in die Reaktionsregel wird Vermögenspreisinflation zu einer *Objektgröße* der geldpolitischen Reaktion. Hiervon zu unterscheiden sind Vermögenspreise als *zu steuernde Größe* (operating target, Zwischenziel, Endziel) und Vermögenspreise als von Geldpolitik *beeinflusste Größe*. Als zu steuernde Größe ist das Vermögenspreisniveau nicht geeignet, weil dies die Steuerungsfähigkeit der Geldpolitik überfordern würde. Das Vermögenspreisniveau ist nur eine von vielen von der Geldpolitik beeinflussten Größen.

Vermögenspreisinflation entspricht der Wahl anderer Variablen als der Vermögenspreisinflation in die Reaktionsregel, wobei auch diese Teilreaktionen als Reaktionen auf Vermögenspreisinflation interpretiert werden können. Wird eine Objektvariable gewählt, die als Ursache von Vermögenspreisinflation angesehen wird, so zielt dies auf die Vermeidung von Vermögenspreisinflation ab. Mit der Wahl einer Objektvariablen, an der die unerwünschten Wirkungen von Vermögenspreisinflation erkennbar werden, sollen diese Wirkungen neutralisiert werden, wobei die Vermögenspreisinflation selbst zugelassen wird.

Tab. 6.7.b: Wahlmöglichkeiten beim „Gegensteuern" (Teil 2 von 12)

Ansatzpunkt	***Objekt des ~s / durch ~ zu steuernde Größe?***		
Entscheidungsproblem	Welcher Entwicklung soll unmittelbar gegengesteuert werden – der Vermögenspreisentwicklung selbst, einer sie beeinflussenden oder einer von ihr beeinflussten Entwicklung? Welche Größe soll durch das Gegensteuern *gesteuert* bzw. unmittelbar beeinflusst werden?		
Option	**[a]**	**[b]**	**[c]**
Name	Der Vermögenspreis-entwicklung (VmPI oder VmPD) selbst ~	Ihren (z.B. inflationä-ren) Wirkungen ~	Ihren Ursachen ~
Regel	$\gamma \neq 0$	$\gamma = 0; \quad \delta \neq 0$	$\gamma = 0; \quad \delta \neq 0$

Zu empfehlen ist Option [a], weil es sich bei den anderen beiden Optionen nicht um Gegensteuern im eigentlichen Sinne handelt, d.h. nach der zuvor dargestellten Systematik der wirtschaftspolitischen Handlungsoptionen. Optionen [b] und [c] mögen also geldpolitisch geboten sein oder nicht, sie gehören nicht hierher.

[iii] Kontinuität: dauerhaft oder temporär gegensteuern?

Temporäres Gegensteuern ([b]) entspricht einer Reaktion auf die Vermögenspreisentwicklung, die von einer Eintrittsbedingung abhängt. Es wird also nur dann reagiert, wenn die Vermögenspreisinflation oberhalb eines bestimmten Schwellenwerts liegt. Bei dauerhaftem Gegensteuern ([a]) gibt es keine solche Eintrittsbedingung, bzw. der Schwellenwert beträgt null.

Tab. 6.7.c: Wahlmöglichkeiten beim „Gegensteuern" (Teil 3 von 12)

Ansatzpunkt	***Ausnahme- oder Regelcharakter des ~s?***
Entscheidungs-	Soll das Gegensteuern ständig oder nur in Ausnahmesituationen stattfinden, etwa nur dann, wenn laut qualitativem Urteil eine

problem	Blase vorliegt?	
Option	**[a]**	**[b]**
Name	Permanent ~	Temporär (z.B. nur wenn Blase vorliegt) ~
Regel	$f(\pi_t^{AP}) = \pi_t^{AP}$ bzw. $\bar{\pi}_{krit}^{AP} = 0$	Hier: „temporär ~“ im Sinne von „~ nur bei größeren Fehlentwicklungen“. $f(\pi_t^{AP}) = \begin{cases} \pi_t^{AP} & wenn \left\|\pi_t^{AP}\right\| \geq \left\|\bar{\pi}_{krit}^{AP}\right\| \\ 0 & wenn \left\|\pi_t^{AP}\right\| < \left\|\bar{\pi}_{krit}^{AP}\right\| \end{cases}$

Unabhängig davon, ob Vermögenspreisinflation dauerhaft oder nur zeitweilig auftritt, kann das Gegensteuern einen Regel- oder einen Ausnahmecharakter besitzen, also seinen Ausdruck in permanent wirkenden oder aber in zeitweiligen, zeitlich „gezielten“ Maßnahmen finden.
Zu empfehlen ist Option [a]. Ist Vermögenspreisinflation so definiert, dass sie schnell und genau gemessen werden kann, so besteht kein Bedarf für eine Unsicherheitsmarge in Form einer Eintrittsbedingung. In Zeiten niedriger Vermögenspreisinflation fällt auch die Teilreaktion auf sie leicht aus.[33] Hält man an einer Problembeschreibung von Vermögenspreisinflation als einer nur qualitativ feststellbaren Blase fest, so kann die Eintrittsbedingung bei Option [b] als Entscheidungskriterium für die Feststellung einer Blase dienen. Die Reaktion erfolgt dann aber systematisch verspätet.

[iv] Dosierbarkeit: stetig oder diskret gegensteuern?
Gegensteuern kann nur so differenziert erfolgen, wie die Genauigkeit des Wissens über die Vermögenspreisinflation dies zulässt. Gibt es nur zwei Ausprägungen, etwa Existenz oder Nichtexistenz einer Blase, so gibt es nur zwei Reaktionsmöglichkeiten, „Gegensteuern“ oder „Unterlassen“ ([b]). Gibt es drei Ausprägungen, so bestehen drei Reaktionsmöglichkeiten (Bsp. für [c]). Bei unendlich vielen Ausprägungen kann das Gegensteuern genau dosiert werden ([a]).

Tab. 6.7.d: Wahlmöglichkeiten beim „Gegensteuern“ (Teil 4 von 12)

Ansatzpunkt	***Dosierbarkeit des ~s / Fehlentwicklung nur qualitativ erkennbar?***
Entscheidungsproblem	Gibt es nur zwei Möglichkeiten – „Blase“ oder „keine Blase“, also „Gegensteuern“ oder „kein Gegensteuern“ –, oder gibt es unendlich viele Möglichkeiten, je nach Größe der Blase bzw. nach Intensität des Gegensteuerns?

[33] Aus Sicht der Marktteilnehmer mag das Gegensteuern dann nur temporär wahrnehmbar sein, nämlich wenn die Teilreaktion deutlich von null verschieden ist. Es handelt sich dennoch um permanentes (aber zeitweilig manifestes, zu anderen Zeiten latentes) Gegensteuern.

Option	[a]	[b]	[c]
Name	Stetig ~	Diskret (binär) ~	Diskret (sonst) ~
Regel	$\pi_t^{AP}, f\left(\pi_t^{AP}\right) \in \{R\}$ $\forall t$	$\pi_t^{AP}, f\left(\pi_t^{AP}\right) \in \{0;1\} \forall t;$ $f\left(\pi_t^{AP}\right) = \begin{cases} 1 \; wenn \; \pi_t^{AP} = 1 \\ 0 \; wenn \; \pi_t^{AP} = 0 \end{cases}$	$\pi_t^{AP}, f\left(\pi_t^{AP}\right) \in \{0;0{,}5;1\} \forall t;$ $f\left(\pi_t^{AP}\right) = \begin{cases} 1 \Leftarrow \pi_t^{AP} = 1 \\ 0{,}5 \Leftarrow \pi_t^{AP} = 0{,}5 \\ 0 \Leftarrow \pi_t^{AP} = 0 \end{cases}$

Zu empfehlen ist Option [a]. Wählt man eine Problembeschreibung von Vermögenspreisinflation, die eine relativ sichere und genaue Messung zulässt, so kann man auch differenziert auf dieses Problem reagieren. Wird das Problem als „Blase" gefasst, über die nur ein relativ unsicheres und qualitatives Wissen möglich ist, so muss auch die Reaktion undifferenziert ausfallen.

[v] Erforderliche Gewissheit: auf Verdacht oder nur bei Gewissheit gegensteuern?

Auf Verdacht Gegensteuern ([a]) kann bedeuten, dass nur dann gegengesteuert wird, wenn die Vermögenspreisinflation mit einer bestimmten Mindestwahrscheinlichkeit einen bestimmten Mindestwert bzw. kritischen Wert überschreitet. Gegensteuern nur bei Gewissheit ([b]) entspricht dem Grenzfall, bei welchem die Mindestwahrscheinlichkeit eins beträgt.

Zu empfehlen ist [a], Gegensteuern auf Verdacht. Geldpolitische Entscheidungen werden stets unter Unsicherheit getroffen. Ein Schwellenwert für die Wahrscheinlichkeit ist nur bei entsprechender Modellierung erforderlich. In der geldpolitischen Praxis dürfte das, was unter einem „hinreichend schweren Verdacht" zu verstehen ist, eine qualitative Frage sein und nicht als Erfordernis z.B. einer siebzigprozentigen Wahrscheinlichkeit formuliert werden. Sieht man von einer unvermeidlichen Restunsicherheit, etwa aufgrund von Messproblemen, ab, so ist zu betonen, dass der Grad an Unsicherheit in bedeutendem Maße von der Wahl der Problembeschreibung abhängt. Fasst man das Problem in messbarer Form

Tab. 6.7.e: Wahlmöglichkeiten beim „Gegensteuern“ (Teil 5 von 12)

Ansatzpunkt	***Für ~ erforderlicher Grad an Gewissheit?***	
Entscheidungsproblem	Welcher Grad an Gewissheit bezüglich des Vorliegens einer Blase ist erforderlich, damit gegengesteuert wird? Soll die Notenbank warten, bis sie sich sicher ist, oder soll sie auf Verdacht aktiv werden?	
Optionen	**[a]**	**[b]**
Name	Auf Verdacht (z.B. einer Blase) ~	Bei Gewissheit (z.B. einer Blase) ~
Regel	$f(\pi_t^{AP}) = \begin{cases} \pi_t^{AP} \text{ wenn } \Pr(\lvert\pi_t^{AP}\rvert \geq \lvert\bar{\pi}_{krit}^{AP}\rvert) \geq \overline{\Pr}_{krit} \\ 0 \quad \text{wenn } \Pr(\lvert\pi_t^{AP}\rvert \geq \lvert\bar{\pi}_{krit}^{AP}\rvert) < \overline{\Pr}_{krit} \end{cases}$	$\overline{\Pr}_{krit} = 1$

als Vermögenspreisinflation, so ermöglicht dies einen höheren Grad an Gewissheit als eine Problembeschreibung in Form einer (nur zu erahnenden bzw. nur kraft qualitativen Urteils erkennbaren) Blase.

[vi] Zeitperspektive: vorausschauend oder gleichzeitig gegensteuern?
Vorausschauendes Gegensteuern [(a)] orientiert sich an der erwarteten Vermögenspreisinflation, gleichzeitiges Gegensteuern [(b)] an der aktuellen Vermögenspreisinflation

Tab. 6.7.f: Wahlmöglichkeiten beim „Gegensteuern“ (Teil 6 von 12)

Ansatzpunkt	***Vorausschauendes ~ möglich?***	
Entscheidungsproblem	Soll das Gegensteuern an der erwarteten oder an der aktuellen Entwicklung, etwa Vermögenspreisentwicklung, ausgerichtet werden?	
Option	**[a]**	**[b]**
Name	Vorausschauend (der erwarteten VmPI) ~	Gleichzeitig (der aktuellen VmPI) ~
Regel	$\gamma^{\bullet} \cdot f(\pi_{\bullet}^{AP}) = \gamma^{f} \cdot E_t \lvert \pi_{t+1}^{AP} \rvert$	$\gamma^{\bullet} \cdot f(\pi_{\bullet}^{AP}) = \gamma^{c} \cdot \pi_t^{AP}$

Wenn möglich, ist Geldpolitik an erwarteten Größen auszurichten, weil so verschiedenen Verzögerungen der Geldpolitik, darunter der Wirkungsverzögerung (transmission lag), Rechnung getragen werden kann. Im Fall der Vermögenspreisinflation erscheint eine zuverlässige Prognose für den Wert der Vermögenspreisinflation in der Folgeperiode prohibitiv schwierig. Ist der aktuelle Wert der Vermögenspreisinflation zugleich die bestmögliche Prognose für den Wert der nächsten Periode,[34] so fallen beide Alternativen zusammen. Angesichts des Prognoseproblems ist Option [b] zu empfehlen, die Ausrichtung an der aktuell beobachteten Vermögenspreisinflation.

[vii] Stärke: kräftig oder schwach gegensteuern?
Kräftiges Gegensteuern ([a]) entspricht einem hohen Betrag des Koeffizienten γ, schwaches Gegensteuern ([b]) einem niedrigen Betrag. Wird das zugrunde liegende Problem als Blase beschrieben, so kann Option [a] als der Versuch interpretiert werden, eine Vermögenspreisblase „aufzustechen", und Option [b] als der Versuch, eine „sanfte Landung" herbeizuführen.
Wird das zugrunde liegende Problem als Vermögenspreisinflation in messbarer Form beschrieben, so ist der Wert der Koeffizienten eine Frage der erwarteten Wirkungen. Da es mehr als zwei mögliche Werte gibt, ist die Unterscheidung in „kräftig" / „schwach" hinfällig.

Tab. 6.7.g: Wahlmöglichkeiten beim „Gegensteuern" (Teil 7 von 12)

Ansatzpunkt	***Beabsichtigte Wirkung des ~s / Dosierung relativ zum Ausmaß der VmPI?***	
Entscheidungsproblem	Soll die Geldpolitik auf ein gegebenes Maß an Fehlentwicklung kräftig oder schwach reagieren? Sollen Blasen „aufgestochen" werden, oder soll man sich ihnen „sanft" entgegenstellen?	
Option	**[a]**	**[b]**
Name	Kräftig ~ (z.B. „Aufstechen")	Schwach ~ (z.B. „sanfte Landung anstreben")
Regel	$\lvert\gamma\rvert >> 0$	$\lvert\gamma\rvert > 0$

Auch wenn man die Problembeschreibung als Blase akzeptiert, so ist es fraglich, ob die Geldpolitik die Fähigkeit besitzt, den weiteren, „altersabhängigen" Verlauf einer solchen Blase planmäßig zu steuern. Eine Empfehlung für eine der beiden Optionen erübrigt sich daher.

[viii] Teilräume: auch national / regional begrenzten oder nur währungsgebietsweiten Fehlentwicklungen gegensteuern?
Der allgemeine Wert der Vermögenspreisinflation in einem Währungsgebiet gleicht dem gewogenen Durchschnitt der teilräumlichen Werte. Eine Notenbank steuert nur allgemeiner Vermögenspreisinflation ([b]) gegen, wenn sie ihr Ver-

[34] Dies ist die zentrale Implikation der Random-Walk-Hypothese, die das Verhalten nicht-aggregierter Vermögenspreise zu beschreiben sucht. Sie wird hier *analog* auf aggregierte Vermögenspreise übertragen.

halten am für den gesamten Währungsraum geltenden Wert der Vermögenspreisinflation ausrichtet.

Tab. 6.7.h: Wahlmöglichkeiten beim „Gegensteuern“ (Teil 8 von 12)

Ansatzpunkt	***Räumliche Abgrenzung der Fehlentwicklung?***	
Entscheidungsproblem	Soll die Geldpolitik auch dann Fehlentwicklungen gegensteuern, wenn sie nur in einem Teil des Währungsgebiets stattfinden?	
Option	**[a]**	**[b]**
Name	Auch ~ bei regionalen Fehlentwicklungen	Nur bei allgemeiner VmPI ~
Regel	$\pi_t^{AP} = \phi^{L1} \cdot \pi_{t,L1}^{AP} + \phi^{L2} \cdot \pi_{t,L2}^{AP}$; $f(\pi_t^{AP}) = \begin{cases} \pi_{t,L1}^{AP} \Leftarrow \left(\lvert\pi_{t,L1}^{AP}\rvert \geq \lvert\overline{\pi}_{krit}^{AP}\rvert\right) \wedge \left(\lvert\pi_{t,L1}^{AP}\rvert \geq \lvert\pi_{t,L2}^{AP}\rvert\right) \\ \pi_{t,L2}^{AP} \Leftarrow \left(\lvert\pi_{t,L2}^{AP}\rvert \geq \lvert\overline{\pi}_{krit}^{AP}\rvert\right) \wedge \left(\lvert\pi_{t,L2}^{AP}\rvert \geq \lvert\pi_{t,L1}^{AP}\rvert\right) \\ \pi_t^{AP} \ sonst \end{cases}$	$f(\pi_t^{AP}) = \pi_t^{AP}$ $= \phi^{L1} \cdot \pi_{t,L1}^{AP} + \phi^{L2} \cdot \pi_{t,L2}^{AP}$

Sie steuert auch teilräumlicher Vermögenspreisinflation ([a]) eigens gegen, wenn sie dazu übergeht, ihr Verhalten am für einen Teil des Währungsgebiets geltenden Wert der Vermögenspreisinflation auszurichten, sobald diese in einem relevanten Teilraum einen bestimmten Mindestwert überschreitet.
Zu empfehlen ist Option [b]. Geldpolitik wirkt immer auf ein Währungsgebiet als Gesamtheit. Die Kosten in Form eines übermäßig restriktiven geldpolitischen Kurses im Rest des Währungsgebiets müssen als hoch angenommen werden. Option [b] impliziert im Übrigen keine vollständige Unterlassung, sondern ein teilräumliches Gegensteuern in dem Maße, wie der Teilraum zur währungsgebietsweiten Vermögenspreisinflation beiträgt.

[ix] Einzelne Märkte: auch auf einzelne Vermögensmärkte beschränkten Fehlentwicklungen oder nur marktübergreifenden Fehlentwicklungen gegensteuern?
Die Unterscheidung ist analog zur vorherigen, bezieht sich aber auf verschiedene Vermögensarten bzw. Vermögensmärkte. Der totale Wert der Vermögenspreisinflation gleicht dem gewogenen Durchschnitt der partiellen Werte für die einzelnen Vermögensarten bzw. Vermögensmärkte, etwa für Aktien und Immobilien. Eine Notenbank steuert nur totaler Vermögenspreisinflation ([b]) gegen, wenn sie ihr Verhalten am für alle Vermögensmärkte geltenden Wert der Vermögenspreisinflation ausrichtet. Sie steuert auch partieller Vermögenspreisinflation ([a]) eigens gegen, wenn sie etwa dazu übergeht, ihr Verhalten nur am Wert der Immobilienpreisinflation auszurichten, sobald diese einen bestimmten Mindestwert überschreitet.

Tab. 6.7.i: Wahlmöglichkeiten beim „Gegensteuern" (Teil 9 von 12)

Ansatz-punkt	***Objektbezogene Abgrenzung der Fehlentwicklung?***	
Entschei-dungsprob-lem	Soll die Geldpolitik auch dann Fehlentwicklungen gegensteuern, wenn sie nur auf einzelnen Vermögensmärkten stattfinden, z.B. nur auf den Aktienmärkten?	
Option	**[a]**	**[b]**
Name	Auch ~ gegen Fehlentwicklungen bei einzelnen Vermögensarten	Nur bei totaler Vermögenspreisinflation ~
Regel	$\pi_t^{AP} = \phi^{Akt} \cdot \pi_{t,Akt}^{AP} + \phi^{Imm} \cdot \pi_{t,Imm}^{AP}$; $f\left(\pi_t^{AP}\right) = \begin{cases} \pi_{t,Akt}^{AP} \Leftarrow \left(\left\|\pi_{t,Akt}^{AP}\right\| \geq \left\|\overline{\pi}_{krit,Akt}^{AP}\right\|\right) \wedge \left(\left\|\pi_{t,Akt}^{AP}\right\| \geq \left\|\pi_{t,Imm}^{AP}\right\|\right) \\ \pi_{t,Imm}^{AP} \Leftarrow \left(\left\|\pi_{t,Imm}^{AP}\right\| \geq \left\|\overline{\pi}_{krit,Imm}^{AP}\right\|\right) \wedge \left(\left\|\pi_{t,Imm}^{AP}\right\| \geq \left\|\pi_{t,Akt}^{AP}\right\|\right) \\ \pi_t^{AP} \; sonst \end{cases}$	$f\left(\pi_t^{AP}\right) = \pi_t^{AP} = \phi^{Akt} \cdot \pi_{t,Akt}^{AP} + \phi^{Imm} \cdot \pi_{t,Imm}^{AP}$

Zu empfehlen ist Option [b]. Geldpolitik wirkt stets auf alle Vermögensmärkte zugleich, und nicht nur auf diese. Maßnahmen, die gegen Vermögenspreisinflation auf einzelnen Vermögensmärkten gerichtet sind, wirken restriktiv auf die übrigen Vermögensmärkte. Dies wäre unter Umständen mit hohen Folgekosten verbunden. Option [b] impliziert auch hier ein partielles Gegensteuern in dem Maße, wie der Teilmarkt zur gesamten Vermögenspreisentwicklung beiträgt.

[x] Definitionstyp der Objektvariablen: Vermögenspreisinflation / -deflation als Blase, Lücke oder Wachstumsrate definieren und ermitteln?

Wird der Vermögenspreisinflation selbst gegengesteuert, so kann diese entweder als Abweichung des marktmäßigen Vermögenspreisniveaus vom Fundamentalwert ([a]), vom eigenen Trendwert ([b]) oder als Abweichung vom Vermögenspreisniveau der Vorperiode ([c]) definiert werden, also als Blase im quantitativ messbaren Sinne ([a]), als Lücke ([b]) oder als Wachstumsrate ([c]). Die Vergleichsgrößen unterscheiden sich in ihren Informationserfordernissen. Für die quantitative Blase ([a]) sind neben einem Fundamentalwertmodell die gegenwärtigen und zukünftigen Werte anderer Variablen erforderlich. Für die Lücke ([b]) sind neben einem Trendermittlungsverfahren und Werten für die frei wählbaren Parameter (z.B. Glättungsparameter) die Vermögenspreise der laufenden und möglichst vieler vergangener Perioden erforderlich. Für die Wachstumsrate ([c]) werden lediglich die Vermögenspreise der gegenwärtigen und der Vorperiode sowie ein Wert für die Diskontrate benötigt.

Tab. 6.7.j: Wahlmöglichkeiten beim „Gegensteuern“ (Teil 10 von 12)

Ansatzpunkt	***Verwendetes Maß für Vermögenspreisinflation?***		
Entscheidungsproblem	Soll einem übermäßigen, einem historisch hohen oder einem stark steigenden Vermögenspreisniveau gegengesteuert werden? Gilt das Gegensteuern einer Vermögenspreisblase, einer –lücke oder dem Vermögenspreiswachstum?		
Option	**[a]**	**[b]**	**[c]**
Name	~ gegen Blase	~ gegen Lücke	~ gegen Wachstum
Regel	$\pi_t^{AP} \equiv \frac{AP_t - AP_t^*}{AP_t^*}$	$\pi_t^{AP} \equiv \frac{AP_t - \overline{AP}_t}{\overline{AP}_t}$	$\pi_t^{AP} \equiv \frac{AP_t - AP_{t-1}}{AP_{t-1}}$

Zu empfehlen ist Option [b], entweder alleine oder in Verbindung mit Option [c]. Die Informationserfordernisse für die Berechnung einer quantitativen Blase in aggregierten Vermögenspreisen (für Option [a]) sind unrealistisch, die Berechnung ist daher mit hoher Unsicherheit behaftet bzw. eine zuverlässige Berechnung unmöglich. Wird ersatzweise ein Lückenmaß als Näherungsgröße für eine (nur qualitativ erkennbare) Blase verwendet bzw. als Blase interpretiert, so handelt es sich bei der gewählten Objektvariablen dennoch um eine Lücke, also um Option [b]. Für die Wiedergabe durch eine Lücke spricht der Umstand, dass große Trendabweichungen in der Regel langfristig zurückgenommen werden. Dagegen spricht, dass die Freiheitsgrade bei der Trendberechnung ein gewisses Maß an Willkürlichkeit bedingen. Erweiterungsmöglichkeiten sind die Berechnung der Trends und Trendabweichungen bei den Wachstumsraten des Vermögenspreisniveaus und bei den Quotienten aus Gesamtvermögen und BIP.

[xi] Symmetrie: symmetrisch oder asymmetrisch gegensteuern?

Bei asymmetrischem Gegensteuern ([c]) wird nur auf Vermögenspreisdeflation, nicht aber auf Vermögenspreisinflation geldpolitisch reagiert. Bei symmetrischem Gegensteuern reagiert die Geldpolitik entweder auf beide ([a]) oder auf keine von beiden ([b]).

Zu empfehlen ist Option [a]. Option [b] ist zwar symmetrisch, stellt aber kein Gegensteuern im eigentlichen Sinne dar. Option [c] ist asymmetrisch und kann daher möglicherweise Moral-Hazard-Verhalten von Seiten der Marktteilnehmer hervorrufen. Vertrauen diese darauf, dass die Notenbank bei Vermögenspreisdeflation stützend eingreift, bei Vermögenspreisinflation aber nicht entsprechend gegensteuert, so können sie die Vermögenspreise bei der Vermögenspreisinflation weiter „hochbieten“, als dies sonst der Fall wäre. Ein Problem ist bei allen drei Optionen bzw. bei der vorliegenden Unterscheidung allgemein, dass die

Marktteilnehmer das Gegensteuern oder dessen Unterlassung durch die Notenbank nicht unabhängig verifizieren können.

Tab. 6.7.k: Wahlmöglichkeiten beim „Gegensteuern" (Teil 11 von 12)

Ansatzpunkt	***Symmetrie des ~s / ~ nur gegen Auf- oder nur gegen Abwärtstrend?***		
Entscheidungsproblem	Soll sich die Geldpolitik beim Gegensteuern symmetrisch oder asymmetrisch verhalten? Soll sie in spiegelbildlicher Weise auf Vermögenspreisinflation und –deflation reagieren? Oder soll sie nur bei Vermögenspreisinflation, nicht aber bei Vermögenspreisdeflation reagieren? Oder umgekehrt?		
Option	**[a]**	**[b]**	**[c]**
Name	Bei VmPI und bei VmPD ~ (symmetrisch I)	Weder bei VmPI noch bei VmPD ~ (symmetrisch II)	Nur bei VmPD ~ (asymmetrisch)
Regel	$f(\pi_t^{AP}) = \pi_t^{AP} \quad \forall t$	$f(\pi_t^{AP}) = 0 \quad \forall t$	$f(\pi_t^{AP}) = \begin{cases} \pi_t^{AP} \ wenn \ \pi_t^{AP} < 0 \\ 0 \ wenn \ \pi_t^{AP} \geq 0 \end{cases}$

Daher sind nachträgliche Kommentare der Notenbank über deren eigene Geldpolitik, man habe in einer bestimmten Situation gegengesteuert (oder nicht), nicht glaubwürdig, und es sind beliebige nachträgliche Interpretationen der Geldpolitik durch andere Beobachter möglich. Mit einem Plädoyer für eine symmetrische Geldpolitik (Option [a] oder [b]) ist daher in praktischer Hinsicht nicht viel gewonnen.

[xii] Inflationsneutralisierung: der Vermögenspreisinflation /-deflation explizit oder implizit gegensteuern?

Eine viel beachtete Empfehlung (vgl. BG99) lautet, der Vermögenspreisentwicklung genau in dem Maß gegenzusteuern, wie diese zusätzliche Verbraucherpreisinflation impliziert. Formal lässt sich dieses „implizite Gegensteuern" ([b]) beschreiben als eine Teilreaktion auf Vermögenspreisinflation, die aus der Reaktionsregel herausfällt, sobald der „aktive" Informationsgehalt (bzw. der kausale Beitrag) von Vermögenspreisen für Verbraucherpreisinflation berücksichtigt wird. „Explizites Gegensteuern" ([a]) liegt demgegenüber vor, wenn die Teilreaktion auf Vermögenspreisinflation auch nach Berücksichtigung ihres kausalen Beitrags zur Verbraucherpreisinflation in der Reaktionsregel verbleibt.

Tab. 6.7.l: Wahlmöglichkeiten beim „Gegensteuern" (Teil 12 von 12)

Ansatz-punkt	***~ nur zur Neutralisierung inflationärer Wirkungen?***	
Entschei-dungsprob-lem	Sollen nur in dem Ausmaß gegengesteuert werden, dass die inflationären Wirkungen der Fehlentwicklung neutralisiert werden, oder soll weitergehend gegengesteuert werden?	
Option	**[a]**	**[b]**
Name	Explizit ~	Implizit ~
Regel	$r_t^n = \bar{r}^n + \beta \cdot E_t\left[\pi_{t+1}^{CP}\right] + \gamma^c \cdot f\left(\pi_t^{AP}\right) + \delta_{z1} \cdot z_{1,\bullet} + \ldots = \bar{r}^n + \beta^+ \cdot E_t^+\left[\pi_{t+1}^{CP}\right] + \gamma^{c+} \cdot f\left(\pi_t^{AP}\right) + \delta_{z1}^+ \cdot z_{1,\bullet} + \ldots;$ $\gamma^{c+} \neq 0$	$r_t^n = \bar{r}^n + \beta \cdot E_t\left[\pi_{t+1}^{CP}\right] + \gamma^c \cdot f\left(\pi_t^{AP}\right) + \delta_{z1} \cdot z_{1,\bullet} + \ldots = \bar{r}^n + \beta^+ \cdot E_t^+\left[\pi_{t+1}^{CP}\right] + \delta_{z1}^+ \cdot z_{1,\bullet} + \ldots;$ $\gamma^{c+} = 0;$ $\left(\beta^+ - \beta\right) \cdot dE_t\left[\pi_{t+1}^{CP}\right] \approx \frac{\partial \pi^{CP}}{\partial \pi_{-1}^{AP}} \cdot d\pi_t^{AP}$

Zu empfehlen ist [b], da letztlich nur beim „expliziten Gegensteuern" eine Teilreaktion auf Vermögenspreisinflation vorgesehen ist. „Implizites Gegensteuern" ([a]) ist streng genommen keine Variante des Gegensteuerns, weil Vermögenspreisinflation als Objektvariable entfällt. Es handelt sich vielmehr um Inflationsneutralisierung in Verbindung mit der Forderung nach der Berücksichtigung des Informationsgehalts von Vermögenspreisen. In Bezug auf die Reaktionsregel geht es um veränderte Koeffizienten und einen anders ermittelten Erwartungswert der Verbraucherpreisinflation. Wird als Rahmen eine Strategie des Inflation Targeting angenommen, so handelt es sich um den wahren, aber trivialen Vorschlag, bei der Inflationsprognose alle relevanten Größen zu berücksichtigen. Da Inflation Targeting keine Beschränkungen hinsichtlich der zulässigen Prognosevariablen macht, sind hierfür auch Vermögenspreise zulässig. Mit anderen Worten ist „implizites Gegensteuern" die Handlungsoption, welche bei Inflation Targeting als gegebener Strategie keine substantielle Verhaltensänderung erforderlich macht.

6.4.3 Zusammenfassung

Der Vermögenspreisinflation bzw. einer Vermögenspreisblase *zinspolitisch gegenzusteuern*, ist der in der Literatur der wohl meistdiskutierte Vorschlag, wie die Wirtschaftspolitik auf die Herausforderung der Vermögenspreisinflation reagieren könnte. Diese Diskussion hat nicht zuletzt auch deshalb bislang wenig konkrete Ergebnisse geliefert, weil sie weder anhand einer einheitlichen Problembeschreibung von Vermögenspreisinflation noch anhand konkreter Handlungsvorschläge in Form von geldpolitischen Reaktionsregeln geführt wird,

sondern anhand von Attributen eines solchen Gegensteuerns wie z.B. „symmetrisch“ oder „asymmetrisch gegensteuern“. Der vorangehende Abschnitt ist ein Beitrag zur Behebung dieser beiden Mängel und zur Systematisierung der Diskussion.
Grundsätzlich lässt sich jeder inhaltlich bestimmte Vorschlag eines zinspolitischen Gegensteuerns als eine geldpolitische Reaktionsregel (siehe Punkt [i]) darstellen, die einen Vermögenspreisterm enthält (siehe Punkt [ii]). Umgekehrt ermöglicht die Formulierung eines Vorschlags als Reaktionsregel die beiden Überprüfungen, ob es sich um einen inhaltlich bestimmten Vorschlag handelt und ob dieser überhaupt einen Fall von zinspolitischem Gegensteuern beinhaltet. Was sich *erstens* nicht als Reaktionsregel, eventuell in Verbindung mit Nebenbedingungen, darstellen lässt, ist nur eine vage Idee, aber keine konkrete Handlungsoption. Beispielsweise ist der Vorschlag, die Notenbank möge „eine sanfte Landung“ herbeiführen, kaum als Reaktionsregel formulierbar und daher vage. Wenn *zweitens* die zugehörige Reaktionsregel ohne Vermögenspreisterm auskommt, handelt es sich nicht um zinspolitisches Gegensteuern. So liefert z.B. der Vorschlag, die Notenbank möge genau in dem Maße der Vermögenspreisinflation gegensteuern, wie diese zusätzliche Verbraucherpreisinflation impliziert („implizites Gegensteuern“, siehe Punkt [xii]), eine Reaktionsregel, welche entweder von vornherein keinen Vermögenspreisterm enthält oder aus welcher der Vermögenspreisterm bei Berücksichtigung des Informationsgehalts von Vermögenspreisen für die Verbraucherpreisinflation wegfallen kann. „Implizites Gegensteuern“ ist demnach kein zinspolitisches Gegensteuern im eigentlichen Sinne, sondern ein Vorschlag, die vermeintlichen inflationären Wirkungen von Vermögenspreisinflation zu neutralisieren.
Wie zuvor dargelegt wurde, bestehen für die Handlungsoption des zinspolitischen Gegensteuerns in mindestens zwölf Punkten *Gestaltungsmöglichkeiten*, die zuvor einzeln diskutiert wurden. Folgende Variante des zinspolitischen Gegensteuerns ist einer weiteren wissenschaftlichen Untersuchung zu empfehlen. Gegensteuern sollte regelgebunden ([i]), gegenüber Vermögenspreisinflation und –deflation symmetrisch ([xi]), permanent ([iii]) und mit quantitativ angepasster Dosierung ([iv]) erfolgen und an der aktuellen ([vi]) Vermögenspreisinflation ausgerichtet werden. Die zugehörige Reaktionsregel sollte einen Vermögenspreisterm enthalten ([ii]), in welchem Vermögenspreisinflation verbindlich in messbarer Form ([x]) und als stetige Variable (Bedingung für [iv]) definiert ist. Es sollte nicht versucht werden, solchen Fällen von Vermögenspreisinflation eigens gegenzusteuern, die nur in Teilen des Währungsgebiets ([viii]) oder nur auf den Märkten für einzelne Aktiva ([ix]) stattfinden. Eine Übersicht über diese Empfehlungen zur Ausgestaltung eines zinspolitischen Gegensteuerns bietet die nachstehende Tab. 6.8.

Tab. 6.8, Anfang: Zusammenfassung der Empfehlungen zur Ausgestaltung eines „zinspolitischen Gegensteuerns“ gegen Vermögenspreisinflation

Nr.	Ansatzpunkt	Empfohlene Gestaltungsalternative	Abgelehnte Gestaltungsalternative
[i]	Formale Darstellbarkeit	[a] regelgebunden gegensteuern („~“)	*[b] diskretionär ~*
[ii]	Wahl der Objektvariablen	[a] der VmPI/D selbst ~	*[b] den Wirkungen oder [c] Ursachen von VmPI/D ~*
[iii]	Kontinuität	[a] permanent ~ ("kontinuierlich" ~)	*[b] temporär ~ ("zeitlich gezielt" ~)*
[iv]	Dosierbarkeit (Genauigkeit der Dosierung)	[a] stetig (genau dosiert) ~	*[b] diskret (z.B. „ganz, wenn ‚Blase', oder gar nicht, wenn ‚keine Blase'“)*
[v]	Erforderliche Gewissheit	*Unterscheidung gegenstandslos:* sowohl [b] bei Gewissheit, da VmPI/D messbar, als auch [a] auf Verdacht ~, da stets unter Unsicherheit	
[vi]	Zeitperspektive	[b] der aktuellen VmPI/D ~	*[a] der erwarteten VmPI/D ~ (zu unsicher)*
[vii]	Stärke (Höhe der Dosierung)	*Unterscheidung gegenstandslos:* weder [a] „Aufstechen“ (kräftig ~) noch [b] „sanfte Landung anstreben“ (schwach ~) möglich, Fähigkeit der Geldpolitik zur Feinsteuerung der Vermögenspreisentwicklung nicht gegeben; „angemessen stark“ ~	
[viii]	Teilräume	[a] nur allgemeiner, nicht eigens teilräumlicher VmPI/D ~	*[b] auch regional begrenzter bzw. teilräumlicher VmPI/D ~*
[ix]	Einzelne Märkte	[a] nur totaler, nicht eigens partieller, d.h. auf einzelne Vermögensarten bzw. –märkte begrenzter VmPI/D ~	*[b] auch partieller, d.h. auf einzelne Vermögensarten bzw. –märkte begrenzter, VmPI/D ~*

Tab. 6.8, fortgesetzt von vorhergehender Seite: Zusammenfassung der Empfehlungen zur Ausgestaltung eines „zinspolitischen Gegensteuerns“ gegen Vermögenspreisinflation

Nr.	Ansatzpunkt	Empfohlene Gestaltungsalternative	Abgelehnte Gestaltungsalternative
[x]	Definitionstyp der Objektvariablen	Gegen VmPI/D ~, definiert als [b] Lücke, allein oder in Kombination mit [c] Wachstumsrate; Selbstbindung an operable Definition von Vermögenspreisinflation, evtl. auch an festen Satz von für Dritte überprüfbare Bedingungen als Urteilsgrundlage	*Gegen VmPI/D ~, definiert als [a] Blase; [a1] quantitativ ermittelbare Blase: Berechnung zu unsicher; [a2] nur qualitativ ermittelbare Blase: Feststellung der Existenz einer Blase durch „Expertenurteil“ (d.h. auf Grundlage einer fallweise zu wählenden Analysegrundlage) zu willkürlich*
[xi]	Symmetrie	[a] symmetrisch ~	*[b] asymmetrisch ~*
[xii]	Inflationsneutralisierung	[b] auch explizit ~; sonst kein Gegensteuern im eigentlichen Sinne	*[a] implizit ~ („in dem Maße, wie VmPI zusätzliche VbPI verursacht“)*

6.5 Fazit: Wirtschaftspolitische Empfehlungen

Aus der vorangegangenen Darstellung und Beurteilung der Handlungsoptionen angesichts von Vermögenspreisinflation i.w.S. folgen die nachstehenden *wirtschaftspolitischen Empfehlungen,* auf deren erneute Begründung an dieser Stelle weitgehend verzichtet wird.

Grundsätzlich abzulehnen sind Vorschläge, Bewertungsniveaus an den Vermögensmärkten durch öffentliche Kommentare von Notenbankern unmittelbar zu steuern (Nr. 9), sofern dies nicht der Vermittlung marktbezogener Informationen oder der Flankierung zinspolitischer Entscheidungen dient. Weiterhin sind Vermögenspreisziele (Nr. 15) und die Neudefinition von Preisstabilität in einem Verbraucher- und Vermögenspreise zugleich abdeckenden Sinne (Nr. 16) abzulehnen.

Mit Einschränkungen abzulehnen sind die Vorschläge eines zinspolitischen Gegensteuerns gegen Vermögenspreisinflation (Nr. 10) und der Übernahme einer reinen geldpolitischen strategie wie der Geldmengensteuerung oder des Inflation Targeting (Nr. 13). Das zinspolitische Gegensteuern bedarf einer Präzisierung, operational formulierte Varianten sind weiter zu prüfen. Dies stellt zunächst eine Aufgabe für die Forschung dar. Von einer praktischen geldpolitischen Erprobung ohne entsprechende theoretische Vorarbeiten ist aufgrund der potentiell hohen volkswirtschaftlichen Kosten abzuraten. Die Einführung einer reinen Strategie ist als Lösung für Probleme der Vermögenspreisinflation unzureichend, was nicht bedeutet, dass es nicht aus anderen, von Vermögenspreisinflation unabhängigen Gründen geboten erscheinen kann. Vermögenspreisinflation allein liefert hierfür keine überzeugende Begründung.

Mit Einschränkung zu befürworten sind die Vorschläge bzw. Handlungsoptionen Nr. 3, 8, 11, 12 sowie 17 oder 18. Eine Verlängerung des geldpolitischen Analysehorizonts (Nr. 3) erscheint angesichts von Vermögenspreisinflation geboten, was aber nicht mit einer Neugewichtung der beiden Säulen der EZB-Strategie einhergehen muss. Die angemessene Reaktion auf akute Stresssituationen, wie sie im Zusammenhang mit einer starken Vermögenspreisdeflation im Finanzsystem auftreten können, sollte nach Möglichkeit geübt und geplant werden (Nr. 8). Derartige Notfallpläne müssen aber nicht festlegen, ob oder unter welchen konkreten Bedingungen eine Notenbank in derartigen Situationen als Lender of Last Resort auftritt. Da Finanzaufsicht, insbesondere die Bankenaufsicht, zum Erhalt eines funktionierenden Finanzsystems beitragen soll und da Vermögenspreisinflation die Erreichung dieses Ziels gefährdet, erscheint ein Einsatz der bestehenden Instrumente der Finanzaufsicht (Nr. 11) gegen Vermögenspreisinflation in dem Maße geboten, wie sie ihrem vorgeblichen Zweck dient. Allgemein sind die Instrumente und Praktiken der Finanzaufsicht im Lichte dieses Beitrags zur Finanzstabiltität auf ihre Existenzberechtigung zu überprüfen und nötigenfalls weiterzuentwickeln (Nr. 12) oder abzuschaffen. Kapitaldeckungsvorschriften stellen sicher, dass Eigenkapitalpuffer bereitgehalten werden, um Verluste aufgrund von Vermögenspreisdeflation aufzufangen, ohne dass sich systemische Konsequenzen ergeben. Stresstest tragen dazu bei, Schwachpunkte in der Risikovorsorge der beaufsichtigten Institute sowie des Finanzsystems in seiner Gesamtheit zu ermitteln. Zur institutionellen Absicherung der Gewährleistung eines funktionierenden Finanzsystems durch die Regulierungs- und Aufsichtstätigkeit erscheint entweder eine Stärkung der Unabhängigkeit einer von der Notenbank verschiedenen Finanzaufsichtsbehörde geboten (Nr. 17) oder aber eine Zusammenfassung der Zuständigkeiten für Finanzstabilität unter dem Dach der Notenbank (Nr. 18).

Grundsätzlich zu befürworten sind die Neu- bzw. vorrangige Ausrichtung der Finanzaufsicht auf das ökonomische Ziel der Gewährleistung eines funktionierenden Finanzsystems (Nr. 14) sowie die meisten informationsbezogenen Handlungsoptionen gegen Vermögenspreisinflation (Nr. 1, 2, 4-7). Sieht sich eine Notenbank im Besitz eines Informationsvorteils gegenüber den Marktteilnehmern im Hinblick auf Vermögensmarktentwicklungen, so sollte sie diese Informationen publizieren (Nr. 1). Zugleich sollte sie den Informationsgehalt der Vermögenspreise bezüglich relevanter makroökonomischer Größen wie der Inflations- und Konjunkturerwartungen nutzen (Nr. 2) und ggf. neue Indikatoren entwickeln, im Falle der EZB im Rahmen beider „Säulen". Auch sollten Notenbanken die von der Vermögenspreisentwicklung ausgehenden Risiken für die Funktionsfähigkeit des Finanzsystems beurteilen, indem sie eine mikro- und makroprudenzielle Analyse (Nr. 5) betreibt und weiterentwickelt. Über die genannten Risiken und ihre Beurteilung sollten Notenbanken regelmäßig in Finanzstabilitätsberichten (Nr. 4) informieren, wobei das für die Gesamtbeurteilung maßgebliche Indikatorsystem im Interesse der Glaubwürdigkeit im Zeitablauf weitgehend gleich bleiben und die quantitativen Angaben von unabhängiger Seite überprüfbar sein sollten. Weiterhin sollten Notenbanken oder Statistikbehörden eine vollständige Vermögensrechnung (Nr. 6) im Rahmen der Volkswirtschaftlichen Gesamtrechnungen vorlegen, die nötigenfalls durch verbesserte Nicht-VGR-Statistiken zu Entwicklungen an den Vermögensmärkten zu ergänzen ist, insbesondere an den Immobilienmärkten. Weiterhin ist die Preisentwicklung an den Vermögensmärkten durch aussagekräftige Vermögenspreisindizes (Nr. 7) zusammengefasst wiederzugeben. Dies erfordert neben der umfassenderen Erhebung von Vermögensmarktdaten auch konzeptionelle Überlegungen, wie Vermögenspreisinflation theoretisch zu fassen ist. Der vorläufig umfassendste Ansatz für einen umfassenden Vermögenspreisindex, der AAPI der BIZ, sollte pragmatisch weiterentwickelt werden. Eine Übersicht über die wirtschaftspolitischen Empfehlungen bietet die nachstehende Abb. 6.9.

Tab. 6.9, Anfang: Übersicht über die wirtschaftspolitischen Empfehlungen

Ebene	**Handlungsoption**		**Beurteilung / Empfehlung**	
	Nr.	***Inhalt***		
I (...)	**1**	Publikation von Forschungsergebnissen	Ja.	+
	2	Nutzung des Informationsgehalts von Vermögenspreisen	Ja.	+
	3	Neugewichtung der "Säulen" / Verlängerung d. Analysehorizonts	Ja (Verlängerung Analysehorizont). Nicht erforderlich (Neugewichtung).	(+)
	4	Laufende Analyse der Vermögenspreisentwicklung in Finanzstabilitätsberichten	Ja.	+

Tab. 6.9, fortgesetzt von vorhergehender Seite: Übersicht über die wirtschaftspolitischen Empfehlungen

Ebene	Handlungsoption		Beurteilung / Empfehlung	
	Nr.	***Inhalt***		
(...) I	**5**	Mikro- und makroprudenzielle Indikatoren für Finanzstabilität / Frühwarnsystem für Finanzkrisen	Ja.	+
	6	Vollständige VGR-Vermögensstatistik	Ja.	+
	7	Vermögenspreisindizes	Ja.	+
II	**8**	Notfallpläne und Reaktion bei akuter Krisengefahr (Lender of Last Resort)	Offene Frage (LOLR). Ja (Notfallpläne).	(+)
	9	Öffentliche Kommentare zu Bewertungsniveaus	Nein, nicht im Sinne eines unabhängigen Instruments.	–
	10	Gegensteuern	Vorerst nein, aber weiter untersuchen.	(–)
	11	Einsatz bestehender Instrumente der Finanzaufsicht	Ja, sofern ökonomisch nutzbringend.	(+)
	12	Weiterentwicklung des Instrumentariums der Finanzaufsicht (Verringerung prozykl. Wirkungen)	Ja, sofern ökonomisch nutzbringend.	(+)
III	**13**	Reine Geldmengensteuerung oder reines Inflation Targeting	Beides nicht erforderlich im Hinblick auf Vermögenspreisinflation.	(–)
	14	Neuausrichtung der Finanzaufsicht („regulating with the market", Überprüfung bestehender Regulierungen)	Ja.	+
IV	**15**	Eigenständiges Vermögenspreisziel (als Zweitziel)	Nein.	–
	16	Neudefinition von Preisstabilität	Nein.	–
	17	Explizites Mandat / größere Unabhängigkeit der Finanzaufsichtsbehörde	Ja, aber nur dann, wenn Nr. [18] nicht realisierbar.	(+)
V	**18**	Alleinzuständigkeit der Notenbanken (oder der Finanzaufsichtsbehörden) für Finanzstabilität	Ja (vorzugsweise Notenbanken), aber i.H. auf Vermögenspreisinflation nicht zwingend erforderlich.	(+)

7 Zusammenfassung und Ausblick

Vermögenspreisinflation ist *eine andere Art von Inflation* neben Verbraucherpreisinflation und Produzentenpreisinflation. Da sich das geldpolitische Ziel der Preisstabilität (bzw. Preisniveaustabilität) auf die Verbraucherpreise bezieht, stellt Vermögenspreisinflation nicht per se eine Verletzung des Ziels der Preisstabilität dar.

Dennoch ist Vermögenspreisinflation ein *wirtschaftspolitisches Problem*, wegen ihrer Wirkungen erstens auf das Verbraucherpreisniveau („Preisstabilität"), zweitens auf die Funktionsfähigkeit des Banken- und des weiteren Finanzsystems („Finanzstabilität") und drittens auf das Wachstum des Bruttoinlandsprodukts („makroökonomische Stabilität").

Unter den wirtschaftspolitischen Aufgabenfeldern ist Vermögenspreisinflation insbesondere eine Herausforderung für die *Geldpolitik*. Von den fünf denkbaren *Begründungen* für eine geldpolitische Zuständigkeit, die in der Einleitung ausgeführt wurden, erscheinen drei haltbar. Erstens kann Vermögenspreisinflation über Ausgabeneffekte zu erhöhter Verbraucherpreisinflation beitragen. Zweitens kann sie über eine anschließende Vermögenspreisdeflation und eine Finanzkrise indirekt eine Verbraucherpreisdeflation verursachen. Drittens kann Vermögenspreisinflation ihrerseits durch eine verfehlte Wirtschaftspolitik mitverursacht werden, etwa durch eine übermäßig expansive Geldpolitik.[1]

Die zwei verbleibenden Begründungsversuche für eine geldpolitische Zuständigkeit sind nicht haltbar. *Weder* sollte die Stabilität des Vermögenspreisniveaus als eigenständiges wirtschaftspolitisches Ziel angesehen werden („*Vermögenspreisziel*"), *noch* vermag eine *pragmatische Begründung* zu überzeugen, nach welcher die Geldpolitik für Vermögenspreisinflation zuständig wäre, weil sie über die tauglichsten Instrumente zu ihrer Bekämpfung verfügte.

Kapitel 2 behandelte Begriff und Empirie von Vermögenspreisinflation. Vermögenspreisinflation ist im *engeren* Sinne ein *Ereignis* in den Vermögenspreisen, im *weiteren* Sinne das gesamte wirtschaftspolitische *Problem*, das neben dem Ereignis dessen ökonomische Wirkungen einschließt. Eine „harte" bzw. operable Definition von Vermögenspreisinflation i.e.S. umfasst drei Merkmale, eine von Vermögenspreisinflation i.w.S. vier Merkmale. In Kapitel 2 wurden diese Merkmale allgemein, d.h. unabhängig von ihrer jeweiligen Festlegung, als

---

[1] Diese drei Begründungen lassen sich – entsprechend der Darstellung der vorhergehenden Absatzes – auch *als Zielverletzungen* ausdrücken: Erstens besitzt Vermögenspreisinflation direkte Wirkungen auf die Preisstabilität, zweitens wirkt sie über eine Beeinträchtigung der Finanzstabilität indirekt auf die Preisstabilität, drittens wird Vermögenspreisinflation ihrerseits durch eine Geldpolitik (mit-) verursacht, die nicht ausreichend stabilitätsorientiert ist und daher auch Risiken für die Preisstabilität impliziert.

Dimensionen des Begriffs der Vermögenspreisinflation bezeichnet. Erstens sind nach einem theoretisch begründbaren Kriterium diejenigen Größen zu bestimmen, die als Vermögenspreise einbezogen werden sollen, somit zugleich auch diejenigen, die nicht einbezogen werden sollen. Zweitens ist festzulegen, ob Vermögenspreisinflation als Blase, Lücke oder Wachstumsrate definiert und gemessen werden soll. Drittens ist anzugeben, welche Bewegungsrichtung (Inflation oder Deflation in den Vermögenspreisen) oder welcher Verlauf („Blasenverlauf": Abfolge erst von Inflation, dann von Deflation) das primär schädliche Ereignis in den Vermögenspreisen ausmacht. Mit diesen drei Festlegungen ist Vermögenspreisinflation als Ereignis (i.e.S.) chrakterisiert. Für Vermögenspreisinflation als vollständiges Problem (i.w.S.) ist viertens die Art des aufgrund des Ereignisses zu erwartenden ökonomischen Schadens zu bestimmen, was einer Angabe des oder der wirtschaftspolitischen Ziele entspricht, für welche Vermögenspreisinflation ein mutmaßliches Risiko darstellt.
Da in der Literatur kein Konsens besteht, wie diese vier Merkmale inhaltlich festzulegen bzw. zu konkretisieren sind, gibt es noch keine konsensfähige und zugleich „harte" Definition von Vermögenspreisinflation, weder als Ereignis (i.e.S.) noch als Problem (i.w.S.). Die Diskussion wird zumeist anhand keinerlei „harter" Definition des Problems geführt und zeichnet sich durch eine Vielfalt von (zumeist nicht explizit dargelegten) Ereignis- und Problembeschreibungen aus.
Das Fehlen einer „harten" Definition erschwert (neben der Seltenheit von Vermögenspreisinflation) die Ermittlung der „stilisierten Fakten" von Vermögenspreisinflation. Verschiedene Definitionen liefern verschiedene Mengen von Einzelereignissen, aus denen wiederum verschiedene Verallgemeinerungen resultieren.
Kapitel 2 enthält eine Beschreibung der *empirischen Regelmäßigkeiten* von Vermögenspreisinflation, wie sie für eine Auswahl von Industrieländern seit 1970 und für unterschiedlich definierte Ereignisse in den Vermögenspreisen erkennbar werden. Diese wurden zum einen für sich genommen analysiert, zum anderen im Zusammenhang mit konjunkturellen Aufschwüngen und Bankenkrisen. Vermögenspreisinflation und –deflation treten international in Wellen auf. Die Aktienkursentwicklung ist stärker international synchronisiert als die Immobilienpreisentwicklung. Beide Teilentwicklungen sind miteinander nur schwach verbunden. Häufig folgt auf Vermögenspreisinflation keine Vermögenspreisdeflation, und noch häufiger folgt keine Bankenkrise. Umgekehrt fallen die meisten Bankenkrisen in einen kleinen Ausschnitt des Betrachtungszeitraums, der mit dem Ende einer internationalen Welle von Vermögenspreisinflation und mit dem Ende einer Welle von konjunkturellen Aufschwüngen zusammenfällt.

Vermögenspreisinflation beeinflusst den Wert verschiedener *Indizes*, die ausschließlich oder teilweise Vermögenspreise eingehen. Beide Arten von Indizes wurden in *Kapitel 3* als Beträge zur Lösung des Problems der Vermögenspreisinflation diskutiert. In Vermögenspreisindizes (bzw. Indizes „von" Vermögenspreisinflation) gehen *ausschließlich* Vermögenspreise ein, in sonstige Indizes „gegen" Vermögenspreisinflation gehen nur *teilweise* Vermögenspreise ein.
Bei den *Indizes „von" Vermögenspreisinflation* ist zwischen einem „idealen", VGR-basierten Vermögenspreisindex und einem aktuell nutzbaren, teilindexbasierten Vermögenspreisindex zu unterscheiden. Zu einem „idealen" Index wurden bislang nur einige Vorüberlegungen angestellt, er ist daher nicht aktuell nutzbar. Der aktuell nutzbare Index hingegen ist nicht „ideal", da er aus verschiedenen bestehenden Teilindizes für die Aktienkurs- und Immobilienpreisentwicklung konstruiert wird.
Den *sonstigen Indizes*, die als Antwort auf Vermögenspreisinflation diskutiert werden, liegen im Einzelnen recht unterschiedliche Überlegungen zugrunde. Es wurden drei Gruppen von Indexkonzepten besprochen: ein DFI, ein FCI / erweiterter MCI und intertemporale Preisindizes. DFI und intertemporale Preisindizes sind gemischte Preisindizes, in die Verbraucher- und Vermögenspreise eingehen. Der FCI ist kein Preisindex, sondern ein Indikator, in den unter anderem Vermögenspreise, aber keine Verbraucherpreise eingehen. Intertemporale Preisindexkonzepte implizieren eine Neudefinition des Ziels der Preisstabilität.
Allgemein sind die Vermögenspreisindizes *in wirtschaftspolitischer Hinsicht nützlicher* als die sonstigen Indizes „gegen" Vermögenspreisinflation. Die Konzipierung und Berechnung eines „idealen", VGR-basierten Vermögenspreisindex ist *langfristig* wünschenswert. Solange dieses genaue Maß für Vermögenspreisinflation i.e.S. nicht vorliegt, ist die *laufende* pragmatische Verbesserung des AAPI der BIZ zu empfehlen, da es sich hierbei um das umfassendste bestehende, praktisch nutzbare Maß für Vermögenspreisinflation i.e.S. handelt. Die *sonstigen Indizes* sind von vergleichsweise geringem praktischem Nutzen für die Wirtschaftspolitik, da ihre theoretischen Begründungen angreifbar sind. DFI und FCI stellen zwei spezielle Möglichkeiten zur Nutzung des Informationsgehalts von Vermögenspreisen für die Geldpolitik dar. Intertemporale Preisindizes implizieren eine radikale Neudefinition von Preisstabilität, wobei Vermögenspreise nicht als solche interessieren, sondern als Ersatzgrößen für die nichtbeobachtbaren Preise des Zukunftskonsums.

Vermögenspreisinflation i.w.S. ist ein Erklärungsgegenstand einer Vielzahl ökonomischer Theorien, darunter aber nur selten formaler makroökonomischer Modelle. Die meisten makroökonomischen Modelle eignen sich nicht zur Diskussion von Fragen der Vermögenspreisinflation, in vielen tauchen Vermögen und Vermögenspreise nicht auf. Der Finanzakzelerator-Ansatz, der in *Kapitel 4* vorgestellt wurde, bietet die bislang vielversprechendste Möglichkeit, Vermö-

genspreisinflation im Rahmen eines *vollständigen makroökonomischen Modells* /umfassend und (weitgehend) konsistent/ darzustellen. Die Grundidee besteht darin, dass der Wert des Unternehmervermögens über den sogenannten *Finanzakzelerator* den Zugang zu Fremdfinanzierung, das Kreditvolumen, die Investitionen und somit letztlich den Grad an gesamtwirtschaftlicher Aktivität beeinflusst. Die Umsetzung dieser einfachen Idee liefert ein komplexes Modell, das sich nur per Simulation lösen lässt.
Zum Finanzakzelerator-Ansatz gehören das Grundmodell und das erweiterte Modell, die beide in Kapitel 4 dargestellt wurden. Im *Grundmodell* ist der Vermögenspreis stets gleich seinem Fundamentalwert. Vermögenspreisinflation ist dabei also nicht als Blase, sondern als Wachstumsrate oder als relative Trendabweichung zu interpretieren. Im *erweiterten Modell* kann der Vermögenspreis von seinem Fundamentalwert abweichen. Die Erweiterung besteht darin, dass dem Grundmodell ein Blasenprozess angehängt wird, der nach dem Vorbild der Theorie „rationaler Blasen" exogen modelliert wird. Vermögenspreisinflation ist hier also als eine Blase im kapitalmarkttheoretischen Sinne zu verstehen. Ihre exogen vorgegebenen Eigenschaften stehen in einem Spannungsverhältnis zur Mikrofundierung der übrigen Modellbestandteile. Dennoch kann das erweiterte Modell zur Simulation verschiedener Verläufe von Vermögenspreisinflation und zur Evaluierung verschiedener geldpolitischer Reaktionen auf sie verwendet werden. Nach den Simulationsrechnungen von Bernanke / Gertler (1999) ist eine Geldpolitik optimal, die nicht eigens auf die beobachtete Vermögenspreisentwicklung reagiert, aber aggressiv auf die erwartete Verbraucherpreisentwicklung. Dies ergibt sich für verschiedene Vergleichsszenarien.

Eine Reihe *weiterer Ansätze* bemüht sich außerhalb formaler makroökonomischer Modelle um die Erklärung von Vermögenspreisinflation i.w.S. oder von Teilaspekten des Problems. Diese Ansätze (im Folgenden: „weitere Ansätze") waren Gegenstand von *Kapitel 5* und lassen sich grob drei *Perspektiven* zuordnen, einer wirtschaftsgeschichtlichen, einer kapitalmarkttheoretischen und einer makroökonomischen Perspektive.
Aus der *wirtschaftsgeschichtlichen* Perspektive von Kindleberger (1978) sind Vermögenspreisinflation und –deflation die aufeinander folgenden Phasen einer typischen Finanzkrise. Charakteristisch für ein solches Ereignis ist demnach ein bestimmter Verlauf, der auch als „Blase" bezeichnet wird. Die Beschreibung der idealtypischen Finanzkrise ist das Ergebnis einer Verallgemeinerung auf Grundlage einer willkürlichen bzw. anhand qualitativer Merkmale ermittelten Auswahl von historischen Extremfällen. Daher bleibt ihre Interpretation im Hinblick auf aktuelle Fälle von Vermögenspreisinflation unklar. Entweder ist Vermögenspreisinflation stets als Auftakt zu einer potentiellen Krise anzusehen, oder die Kindlebergersche Analyse gilt nur für Ereignisse mit dem beschriebenen Verlauf, nicht aber für isoliert auftretende Fälle von Vermögenspreisinflation oder

von Vermögenspreisdeflation. Die erste Interpretation erscheint überzogen, die zweite Interpretation plausibel. Sie erklärt, weshalb sich eine „Blase" vermeintlich stets nur nachträglich erkennen lässt: Wenn Vermögenspreisinflation keine anschließende Vermögenspreisdeflation erzwingt, wenn eine „Blase" aber primär anhand der Abfolge der beiden Teilereignisse ermittelt wird, dann kann die Feststellung erst bei Beobachtung des zweiten Teilereignisses getroffen werden. Eine solche „Blase" im verlaufsbezogenen Sinne ist von einer Blase im kapitalmarkttheoretischen Sinne zu unterscheiden.

Aus der *kapitalmarkttheoretischen* Perspektive ist eine Blase eine Abweichung des Marktpreises vom Fundamentalwert. Bei vollständiger Markteffizienz entspricht der Marktpreis stets dem Fundamentalwert. Definiert man Vermögenspreisinflation als Lücke oder Wachstumsrate, so ist sie Ausdruck erhöhter Volatilität eines oder mehrerer der fundamentalen Bestimmungsfaktoren der Vermögenspreise. Definiert man Vermögenspreisinflation als Blase, so ist sie aus Sicht der Markteffizienzhypothese eine Anomalie, d.h. eine empirische Beobachtung, die dieser Hypothese widerspricht.

Theorien spekulativer Blasen stellen einen von mehreren Ansätzen dar, derartige Anomalien zu erklären. Im kapitalmarkttheoretischen Sinne sind Blasen abseits vom Fundamentalwert liegende Gleichgewichte bei der Preisbildung. Sowohl die Theorie „rationaler Blasen" als auch die Theorie „intrinsischer Blasen" stellen einen Versuch dar, gewisse beobachtbare Anomalien zu erklären, ohne die Annahme rationaler Erwartungsbildung aufzugeben. Eine *„rationale Blase"* muss nach der gleichnamigen Theorie explosiv wachsen, damit Anleger für das im Zeitablauf steigende Verlustrisiko bei Teilnahme an einer Blase entschädigt werden. Eine *„intrinsische Blase"* stellt eine nicht-lineare Reaktion der Preise auf verbesserte Fundamentaldaten dar, also gewissermaßen eine Überreaktion. Sie erfordert aber kein explosives Wachstum. Empirische Tests auf diese beiden und alle anderen Arten von Blasen konnten bislang keinen überzeugenden Beleg für die Existenz von Blasen (in den jeweiligen Spezifikationen) erbringen. Vor dem Hintergrund der vorhandenen empirischen Evidenz ist daher festzustellen, dass entweder die „wahre" Theorie von Blasen noch nicht entwickelt wurde, oder dass Blasen im kapitalmarkttheoretischen Sinne nicht existieren.

Makroökonomische Ansätze zur Erklärung von Vermögenspreisinflation, die nicht die Form umfassender formaler Modelle annehmen, lassen sich grob zwei Gruppen zuordnen. Vermögenspreisinflation lässt sich zum einen mit der Literatur zum geldpolitischen *Transmissionsmechanismus* und zum anderen mit der *monetaristischen* und monetaristisch inspirierten Literatur in Beziehung setzen.

Vermögenspreise sind ein Element von Gesamtdarstellungen des *geldpolitischen Transmissionsmechanismus*. Vermögenspreisinflation kann endogen die Folge expansiver Geldpolitik darstellen oder exogene, d.h. außerhalb der Darstellung liegende Ursachen haben. In beiden Fällen wirkt sie ihrerseits in der Weise auf die geldpolitischen Zielgrößen ein, wie dies die Verbindung zwischen Vermögenspreisen und Zielgrößen in der jeweiligen Darstellung beschreibt. Die Gesamtdarstellung von Mishkin betont parallele Wirkungsabläufe, sogenannte Transmissionskanäle, diejenige der EZB betont die Interdependenz der Abläufe. Vermögenspreisinflation wirkt nach *Mishkin* über mehrere Kanäle auf die gesamtwirtschaftliche Aktivität, darunter über den Vermögenseffekt, über Tobins-q-Effekt und über den Bilanzkanal. Laut *EZB*-Darstellung beeinflussen sich Vermögenspreise und die Entwicklung der Geldmengen- und Kreditaggregate wechselseitig. Demnach ist Vermögenspreisinflation sowohl teilweise durch übermäßige Geld- und Kreditexpansion bedingt als auch teilweise deren Ursache. Nach *Friedman (1988)* ist Vermögenspreisinflation, speziell die Aktienkursentwicklung, ein Einflussfaktor auf die Geldnachfrage. Folglich kann die Geldpolitik der Vermögenspreisinflation begegnen, indem sie diese in Schätzungen der Geldnachfrage einbezieht. Die neueren, *monetaristisch inspirierten Beiträge* lassen sich in Form mehrerer Hypothesen darstellen. Sie haben gemeinsam, dass in ihnen Vermögenspreisinflation und –deflation den Geldmengen-Preis-Zusammenhang überlagern. Daher muss sowohl die Verbraucherpreisentwicklung als auch die Geldmengenentwicklung im Zusammenhang mit den Vermögenspreisen analysiert werden. Wegen der Vielfalt der denkbaren Wirkungsmechanismen, wie sie die einzelnen Hypothesen beschreiben, ist die monetäre Analyse der Inflationsaussichten komplexer geworden.

Blickt man auf die in den *Kapiteln 4 und 5* vorgestellten theoretischen Ansätze aus einer übergeordneten Perspektive, so wird ein *Zielkonflikt* sichtbar. Die modelltheoretische Darstellung des Finanzakzelerator-Ansatzes ist relativ *konsistent, aber nicht umfassend* in dem Sinne, dass alle in der Diskussion behandelten Aspekte von Vermögenspreisinflation als wirtschaftspolitischem Problem abgebildet werden. Der Finanzakzelerator selbst entspricht lediglich dem Bilanzkanal in der Mishkinschen Darstellung des geldpolitischen Transmissionsmechanismus. Umgekehrt ist eine eklektische Gesamtschau unterschiedlicher Ansätze in dem geschilderten Sinne *umfassend, aber nicht konsistent*. Die Synthese der Ergebnisse heterogener theoretischer Ansätze in Form einer umfassenden und konsistenten Erklärung von Vermögenspreisinflation bleibt ein Fernziel für die weitere Forschung.

Vermögenspreisinflation ist ein wirtschaftspolitisches, insbesondere geldpolitisches Problem. In *Kapitel 6* wurden achtzehn wirtschaftspolitische Handlungsoptionen unterschieden. Jede dieser Handlungsoptionen lässt sich jeweils einem wirtschaftspolitischen Aufgabenfeld und einer Handlungsebene zuordnen. Die Aufgabenfelder sind die Geldpolitik, die Banken- und Finanzmarktregulierung und –aufsicht (kurz „Finanzaufsicht") sowie die Wirtschaftsstatistik. Nach Handlungsebenen ist, in aufsteigender Folge, zu unterscheiden zwischen infor-

mationsbezogenen Maßnahmen, direkten Eingriffen, Änderungen der Strategie, Änderungen des Zielsystems und Änderungen der Zuständigkeiten.
Die in der Literatur meistdiskutierte Handlungsoption ist ein „zinspolitisches Gegensteuern" der Notenbank gegen Vermögenspreisinflation, was zu den direkten Eingriffen im Bereich der Geldpolitik gehört. Es ist inhaltlich unbestimmt und zuwenig erforscht, als dass es zur praktischen Umsetzung empfohlen werden könnte. Beide Mängel sollten ausgeräumt werden, indem konkrete Varianten eines „zinspolitischen Gegensteuerns" in „harter", intersubjektiv nachvollziehbarer Weise als geldpolitische Reaktionsregeln formuliert werden. Vorüberlegungen hierzu befinden sich in Abschnitt (6.4).
Die *wirtschaftspolitischen Empfehlungen* ergeben sich aus der Diskussion der einzelnen Handlungsoptionen in Abschnitt (6.3), sie sind in Abschnitt (6.5) zusammengefasst. *Grundsätzlich abzulehnen* sind unter anderem Verbalinterventionen gegen Vermögenspreisinflation durch die Notenbank (öffentliche Kommentare zu Bewertungsniveaus), die weder der Vermittlung konkreter Analyseergebnisse dienen noch zinspolitische Maßnahmen der Notenbank vorbereiten helfen sollen. Weiterhin ist eine Neudefinition der Preisstabilität im Sinne eines intertemporalen Verbraucherpreisindex (Alchian-Klein-Vorschlag) nicht anzuraten.
Grundsätzlich zu befürworten ist die Gewinnung und Verbreitung *verbesserter Informationen* über Vermögenspreisinflation, sowohl für den Eigengebrauch der Notenbank als auch zur Information der Marktteilnehmer. Hierzu zählen die Berechnung von *Vermögenspreisindizes*, eine umfassendere *Vermögensrechnung* im Rahmen der VGR sowie die laufende Analyse der Vermögenspreisentwicklung im Rahmen periodisch erscheinender *Finanzstabilitätsberichte* und in möglichst systematischer und transparenter Weise. Derartige Berichte sollten ein im Zeitablauf gleich bleibendes Indikatorensystem zur *makroprudenziellen Analyse* der Risiken für die Finanzstabilität enthalten, und dieses sollte Indikatoren zur Vermögenspreisentwicklung und zur Fähigkeit des Bankensystems zur Absorption von Vermögenspreisschocks einschließen. Weiterhin sollte die *monetäre Analyse* der Risiken für die Preisstabilität die Geldmengen- und vor allem die Kreditentwicklung in ihrem Wechselspiel mit der Vermögenspreisentwicklung untersuchen. Ihr kommt eine gewisse Rolle bei der Bekämpfung von Vermögenspreisinflation zu, erscheint es doch plausibel, dass Vermögenspreisinflation durch eine übermäßig expansive Geldpolitik über die damit verbundene Entstehung von Überschussliquidität mitverursacht wird. Auch scheint übermäßiges Kreditwachstum (nicht Geldmengenwachstum) bei gleichzeitiger Vermögenspreisinflation Risiken für die Finanzstabilität und somit indirekt für die Preisstabilität auf längere Sicht zu implizieren.

Abschließend sollen die aus Sicht des Verfassers interessantesten *offenen Fragen* benannt werden, die sich im Hinblick auf Vermögenspreisinflation stellen und die bereits stellenweise in den vorangegangenen Kapiteln angesprochen wurden. Anders als für Vermögenspreisinflation steht für Verbraucherpreisinflation weitgehend unstrittig fest, worin deren „stilisierten Fakten" bestehen, wie sie operabel zu definieren bzw. mit welcher Art von Index sie zu messen ist, wie sie in makroökonomischen Modellen dargestellt werden kann, worin ihre Ursachen bestehen („Inflationstheorien"), wann und warum sie ein wirtschaftspolitisches Problem darstellt („Kosten der Inflation"), wie die Geldpolitik sie bekämpfen kann und warum Notenbanken für ihre Bekämpfung zuständig sein sollten.

Analog lassen sich diese Fragen auch für Vermögenspreisinflation stellen und *teilweise* beantworten, wie die vorangegangenen Kapitel gezeigt haben.[2] Im Folgenden werden sie konkretisiert, vollständige Antworten stellen bei den meisten dieser Fragen eher Fern- als Nahziele für die Forschung dar. *Erstens* ist weiter nach einer operablen und dabei konsensfähigen Definition von Vermögenspreisinflation zu suchen, analog z.B. zur quantitativen Definition der Preisstabilität der EZB. *Zweitens* ist mit weiteren empirischen Untersuchungen auf Basis derartiger Definitionen weiter nach den stilisierten Fakten von Vermögenspreisinflation zu suchen, was auch die Ursachen und „Kosten" der Vermögenspreisinflation in der Vergangenheit einschließt. *Drittens* erscheint es lohnend, einen systematischen Vermögenspreisindex auf Grundlage von VGR-Daten zu konzipieren und zu berechnen, analog zu den Verbraucherpreisindizes, die weltweit berechnet werden. *Viertens* ist die Entwicklung konsistenter und umfassender Makromodelle anzustreben, welche Wechselwirkungen zwischen der finanziellen und der realen Sphäre abbilden können, wie sie in Verbindung mit Vermögenspreisinflation auftreten. *Fünftens* erscheint es vielverprechend, die neueren, monetaristisch inspirierten Hypothesen über Vermögenspreisinflation in falsifizierbarer und für Prognosen geeigneter Form zu formulieren. *Sechstens* ist weiterhin an einer operablen Definition von Finanzstabilität bzw. an einem umfassenden Indikatorensystem für die sie bedrohenden Risiken zu arbeiten. Dies schließt naturgemäß auch für die von der Vermögenspreisentwicklung ausgehenden Risiken ein. *Siebtens* ist das „zinspolitische Gegensteuern" verstärkt als Reaktionsregel zu formulieren und die Diskussion über die Gestaltungsmöglichkeiten eines solchen Gegensteuerns anhand derartiger Regeln zu führen. Falls sich eine Konsensvariante herausbildet, könnte diese möglicherweise erprobt werden. Der Vorbehalt, dass „mechanistische" Anwendung derartiger Reaktionsregeln möglicherweise geldpolitisch suboptimal wäre, sollte nicht als Grund dafür missverstanden werden, auf eine wissenschaftlich nachvollziehbare Diskussion der Politikoptionen gänzlich zu verzichten.

[2] Die Vermutung einer Strukturähnlichkeit der mit Verbraucherpreisinflation und Vermögenspreisinflation verbundenen Probleme ist das zentrale „Vorurteil", das den Verfasser bei der vorliegenden Arbeit geleitet hat.

A. Anhänge

A.1 Anhang zu Kapitel 2

A.1.1 Zur Darstellung von Booms und Busts, Bankenkrisen und Konjunkturzyklen

In diesem Anhang befinden sich die Definitionen und weitere Informationen zu den dargestellten Ereignissen in den entwickelten Volkswirtschaften seit Beginn der 1970er Jahre. Zunächst werden die *Ereignisse in den Vermögenspreisen*, dann die sie *begleitenden Ereignisse* wie Bankenkrisen und konjunkturelle Wendepunkte behandelt.

A.1.1.1 Ereignisse in den Vermögenspreisen

[1] Unterschiedliche Ereignisdefinitionen – komplementäre Analyseperspektiven

Die Studien von Bordo / Jeanne (2002; kurz BJ 2002) und Detken / Smets (2004; kurz DS 2004) enthalten ausführliche Dokumentationen von Vermögenspreisbooms- und –busts. Die Analyseperspektiven sind komplementär. Die Autorenpaare (BJ und DS) verwenden unterschiedliche *Definitionen von Vermögenspreisinflation* bzw. von Booms. BJ untersuchen Aktien- und Immobilien-Booms und –Busts. DS betrachten nur Booms, keine Busts, und dies nur in aggregierten Vermögenspreisen, also nicht nach Aktien und Immobilien getrennt. Weiterhin nehmen beide Autorenpaare *unterschiedliche nachgeordnete Differenzierungen* bei den interessierenden, in den Vermögenspreisen stattfindenden Ereignissen vor. BJ fassen Abfolgen von Booms und Busts zu Boom-Bust-Zyklen in Aktien bzw. Immobilien zusammen und unterscheiden demnach zwischen Boom-Bust-Zyklen einerseits und isoliert auftretenden Booms und Busts andererseits. DS unterscheiden anhand vermeintlicher Einbußen beim Nach-Boom-Wirtschaftswachstum zwischen Hochkosten- und Niedrigkosten-Booms, also zwischen volkswirtschaftlich kostenträchtigen und weniger kostenträchtigen Booms in aggregierten Vermögenspreisen. BJ vermuten den Schaden, der von Booms und Busts ausgeht, im Auftreten von Bankenkrisen.

[2] Ereignisdefinitionen nach Bordo / Jeanne (2002)

Eine *Boomperiode* liegt *nach BJ* dann vor, wenn der Dreijahresdurchschnitt des Vermögenspreisanstiegs um ein 1,3-faches der Standardabweichung über dem zeit- und länderübergreifenden Durchschnittsanstieg liegt.[1] Eine *Bustperiode* ist

[1] Der Wert von 1,3 ist von den Autoren der Studie so gewählt, dass ihnen die so erzeugte Auswahl von Ereignissen plausibel erscheint. Es sollen möglichst viele der vorher bekannten Episoden von Booms eingeschlossen werden, aber möglichst wenige Scheinereignisse („spurious episodes").

spiegelbildlich als eine deutlich negativ vom langfristigen internationalen Durchschnitt abweichende Änderungsrate definiert. Standardabweichung und Durchschnittsanstieg werden für Aktienkurse und Immobilienpreise getrennt ermittelt, aber für beide derselbe Faktor der Standardabweichung gewählt. Im Ergebnis liegt eine Immobilien-Boomperiode vor, wenn die Immobilienpreise um mindestens 8,6% gestiegen sind, und eine Immobilien-Bustperiode, wenn die Immobilienpreise um mindestens 6,4% zurückgegangen sind. Für Aktien-Boomperioden bzw. –Bustperioden lauten die entsprechenden Werte 20,6% bzw. (-14,8)%. Unmittelbar aufeinander folgende Boomperioden bzw. Bustperioden bilden zusammen einen *Boom* bzw. *Bust*. Ein *Boom-Bust-Zyklus* ist nach BJ eine Abfolge erst eines Booms und dann eines Busts, die durch höchstens eine „ruhige“ Periode unterbrochen ist.[2]

Formal lautet die Wachstumsrate des realen Vermögenspreises S in Land i von (t-1) bis t:

$$\hat{S}_{i,t} = \ln\left(\frac{S_{i,t}}{S_{i,t-1}}\right) - 1$$

Die Bedingung für einen Boom im Jahr t lautet:

$$\frac{1}{3}\cdot\left(\hat{S}_{i,t} + \hat{S}_{i,t-1} + \hat{S}_{i,t-2}\right) > \hat{S} + x\cdot\sigma$$

Die Bedingung für einen Bust in den Jahr t lautet entsprechend:

$$\frac{1}{3}\cdot\left(\hat{S}_{i,t} + \hat{S}_{i,t-1} + \hat{S}_{i,t-2}\right) < \hat{S} - x\cdot\sigma$$

Bordo / Jeanne (2002, 8f) definieren einen Boom (/Bust) demnach als einen (mindestens) dreijährigen Zeitraum, in welchem die durchschnittliche jährliche Änderungsrate der realen Vermögenspreise über (/unter) einem Schwellenwert gelegen hat. Dieser Schwellenwert ist die Summe (/Differenz) aus dem internationalen langfristigen historischen Durchschnittswert dieser Änderungsrate, $\hat{S}$, und einem mittels eines Vorfaktors x geeignet gewählten Vielfachen der Standardabweichung σ der Änderungsrate um ihr langfristiges historisches Mittel.

Bordo / Jeanne (2002, 9) wählen einen Wert von x = 1,3 für den Vorfaktor der Standardabweichung sowohl der Wohnimmobilienpreise als auch der Aktienkurse. Ihre Daten liefern ihnen je zwei Werte für den langfristigen internationalen Mittelwert der Änderungsrate sowie für dessen Standardabweichung:

[2] Bordo / Jeanne (2002, 9) lassen bei ihrer Definition von Boom-Bust-Zyklen auch eine Periode Pause zwischen dem Ende des Booms und dem Beginn des Busts zu, dem entspricht in ihren Daten aber keine einzige Episode, weder bei der Entwicklung der Wohnimmobilienpreise noch der Aktienkurse.

$Wohnimmobilienpreise: \hat{S} = 1{,}1\%\ p.a.;\ \sigma = 5{,}8\%$

$\Rightarrow \left(\hat{S} - x \cdot \sigma\right) = -6{,}44\%;\ \left(\hat{S} + x \cdot \sigma\right) = 8{,}64\%$

$Aktienkurse: \hat{S} = 2{,}9\%\ p.a.;\ \sigma = 13{,}6\%$

$\Rightarrow \left(\hat{S} - x \cdot \sigma\right) = -14{,}78\%;\ \left(\hat{S} + x \cdot \sigma\right) = 20{,}58\%$

Der Datensatz von Bordo / Jeanne (2002) umfasst Jahresdaten für 15 Industrieländer für den Zeitraum 1970 bis 2001 zur Entwicklung der Aktienkurse (übernommen aus den „International Financial Statistics“ des IWF) und der Wohnimmobilienpreise (übernommen von der BIZ).

[3] Ereignisdefinitionen nach Detken / Smets (2004)

Nach Detken / Smets (2004) liegt eine *Boomperiode* liegt dann vor, wenn die Vermögenspreislücke in einer Periode mindestens 10% beträgt, d.h. wenn die aggregierten Vermögenspreise mindestens 10% über ihrem einfach-rekursiv ermittelten Trendwert liegen.[3] Unmittelbar aufeinander folgende Boomperioden bilden zusammen einen Boom. Im Ergebnis variiert die Länge der Booms zwischen einem und neun Jahren.

Ein *schädlicher Boom* bzw. H-Boom liegt nach DS dann vor, wenn das durchschnittliche BIP-Wachstum der drei Nachboomperioden gegenüber demjenigen aller vorherigen Boomperioden um mindestens 3% zurückgegangen ist und wenn es dabei höchstens 2,5% beträgt. Unschädliche bzw. N-Booms sind all diejenigen Booms, bei denen mindestens eine dieser beiden Bedingungen nicht erfüllt ist.

[4] Die Häufigkeit der Vermögenspreisereignisse nach Bordo / Jeanne und Detken / Smets

Die beiden Autorenpaare nutzen die frei wählbaren quantitativen Elemente dieser Definitionen dergestalt, dass die Definitionen innerhalb des betrachteten Rahmens plausibel erscheinende (niedrige zweistellige) Zahlen von Ereignissen liefern. So finden BJ für 15 Industrieländer im Zeitraum 1970-2001 bei Immobilien 17 Booms und 12 Busts sowie bei Aktien 22 Booms und 17 Busts. DS ermitteln für 18 Industrieländer im Zeitraum 1970-2002 38 Booms in den aggregierten Vermögenspreisen, davon 14 Hochkosten- und 24 Niedrigkosten-Booms.

[3] Der einfach rekursive Trend, auch „R“-Trend genannt, wird mit einem einseitigen Hodrick-Prescott-Filter mit einem Wert von 1000 für den Glättungsparameter λ ermittelt. (Vgl. DS 2004, 6.)

A.1.1.2 Bankenkrisen als begleitende Ereignisse der Vermögenspreisentwicklung

[1] Zur Definition von Bankenkrisen

Eine *Bankenkrise definieren* Bordo et al. (2001, 55) als „financial distress resulting in the erosion of most or all banking system capital". Im Anhang zu einer früheren Version dieses Aufsatzes (Bordo et al. 2000, 34f) geben die Autoren an, dass sie Bankenkrisen vor allem anhand *qualitativer* Kriterien identifizieren, da rein quantitative Kriterien ungenaue Ergebnisse liefern würden. So weisen sie darauf hin, dass *quantitative* Angaben über Kreditausfälle die tatsächlichen Ausfälle verspätet und in zu geringem Ausmaß wiedergeben. An quantitativen Angaben über die Veränderung der Bankeinlagen lassen sich Bankenkrisen nicht genau ablesen, weil diese auch die Wirkungen des Eintretens von Einlagensicherung und von Eingriffen der Notenbank als LOLR enthalten.
In den Aufsätzen Caprio / Klingebiel (1996) und (2002) sowie bei Bordo et al. (2000) wird begrifflich zwischen „systemischen Bankenkrisen" einerseits und „nicht-systemischen Bankenkrisen und Grenzfällen" andererseits unterschieden. Bordo et al. (2000, 35) geben *irrtümlich* an, *nur die „systemischen Bankenkrisen"* in ihre Aufstellung aufzunehmen, die später von Bordo / Eichengreen (2002), Bordo / Jeanne (2002) und modifiziert auch von Borio / Lowe (2004) verwendet wird. Tatsächlich übernehmen Bordo et al. (2000) *alle* Bankenkrisen, ohne weitere Differenzierung. Der Irrtum geht möglicherweise auf einen Fehler in Caprio / Klingebiel (1996, 19f) zurück, wo die nicht-systemischen Bankenkrisen zwar getrennt ausgewiesen, aber versehentlich ebenfalls mit „systemischen Bankenkrisen" überschrieben sind.
Eine Auswahl nur der „systemischen Bankenkrisen" erscheint zwar im Zusammenhang mit Krisen im wörtlichen Sinne geboten, allerdings weisen Caprio / Klingebiel (1996, 18) nur fünf Fälle in den Industrieländern aus. Eine solch geringe Zahl erscheint als Grundlage für weitergehende allgemeine Aussagen problematisch. Betrachtet man auch die nicht-systemischen Fälle, so erscheint hingegen die Verwendung der *Sammelbezeichnung „Bankenkrisen" fragwürdig.* Beispielsweise ist das Ereignis in Deutschland Ende der 1970er Jahre, das von den späteren Autoren durchweg in Aufstellungen von Bankenkrisen aufgenommen wird, kaum als eine Krise im volkswirtschaftlichen Sinne anzusehen.[4] Zutreffender wäre die Bezeichung „Störungen des Bankensystems". Aus Gründen der Kürze ist im Haupttext dennoch von „Bankenkrisen" die Rede.

[2] Zur Auswahl und Datierung von Bankenkrisen

Die Auswahl von Bankenkrisen in Industrieländern und die Angabe ihrer Anfangsjahre sind problembehaftet, für die graphische Analyse im Zusammenhang

[4] *Überraschend* ist die Auswahl von Bordo et al. (2000), Bordo / Eichengreen (2002) bzw. Bordo / Jeanne (2002), in welcher zwar das Ereignis in Deutschland als Krise erscheint, nicht aber die „Secondary Banking Crisis" in Großbritannien Mitte der 1970er Jahre.

mit der Vermögenspreis- und der konjunkturellen Entwicklung aber unumgänglich. Die nachstehenden Erläuterungen und die zugehörige Tab. A1 sowie Abb. A2 erläutern die in der vorliegenden Arbeit gewählte Lösung.

Sowohl *Bordo / Jeanne (2002)* als auch *Borio / Lowe (2004)* analysieren die Vermögenspreisentwicklung im Zusammenhang mit *Bankenkrisen* und verwenden dafür *Aufstellungen*, bei denen Bankenkrisen nur mit ihren Anfangsperioden wiedergegeben werden. Bordo / Jeanne (2002, 8, FN9) geben als Quelle Bordo / Eichengreen (2002) an, Bordo / Eichengreen (2002, 16, FN 34/35) und Borio / Lowe (2004, 9) berufen sich auf Bordo et al. (2001). Tatsächlich findet sich die zugehörige Aufstellung nur in einem Anhang zu einer früheren Fassung dieses Aufsatzes, Bordo et al. (2000). Eine Koautorin dieses Papiers, Klingebiel, hat bei der Weltbank Daten zu Bankenkrisen weltweit gesammelt. Diese Datensammlung ist in verschiedenen Fassungen veröffentlicht worden. Die älteste, ausführlich kommentierte Fassung enthält Caprio / Klingebiel (1996). Eine spätere Fassung ist Caprio / Klingebiel (2002).

Die Angaben sowohl bei Bordo / Jeanne (2002) als auch bei Borio / Lowe (2004) weichen von den Angaben bei Caprio / Klingebiel (2002) ab. Bordo / Jeanne (2002) lassen, wie zuvor Bordo et al. (2000), ohne Begründung drei Bankenkrisen wegfallen: Großbritannien 1974, Kanada 1983 und Großbritannien in den „1980er und 1990er Jahren“. Borio / Lowe (2004) ergänzen gegenüber Bordo et al. (2001 bzw. 2000) nach eigener Maßgabe (wieder) zwei Bankenkrisen: Großbritannien und USA, beide „Anfang der 1990er Jahre“. Es resultieren unterschiedliche Aufstellungen mit unterschiedlichen Gesamtzahlen von Bankenkrisen. Eine Übersicht über die verschiedenen Aufstellungen und Datierungen bietet Tab. A1.

In der letzten Spalte befindet sich die vom *Verfasser* unter Auswertung der vorliegenden Informationen erstellte *„eigene Datierung“*. Der Verfasser orientiert sich dabei nach Möglichkeit an der Aufstellung von *Caprio / Klingebiel (2002; fortan kurz [CK 2002])*, da sie am nächsten an der Original-Datensammlung zu liegen scheint. Spätere, in Papieren anderer Autoren bei der Weltbank erschienene Fassungen sind offensichtlich unvollständig, so z.B. Claessens et al. (2004, 37f) und Demirgüc-Kunt / Detragiache (2005, 36f). Für drei Ereignisse machen CK 2002 *nur ungefähre Zeitangaben*: Deutschland „späte 1970er Jahre“, Großbritannien „1980er und 1990er Jahre“ sowie Japan „1990er Jahre“. Für die graphische Analyse und die weitere Auswertung ist aber eine genaue Datierung erforderlich, für die nunmehr auf andere Quellen als CK 2002 zurückgegriffen werden muss. Für Deutschland wird das Anfangsjahr wie bei Bordo et al. (2000) auf 1977 festgelegt. Für Großbritannien wird die Bankenkrise – etwas willkürlich – auf 1991 datiert, das Jahr des BCCI-Zusammenbruchs als des mittleren von drei „notable bank failures“ (1984, 1991 und 1995; vgl. CK 2002, 48), das zudem in den Zeitraum der von Borio / Lowe (2004) ergänzten Krise „Anfang der 1990er Jahre“ fällt. Die genaue Datierung der Japankrise auf 1992 (bis 2002) wird von Demirgüc-Kunt / Detragiache (2005) übernommen.

[3] Bankenkrisen als mehrjährige Ereignisse vor, während und nach Vermögenspreisbooms

Gibt man Bankenkrisen nicht nur, wie im Rest dieses Abschnitts, durch ihre Anfangsperiode wieder, sondern wie in Abb. A4 mit ihrer gesamten Dauer, so wird deutlich, dass vielen der volkswirtschaftlich schädlichen Booms länger andauernde Bankenkrisen gefolgt sind.

Vor vier von fünf *systemischen Bankenkrisen* standen H-Booms, nur bei der fünften (Spanien 1977-85) ist das zeitliche Verhältnis umgekehrt. Trotz der geringen Anzahl an Beobachtungen kann dies als Indiz dafür interpretiert werden, dass die betreffenden Bankenkrisen tatsächlich *Wachstumseinbußen verursacht* haben, denn schädliche bzw. H-Booms sind über nachfolgende Wachstumseinbußen definiert. Offen bleibt dabei, ob die Vermögenspreisbooms ihrerseits tatsächlich die Bankenkrisen verursacht haben.

Bei den *nicht-systemischen Bankenkrisen* ergibt sich kein einheitliches Bild. Sie fallen teils mit unschädlichen bzw. N-Booms, teils mit schädlichen bzw. H-Booms zusammen.

A.1.1.3 Konjunkturelle Auf- und Abschwünge als begleitende Ereignisse der Vermögenspreisentwicklung

Konjunkturelle Wendepunkte ermitteln Bordo et al. (2000, 35f) anhand eines mehrstufigen Verfahrens („band pass filter“). Zunächst wird aus jährlichen BIP-Wachstumsraten eine Zeitreihe gleitender Dreijahresdurchschnitte gebildet. Von deren lokalen Minima (/Maxima) werden sodann all diejenigen gestrichen, bei denen die logarithmierte Abweichung vom Trend positiv (/negativ) ist. Zuletzt wird von zwei Minima (/Maxima) in benachbarten Perioden derjenige mit dem geringeren Betrag gestrichen. Aufgrund des gewählten Verfahrens verbleiben bei den unteren konjunkturellen Wendepunkten einige, bei denen die jährliche BIP-Wachstumsrate positiv geblieben ist. Diese Wendepunkte kennzeichnen in der Terminologie von Bordo et al. (2000, 36) „Wachstumsrezessionen“ (growth recessions).

Die Aufstellung der konjunkturellen Minima und Maxima von Bordo et al. (2000) übernehmen u.a. Bordo / Eichengreen (2002) und Bordo / Jeanne (2002) unverändert. Dies gilt auch für die graphische Darstellung des Haupttextes. Dabei werden i.d.R. nur Auf- oder nur Abschwünge angegeben. Ein *konjunktureller Aufschwung* besteht aus den Perioden nach dem Minimum bis einschließlich des folgenden Maximums, und die Perioden nach dem Maximum bis einschließlich des folgenden Minimums bilden einen *konjunkturellen Abschwung*. Eine Übersicht über die gesamte konjunkturelle Entwicklung gibt Abb. A3.

Tab. A1, Anfang: Auswahl und Datierung von Bankenkrisen in 20 Industrieländern im Zeitraum 1970-2002, Vergleich verschiedener Aufstellungen

Nr.	**Land** [5]	**Bankenkrisen / Störungen des Bankensystems**			
		nach Caprio / Klingebiel 2002 [6]	***nach Bordo et al. 2000 / 2001*** [7]	***nach Borio / Lowe 2004*** [8]	***nach eigener Datierung***
1	**AU**	1989-1992	1989	1989	1989-1992
2	**BE**	-	-	-	-
3	**DK**	1987-1992	1987	1987	1987-1992
4	**DE**	„late 1970s" [9]	1977	1977	1977 (1975-1979)
5	**FI**	1991-1994 !	1991	1991	1991-1994
6	**FR**	1994-1995	1994	1994	1994-1995
7	**UK**	1974-1976	-	-	1974-1976
		„1980s and 1990s" (1984/91/94) [10]	-	„early 1990s"	1991 (1984-1995)
8	**IE**	-	-	-	-
9	**IT**	1990-1995	1990	1990	1990-1995
10	**JP**	„1990s" !	1992	1992	1992-2002 [11]
11	**CA**	1983-1985	-	-	1983-1985
12	**NZ**	1987-1990	1987	1987	1987-1990
13	**NL**	-	-	-	-
14	**NO**	1987-1993 !	1987	1987	1987-1993
15	**AT**	-	-	-	-
16	**PT**	-	-	-	-

[5] Die *Länderauswahl* entspricht derjenigen von BL 2004. CK 2002 decken mehr Länder ab.

[6] Datenbank bei der Weltbank. Nachfolgepapier von CK 1996, CK 1999. - Weitere *Angaben zu den einzelnen Ereignissen* finden sich bei CK (2002, 43 und 47f), insbesondere zu den fiskalischen Kosten von Rettungsaktionen und zu BIP-Verlusten auch bei Claessens et al. (2004, 37f).

[7] *Bordo et al. (2000 / 2001)* lassen die kanadische und die beiden britischen Krisen gegenüber der von ihnen angeblich verwendeten Aufstellung von Caprio / Klingebiel (versch. Jahre) weg, ohne dies zu erwähnen oder zu begründen.

[8] Nach ihren eigenen Angaben verwenden *Borio / Lowe (2004)* eine Aufstellung von 15 Bankenkrisen. Nach der von ihnen hierfür angegebenen Quelle und ihrer Länderauswahl kommt man mitsamt ihrer beiden Ergänzungen auf nur 14 Krisen.

[9] Caprio / Klingebiel (2002, 48) erläutern den deutschen Fall wie folgt: „So-called Giroinstitutions faced problems."

[10] Dies sind Jahre mit „major bank failures" nach ergänzenden Angaben von CK 2002.

[11] Datierung nach Demirguc-Kunt / Detragiache (2005).

Tab. A1, fortgesetzt von vorhergehender Seite: Auswahl und Datierung von Bankenkrisen in 20 Industrieländern im Zeitraum 1970-2002, Vergleich verschiedener Aufstellungen

Nr.	**Land**	**Bankenkrisen / Störungen des Bankensystems**			
		nach Caprio / Klingebiel 2002	***nach Bordo et al. 2000 / 2001***	***nach Borio / Lowe 2004***	***nach eigener Datierung***
17	**SE**	1991-1994 !	1991	1991	1991-1994
18	**CH**	-	-	-	-
19	**ES**	1977-1985 !	1977	1977	1977-1985
20	**US**	1984-1991	1984	1984 (zusätzlich:) „early 1990s“	1984-1991
1 bis 20	**Anz. Krisen**	**15** (davon 5 „systemisch“)	**12**	**14** (angeblich 15)	**15**

Zeichenerklärung: (!): „systemische Bankenkrise“ nach CK 2002 (die übrigen sind „Grenzfälle und kleinere (nicht-systemische) Bankenkrisen“); [*unterstrichen*]: eigene Datierung der Bankenkrisen als einjährigen Ereignissen (i.d.R. Anfangsjahr, Grundlage für die meisten Abbildungen des Haupttextes); [*in runden Klammern*]: eigene Datierung für ungefähren Zeitraum (Grundlage für Darstellung in Abb. A2); [*in Anführungszeichen*]: ungenaue bzw. nur ungefähre Zeitangaben.

Abb. A2: Bankenkrisen in 20 Industrieländern im Zeitraum 1970-2002, Vergleich verschiedener Aufstellungen

	AU	BE	DK	DE	FI	FR	UK	IE	IT	JP	CA	NZ	NL	NO	AT	PT	SE	CH	ES	US
1970																				
1971																				
1972																				
1973																				
1974							*B*													
1975				/																
1976				/																
1977				***B***															***B***	
1978				/																
1979				/																
1980																				
1981																				
1982																				
1983											*B*									
1984																				***B***
1985							/													
1986							/													
1987			***B***				/					***B***		***B***						
1988							/													
1989	***B***						/													
1990							#/		***B***											#
1991					***B***		*B*										***B***			#
1992							#/			***B***										#
1993							#/													#
1994						***B***	#/													#
1995							#													#
1996																				
1997																				
1998																				
1999																				
2000	.	.	.	.	.	.	.	.	.		.	.	.	.	.	.	.	.	.	.
2001	.	.	.	.	.	.	.	.	.		.	.	.	.	.	.	.	.	.	.
2002	.	.	.	.	.	.	.	.	.		.	.	.	.	.	.	.	.	.	.

Eigene Darstellung. - Zeichenerklärung und Quellenangaben:
[*dunkelgraue, dick umrandete Felder*]: systemische Bankenkrisen (nach CK 2002); [*hellgraue, dick umrandete Felder*]: nicht-systemische Bankenkrisen und Grenzfälle (nach CK 2002); (/): dito, ungefährer Zeitraum (nach CK 2002); (***B***): Bankenkrisen (nach Bordo et al. 2000, 80f, und Bordo / Eichengreen 2002, 50-55); (***B***) und (*B*): Bankenkrisen (eigene Datierung auf Grundlage von Caprio / Klingebiel 2002, vgl. Tab. A1); (#): zusätzliche Bankenkrisen (ungefährer Zeitraum, von Borio / Lowe 2004 gegenüber Bordo et al. 2000 hinzugefügt); (.): keine Angaben zu Bankenkrisen.

Abb. A3: Konjunkturelle Auf- und Abschwünge in 18 Industrieländern im Zeitraum 1970 bis 2001 (nach Bordo / Eichengreen 2002)

	AU	BE	DK	DE	FI	FR	UK	IE	IT	JP	CA	NZ	NL	NO	SE	CH	ES	US
1970	–	+	–	+	+	+	V	.	+	+	V	.	+	–	+	+	–	V
1971	V	+	–	+	+	+	+	.	+	Λ	+	.	+	–	+	+	V	+
1972	+	Λ	–	Λ	+	Λ	+	–	Λ	–	+	+	Λ	–	+	Λ	+	+
1973	+	–	V	–	+	–	Λ	–	–	–	Λ	+	–	–	+	–	+	Λ
1974	Λ	–	Λ	–	Λ	–	–	–	–	–	–	+	–	–	+	–	Λ	–
1975	–	–	–	–	–	–	–	–	–	–	–	Λ	–	V	Λ	–	–	–
1976	V	–	V	V	–	V	V	V	–	V	V	–	V	+	–	–	–	V
1977	+	–	+	+	V	+	+	+	V	+	+	–	+	+	V	V	–	+
1978	+	–	Λ	+	+	Λ	Λ	+	+	+	+	–	+	+	+	+	–	+
1979	+	–	–	Λ	+	–	–	Λ	+	+	Λ	V	Λ	+	+	+	–	Λ
1980	Λ	–	–	–	+	–	–	–	Λ	Λ	–	+	–	Λ	Λ	Λ	–	–
1981	–	–	–	–	Λ	–	–	–	–	–	–	+	–	–	–	–	–	–
1982	–	–	V	–	–	–	V	–	–	–	–	+	–	–	V	–	–	V
1983	V	–	+	–	–	–	+	–	V	–	V	+	V	V	+	V	–	+
1984	+	–	+	–	–	–	+	–	+	–	+	+	+	+	+	+	–	+
1985	+	V	+	–	–	–	+	–	+	V	+	+	Λ	+	+	Λ	V	+
1986	+	+	Λ	–	V	V	+	–	+	+	+	Λ	–	Λ	+	–	+	+
1987	+	+	–	–	+	+	+	V	+	+	+	–	V	–	+	V	+	+
1988	+	+	–	V	+	+	+	+	+	+	+	–	+	–	+	+	+	Λ
1989	Λ	+	V	+	Λ	+	Λ	+	+	+	Λ	–	+	–	+	+	+	–
1990	–	Λ	Λ	+	–	Λ	–	Λ	Λ	Λ	–	–	Λ	V	Λ	Λ	Λ	–
1991	–	–	–	Λ	–	–	–	–		–	–	–	–	+	–	–	–	–
1992	V	–	–	–	–	–	V	–	–	–	V	V	–	+	–	–	–	V
1993	+	–	V	–	V	–	+	V	–	–	+	+	–	+	V	–	–	+
1994	+	–	+	–	+	V	+	+	–	–	+	+	V	+	+	–	V	+
1995	Λ	V	+	V	+	+	+	+	–	–	+	Λ	+	+	+	–	+	+
1996	–	+	Λ	+	+	+	Λ	+		–	+	–	+	+	Λ	–	+	+
1997	V	+	–	+	+	+	–	Λ	–	–	+	–	+	+	–	V	+	+
1998	+	+	–	+	+	+	–	–	V	–	+	V	Λ	Λ	V	+	+	Λ
1999	.	.	.	.	.	.	.	.	.	.	.	.	.	.	.	.	.	.
2000	.	.	.	.	.	.	.	.	.	.	.	.	.	.	.	.	.	.
2001	.	.	.	.	.	.	.	.	.	.	.	.	.	.	.	.	.	.
2002	.	.	.	.	.	.	.	.	.	.	.	.	.	.	.	.	.	.

Eigene Darstellung. Angaben nach BE 2002, 9f u. 50-55.

Zeichenerklärung: (+): konj. Aufschwungphase; (Λ): konjunktureller Höhepunkt; (–): konj. Abschwungphase; (V): konj. Tiefpunkt; (.): keine Angaben; Aufschwünge einschl. der Höhepunkte zusätzlich grau unterlegt.

Abb. A4: Volkswirtschaftlich schädliche und unschädliche Booms (H- bzw. N-Booms nach DS 2004) in den aggregierten Vermögenspreisen in 18 Industrieländern im Zeitraum 1970 bis 2001, im Zusammenhang mit Bankenkrisen in mehrperiodischer Darstellung

	AU	BE	DK	DE	FI	FR	UK	IE	IT	JP	CA	NZ	NL	NO	SE	CH	ES	US
1970								.				.						
1971								.				.						
1972																		
1973																		
1974							*B*											
1975				/			*B*											
1976				/			*B*											
1977				***B***													***B!***	
1978				/													*B!*	
1979				/													*B!*	
1980																	*B!*	
1981																	*B!*	
1982																	*B!*	
1983											*B*						*B!*	
1984							*B*				*B*						*B!*	***B***
1985							/				*B*						*B!*	*B*
1986							/											*B*
1987			***B***				/					***B***		***B!***				*B*
1988			*B*				/					*B*		*B!*				*B*
1989	***B***		*B*				/					*B*		*B!*				*B*
1990	*B*		*B*				/		***B***			*B*		*B!*				*B*
1991	*B*		*B*		***B!***		*B*		*B*					*B!*	***B!***			*B*
1992	*B*		*B*		*B!*		/		*B*	***B!***				*B!*	*B!*			
1993					*B!*		/		*B*	*B!*				*B!*	*B!*			
1994					*B!*	***B***	/		*B*	*B!*					*B!*			
1995						*B*	*B*		*B*	*B!*								
1996										*B!*								
1997										*B!*								
1998										*B!*								
1999										*B!*								
2000	.	.	.	.	.	.	.	.	.	*B!*	.	.	.	.	.	.	.	.
2001	.	.	.	.	.	.	.	.	.	*B!*	.	.	.	.	.	.	.	.
2002	*	.	.	.	.	.	.	.	.	*B!*	.	.	.	.	.	.	.	.

Eigene Darstellung. – Zeichenerklärung und Quellenangaben:
[*Dunkelgrau unterlegte Felder, doppelt umrandet*]: H-Booms; [*hellgrau unterlegte Felder*]: N-Booms (beide nach DS 2004, 32); (*): Boomjahr, weggelassen; (*B*): Bankenkrisen (eigene Datierung in Anlehnung v.a. an Bordo et al. 2000, App. A, 37-41, 80f, an Borio / Eichengreen 2002, 50-55, sowie an CK 2002), davon [*fett*]: Einperioden-Datierung nach Bordo et al. 2000, und [*mit Ausrufungszeichen*] „systemische" Bankenkrisen laut CK 2002; (.): keine Angaben zu Bankenkrisen.

A.1.2 Die Noise-to-Signal Ratio als Maß für die Qualität eines Indikators

Bei der Beurteilung des *Informationsgehalts eines Indikators*, etwa eines Vermögenspreisindex, für eine Art von Ereignissen, hier für Bankenkrisen, wird leicht übersehen, dass ein guter Indikator nicht nur die Bankenkrisen zutreffend voraussagt, sondern auch die krisenfreien Perioden. So sagt zwar ein Indikator, der immer Alarm schlägt, zwar alle Krisen zutreffend voraus, er verursacht aber auch in allen krisenfreien Perioden Fehlalarm.

Für eine *umfassende Beurteilung der Prognosequalität eines Indikators* sind vier Möglichkeiten zu berücksichtigen, nämlich zutreffender Alarm, zutreffende Entwarnung, falscher Alarm und falsche Entwarnung. Dies zeigt Tab. A5.

Tab. A5: Absolute Häufigkeiten

	Alarm (Indikator aktiv)	**Kein Alarm** (Indikator passiv)	***Summe***
Krise (A+C) (Ereignis findet statt)	**A** ("zutreffender Alarm")	**C** ("falsche Entwarnung" / Anzahl der **Typ-I-Fehler**)	***A+C*** *(„Krisenperioden")*
Keine Krise (B+D) (Ereignis findet nicht statt)	**B** ("falscher Alarm" / Anzahl der **Typ-II-Fehler**)	**D** ("zutreffende Entwarnung")	***B+D*** *(„krisenfreie Perioden")*
Summe	***A+B*** *(„Alarme")*	***C+D*** *(„Entwarnungen")*	***A+B+C+D*** *(„alle Beobachtungen")*

Das Sample setzt sich aus N=(A+B+C+D) Beobachtungen / Perioden (= [Länder]*[Jahre]) zusammen, davon sind (A+C) Perioden mit Krisen und (B+D) Perioden ohne Krisen. In / für (A+B) Perioden gibt der Indikator eine Warnung vor Krisen ab, in / für (C+D) Perioden gibt er Entwarnung. In (A+D) behält der Indikator Recht, in (B+C) Perioden nicht. Davon sind B Perioden Fehlalarm (Fehler vom Typ II) und C Perioden verpasste Krisen (Fehler vom Typ I).

Wie die nachstehende Tabelle A6 verdeutlicht, lassen sich die gezeigten vier Möglichkeiten zu *zwei Qualitätsmaßstäben* zusammenfassen, erstens zu „*noise*", dem Anteil der Fehlalarmperioden an allen krisenfreien Perioden, und zweitens zu „*signal*", dem Anteil der Alarmperioden an allen Krisenperioden. Beide nehmen Werte zwischen null und eins an. Wünschenswert sind ein möglichst niedriger Wert bei „noise" und ein möglichst hoher Wert bei „signal".

Tab. A6: Relative Häufigkeiten

	Alarm (Indikator aktiv)	**Kein Alarm** (Indikator passiv)	***Summe***
Krise (A+C) (Ereignis findet statt)	**A / (A+C) = [signal]** („Anteil der Krisenperioden nach zutreffendem Alarm an allen Krisenperioden")	**C / (A+C)** („Anteil der Krisenperioden nach falscher Entwarnung **[Typ-I-Fehler]** an allen Krisenperioden")	*1*
Keine Krise (B+D) (Ereignis findet nicht statt)	**B / (B+D) = [noise]** („Anteil der Normalperioden nach falschem Alarm **[Typ-II-Fehler]** an allen krisenfreien Perioden")	**D / (B+D)** („Anteil der Normalperioden nach zutreffender Entwarnung an allen krisenfreien Perioden ")	*1*

Beide Qualitätsmaßstäbe, „noise" und „signal", können einzeln betrachtet werden oder wiederum miteinander zu einem einheitlichen Qualitätsmaß zusammengefasst werden, der *Noise-to-Signal Ratio* (NTSR). Diese ist *definiert* als Quotient aus „noise" und „signal" und kann daher Werte zwischen null und positiv unendlich annehmen:

$$NTSR \equiv \frac{\left(\frac{B}{B+D}\right)}{\left(\frac{A}{A+C}\right)} = \frac{["noise"]}{["signal"]} = \frac{\left(\frac{B}{B+D}\right)}{1-\left(\frac{C}{A+C}\right)} = \frac{\left(\frac{[Anzahl\ \ Fehler\ \ Typ\ \ II]}{[Anz.\ \ krisenfreier\ \ Perioden]}\right)}{1-\left(\frac{[Anzahl\ \ Fehler\ \ Typ\ \ I]}{[Anz.\ \ Krisenperioden]}\right)}$$

Je höher die allgemeine Qualität eines Indikators, desto geringer ist der Wert der NTSR.

Die Noise-to-signal ratio und weitere Angaben zum Informationsgehalt aller bei BL 2004 untersuchten Indikatoren in Bezug auf Bankenkrisen enthält die nachstehende Tabelle A7, die ihrem Gehalt nach den Tabellen 2.10 bis 2.14 entspricht. Jede Zelle in Tab. A7 entspricht einem Indikator.

Der *Inhalt* eines Indikators, d.h. die Bedingung, unter welcher er vor einer Bankenkrise warnt, ergibt sich aus der Kombination der zugehörigen Zeilen- und Spalten-Bedingungen. Demnach enthält die Mitteldiagonale „einfache" Indikatoren, die nur aus jeweils einer Bedingung bestehen, die obere rechte Hälfte

„doppelte“ Indikatoren, die aus jeweils zwei Bedingungen bestehen, und die große Zelle unten links einen „dreifachen“ Indikator. Der Inhalt der Indikatoren wird nochmals in Kurzform in der *ersten Zeile* der Zelle wiederholt. So steht „[V ^ K]“ für „Vermögenspreislücke mind. 60% *und* Kreditlücke mind. 4%“.
Die Angaben in der zweiten bis vierten Zeile einer Zelle sind jeweils dreifach und bilden daher drei Spalten, die den verschiedenen Prognosehorizonten entsprechen. Die erste Angabe bzw. Spalte bezieht sich auf die Prognose genau drei Jahre im Voraus, die zweite Angabe drei bis vier Jahre und die dritte Angabe drei bis fünf Jahre im Voraus.

Tab. A7: Ex-post-Prognosequalität einfacher und kombinierter Indikatoren für *Bankenkrisen* (15 Krisen in 20 IL im Zeitraum 1974-1999) über einen Horizont von drei, drei bis vier bzw. drei bis fünf Jahren

	Vermögens-preislücke ($V \geq 60\%$)*	**Kreditlücke** ($K \geq 4\%$)	**Geldlücke** ($G \geq 2\%$)*	**Produktions-lücke** ($P \geq 2\%$)*
Vermögens-preislücke ($V \geq 60\%$)	[V] **7 10 11** 89% 90% 91% **0,24 0,15 0,12**	[V ^ K] **7 11 11** 97% 99% 99% **0,06 0,02 0,02**	[V ^ G] **7 8 8** 96% 96% 97% **0,09 0,07 0,06**	***Nicht angegeben***
Kreditlücke ($K \geq 4\%$)		[K] **12 12 12** 82% 83% 85% **0,22 0,21 0,19**	[K ^ G] **9 9 9** 87% 88% 89% **0,21 0,20 0,19**	[K ^ P] **8 11 11** 84% 85% 86% **0,13 0,07 0,06**
Geldlücke ($G \geq 2\%$)*			[$G \geq 3\%$] **8 9 9** 73% 74% 75% **0,51 0,43 0,42**	[G ^ P] **7 8 8** 90% 91% 91% **0,21 0,17 0,16**
Produktions-lücke ($P \geq 2\%$)*	[($V \geq 40\%$) ^ K ^ ($P \geq 1{,}5\%$)] **4 7 9** 99% 99% 99% **0,05 0,02 0,01**			[$P \geq 1\%$] **8 9 11** 75% 77% 78% **0,46 0,39 0,30**

Eigene Darstellung. Angaben nach BL 2004, 28f, Tab. II.1 und II.2; teilweise eigene Berechnungen.
Wertebereiche der Angaben in den einzelnen Zellen:
Zeile 2 (positiver Informationsgehalt): 0 (schlecht) bis 15 (gut).
Zeile 3 (negativer Informationsgehalt): 0% (schlecht) bis 100% (gut).
Zeile 4 (allgemeiner Informationsgehalt): 0,00 (gut) bis positiv unendlich (schlecht).
(*): Nur dann, wenn der Schwellenwert des Indikators von dem in den Zeilen- bzw. Spaltenbeschriftungen angegebenen Wert abweicht, ist er in der ersten Zeile der Zelle explizit angegeben.

Die *zweite Zeile* einer Zelle enthält:
A = [signal]*(A+C),

wobei (A+C) = 15. Dies ist die Anzahl der korrekt prognostizierten Bankenkrisen. Es gab insgesamt 15 Bankenkrisen, somit ist dies die Obergrenze für Werte von A.

Die *dritte Zeile* enthält:
D/(B+D) = 1 – [noise],
wobei (B+D) nicht vorliegt. Dies entspricht dem Anteil korrekter Entwarnungen an allen krisenfreien Perioden.

Die *vierte Zeile* enthält:
[noise] / **[signal]** = **[B / (B+D)]** / **[A / (A+C)],**
die Noise-to-signal ratio.

Für den *Zusammenhang zwischen den Zeilen* einer Zelle gilt folglich:
[Zeile4] = (1 - [Zeile3]) / ([Zeile2] / 15) ;
also z.B. im Falle der Vermögenspreislücke als einfachem Indikator:
0,24 = (100% - 89%) / (7 / 15) = 0,11 * (15 / 7) .

A.1.3 Aktien- und Immobilien-Booms und –Busts im Zusammenhang mit konjunkturellen Auf- und Abschwüngen

Abb. A8: Aktienbooms unter besonderer Berücksichtigung von Aktien-Boom-Bust-Zyklen (nach Bordo / Jeanne 2002) im Zusammenhang mit Bankenkrisen und konjunkturellen Aufschwungphasen, in 15 Industrieländern im Zeitraum 1970 bis 2001

	AU	DK	DE	FI	FR	UK	IE	IT	JP	CA	NL	NO	SE	ES	US
1970			+	+	+			+	+		+		+		
1971			+	+	+	+		+	Λ	+	+		+		+
1972	+		Λ	+	Λ	+		Λ		+	Λ		+	+	+
1973	+			+		Λ				Λ			+	+	Λ
1974	Λ	Λ		Λ		***B***							+	Λ	
1975													Λ		
1976												+			
1977	+	+	+***B***		+	+	+		+	+	+	+		***B***	+
1978	+	Λ	+	+	Λ	Λ	+	+	+	+	+	+	+		+
1979	+		Λ	+			Λ	+	+	Λ	Λ	+	+		Λ
1980	Λ			+				Λ	Λ			Λ	Λ		
1981				Λ											
1982															
1983		+				+				***B***			+		+
1984	+	+				+		+		+	+	+	+		+***B***
1985	+	+				+		+		+	Λ	+	+		+
1986	+	Λ				+		+	+	+		Λ	+	+	+
1987	+	***B***		+	+	+		+	+	+		***B***	+	+	+
1988	+			+	+	+	+	+	+	+	+		+	+	Λ
1989	Λ***B***		+	Λ	+	Λ	+	+	+	Λ	+		+	+	
1990		Λ	+		Λ		Λ	Λ***B***	Λ		Λ		Λ	Λ	
1991			Λ	***B***		***B***						+	***B***		
1992									***B***			+			
1993	+					+				+		+			+
1994	+	+		+	***B***	+	+			+		+	+		+
1995	Λ	+		+	+	+	+			+	+	+	+	+	+
1996		Λ	+	+	+	Λ	+			+	+	+	Λ	+	+
1997			+	+	+		Λ			+	+	+		+	+
1998	+		+	+	+					+	Λ	Λ		+	Λ
1999	.	.	.	.	.	.	.	.	.	.	.	.	.	.	.
2000	.	.	.	.	.	.	.	.	.	.	.	.	.	.	.
2001	.	.	.	.	.	.	.	.	.	.	.	.	.	.	.

Eigene Darstellung. – Zeichenerklärung und Quellenangaben: [*hellgrau*]: Aktien-Boom; [*zusätzlich dick umrandet*]: Aktien-Boom-Bust-Zyklus ([*durchbrochene Linie*]: zugehörige Bustphase); alle Angaben zur Aktienkurs-Entwicklung nach BJ 2002 (Anhang, Abb. 7 u. 8); (***B***): Bankenkrisen (eigene Datierung auf Grundlage von Caprio / Klingebiel 2002, vgl. Tab. A1); (Λ): konjunktureller Höhepunkt; (+): konj. Aufschwungphase (beide nach BE 2002, 9f u. 50-55); (.): keine Angaben zu Bankenkrisen.

Abb. A9: Aktienbusts unter besonderer Berücksichtigung von Aktien-Boom-Bust-Zyklen (nach BJ 2002) im Zusammenhang mit Bankenkrisen und konjunkturellen Abschwungphasen, in 15 Industrieländern im Zeitraum 1970 bis 2001

	AU	DK	DE	FI	FR	UK	IE	IT	JP	CA	NL	NO	SE	ES	US
1970	–	–				V	–			V		–		–	V
1971	V	–					–					–		V	
1972		–					–		–			–			
1973		V	–		–		–	–	–		–	–			
1974			–		–	*–B*	–	–	–	–	–	–			–
1975	–	–	–	–	–	–	–	–	–	–	–	V		–	–
1976	V	V	V	–	V	V	V	–	V	V	V		–	–	V
1977			*B*	V				V					V	*–B*	
1978														–	
1979		–			–	–								–	
1980		–	–		–	–	–			–	–			–	–
1981	–	–	–		–	–	–	–	–	–	–	–	–	–	–
1982	–	V	–	–	–	V	–	–	–	–	–	–	V	–	V
1983	V		–	–	–		–	V	–	V *B*	V	V		–	
1984			–	–	–		–		–					–	*B*
1985			–	–	–		–		V					V	
1986			–	V	V		–				–				
1987		*–B*	–				V				V	*–B*			
1988		–	V									–			
1989	*B*	V										–			–
1990	–			–		–		*B*		–		V			–
1991	–	–		*–B*	–	*–B*	–	–	–	–	–		*–B*	–	–
1992	V	–	–	–	–	V	–	–	*–B*	V	–		–	–	V
1993		V	–	V	–		V	–	–			–	V	–	
1994			–		V*B*			–	–		V			V	
1995			V					–	–						
1996	–							–	–						
1997	V	–				–		–	–				–		
1998		–				–	–	V	–				V		
1999	.	.	.	.	.	.	.	.	.	.	.	.	.	.	.
2000	.	.	.	.	.	.	.	.	.	.	.	.	.	.	.
2001	.	.	.	.	.	.	.	.	.	.	.	.	.	.	.

Eigene Darstellung. –
Zeichenerklärung und Quellenangaben:
[*hellgrau*]: Aktien-Bust; [*zusätzlich dick umrandet*]: Aktien-Boom-Bust-Zyklus ([*durchbrochene Linie*]: zugehörige Boomphase); alle Angaben zur Aktienkurs-Entwicklung nach BJ 2002 (Anhang, Abb. 7 u. 8); (***B***): Bankenkrisen (eigene Datierung auf Grundlage von Caprio / Klingebiel 2002, vgl. Tab. A1); (V): konjunktureller Tiefpunkt; (–): konj. Abschwungphase (beide nach BE 2002, 9f u. 50-55); (.): keine Angaben zu Bankenkrisen.

Abb. A10: Wohnimmobilienbooms unter besonderer Berücksichtigung von Wohnimmobilien-Boom-Bust-Zyklen (nach BJ 2002) im Zusammenhang mit Bankenkrisen und konjunkturellen Aufschwungphasen, in 15 Industrieländern im Zeitraum 1970 bis 2001

	AU	DK	DE	FI	FR	UK	IE	IT	JP	CA	NL	NO	SE	ES	US
1970			+	+	+			+	+		+		+		
1971			+	+	+	+		+	Λ	+	+		+		+
1972	+		Λ	+	Λ	+		Λ		+	Λ		+	+	+
1973	+			+		Λ				Λ			+	+	Λ
1974	Λ	Λ		Λ		*B*							+	Λ	
1975													Λ		
1976												+			
1977	+	+	+*B*		+	+	+		+	+	+	+		*B*	+
1978	+	Λ	+	+	Λ	Λ	+	+	+	+	+	+	+		+
1979	+		Λ	+			Λ	+	+	Λ	Λ	+	+		Λ
1980	Λ			+				Λ	Λ			Λ	Λ		
1981				Λ											
1982															
1983		+				+				*B*			+		+
1984	+	+				+		+		+	+	+	+		+B
1985	+	+				+		+		+	Λ	+	+		+
1986	+	Λ				+		+	+	+		Λ	+	+	+
1987	+	*B*		+	+	+		+	+	+		*B*	+	+	+
1988	+			+	+	+	+	+	+	+	+		+	+	Λ
1989	ΛB		+	Λ	+	Λ	+	+	+	Λ	+		+	+	
1990		Λ	+		Λ		Λ	Λ*B*	Λ		Λ		Λ	Λ	
1991			Λ	*B*		*B*						+	*B*		
1992									*B*			+			
1993	+					+				+		+			+
1994	+	+		+	*B*	+	+			+		+	+		+
1995	Λ	+		+	+	+	+			+	+	+	+	+	+
1996		Λ	+	+	+	Λ	+			+	+	+	Λ	+	+
1997			+	+	+		Λ			+	+	+		+	+
1998	+		+	+	+					+	Λ	Λ		+	Λ
1999	.	.	.	.	.	.	.	.	.	.	.	.	.	.	.
2000	.	.	.	.	.	.	.	.	.	.	.	.	.	.	.
2001	.	.	.	.	.	.	.	.	.	.	.	.	.	.	.

Eigene Darstellung. –

Zeichenerklärung und Quellenangaben:

[*dunkelgrau*]: Wohnimmobilien-Boom; [*zusätzlich dick umrandet*]: WI-Boom-Bust-Zyklus ([*durchbrochene Linie*]: zugehörige Bustphase); alle Angaben zur Immobilienpreisentwicklung nach BJ 2002 (Anhang, Abb. 7 u. 8); (***B***): Bankenkrisen (eigene Datierung auf Grundlage von Caprio / Klingebiel 2002, vgl. Tab. A1); (Λ): konjunktureller Höhepunkt; (+): konj. Aufschwungphase (beide nach BE 2002, 9f u. 50-55); (.): keine Angaben zu Bankenkrisen.

Abb. A11: Wohnimmobilienbusts unter besonderer Berücksichtigung von Wohnimmobilien-Boom-Bust-Zyklen (nach BJ 2002) im Zusammenhang mit Bankenkrisen und konjunkturellen Abschwungphasen, in 15 Industrieländern im Zeitraum 1970 bis 2001

	AU	DK	DE	FI	FR	UK	IE	IT	JP	CA	NL	NO	SE	ES	US
1970	–	–				V	–			V		–		–	V
1971	V	–					–					–		V	
1972		–					–		–			–			
1973		V	–		–		–	–	–		–	–			
1974			–		–	–***B***	–	–	–	–	–	–			–
1975	–	–	–	–	–	–	–	–	–	–	–	V		–	–
1976	V	V	V	–	V	V	V	–	V	V	V		–	–	V
1977			***B***	V				V					V	–***B***	
1978														–	
1979		–			–	–								–	
1980		–	–		–	–	–			–	–			–	–
1981	–	–	–		–	–	–	–	–	–	–	–	–	–	–
1982	–	V	–	–	–	V	–	–	–	–	–	–	V	–	V
1983	V		–	–	–		–	V	–	V ***B***	V	V		–	
1984			–	–	–		–		–					–	***B***
1985			–	–	–		–		V					V	
1986			–	V	V		–				–				
1987		–***B***	–				V				V	–***B***			
1988		–	V									–			
1989	***B***	V										–			–
1990	–			–		–		***B***		–		V			–
1991	–	–		–***B***	–	–***B***	–	–	–	–	–		–***B***	–	–
1992	V	–	–	–	–	V	–	–	–***B***	V	–		–	–	V
1993		V	–	V	–		V	–	–		–		V	–	
1994			–		V***B***			–	–		V			V	
1995			V					–	–						
1996	–							–	–						
1997	V	–				–		–	–				–		
1998		–				–	–	V	–				V		
1999	.	.	.	.	.	.	.	.	.	.	.	.	.	.	.
2000	.	.	.	.	.	.	.	.	.	.	.	.	.	.	.
2001	.	.	.	.	.	.	.	.	.	.	.	.	.	.	.

Eigene Darstellung. – Zeichenerklärung und Quellenangaben:
[*hellgrau*]: Wohnimmobilien-Bust; [*zusätzlich dick umrandet*]: WI-Boom-Bust-Zyklus ([*durchbrochene Linie*]: zugehörige Boomphase); alle Angaben zur Immobilienpreisentwicklung nach BJ 2002 (Anhang, Abb. 7 u. 8); (***B***): Bankenkrisen (eigene Datierung auf Grundlage von Caprio / Klingebiel 2002, vgl. Tab. A1); (V): konjunktureller Tiefpunkt; (–): konj. Abschwungphase (beide nach BE 2002, 9f u. 50-55); (.): keine Angaben zu Bankenkrisen.

A.1.4 Ablauf und Häufigkeit der Vermögenspreisereignisse mitsamt Auswertung

Abb. A12, Anfang: Ablauf- und Auswertungsschema für Ereignisse in den Preisen der Wohnimmobilien („W“) und in Aktienkursen („A“), i.V.m. Bankenkrisen

	Linke Seite: **Ablauf der Ereignisse,** von links nach rechts				Mitte: **Fall-unter-schei-dung**	Rechte Seite: **interessierende Ereignisse,** Summierung von links über „↴“ nach unten							
	Anfangsphase der Ereignisse	dabei Ban-ken-krise?	**Schlussphase** der Ereignisse	dabei Ban-ken-krise?		**Booms (alle)**	**Busts (alle)**	Isolierte Booms	Isolierte Busts	**B-B-Zyklen**	**BBZ mit BK**	Bankenkrisen	VmP-Ereignisse
A	Booms (alle): **19W, 22A** *[a1]**	BK während Boom: **3W, 0A** *[a2a]**	Anschl. Bust (-Phase): **1W, 0A**		BBZ mit BK in Boom-Phase: ***1W, 0A***	↴	↴			↴	↴	↴	↴
B			Anschl. kein Bust: **2W, 0A**		Isolierte Booms mit BK: ***2W, 0A***	↴		↴				↴	↴
C		Keine BK während Boom: **16W, 22A** *[a2b]**	Anschl. Bust (-Phase): **9W, 3A** *[a3]**	dabei BK: **6W, 2A**	BBZ mit BK in Bust-Phase: ***6W, 2A***	↴	↴			↴	↴	↴	↴
D				dabei keine BK: **3W, 1A**	BBZ ohne BK: ***3W, 1A***	↴	↴			↴			↴
E			Anschl. kein Bust: **7W, 19A**		Isolierte Booms ohne BK: ***7W, 19A***	↴		↴					↴

Abb. A12, fortgesetzt von vorhergehender Seite: Ablauf- und Auswertungsschema für Ereignisse in den Preisen der Wohnimmobilien („W“) und in Aktienkursen („A“), i.V.m. Bankenkrisen

	Linke Seite: **Ablauf der Ereignisse,** von links nach rechts		Mitte: **Fall-unter-schei-dung**	Rechte Seite: **interessierende Ereignisse,** Summierung von links über „↴“ nach unten							
	Anfangsphase der Ereignisse (dabei Bankenkrise?)	**Schlussphase** der Ereignisse (dabei Bankenkrise?)		**Booms (alle)**	**Busts (alle)**	Isolierte Booms	Isolierte Busts	**B-B-Zyklen**	**BBZ mit BK**	Bankenkrisen	VmP-Ereignisse
F	Isoliert auftretende Busts: **10W, 14A** *[b]**	BK während Bust: **1W, 3A**	Isolierte Busts mit BK: ***1W, 3A***		↴		↴			↴	↴
G		Keine BK während Bust: **9W, 11A**	Isolierte Busts ohne BK: ***9W, 11A***		↴		↴				↴
H	Isoliert auftretende Bankenkrisen: **4W, 9A** *[c]**		Isolierte Banken-krisen: ***4W, 9A***							↴	
Σ			**Summe W-Ereig-nisse**	**19**	**20**	**9**	**10**	**10**	**7**	**14**	**29**
			Summe A-Ereig-nisse	**22**	**17**	**19**	**14**	**3**	**2**	**14**	**36**

(*[x]**): siehe die entsprechende Spalte in Tab. A13.

Tab. A13: Bedingte Wahrscheinlichkeiten für den weiteren Verlauf eines Booms

	Zeitpunkt (rechts)	[a1]	[a2]		[a3]
		Anfang Boom	**Ende Boom**		**Anfang Bustphase**
	Fallunterscheidung (re.)	↓	[a2a]	[a2b]	↓
	Bedingung (Spalte) *Bedingte Wahrsch. (Zelle)* *Prognosegegenstand (Zeile)*	**„Boom hat begonnen"**	**„Boom mit BK ist zu Ende gegangen"**	**„Boom ohne BK ist zu Ende gegangen"**	**„Nach Boom ohne BK hat Bust begonnen"**
Boom-Bust-Zyklus? (anschl. Bust)	**„BBZ" („lfd. Ereignis ist BBZ")**	**$^{10}/_{19}\approx0{,}53$ $(^{3}/_{22}\approx0{,}14)$**	$^{1}/_{3}\approx0{,}33$ $(0 = 0{,}00)$	$^{9}/_{16}\approx0{,}56$ $(^{3}/_{22}\approx0{,}14)$	$1 = 1{,}00$ $(1 = 1{,}00)$
	„kein BBZ" („lfd. Ereignis ist isolierter Boom")	$^{9}/_{19}\approx0{,}47$ $(^{19}/_{22}\approx0{,}86)$	$^{2}/_{3}\approx0{,}67$ $(0 = 0{,}00)$	$^{7}/_{16}\approx0{,}44$ $(^{19}/_{22}\approx0{,}86)$	$0 = 0{,}00$ $(0 = 0{,}00)$
Bankenkrise?	**„dieses Mal BK" („während des lfd. Ereignisses BK")**	$^{9}/_{19}\approx0{,}47$ $(^{2}/_{22}\approx0{,}09)$	$1 = 1{,}00$ $(0 = 0{,}00)$	$^{6}/_{16}\approx0{,}38$ $(^{2}/_{22}\approx0{,}09)$	$^{6}/_{9}\approx0{,}67$ $(^{2}/_{3}\approx0{,}67)$
	„dieses Mal keine BK" („während des lfd. Ereignisses keine BK")	$^{10}/_{19}\approx0{,}53$ $(^{20}/_{22}\approx0{,}91)$	$0 = 0{,}00$ $(0 = 0{,}00)$	$^{10}/_{16}\approx0{,}63$ $(^{20}/_{22}\approx0{,}91)$	$^{3}/_{9}\approx0{,}33$ $(^{1}/_{3}\approx0{,}33)$
Bankenkrise, über Boom-Bust-Zyklus?	**„BBZ, der mit BK einhergeht" („BK und BBZ")**	**$^{7}/_{19}\approx0{,}37$ $(^{2}/_{22}\approx0{,}09)$**	$^{1}/_{3}\approx0{,}33$ $(0 = 0{,}00)$	$^{6}/_{16}\approx0{,}38$ $(^{2}/_{22}\approx0{,}09)$	**$^{6}/_{9}\approx0{,}67$ $(^{2}/_{3}\approx0{,}67)$**
	„kein BBZ, aber BK" („BK und isolierter Boom")	$^{2}/_{19}\approx0{,}11$ $(0 = 0{,}00)$	$^{2}/_{3}\approx0{,}67$ $(0 = 0{,}00)$	$0 = 0{,}00$ $(0 = 0{,}00)$	$0 = 0{,}00$ $(0 = 0{,}00)$
Keine Bankenkrise, trotz BBZ?	**„BBZ (bzw. anschließend Bust), aber keine BK"**	$^{3}/_{19}\approx0{,}16$ $(^{1}/_{22}\approx0{,}05)$	$0 = 0{,}00$ $(0 = 0{,}00)$	$^{3}/_{16}\approx0{,}19$ $(^{1}/_{22}\approx0{,}05)$	$^{3}/_{9}\approx0{,}33$ $(^{1}/_{3}\approx0{,}33)$
	„weder BBZ noch BK" („isolierter Boom Ohne BK")	$^{7}/_{19}\approx0{,}37$ $(^{19}/_{22}\approx0{,}86)$	$0 = 0{,}00$ $(0 = 0{,}00)$	$^{7}/_{16}\approx0{,}44$ $(^{19}/_{22}\approx0{,}86)$	$0 = 0{,}00$ $(0 = 0{,}00)$
Frühe Bankenkrise?	**„Während Boom BK"**	$^{3}/_{19}\approx0{,}16$ $(0 = 0{,}00)$	$1 = 1{,}00$ $(0 = 0{,}00)$	$0 = 0{,}00$ $(0 = 0{,}00)$	$0 = 0{,}00$ $(0 = 0{,}00)$
	„Während Boom Keine BK"	$^{16}/_{19}\approx0{,}84$ $(1 = 1{,}00)$	$0 = 0{,}00$ $(1 = 1{,}00)$	$1 = 1{,}00$ $(1 = 1{,}00)$	$1 = 1{,}00$ $(1 = 1{,}00)$

Anm.: Fett gedruckte bedingte Wahrscheinlichkeiten sind im Haupttext besprochen.

A.1.5 Zur Vermutung von Interdependenz zwischen Vermögenspreisen, Konjunkturentwicklungen und Störungen des Bankensystems

Die graphische Analyse in Abschnitt 2.2 kann nur *zeitliche Übereinstimmungen* zwischen den verschiedenen Entwicklungen verdeutlichen. Bloße *Koinzidenz* lässt aber keine direkten Rückschlüsse auf die Art und Richtung der *Kausalität* zwischen der Entwicklung der Vermögenspreise, der Konjunktur und der Stabilität des Bankensystems zu. Die Interpretation der zuvor dargelegten empirischen Zusammenhänge erfordert eine Theorie, mindestens aber eine *theoretische Vermutung* darüber, welcher Art die Beziehungen zwischen den drei Entwicklungen sind.[12] Eine wenig restriktive Vermutung besteht darin, dass zwischen Vermögenspreisen, Konjunkturentwicklung und Störungen des Bankensystems *Interdependenzbeziehungen* bestehen.

Abb. A14: Interdependenz zwischen Vermögenspreisen, Konjunktur und Lage des Bankensystems

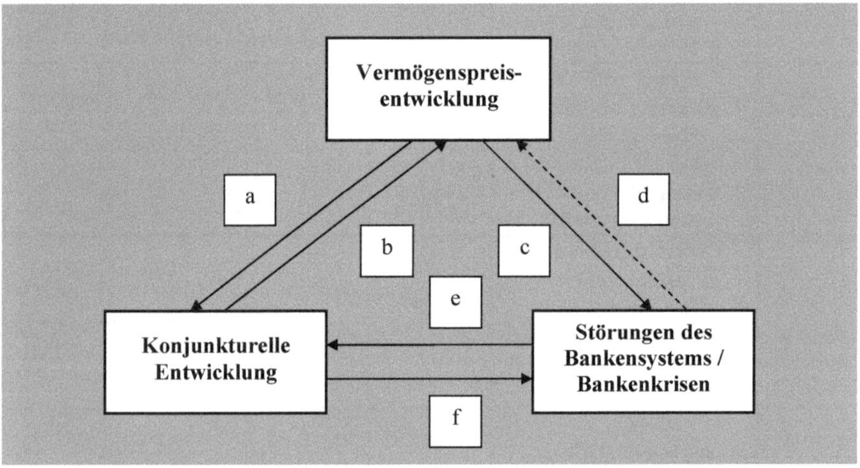

Die folgenden Ausführungen dienen – unabhängig von konkreten Theorien, wie sie in den Kapiteln 4 und 5 besprochen werden – der Begründung dieser Vermutung. Einer allgemeinen Interdependenz zwischen drei Entwicklungen entspre-

[12] Hinter der gemeinsamen Darstellung verschiedenartiger Ereignisse wie in Abb. 2.1 stehen gleich *mehrere theoretische Vermutungen bzw. Ad-hoc-Hypothesen*: Erstens können die Vermögenspreisbooms die Konjunktur angetrieben haben. Zweitens können tatsächliche oder erwartete konjunkturelle Aufschwünge die Vermögenspreise beflügelt haben. Drittens ist denkbar, dass insbesondere eine gleichzeitige Überhitzung sowohl der Vermögenspreise als auch der Konjunktur den Aufbau finanzieller Ungleichgewichte angezeigt haben, die dann Bankenkrisen zuträglich waren.

chen drei wechselseitige Kausalbeziehungen, und zwar je eine zwischen den drei Paaren von Entwicklungen, die gebildet werden können.

Erstens besteht eine wechselseitige Beziehung zwischen den Entwicklungen der *Vermögenspreise und* der *Konjunktur*. Dass Vermögenspreise die Konjunktur beeinflussen ([a]), lässt sich mit verschiedenen Ausgabewirkungen begründen, z.B. mit dem Vermögenseffekt. Gestiegene Vermögenspreise bewirken erhöhte Konsum- und Investitionsausgaben und führen somit zu einer erhöhten gesamtwirtschaftlichen Auslastung.

Dass umgekehrt das Konjunkturgeschehen auf die Vermögenspreise einwirkt ([b]), hängt mit dem Erwartungscharakter der Vermögenspreisbildung zusammen. Die erwartete konjunkturelle Entwicklung beeinflusst die erwartete Gewinnentwicklung der Unternehmen, somit beispielsweise den Wert der Aktien dieser Unternehmen.

Zweitens ist von einem wechselseitigen Bedingungsverhältnis zwischen *Vermögenspreisen und Bankenkrisen* auszugehen. Dass starke Vermögenspreisbewegungen zu Bankenkrisen führen können ([c]), ist ein Element der idealtypischen Finanzkrise nach Kindleberger. Man kann beispielsweise argumentieren, dass starke Vermögenspreisrückgänge die von Banken akzeptierten Sicherheiten entwerten. Dies führt zu erhöhten Verlusten der Banken bei Kreditausfällen.

Dass umgekehrt Bankenkrisen auf die Vermögenspreisentwicklung zurückwirken, ist wohl vor allem auf *indirektem* Wege der Fall, über ihre konjunkturellen Auswirkungen.[13] Durch eine Bankenkrise verschlechterte Wachstumsaussichten verringern die erwarteten Erträge aus allen Arten von Vermögen, wirken somit negativ auf die Vermögenspreise ein. Die *direkte* Kausalbeziehung von Bankenkrisen zu den Vermögenspreisen ([d]) ist möglicherweise weniger bedeutend als die anderen in Abb. 2.20 dargestellten Beziehungen.[14] Wenn Bankenkrisen die Kreditvergabe beeinträchtigen, kann dies die Nachfrage nach Vermögenswerten und somit ihren Preis senken. Weiterhin sinkt infolge von Bankenkrisen der Wert von Finanztiteln und von Immobilienpreisen an Finanzplätzen.

Drittens bestehen Wechselwirkungen zwischen *Bankenkrisen und dem Konjunkturgeschehen*. Zum einen können Bankenkrisen konjunkturelle Abschwünge verstärken und zu lang anhaltenden Rezessionen führen ([e]). Zum anderen können verschlechterte konjunkturelle Aussichten Bankenkrisen möglicherweise mit verursachen ([f]), etwa in Verbindung mit einem starken Vermögenspreisrückgang (vgl. [c]). Dass eine konjunkturelle Eintrübung die alleinige Ursache einer Bankenkrise darstellt, erscheint unwahrscheinlich.

Insgesamt ergibt sich eine *interdependente* Dreiecksbeziehung aus Vermögenspreisentwicklung, Konjunktur und Bankenkrisen. Dieses Bild ist *plausibel*, kann aber unvollständig sein. Möglicherweise hat Mitte und Ende der 1980er Jahre

---

[13] Dieser *direkten Beziehung* entspricht in Abb. 2.2 die Kombination aus [e] und [b].

[14] Daher ist diese direkte Beziehung in Abb. 2.2 als einzige mit einem gestrichelten Pfeil wiedergegeben.

ein weiterer, bislang nicht dargestellter Faktor Einfluss auf die Entwicklung gehabt. In der Literatur gilt als eine Ursache der Bankenkrisen dieser Zeit, dass die Finanzsysteme in vielen Ländern dereguliert und liberalisiert wurden, ohne dass die Bankenaufsicht an die neuen Verhältnisse angepasst wurde. Dies könnte ein äußerer bzw. *vierter Faktor* sein. Falls die Liberalisierung zugleich die Entwicklung der Vermögenspreise und die Konjunktur befördert hat, brauchen zwischen Konjunkturaufschwüngen und Vermögenspreisbooms nicht einmal direkte Wirkungszusammenhänge zu bestehen. In diesem Fall läge ein anderes kausales Muster, *gemeinsame Verursachung* (common causation) durch einen zusätzlichen Faktor.

Beide Interpretationen der beobachteten Parallelentwicklungen sind demnach plausibel und mit den graphisch dargestellten empirischen Zusammenhängen vereinbar, sowohl die Interpretation im Sinne *wechselseitiger* als auch diejenige im Sinne *gemeinsamer* Verursachung.[15]

[15] Es erscheint vor diesem Hintergrund unvollständig und daher *fragwürdig*, die hier graphisch dargestellten, nebeneinander ablaufenden Entwicklungen *nur* im Sinne *einfacher Kausalität*, etwa nur von der Vermögenspreisentwicklung hin zur Konjunktur, zu interpretieren. Zumindest zwischen Vermögenspreisen und Konjunktur sowie zwischen konjunktureller Entwicklung und Bankenkrisen bestehen *Wechselwirkungen*.

A.2 Anhang zu Kapitel 3

Abb. A15: Vermögensbilanz einschl. grundlegender Definitionen gemäß ESVG 1995

Aktiva (Vermögenswerte)	**Passiva (Verbindlichkeiten und Reinvermögen)**
Vermögensgüter (AN) „[sind] Werte, an denen institutionelle Einheiten individuelle oder kollektive Eigentumsrechte haben und aus deren Besitz oder Nutzung während eines bestimmten Zeitraums ihren Eigentümern wirtschaftliche Vorteile entstehen können. Sie umfassen alle nichtfinanziellen Aktiva, produzierte und nichtproduzierte materielle Aktiva, sowie die meisten immateriellen Aktiva, denen keine Verbindlichkeiten gegenüberstehen.“ (ESVG 1995, Anhang 7.1, S. 147.)	**Verbindlichkeiten (AF)** [siehe Definition bei „Forderungen“] **Reinvermögen (B.90)** „[ist der Saldo] der eigenen Vermögenswerte (Aktiva) und der eigenen Verbindlichkeiten (Passiva) zu einem bestimmten Zeitpunkt.“ (ESVG 1995, Satz 7.01., S. 137.)
Forderungen (AF) „sind wirtschaftliche Werte, die Zahlungsmittel, finanzielle Forderungen und wirtschaftliche Werte, die Forderungen von ihrer Art her nahe kommen, umfassen. Zahlungsmittel sind Währungsgold, Sonderziehungsrechte, Bargeld und übertragbare Einlagen bei Banken. Finanzielle Forderungen berechtigen ihre Eigentümer (die Gläubiger) dazu, von anderen institutionellen Einheiten (den Schuldnern), die den Forderungen gegenüberstehende Verbindlichkeiten eingegangen sind, eine Zahlung oder eine Reihe von Zahlungen ohne Gegenleistung zu erhalten. Beispiele für wirtschaftliche Werte, die finanziellen Forderungen von ihrer Art her nahe kommen, sind Aktien und andere Anteilsrechte.“ (ESVG 1995, Anhang 7.1, S. 153.)	

Abb. A16 (Teil 1 von 3): Die Systematik des Vermögensbegriffs in der VGR

<table>
<tr><th colspan="8">ESVG 1995</th><th>In Dtld.</th></tr>
<tr><td rowspan="21">Vermögen</td><td rowspan="20">Vermögensgüter</td><td rowspan="19">Produzierte Vermögensgüter</td><td rowspan="11">Anlagegüter</td><td rowspan="7">Sachanlagen</td><td colspan="2">Wohnbauten</td><td></td><td>StBA</td></tr>
<tr><td rowspan="2">Nichtwohnbauten</td><td>Nichtwohngebäude</td><td></td><td rowspan="2">StBA</td></tr>
<tr><td>Sonstige Bauten</td><td></td></tr>
<tr><td rowspan="2">Ausrüstungen</td><td>Fahrzeuge</td><td></td><td>StBA</td></tr>
<tr><td>Sonstige Ausrüstungen</td><td></td><td>StBA</td></tr>
<tr><td rowspan="2">Nutztiere und Nutzpflanzungen</td><td>Nutztiere</td><td></td><td rowspan="2">StBA</td></tr>
<tr><td>Nutzpflanzungen</td><td></td></tr>
<tr><td rowspan="4">Immaterielle Anlagegüter</td><td colspan="2">Suchbohrungen</td><td></td><td rowspan="4">StBA</td></tr>
<tr><td colspan="2">Computerprogramme</td><td></td></tr>
<tr><td colspan="2">Urheberrechte</td><td></td></tr>
<tr><td colspan="2">Sonstige immaterielle Anlagegüter</td><td></td></tr>
<tr><td rowspan="5">Vorräte</td><td colspan="3">Vorleistungsgüter</td><td></td><td>-</td></tr>
<tr><td rowspan="2">Unfertigerzeugnisse</td><td colspan="2">Lebende Tier- und Pflanzenvorräte</td><td></td><td>-</td></tr>
<tr><td colspan="2">Sonstige Halbfertigerzeugnisse</td><td></td><td>-</td></tr>
<tr><td colspan="3">Fertigerzeugnisse</td><td></td><td>-</td></tr>
<tr><td colspan="3">Handelsware</td><td></td><td>-</td></tr>
<tr><td rowspan="3">Wertsachen</td><td colspan="3">Edelmetalle und Edelsteine</td><td></td><td>-</td></tr>
<tr><td colspan="3">Antiquitäten und Kunstgegenstände</td><td></td><td>-</td></tr>
<tr><td colspan="3">Sonstige Wertsachen</td><td></td><td>-</td></tr>
<tr><td colspan="5">Nichtproduzierte Vermögensgüter (s.u.)</td><td></td><td>-</td></tr>
<tr><td colspan="6">Forderungen und Verbindlichkeiten (s.u.)</td><td></td><td>BBk</td></tr>
</table>

Abkürzungen:
„In Dtld.“: Abdeckung durch amtliche Statistik in Deutschland;
„StBA“: Statistisches Bundesamt;
„BBk“: Deutsche Bundesbank. –

Quellenangaben und weitere Anmerkungen befinden sich bei Teil 2 dieser Abbildung.

Abb. A16 (Teil 2 von 3): Die Systematik des Vermögensbegriffs in der VGR

<table>
<tr><th colspan="7">ESVG 1995</th><th>In Dtld.</th></tr>
<tr><td rowspan="17">Vermögen</td><td rowspan="16">Vermögensgüter</td><td rowspan="3">Produzierte Vermögensgüter</td><td colspan="3">Anlagegüter (s.o.)</td><td></td><td>StBA</td></tr>
<tr><td colspan="3">Vorräte (s.o.)</td><td></td><td>-</td></tr>
<tr><td colspan="3">Wertsachen (s.o.)</td><td></td><td>-</td></tr>
<tr><td rowspan="13">Nichtproduzierte Vermögensgüterg</td><td rowspan="8">Nichtproduziertes Sachvermögen</td><td rowspan="4">Grund und Boden</td><td>Bauland</td><td></td><td>-</td></tr>
<tr><td>Land- und forstwirtschaftliche Nutzfläche</td><td></td><td>-</td></tr>
<tr><td>Erholungsflächen</td><td></td><td>-</td></tr>
<tr><td>Sonstige Flächen</td><td></td><td>-</td></tr>
<tr><td rowspan="3">Bodenschätze</td><td>Kohle-, Erdöl- und Erdgaslager</td><td></td><td>-</td></tr>
<tr><td>Erzlager</td><td></td><td>-</td></tr>
<tr><td>Sonstige Bodenschätze</td><td></td><td>-</td></tr>
<tr><td colspan="2">Freie Tier- und Pflanzenbestände</td><td></td><td>-</td></tr>
<tr><td colspan="3">Wasserreserven</td><td></td><td>-</td></tr>
<tr><td rowspan="4">Immaterielle nichtproduzierte Vermögensgüter</td><td colspan="2">Patente</td><td></td><td>-</td></tr>
<tr><td colspan="2">Nutzungsrechte</td><td></td><td>-</td></tr>
<tr><td colspan="2">Aktivierter Firmenwert</td><td></td><td>-</td></tr>
<tr><td colspan="2">Sonstige immaterielle nichtproduzierte Vermögenswerte</td><td></td><td>-</td></tr>
<tr><td colspan="5">Forderungen und Verbindlichkeiten (s.u.)</td><td></td><td>BBk</td></tr>
</table>

Quellen:
Deutsche Bundesbank (2002), „Ergebnisse der gesamtwirtschaftlichen Finanzierungsrechnung für Deutschland 1991 bis 2001“, Statistische Sonderveröffentlichung 4, September; Statistisches Bundesamt (2001), „Revision der Anlagevermögensrechnung 1991 bis 2001“, in: WiSta (Wirtschaft und Statistik), Jg. 2001, Nr. 5, S. 342-356; Statistisches Bundesamt (2001), „Fachserie 18 / Reihe 1.3 ‚Volkswirtschaftliche Gesamtrechnungen, Konten und Standardtabellen'“, insbesondere Tabelle 3.1.3 „Anlagevermögen nach Vermögensarten“, S. 97. –

Anm. zu Teil 3 (auf der nachfolgenden Seite):
[Kreuz in 2.Sp.v.r.]: Die Statistiken der Bundesbank nehmen eine von der Systematik des ESVG 1995 abweichende Untergliederung der „versicherungstechnischen Rückstellungen“ vor.
(*):Einschl. Pensions- und Sterbekassen sowie berufsständische Versorgungswerke und Zusatzversorgungseinrichtungen (Deutsche Bundesbank (2002), Fußnote 2, S. 27.)

Abb. A16 (Teil 3 von 3): Die Systematik des Vermögensbegriffs in der VGR

ESVG 1995						**Dtld.**
Vermögen	*Vermögensgüter*	*Produzierte Vermögensgüter*	*Anlagegüter (s.o.)*			*StBA*
			Vorräte (s.o.)			-
			Wertsachen (s.o.)			-
		Nichtproduzierte Vermögensgüter (s.o.)				-
	Forderungen und Verbindlichkeiten	Währungsgold und SZR	Währungsgold			BBk
			Sonderziehungsrechte			
		Bargeld und Einlagen	Bargeld			BBk
			Sichteinlagen			
			Sonstige Einlagen [Termineinlagen + Spareinlagen + Sparbriefe]			BBk
		Wertpapiere (ohne Anteilsrechte) und Finanzderivate)	Wertpapiere (ohne Anteilsrechte)	Geldmarktpapiere		BBk
				Kapitalmarktpapiere [Rentenpapiere]		BBk
			Finanzderivate			BBk
		Kredite	Kurzfristige Kredite			BBk
			Langfristige Kredite [Längerfristige Kredite]			BBk
		Anteilsrechte	Anteilsrechte (ohne Investmentzertifikate)	Börsennotierte Aktien		BBk
				Nichtbörsennotierte Aktien		
				Sonstige Anteilsrechte [Sonstige Beteiligungen]		BBk
			Investmentzertifikate			BBk
		Versicherungstechnische Rückstellungen [Ansprüche gegenüber Versicherungen* + Ansprüche aus Pensionsrückstellungen]		…		BBk
		Sonstige Forderungen u. Verbindlichkeiten	Handelskredite und Anzahlungen			BBk
			Übrige Forderungen / Verbindlichkeiten			

A.3 Anhang zu Kapitel 4

Tab. A17: Zur Nummerierung der Modellgleichungen des Grundmodells BGG 1999

Orig.	4.14	4.15	4.16	4.17	4.18	4.19	4.20
Neu	G.1	G.2	G.3	G.4	G.5	G.6	G.7

Orig.	4.21	4.22	4.23	4.24	4.25	4.26	4.27
Neu	G.8	G.9	G.10	G.11	G.12	G.13	G.14

Tab. A18: Zur Nummerierung der Modellgleichungen des erweiterten Modells BG 1999

Orig.	1	2	3	…	19
Neu	E.1	E.2	E.3	…	E.19

Die nachstehende Tabelle A19 ist eine Übersicht zu den Annahmen (→Spalten), die den Vergleichsszenarien (→Zeilen) bei den Simulationsrechnungen von BG99 zugrunde liegen.
Als „*normal*" im Sinne der bei den Szenarien [1], [2] und [2+] in der rechten Spalte erwähnten „normalen Bedingungen" gilt die Kombination der mit dem Häkchen gekennzeichneten Festlegungen bezüglich der Annahmen [i] bis [iv].
Die *Zusatzannahme* [+] bezieht sich auf die bei den Simulationen angenommene Lebensdauer der Blase. Sie ist nach der Terminologie von BG 1999 nicht Teil der „normalen Bedingungen". In ihr unterscheiden sich Szenario [2+] von [1] und [2] sowie Szenario [5+] von [5]. Vgl. hierzu auch BG (1999, 30, Tab. 1).
Nr. [2+] und [5+] sind erweiterte Vergleichsszenarien aller vier geldpolitischen Alternativen, einmal bei einem reinen Blasenschock ([2+]) und einmal bei einem kombinierten Blasen- und Technologieschock ([5+]). Vgl. BG (1999, 30, Tab. 1).

Tab. A19, Anfang: Vergleichsszenarien und die ihnen zugrunde liegenden Annahmen

Szenario	**Annahmen**					**↓**	**Vgl. geldpol. Alternativen**
	[i]	**[ii]**	**[iii]**	**[iv]**	**[+]**		**Inhalt des Szenarios**
1	✓	✓	✓	✓	✓	*AB*	*„Normale Bedingungen" ([i] bis [iv])*
2	✓	✓	✓	✓	✓	*C D*	
2^+	✓	✓	✓	✓	X	*AB C D*	

Tab. A19, fortgesetzt von vorhergehender Seite: Vergleichsszenarien und die ihnen zugrunde liegenden Annahmen

Szenario	Annahmen [i]	[ii]	[iii]	[iv]	[+]	↲	Vgl. geldpol. Alternativen – Inhalt des Szenarios
3	X	✓	✓	✓	✓	*AB*	*Nach Platzen Panik / Undershooting*
4	✓	X	✓	✓	✓	*B*	*Bessere fin. Ausgangsbedingungen*
5	✓	✓	X	✓	✓	*B D*	*Blase als Überreaktion auf fundamentale Verbesserung*
5⁺	✓	✓	X	✓	X	*AB C D*	
6	✓	✓	✓	X	✓	*AB*	*Zeitweilig erschwerte Kreditvergabe*
	Vermögenspreis nach Platzen	*Verschuldung zu Beginn der Blase*	*Reine oder teilweise Blase?*	*Verunsicherung der Märkte?*	*Lebensdauer der Blase*		
	„✓“: Nach Platzen Fundamentalwert; „X“: Nach Platzen negative Blase	„✓“: Zu Beginn je 50% Fremd- und Eigenfinanzierung; „X“: Zu Beginn nur 25% Fremd-, 75% Eigenfin.	„✓“: Vermögenspreisanstieg zu 100% Blase; „X“: Teils fundamental bedingt, teils Blase	„✓“: Außenfinanzierungsprämie nur endogen bestimmt; „X“: Zeitweise exogener Aufschlag	„✓“: Blasendauer genau 5 Jahre; „X“: Blasendauer 1-3 Jahre (variabel)		

Anm.: Die geldpolitischen Alternativen [A] bis [D] in der 2. Spalte von rechts entsprechen [a] bis [d] in Tab. 4.4.

A.4 Anhang zu Kapitel 5

A.4.1 Das Verhalten „rationaler Blasen“ bei veränderten Parameterwerten

Die nachstehenden Tabellen enthalten analoge Berechnungen der Blasenentwicklung für Variationen der Werte der PÜW und des Zinssatzes bzw. der Diskontrate: in Tab. A20 für eine höhere periodenweise Überlebenswahrscheinlichkeit (PÜW), in Tab.A21 für eine niedrigere PÜW, in Tab.A22 für eine höhere Diskontrate.

Tab. A20: Blasenentwicklung bei PÜW von 90% (statt 80%), Diskontrate von 4%.

		Zins-faktor	**Blase mit *konstanter* periodenweiser ÜW**			**Blase mit *abnehmender* periodenweiser ÜW**		
[*j*]	[*t+j*]	[$(1+r)^j$]	Per. ÜW [*t+j-1* bis *t+j*]	Kum. ÜW [*t* bis *t+j*]	Relative Größe* [B_{t+j}/B_t]	Per. ÜW [*t+j-1* bis *t+j*]	Kum. ÜW [*t* bis *t+j*]	Relative Größe* [B_{t+j}/B_t]
0	[t]	1,000	1,000	1,000	1,000	1,000	1,000	1,000
1	[t+1]	1,040	0,900	0,900	1,156	0,900	0,900	1,156
2	[t+2]	1,082	0,900	0,810	1,335	0,810	0,729	1,484
3	[t+3]	1,125	0,900	0,729	1,543	0,729	0,531	2,117
4	[t+4]	1,170	0,900	0,656	1,783	0,656	0,349	3,355
5	[t+5]	1,217	0,900	0,590	2,060	0,590	0,206	5,909
6	[t+6]	1,265	0,900	0,531	2,381	0,531	0,109	11,564
7	[t+7]	1,316	0,900	0,478	2,751	0,478	0,052	25,145

Tab. A21: Blasenentwicklung bei PÜW von 75% (statt 80%), Diskontrate von 4%.

		Zins-faktor	**Blase mit konstanter periodenweiser ÜW**			**Blase mit abnehmender periodenweiser ÜW**		
[*j*]	[*t+j*]	[$(1+r)^j$]	Per. ÜW	Kum. ÜW	Relative Größe*	Per. ÜW	Kum. ÜW	Relative Größe*
0	[t]	1,000	1,000	1,000	1,000	1,000	1,000	1,000
1	[t+1]	1,040	0,750	0,750	1,387	0,750	0,750	1,387
2	[t+2]	1,082	0,750	0,563	1,923	0,563	0,422	2,564
3	[t+3]	1,125	0,750	0,422	2,666	0,422	0,178	6,320
4	[t+4]	1,170	0,750	0,316	3,697	0,316	0,056	20,774
5	[t+5]	1,217	0,750	0,237	5,127	0,237	0,013	91,043

Tab. A22: Blasenentwicklung bei PÜW von 80%, Diskontrate von 6% (statt 4%).

		Zins-faktor	**Blase mit *konstanter* periodenweiser ÜW**			**Blase mit *abnehmender* periodenweiser ÜW**		
[*j*]	[*t+j*]	[$(1+r)^j$]	Per. ÜW	Kum. ÜW	Relative Größe*	Per. ÜW	Kum. ÜW	Relative Größe*
0	[t]	1,000	1,000	1,000	1,000	1,000	1,000	1,000
1	[t+1]	1,060	0,800	0,800	1,178	0,800	0,800	1,178
2	[t+2]	1,124	0,800	0,640	1,387	0,640	0,512	1,541
3	[t+3]	1,191	0,800	0,512	1,634	0,512	0,262	2,241
4	[t+4]	1,262	0,800	0,410	1,924	0,410	0,107	3,621
5	[t+5]	1,338	0,800	0,328	2,266	0,328	0,035	6,500

Die mittlere Lebensdauer einer „rationalen Blase“ ändert sich in der jeweils zu erwartenden Weise. Für die Blase mit konstanter (/abnehmender) PÜW ändert sie sich im ersten Fall auf 6-7 (/3-4) Jahre, im zweiten Fall auf 2-3 (/1-2) Jahre und im dritten Fall auf 3-4 (/2-3) Jahre.

A.4.2 Implikationen der partiellen Erklärungsansätze in Bezug auf die Definition von Vermögenspreisinflation

Tab. A23, Anfang: Übersicht der einzelnen partiellen Erklärungsansätze und des jeweiligen Begriffs von Vermögenspreisinflation

Perspektive		***Autor / Ansatz***	***Dimensionen von Vermögenspreisinflation** (i.e.S.: I-III; i.w.S.: I-IV)*	
			I	**II**
			Interpretation „Vermögenspreise“	**Interpretation „Inflation / Deflation“**
Wirtsch.-gesch.	→	**Kindleberger (1978)**	Aktienkurse und Preise anderer Vermögenswerte	Blase
Kapitalmarkttheorie	→	**Markteffizienzhypothese**	Beliebig.	Lücke oder Wachstumsrate
Kapitalmarkttheorie	*Blasentheorien*	**„rationale Blasen“**	Aktienkurse, aber analog auf andere Vermögenspreise übertragbar	Blase
Kapitalmarkttheorie	*Blasentheorien*	**„instrinsische Blasen“**	Aktienkurse, aber analog auf andere Vermögenspreise übertragbar	Blase
Makro-Perspektive	*Darstellungen des geldpolit. TMM*	**EZB (2004)**	Preise aller Vermögenswerte (keine Wechselkurse)	Blase, Lücke oder Wachstumsrate
Makro-Perspektive	*Darstellungen des geldpolit. TMM*	**Mishkin (2001)**	Aktienkurse, „Tobins q“, aber: umfassenderer Vermögens-begriff	Blase, Lücke oder Wachstumsrate
Makro-Perspektive	*Monetarist. Beiträge*	**Friedman (1988)**	(Nur) Aktienkurse	Wachstumsrate
Makro-Perspektive	*Monetarist. Beiträge*	**Sieben neuere Hypothesen**	Teils k.A., teils Aktienkurse und Immobilienpreise	Teils Blase, teils Lücke oder Wachstumsrate

Tab. A23, fortgesetzt von vorhergehender Seite: Übersicht der einzelnen partiellen Erklärungsansätze und des jeweiligen Begriffs von Vermögenspreisinflation

Perspektive		***Autor / Ansatz***	***Dimensionen von Vermögenspreisinflation** (i.e.S.: I-III; i.w.S.: I-IV)*	
			III	**IV**
			Schädl. Ereignis in den Vermögenspreisen	**Erwarteter volkswirtschaftlicher Schaden**
Wirtsch. -gesch.	→	**Kindleberger (1978)**	„Blase" (= Krise) als Einheit / Abfolge von VmPI und VmPD	Allgemeine Finanzkrise, Wachstumseinbußen
Kapitalmarkttheorie	→	**Markteffizienzhypothese**	k.A.	k.A.
Kapitalmarkttheorie	*Blasentheorien*	**„rationale Blasen"**	k.A.	k.A.
Kapitalmarkttheorie	*Blasentheorien*	**„instrinsische Blasen"**	k.A.	k.A.
Makro-Perspektive	*Darstellungen des geldpolit. TMM*	**EZB (2004)**	Sowohl VmPI als auch VmPD, wenn übermäßig	Verbraucherpreisinflation oder –deflation
Makro-Perspektive	*Darstellungen des geldpolit. TMM*	**Mishkin (2001)**	Sowohl VmPI als auch VmPD, wenn übermäßig	Wachstumseinbußen
Makro-Perspektive	*Monetarist. Beiträge*	**Friedman (1988)**	k.A.	k.A.
Makro-Perspektive	*Monetarist. Beiträge*	**Sieben neuere Hypothesen**	Teils VmPI, teils „Blase" als Abfolge von VmPI und VmPD	Verbraucherpreisinflation oder -deflation, Finanzkrisen, Verlust der geldpolitischen Steuerungsfähigkeit

Abkürzungen:
[VmPD]: Vermögenspreisinflation; [VmPD]: Vermögenspreisdeflation; [TMM]: Transmissionsmechanismus; [k.A.]: keine Angabe.

Literaturverzeichnis

Alchian, Armen A.; Klein, Benjamin (1973): On a Correct Measure of Inflation, in: Journal of Money, Credit, and Banking, vol. 5, no. 1/1, pp 173-191.
[Alchian / Klein 1973 = AK 1973]

Aschinger, Gerhard (1995): Börsenkrach und Spekulation. Eine ökonomische Analyse. München: Vahlen.
[Aschinger 1995]

Aschinger, Gerhard (2001): Währungs- und Finanzkrisen. Entstehung, Analyse und Beurteilung aktueller Krisen. München: Vahlen.
[Aschinger 2001]

Baks, Klaas; Kramer, Charles (1999): Global Liquidity and Asset Prices: Measurement, Implications, and Spillovers. IMF Working Paper no. WP/99/168. Washington DC: IMF.
[Baks / Kramer 1999]

Bank of International Settlements (2005): Real Estate Indicators and Financial Stability. BIS Paper no. 21. Basel: BIS.
[BIS 2005a]

Bank of International Settlements (2005): 75th Annual Report. Basel: BIS.
[BIS 2005b]

Bean, Charles (2003): Asset Prices, Financial Balances and Monetary Policy: Are Inflation Targets Enough? www.bis.org/events/conf0303/chrlsbean.pdf (as of July 1, 2003).
[Bean 2003]

Beechey, Meredith; Gruen, David; Vickery, James (2000): The Efficient Market Hypothesis: A Survey. Reserve Bank of Australia, Economic Research Department, Research Discussion Paper 2000-01, January. Canberra: RBA.
[Beechey et al. 2000]

Bell, James; Pain, Darren (2000): Leading indicator models of banking crises – a critical review, in: Bank of England Financial Stability Review, no. 9, December, pp 113-129.
[Bell / Pain 2000]

Bernanke, Ben S.; Gertler, Mark (1999): Monetary Policy and Asset Price Volatility, in: Federal Reserve Bank of Kansas City Economic Review, vol. 84, no. 4, pp 17-51.
[Bernanke / Gertler 1999 = BG 1999]

Bernanke, Ben S.; Gertler, Mark (2001): Should Central Banks Respond to Movements in Asset Prices? In: American Economic Review, Papers and Proceedings, vol. 91, no. 2 (May), pp 253-257.
[Bernanke / Gertler 2001]

Bernanke, Ben S.; Gertler, Mark; Gilchrist, Simon (1999): The Financial Accelerator in a Quantitative Business Cycle Framework, in: Taylor, John B.; Woodford, Michael (eds.): Handbook of Macroeconomics, vol. 1, pp 1341-1393. Amsterdam: Elsevier.
[Bernanke et al. 1999 = BGG 1999]

Bieg, Hartmut; Krämer, Gregor; Waschbusch, Gerd (2003): Bankenaufsicht in Theorie und Praxis. Frankfurt am Main: Bankakademie Verlag.
[Bieg et al. 2003]

Blanchard, Olivier; Watson, Mark W. (1982): Bubbles, Rational Expectations, and Financial Markets. In: Wachtel, Paul (ed.): Crises in the Economic and Financial Structure. Lexington MA / Toronto ON: Heath, pp 295-315.
[Blanchard / Watson 1982]

Bordo, Michael (ed., 1992): Financial Crises. (The international library of macroeconomic and financial history, vol. 5) Aldershot UK / Brookfield VT: Edward Elgar.
[Bordo 1992]

Bordo, Michael D. (2003): Stock Market Crashes, Productivity Boom Busts and Recessions: Some Historical Evidence. (Background Paper prepared for the chapter on Asset Price Busts for World Economic Outlook, April 2003.) Mimeo: http://econweb.rutgers.edu/bordo/weo.doc (as of September 25, 2003).
[Bordo 2003]

Bordo, Michael D.; Eichengreen, Barry (2002): Crises Now and Then: What Lessons from the Last Era of Financial Globalization? NBER Working Paper no. 8716, January. Cambridge MA: NBER.
[Bordo / Eichengreen 2002 = BE 2002]

Bordo, Michael D.; Jeanne, Olivier (2002): Boom-Busts in Asset Prices, Economic Instability, and Monetary Policy. NBER Working Paper no. 8966, June. Cambridge MA: NBER.
[Bordo / Jeanne 2002 = BJ 2002]

Bordo, Michael D.; Eichengreen, Barry; Klingebiel, Daniela; Martinez-Peria, Maria Soledad (2000): Is the crisis problem growing more severe? Appendix: Data and Methods. Mimeo, December: http://econweb.rutgers.edu/bordo/crisis_problem_text.pdf (as of July 1, 2005).
[Bordo et al. 2000]

Bordo, Michael D.; Eichengreen, Barry; Klingebiel, Daniela; Martinez-Peria, Maria Soledad (2001): Is the crisis problem growing more severe? In: Economic Policy, no. 32, pp 53-82.
[Bordo et al. 2001]

Borio, Claudio (2003): Towards a macroprudential framework for financial supervision and regulation? BIS Working Papers No. 128, February. Basel: BIS.
[Borio 2003]

Borio, Claudio; Lowe, Philip (2002): Asset prices, financial and monetary stability: Exploring the nexus. BIS Working Paper no. 114, July. Basel: BIS.
[Borio / Lowe 2002 = BL 2002]

Borio, Claudio; Lowe, Philip (2004): Securing sustainable price stability: Should credit come back from the wilderness? (Paper prepared for the ECB workshop on "Asset Prices and Monetary Policy", December 11-12, 2003, Frankfurt. Final draft, February 2, 2004.)
[Borio / Lowe 2004 = BL 2004]

Borio, Claudio; Tsatsaronis, Kostas (2005): Accounting, prudential regulation and financial stability: Elements of a synthesis. BIS Working Paper no. 180 (September). Basel: BIS.
[Borio / Tsatsaronis 2005]

Borio, Claudio; Kennedy, N.; Prowse, S. D. (1994): Exploring Aggregate Asset Price Fluctuations across Countries. Measurement, determinants and monetary policy implications. BIS Economic Paper no. 40, April. Basel: BIS.
[Borio et al. 1994 = BKP 1994]

Borio, Claudio; Furfine, Craig; Lowe, Philip (2002): Procyclicality of the financial system and financial stability: Issues and policy options. BIS Paper no. 1. Basel: BIS.
[Borio et al. 2002]

Borio, Claudio; English, William; Filardo, Andrew (2003): A tale of two perspectives: old or new challenges for monetary policy? BIS Working Paper no. 127 (February). Basel: BIS.
[Borio et al. 2003]

Browne, Frank; McKiernan, Anne Marie (2005): The Role of Liquidity in Financial Stability, in: Central Bank & Financial Services Authority of Ireland, Financial Stability Report 2005, www.centralbank.ie (as of May 12, 2006), pp 81-92.
[Browne / McKiernan 2005]

Browne, Frank; Cronin, David; O'Brien, Edward (2005): Recent Developments in Asset Prices and Liquidity in the Context of an Evolving Relationship, in: Central Bank & Financial Services Authority of Ireland, Financial Stability Report 2005, www.centralbank.ie (as of May 12, 2006), pp 93-110.
[Browne et al. 2005]

Bruggemann, Annick; Donati, Paola; Warne, Anders (2003): Is the demand for Euro area M3 stable? (Background study for the evaluation of the ECB's monetary policy strategy.) ECB Working Paper no. 255, September, Frankfurt am Main: ECB.
[Bruggemann et al. 2003]

Brümmerhoff, Dieter (1986): Finanzwissenschaft. 1. Aufl., München / Wien: Oldenbourg.
[Brümmerhoff 1986]

Brümmerhoff, Dieter (2000): Volkswirtschaftliche Gesamtrechnungen. 6. Aufl., München: Oldenbourg.
[Brümmerhoff 2000]

Brunnermeier, Markus K. (2001): Asset Pricing under Asymmetric Information. Oxford / New York: Oxford University Press.
[Brunnermeier 2001]

Bryan, Michael F.; Cecchetti, Stephen G.; O'Sullivan, Roisin (2001): Asset Prices in the Measurement of Inflation. (Paper presented at the DNB conference "Measuring Inflation for Monetary Policy Purposes", November 24, 2000.) DNB Staff Report no. 62, Amsterdam: De Nederlandsche Bank.
[Bryan et al. 2001 = BCOS 2001]

Buchwald, Wolfgang (2000): Statistische Nachweisung von Vermögenspreisen. (Asset inflation), in: Wirtschaft und Statistik, Jg. 2000, Nr. 8, S. 567-572.
[Buchwald 2000]

Bühler, Wolfgang; Schmidt, Andreas (1998): Bank-Risikomanagement mit internen Modellen, in: Duwendag, Dieter (Hrsg.), Finanzmärkte im Spannungsfeld von Globalisierung, Regulierung und Geldpolitik, Berlin: Duncker & Humblot, S. 69-121.
[Bühler / Schmidt 1998]

Bullard, James (1999): Testing Long-Run Monetary Neutrality Propositions: Lessons from the Recent Research, in: Federal Reserve Bank of St. Louis Review, vol. 81, no. 6, pp 57-77.
[Bullard 1999]

Büschgen, Hans E.; Börner, Christoph J. (2003): Bankbetriebslehre. 4. Aufl., Stuttgart: Lucius & Lucius.
[Büschgen / Börner 2003]

Calvo, G. A. (1983): Staggered prices in a utility-maximizing framework, in: Journal of Monetary Economics, vol. 12, no. 3, pp 383-398.
[Calvo 1983]

Calza, Alessandro; Sousa, Joao (2003): Why has broad money been more stable in the Euro area than in other economies? A literature review. (Background study for the evaluation of the ECB's monetary policy strategy.) ECB Working Paper no. 261, September, Frankfurt am Main: ECB.
[Calza / Sousa 2003]

Camba-Mendez, Gonzalo (2003): The definition of price stability: choosing a price measure, in: [EZB 2003$5], pp 31-42.
[Camba-Mendez 2004]

Camba-Mendez, Gonzalo; Gaspar, Vítor; Wynne, Mark (2002): Measurement Issues in European Consumer Price Indices and the Conceptual Framework of the HICP. Frankfurt am Main / London: EZB / CEPR.
[Camba-Mendez et al. 2002]

Camerer, Colin (1989): Bubbles and Fads in Asset Prices, in: Journal of Economic Surveys, vol. 3, no. 1, pp 3-41.
[Camerer 1989]

Capel, Jeanette; Houben, Aerdt (1998): Asset Inflation in the Netherlands: Assessment, Economic Risks, and Monetary Policy Implications. In: Bank of International Settlements, The Role of Asset Prices in the Formulation of Monetary Policy. (BIS Conference Papers, vol. 5.) Basel: BIS, pp 264-279.
[Capel / Houben 1998]

Caprio, Gerard; Klingebiel, Daniela (1996): Bank Insolvencies. Cross-Country Experience. World Bank, Policy Research Working Paper no. 1620. Washington DC: IBRD.
[Caprio / Klingebiel 1996 = CK 1996]

Caprio, Gerard; Klingebiel, Daniela (2002): Episodes of systemic and borderline banking crises, in: Klingebiel, Daniela; Laeven, Luc (eds.): Managing the Real and Fiscal Effects of Banking Crises. World Bank Discussion Paper no. 428, pp 31-49. Washington DC: IBRD.
[Caprio / Klingebiel 2002 = CK 2002]

Carmichael, Jeffrey; Esho, Neil (2001): Asset Price Bubbles and Prudential Regulation. Australian Prudential Regulatory Authority Working Paper no. 3 (September). Canberra: APRA.
[Carmichael / Esho 2001]

Cecchetti, Stephen G.; Genberg, Hans; Lipsky, John; Wadhwani, Sushil (2000): Asset prices and Central Bank Policy. (Geneva Reports on the World Economy, vol. 2). Geneva: International Center for Monetary and Banking Studies.
[Cecchetti et al. 2000]

Chirinko, Robert S. (1993): Business Fixed Investment Spending: Modeling Strategies, Empirical Results, and Policy Implications, in: Journal of Economic Literature, vol. 31 (December), pp 1875-1911.
[Chirinko 1993]

Claessens, Stijn; Klingebiel, Daniela; Laeven, Luc (2004): Resolving Systemic Financial Crises: Policies and Institutions. World Bank, Policy Research Working Paper no. 3377, August. Washington DC: IBRD.
[Claessens et al. 2004]

Crockett, Andrew (1997): The Theory and Practice of Financial Stability. (Essays in International Finance, no. 203, April.) Princeton NJ: Princeton University, Dept. of Economics, International Finance Section.
[Crockett 1997]

Crockett, Andrew (2000): Marrying the micro- and macro-prudential dimensions of financial stability. (Remarks [...] before the Eleventh International Conference of Banking Supervisors, Basel, September 20-21, 2000.) www.bis.org (as of November 5, 2002.)
[Crockett 2000]

Crockett, Andrew (2002): Market discipline and financial stability, in: Journal of Banking & Finance, vol. 26, no. 5, pp 977-987.
[Crockett 2002]

Davis, E. Philip (1995): Debt, Financial Fragility, and Systemic Risk. Oxford / New York: Oxford University Press.
[Davis 1995]

Davis, E. Philip (2001): Finanzmarktinstabilität – eine Typologie, in: Österreichische Nationalbank, Finanzstabilitätsbericht [Nr.] 2, S. 96-117.
[Davis 2001]

De Bandt, Olivier; Hartmann, Philipp (2000): Systemic Risk: A Survey. ECB Working Paper no. 35 (November). Frankfurt am Main: ECB.
[De Bandt / Hartmann 2000]

Demirgüc-Kunt, Asli; Detragiache, Enrica (2005): Cross-Country Empirical Studies of Systemic Bank Distress: A Survey. World Bank, Policy Research Working Paper no. 3719, September. Washington DC: IBRD.
[Demirgüc-Kunt / Detragiache 2005]

Detken, Carsten; Smets, Frank (2004): Asset price booms and monetary policy. ECB Working Paper no. 364, May. Frankfurt am Main: ECB.
[Detken / Smets 2004 = DS 2004]

Deutsche Bundesbank (1999): Taylor-Zins und Monetary Conditions Index, in: Monatsbericht, April, S. 47-63.
[Bundesbank 1999]

Deutsche Bundesbank (2003a): Gesamtwirtschaftliche Aspekte der Aktienkursentwicklung, in: Monatsbericht, März, S. 29-41.
[Bundesbank 2003a]

Deutsche Bundesbank (2003b): Preisindikatoren für den Wohnungsmarkt. Monatsbericht September, S. 45-59.
[Bundesbank 2003b]

Deutsche Bundesbank (2003c): Bericht zur Stabilität des deutschen Finanzsystems, in: Monatsbericht, Dezember, S. 5-53.
[Bundesbank 2003c]

Deutsche Bundesbank (2004): Neue Eigenkapitalanforderungen für Kreditinstitute (Basel II). In: Monatsbericht, September, S. 75-100.
[Bundesbank 2004]

Deutsche Bundesbank (2005a): Der Zusammenhang zwischen Geldmenge und Preisen, in: Monatsbericht, Januar, S. 15-27.
[Bundesbank 2005a]

Deutsche Bundesbank (2005b): Finanzstabilitätsbericht November 2005. Frankfurt am Main: Bbk.
[Bundesbank 2005b]

Deutsche Bundesbank (o.J.): Bankenaufsicht – Motive und Ziele. (Abrufbar von der Seite www.bundesbank.de/bankenaufsicht/bankenaufsicht_motive.php, zitiert am 15.06.2004).
[Bundesbank o.J.]

Driffill, John; Sola, Martin (1998): Instrinsic bubbles and regime-switching, in: Journal of Monetary Economics, vol. 42, no. 2 (October), pp 357-373.
[Driffill / Sola 1998]

Edison, Hali J. (2000): Do Indicators of Financial Crises Work? An Evaluation of an Early Warning System. Board of Governors of the Financial Reserve System, International Finance Discussion Paper no. 675, July. Washington DC: FRB.
[Edison 2000]

Estrella, Arturo (1997): Dealing with financial instability: The central bank's tool kit, in: Sveriges Riksbank Economic Review, no. 2, pp 34-49.
[Estrella 1997]

Europäische Zentralbank (2000): Asset Prices and Banking Stability. (Report prepared by the Banking Supervisory Committee, April.) Frankfurt am Main: EZB.
[EZB 2000]

Europäische Zentralbank (2001a): Monetary Analysis: Tools and Applications. Frankfurt am Main.
[EZB 2001a]

Europäische Zentralbank (2001b): Die Rolle der Zentralbanken in der Aufsicht über Finanzdienstleister. März.
www.ecb.int/pub/pdf/prudentialsubcrole_de.pdf (zitiert am 29.05.2001).
[EZB 2001b]

Europäische Zentralbank (2001c): Gestaltungsrahmen und Instrumentarium der monetären Analyse, in: EZB Monatsbericht, Mai, S. 43-63. Frankfurt am Main.
[EZB 2001c]

Europäische Zentralbank (2002): The stock market and monetary policy. ECB Monthly Bulletin, February, pp 39-52. Frankfurt am Main.
[EZB 2002]

Europäische Zentralbank (2003a): Background Studies for the ECB's Evaluation of its Monetary Policy Strategy. Frankfurt am Main.
[EZB 2003a]

Europäische Zentralbank (2003b): Geldvermögensbildung der nichtfinanziellen Sektoren im Euro-Währungsgebiet bis zum dritten Quartal 2002. (= Kasten 1.) In: EZB Monatsbericht, März, S. 11-12. Frankfurt am Main.
[EZB 2003b]

Europäische Zentralbank (2003c): Schätzung zum Umfang der Portfolioumschichtungen von Aktien in die Geldmenge. (= Kasten 1.) In: EZB Monatsbericht, Mai, S. 11-14. Frankfurt am Main.
[EZB 2003c]

Europäische Zentralbank (2003d): Ergebnis der von der EZB durchgeführten Überprüfung ihrer geldpolitischen Strategie, in: EZB Monatsbericht, Juni, S. 87-102. Frankfurt am Main.
[EZB 2003d]

Europäische Zentralbank (2003e): Mögliche Verwendungen der im Euro-Währungsgebiet akkumulierten Überschussliquidität. (= Kasten 1.) In: EZB Monatsbericht, Oktober, S. 10-12. Frankfurt am Main.
[EZB 2003e]

Europäische Zentralbank (2004a): Die Geldpolitik der EZB. Frankfurt am Main.
[EZB 2004a]

Europäische Zentralbank (2004b): Der Zusammenhang zwischen Vermögenspreisen und der monetären Entwicklung. (= Kasten 1.) In: EZB Monatsbericht, September, S. 22-24. Frankfurt am Main.
[EZB 2004b]

Europäische Zentralbank (2004c): Monetary Analysis in Real Time, in: ECB Monthly Bulletin, October, pp 43-63. Frankfurt am Main.
[EZB 2004c]

Europäische Zentralbank (2004d): Informationsgewinnung aus Finanzmarktpreisen, in: EZB Monatsbericht, November, S. 71-86. Frankfurt am Main.
[EZB 2004d]

Europäische Zentralbank (2004e): Entwicklungen beim EU-Rahmen für die Finanzmarktregulierung, -aufsicht und -stabilität, in: EZB Monatsbericht, November, S. 87-100.
[EZB 2004e]

Europäische Zentralbank (2005a): Jahresbericht 2004. Frankfurt am Main.
[EZB 2005a]

Europäische Zentralbank (2005b): Monetäre und finanzielle Entwicklung. (Kap. 2.) In: EZB Monatsbericht, Januar, S. 11ff. Frankfurt am Main.
[EZB 2005b]

Europäische Zentralbank (2005c): Vermögenspreisblasen und Geldpolitik, in: EZB Monatsbericht, April, S. 53-69. Frankfurt am Main.
[EZB 2005c]

Europäische Zentralbank (2005d): Geldnachfrage und Unsicherheit, in: EZB Monatsbericht, Oktober, S. 61-78. Frankfurt am Main.
[EZB 2005d]

Europäische Zentralbank (2006a): Jahresbericht 2005. Frankfurt am Main.
[EZB 2006a]

Europäische Zentralbank (2006b): Entwicklung der Preise für Wohneigentum im Euro-Währungsgebiet, in: EZB Monatsbericht, Februar, S. 61-78. Frankfurt am Main.
[EZB 2006b]

Eurostat (1996): Das Europäische System Volkswirtschaftlicher Gesamtrechnungen. ESVG 1995. Luxemburg: Eurostat.
[ESVG 1995]

Fama, Eugene F. (1970): Efficient Capital Markets: A Review of Theory and Empirical Work, in: Journal of Finance, vol. 25, no. 2, pp 383-417.
[Fama 1970]

Felderer, Bernhard; Homburg, Stefan (1994): Makroökonomik und neue Makroökonomik. 6. Aufl., Berlin / Heidelberg: Springer.
[Felderer / Homburg 1994]

Feldkord, Eva-Ulrike (2005a): Die Bedeutung der monetären Analyse für die Europäische Zentralbank, in: Wirtschaftsdienst, Jg. 85, Nr. 4, S. 258-263.
[Feldkord 2005a]

Feldkord, Eva-Ulrike (2005b): On the relevance of monetary aggregates in monetary policy models, HWWA Discussion Paper no. 317, Hamburg: HWWA.
[Feldkord 2005b]

Filardo, Andrew J. (2000): Monetary Policy and Asset Prices, in: Federal Reserve Bank of Kansas City Economic Review, vol. 85, no. 3 (3rd quarter), pp 11-37.
[Filardo 2000]

Flood, Robert P.; Hodrick, Robert J. (1990): On Testing for Speculative Bubbles, in: Journal of Economic Perspectives, vol. 4, no. 2, pp 85-101.
[Flood / Hodrick 1990]

Folkers, Cay (1988 [1980]): Artikel „Vermögen“, in: Handwörterbuch der Wirtschaftswissenschaften (HdWW), 8. Band („Terminmärkte“ bis „Wirtschaft der DDR“), S. 265-282.
[Folkers 1988]

Fratzscher, Marcel (2004): Communication and Exchange Rate Policy. ECB Working Paper no. 363 (May). Frankfurt am Main: ECB.
[Fratzscher 2004]

Frenkel, Michael; John, Klaus-Dieter: Volkswirtschaftliche Gesamtrechnung. 4. Aufl., München: Vahlen.
[Frenkel / John 1999]

Friedman, Milton (1956): The Quantity Theory of Money – A Restatement. In: Ders., Studies in the Quantity Theory of Money, Chicago / London: University of Chicago Press, pp 3-21.
[Friedman 1956]

Friedman, Milton (1976): Die Quantitätstheorie des Geldes: eine Neuformulierung, in: Ders., Die optimale Geldmenge und andere Essays, Frankfurt am Main: Fischer, S. 77-99.
[Friedman 1976]

Friedman, Milton (1988): Money and the Stock Market, in: Journal of Political Economy, vol. 96, no. 2, pp 221-245.
[Friedman 1988]

Froot, Kenneth A.; Obstfeld, Maurice (1991): Intrinsic Bubbles: The Case of Stock Prices, in: American Economic Review, vol. 81, no. 5, pp 1189-1214.
[Froot / Obstfeld 1991]

Gertler, Mark (1988): Financial Structure and Aggregate Economic Activity: An Overview, in: Journal of Money, Credit, and Banking, vol. 20, no. 3 (August, part 2), pp 559-596.
[Gertler 1988]

Gischer, Horst; Herz, Bernhard; Menkhoff, Lukas (2004): Geld, Kredit und Banken. Eine Einführung. Berlin / Heidelberg: Springer.
[Gischer et al. 2004]

Goodfriend, Marvin; King, Robert G. (1997): The New Neoclassical Synthesis and the Role of Monetary Policy, Federal Reserve Bank of Richmond Working Paper no. 98-5. Richmond VA: FRB.
[Goodfriend / King 1997]

Goodhart, Charles A. E. (1995): Price Stability and Financial Fragility, in: [Sawamoto et al. 1995], pp 439-497.
[Goodhart 1995]

Goodhart, Charles (2000): The Organizational Structure of Banking Supervision. FSI Occasional Paper no. 1, November. Basel: BIS, Financial Stability Institute.
[Goodhart 2000]

Goodhart, Charles; Hofmann, Boris (2000): Financial Variables and the Conduct of Monetary Policy. Sveriges Riksbank Working Paper no. 112, December. Stockholm: SRB.
[Goodhart / Hofmann 2000 = GH 2000]

Goodhart, Charles; Hofmann, Boris (2001): Asset Prices, Financial Conditions, and the Transmission of Monetary Policy. (Paper prepared at the conference on "Asset Prices, Exchange Rates, and Monetary Policy" at Stanford University, March 2-3, 2001.)
Mimeo: www.frbsf.org/economics/conferences/conf6.pdf (as of Nov. 29, 2001).
[Goodhart / Hofmann 2001 = GH 2001]

Goodhart, Charles; Schoenmaker, Dirk (1995): Should the Functions of Monetary Policy and Banking Supervision be Separated? In: Oxford Economic Papers, vol. 47, no. 4 (October), pp 539-560.
[Goodhart / Schoenmaker 1995]

Görgens, Egon; Ruckriegel, Karlheinz; Seitz, Franz (2004): Europäische Geldpolitik. Theorie, Empirie, Praxis. 4. Aufl., Stuttgart: Lucius & Lucius.
[Görgens et al. 2004 = GRS 2004]

Greenspan, Alan (1996): The Challenge of Central Banking in a Democratic Society. (Remarks at the Annual Dinner and Francis Boyer Lecture of The American Enterprise Institute for Public Policy Research, Washington, D.C., December 5.)
http://www.federalreserve.gov/BoardDocs/speeches/1996/19961205.htm (as of June 1, 2006.)
[Greenspan 1996]

Greiber, Claus; Lemke, Wolfgang (2005): Money demand and macroeconomic uncertainty. Deutsche Bundesbank, Discussion Paper Series 1: Economic Studies, no. 26/2005. Frankfurt am Main: Bbk.
[Greiber / Lemke 2005]

Gruen, David; Plumb, Michael; Stone, Andrew (2003): How Should Monetary Policy Respond to Asset-Price Bubbles? Reserve Bank of Australia Research Discussion Paper, no. 2003-11 (November). Canberra: RBA.
[Gruen et al. 2003]

Gürkaynak, Refet S. (2005): Econometric Tests of Asset Price Bubbles: Taking Stock. Federal Reserve Board, Divisions of Research & Statistics and Monetary Affairs, Finance and Economics Discussion Series, no. 2005-04. Washington DC: FRB.
[Gürkaynak 2005]

Hartmann-Wendels, Thomas; Pfingsten, Andreas; Weber, Martin (2000): Bankbetriebslehre. 2. Aufl., Berlin / Heidelberg: Springer.
[Hartmann-Wendels et al. 2000]

Haslinger, Franz (1992): Volkswirtschaftliche Gesamtrechnung. 6. Aufl., München / Wien: Oldenbourg.
[Haslinger 1992]

Helbling, Thomas F. (2003): Housing Price Bubbles – a tale based on housing price booms and busts. In: [BIS 2005$2], pp 30-41.
[Helbling 2003]

Hellwig, Martin (1998): Systemische Risiken im Finanzsektor, in: Duwendag, Dieter (Hrsg.), Finanzmärkte im Spannungsfeld von Globalisierung, Regulierung und Geldpolitik, Berlin: Duncker & Humblot, S. 123-151.
[Hellwig 1998]

Hicks, John (1979): Causality in Economics. Oxford: Basil Blackwell.
[Hicks 1979]

Hodrick, Robert J.; Prescott, Edward C. (1997): Postwar U.S. Business Cycles: An Empirical Investigation, in: Journal of Money, Credit, and Banking, vol. 29, no. 1 (February), pp 1-16.
[Hodrick / Prescott 1997]

Houben, Aerdt; Kakes, Jan; Schinasi, Garry (2004): Toward a Framework for Safeguarding Financial Stability. IMF Working Paper, no. WP/04/101. Washington DC: IMF.
[Houben et al. 2004]

Hunter, William C.; Kaufman, George C.; Pomerleano, Michael (2003): Asset Price Bubbles: The Implications for Monetary, Regulatory, and International Policies. MIT Press: Cambridge MA / London UK.
[Hunter et al. 2003]

International Monetary Fund (2000): Asset Prices and the Business Cycle. (Chapter III.) In: World Economic Outlook, May, pp 77-112.
[IMF 2000]

International Monetary Fund (2003): When Bubbles Burst. (Chapter II.) In: World Economic Outlook, April, pp 61-94.
[IMF 2003]

Issing, Otmar (1992): Einführung in die Geldpolitik. 4. Aufl., München: Vahlen.
[Issing 1992]

Issing, Otmar (1998): Einführung in die Geldtheorie. 11. Aufl., München: Vahlen.
[Issing 1998]

Issing, Otmar (2002a): Monetary Policy in a Changing Economic Environment. (Symposium "Rethinking Stabilisation Policy", Jackson Hole, August 30, 2002.) www.kc.frb.org/publicat/sympos/2002
[Issing 2002a]

Issing, Otmar (2002b): Untitled Statement [Central Bank Perspectives on Stabilization Policies], in: Federal Reserve Bank of Kansas City Economic Review, vol. 87, no. 4 (4th Quarter), pp 15-36.
[Issing 2002b]

Issing, Otmar (2003): Monetary and Financial Stability: Is There a Trade-Off? (Presented at the BIS Conference on "Monetary Stability, Financial stability, and the Business Cycle", March 28-29, 2003, Basel.)
[Issing 2003]

Issing, Otmar (2005): Communication, Transparency, Accountability: Monetary Policy in the Twenty-First Century, in: Federal Reserve Bank of St. Louis Review, vol. 87, no. 2 (March/April), part 1, pp 65-83.
[Issing 2005]

Jüttner, D. Johannes; Hawtrey, Kim M. (1997): Financial Markets, Money, and Risk. 4th ed., South Melbourne: Addison Wesley Longman Australia.
[Jüttner / Hawtrey 1997]

Kent, Christopher; Lowe, Philip (1997): Asset-Price Bubbles and Monetary Policy. Reserve Bank of Australia Research Discussion Paper, no. 9709 (December). Canberra: RBA.
[Kent / Lowe 1997]

Kettell, Brian (2002): Economics for Financial Markets. Oxford UK / Woburn MA: Butterworth-Heinemann.
[Kettell 2002]

Kindleberger, Charles P. (1978): Manias, Panics, and Crashes. A History of Financial Crises. London / Basingstoke UK: Macmillan.
[Kindleberger 1978]

Kindleberger, Charles P. (1995): Asset Inflation and Monetary Policy, in: Banca Nazionale del Lavoro Quarterly Review, vol. 48, no. 192 (March), pp 17-37.
[Kindleberger 1995]

King, Mervyn (2002): No money, no inflation - the role of money in the economy,
in: Bank of England Quarterly Bulletin, vol. 42, no. 2 (Summer), pp 162-177.
[King 2002]

King, Robert G.; Wolman, Alexander L. (1996): Inflation Targeting in a St. Louis Model of the 21st Century, in: Federal Reserve Bank of St. Louis Review, vol. 78, no. 3 (May / June), pp 83-107.
[King / Wolman 1996]

Kortian, Tro (1995): Modern Approaches to Asset Price Formation: A Survey of Recent Theoretical Literature. Reserve Bank of Australia, International Department and Economic Research Department, Research Discussion Paper 9501, March. Canberra: RBA.
[Kortian 1995]

Lai, Alexandra (2002): Modelling Financial Instability: A Survey of the Literature. Bank of Canada Working Paper no. 2002-12. Ottawa: Bank of Canada.
[Lai 2002]

Lowe, Philip (2001): Maintaining financial stability: Possible policy options, in: Sveriges Riksbank Economic Review, no. 2, pp 25-33.
[Lowe 2001]

McCandless, George T.; Weber, Warren E. (1995): Some Monetary Facts,
in: Quarterly Review / Federal Reserve Bank of Minneapolis, vol. 19 (1995), no. 3 (Summer), pp 2-11.
[McCandless / Weber 1995]

Mink, Reimund (2001): Bewertungskonzepte für Vermögensbestände, in: Reich, Utz-Peter, Geld und Physis (Kategorien der Volkswirtschaftlichen Gesamtrechnungen, Bd. 3), Marburg: Metropolis, S. 231-257.
[Mink 2001]

Minsky, Hyman (1977): A Theory of Systemic Fragility, in: Altman, Edward; Sametz, Arnold (eds.), Financial Crises: Institutions and Markets in a Fragile Environment, New York: Wiley, pp 138-152.
[Minsky 1977]

Mishkin, Frederic S. (1994): Preventing Financial Crises: An International Perspective. NBER Working Paper no. 4636. Cambridge MA: NBER.
[Mishkin 1994]

Mishkin, Frederic (2001): The Economics of Money, Banking, and Financial Markets. 6th ed., Boston: Addison Wesley.
[Mishkin 2001 = M 2001]

Nelson, Edward (2003): The future of monetary aggregates in monetary policy analysis, in: Journal of Monetary Economics, vol. 50, no. 5, pp 1029-1059.
[Nelson 2003]

Neumann, Manfred J.M.; Greiber, Claus (2004): Inflation and core money growth in the euro area. Discussion Paper Series 1: Studies of the Economic Research Centre, no. 36/2004, Frankfurt am Main: Deutsche Bundesbank.
[Neumann / Greiber 2004]

Nicoletti Altimari, S. (2001): Does Money Lead Inflation in the Euro Area? ECB Working Paper no. 63. Frankfurt am Main: ECB.
[Nicoletti Altimari 2001]

Padoa-Schioppa, Tommaso (2002): Central banks and financial stability: Exploring a land in between. (Policy Panel Introductory Paper, Second ECB Central Banking Conference, Frankfurt am Main, October 24-25, 2002.)
[Padoa-Schioppa 2002]

Pollak, Robert A. (1989): The Theory of the Cost-of-Living Index. Oxford / New York: Oxford University Press.
[Pollak 1989]

Poole, William (2002): Financial Stability. (Presented at the Council of State Governments, Southern Legislative Conference Annual Meeting, New Orleans, Louisiana, August 4, 2002.) In: Federal Reserve Bank of St. Louis Review, vol. 84, no. 5 (September / October), pp 1-8.
[Poole 2002]

Ring, Alexander (2000): Die Verteilung der Vermögen in der Bundesrepublik Deutschland. Analyse und politische Schlussfolgerungen. Frankfurt am Main: Lang. (Zugleich Erlangen/Nürnberg, Univ., Diss., 1998.)
[Ring 2000]

Rösl, Gerhard; Schäfer, Wolf (2000): A Conceptual Approach to the Creation and Allocation of Central Bank Profits in the Euro Area, in: Kredit und Kapital, vol. 33, no. 1, pp 39-61.
[Rösl / Schäfer 2000]

Sawamoto, Kuniho; Nakajima, Zenta; Taguchi, Hiroo (eds., 1995): Financial Stability in a Changing Environment. New York: St. Martin's Press.
[Sawamoto et al. 1995]

Schäfer, Wolf (Hrsg., 2004): Zukunftsprobleme der europäischen Wirtschaftsverfassung. Schriften des Vereins für Socialpolitik, N. F., Bd. 300, Berlin: Duncker & Humblot.
[Schäfer 2004]

Schinasi, Garry J. (1994): Asset Prices, Monetary Policy, and the Business Cycle. IMF Paper on Policy Analysis and Assessment no. PPAA/94/6. Washington DC: IMF.
[Schinasi 1994]

Schinasi, Garry (2004): Defining Financial Stability. IMF Working Paper, no. WP/04/187. Washington DC: IMF.
[Schinasi 2004]

Schinasi, Garry J. (2005): Preserving Financial Stability, in: Economic Issues, no. 36, December. Washington DC: IMF.
[Schinasi 2005]

Schmidt, Klaus-Dieter (1972): Was ist Vermögen? In: Allgemeines Statistisches Archiv, Bd. 56, S. 35-49.
[Schmidt 1972]

Schwartz, Anna J. (1986): Real and Pseudo-Financial Crises, in: Capie, Forrest; Wood, Geoffrey E. (eds.), Financial Crises and the World Banking System, New York: St. Martin's Press, pp 11-31.
[Schwartz 1986]

Schwartz, Anna J. (2002): Asset Price Inflation and Monetary Policy, NBER Working Paper no. 9321. Cambridge MA: NBER.
[Schwartz 2002]

Shibuya, Hiroshi (1992): Dynamic Equilibrium Price Index: Asset Price and Inflation, in: BoJ Monetary and Economic Studies, vol. 10, no. 1, pp 95-109.
[Shibuya 1992]

Shigemi, Yosuke (1995): Asset Inflation in Selected Countries, in: BoJ Monetary and Economic Studies, vol. 13, no. 2, pp 89-130.
[Shigemi 1995]

Shiratsuka, Shigenori (1999): Asset Price Fluctuations and Price Indices, in: BoJ Monetary and Economic Studies, vol. 17, no. 3, pp 103-128.
[Shiratsuka 1999]

Singer, Daniela R. (1994): Die Geldpolitik der Deutschen Bundesbank vor dem Hintergrund theoretischer Kontroversen. Pfaffenweiler: Centaurus-Verl.-Ges. (Zugleich Freiburg im Breisgau, Univ., Diss., 1992.)
[Singer 1994]

Smets, Frank (1997): Financial Asset Prices and Monetary Policy: Theory and Evidence. BIS Working Paper no. 47, September, Basel: BIS.
[Smets 1997]

Thwaites, Gregory; Wood, Gregory (2003): The measurement of house prices, in: Bank of England Quarterly Bulletin, vol. 43, no. 1 (Spring), pp 38-46.
[Thwaites / Wood 2003]

Treichel, Volker (1993): Money in Disequilibrium. A Microeconomic and Econometric Foundation of Monetary Targeting. Frankfurt am Main: Verlag Peter Lang. (Zugleich Kiel, Univ., Diss., 1993.)
[Treichel 1993]

Vickers, John (1999): Monetary policy and asset prices, in: Bank of England Quarterly Bulletin, vol. 49, no. 4, pp 428-434.
[Vickers 1999]

Weber, Axel A. (2006): Perspektiven europäischer Geldpolitik. (Rede, gehalten vor der Württembergischen Verwaltungs- und Wirtschaftsakademie in Stuttgart am 20.02.2006.) www.bundesbank.de (zitiert am 20.05.2006.)
[Weber 2006]

White, William R. (2006): Is price stability enough? BIS Working Paper no. 205, April. Basel: BIS.
[White 2006]

Woll, Artur (Hrsg., 1988): Wirtschaftslexikon. 3. Aufl., München / Wien: Oldenbourg.
[Woll 1988]

Wynne, M. A. (2000): Core Inflation: A Review of Some Conceptual Issues. [Unpublished manuscript, quoted by Cecchetti et al. (2000, 140).] Dallas: Federal Reserve Bank of Dallas.
[Wynne 2000]

Zimmermann, Guido (2004): Assetpreise und Geldpolitik, in: Wirtschaftsdienst, Jg. 84, Nr. 2 (Februar), S. 105-112.
[Zimmermann 2004]

SCHRIFTEN ZUR WIRTSCHAFTSTHEORIE UND WIRTSCHAFTSPOLITIK

Herausgegeben von Rolf Hasse, Jörn Kruse, Wolf Schäfer, Thomas Straubhaar, Klaus W. Zimmermann

Band 1 Lars Bünning: Die Konvergenzkriterien des Maastricht-Vertrages unter besonderer Berücksichtigung ihrer Konsistenz. 1997.

Band 2 Andreas Henning: Beveridge-Kurve, Lohnsetzung und Langzeitarbeitslosigkeit. Eine theoretische Untersuchung unter Berücksichtigung des Insider-Outsider-Ansatzes und der Entwertung des Humankapitals. 1997.

Band 3 Iris Henning: Die Reputation einer Zentralbank. Eine theoretische Untersuchung unter besonderer Berücksichtigung der Europäischen Zentralbank. 1997.

Band 4 Rüdiger Hermann: Ein gemeinsamer Markt für Elektrizität in Europa. Optionen einer Wettbewerbsordnung zwischen Anspruch und Wirklichkeit. 1997.

Band 5 Alexander Tiedtke: Japan und der Vorwurf des Trittbrettfahrerverhaltens in der US-amerikanisch-japanischen Allianz. 1997.

Band 6 Wolfgang Grimme: Ordnungspolitisches Konzept der Regionalpolitik. Darstellung der Defizite und des Reformbedarfs der Regionalpolitik am Beispiel Mecklenburg-Vorpommerns. 1997.

Band 7 Christian Ricken: Determinanten der Effektivität der Umweltpolitik. Der nationale Politikstil im Spannungsfeld von Ökonomie, Politik und Kultur. 1997.

Band 8 Christian Schmidt: Real Convergence in the European Union. An Empirical Analysis. 1997.

Band 9 Silvia Marengo: Exchange Rate Policy for MERCOSUR: Lessons from the European Union. 1998.

Band 10 Jens Kleinemeyer: Standardisierung zwischen Kooperation und Wettbewerb. Eine spieltheoretische Betrachtung. 1998.

Band 11 Stefan M. Golder: Migration und Arbeitsmarkt. Eine empirische Analyse der Performance von Ausländern in der Schweiz. 1999.

Band 12 Stefan Kramer: Die Wirkung einer Internationalisierung des Yen auf die japanischen Finanzmärkte, die japanische Geldpolitik und die Usancen der Fakturierung. 1999.

Band 13 Antje Marielle Gerhold: Wirtschaftliche Integration und Kooperation im asiatisch-pazifischen Raum. Die APEC. 1999.

Band 14 Tamim Achim Dawar: Deutsche Direktinvestitionen in Australien. Eine Evaluation der theoretischen Erklärungsansätze und der Standortattraktivität des Produktions- und Investitionsstandortes Australien. 1999.

Band 15 Hans-Markus Johannsen: Die ordnungspolitische Haltung Frankreichs im Prozeß der europäischen Einigung. 1999.

Band 16 Annette Schönherr: Vereinigungsbedingte Dimensionen regionaler Arbeitsmobilität. Wirkungen unter analytisch einfachen Bedingungen und potentielle individuelle Migrationsgewinne in Deutschland nach der Vereinigung. 1999.

Band 17 Henrik Müller: Wechselkurspolitik des Eurolandes. Konfliktstoff für die neue währungspolitische Ära. 1999.

Band 18 Lars H. Wengorz: Die Bedeutung von Unternehmertum und Eigentum für die Existenz von Unternehmen. Eine methodenkritische Analyse der Transformation des Wirtschaftssystems in Russland. 2000.

Band 19 Eckart Bauer: Konzeptionelle Grundfragen eines Kinderleistungsausgleichs im Rahmen einer umlagefinanzierten zwangsweisen Rentenversicherung. 2000.

Band 20 Hubertus Hille: Enlarging the European Union. A Computable General Equilibrium Assessment of Different Integration Scenarios of Central and Eastern Europe. 2001.

Band 21 Tobias Just: Globalisierung und Ideologie. Eine Analyse der Existenz und Persistenz von Partisaneffekten bei zunehmender Internationalisierung der Märkte. 2001.

Band 22 Simone Claber: Großbritannien und die Europäische Integration unter besonderer Berücksichtigung ordnungspolitischer Aspekte. 2002.

Band 23 Silvia Rottenbiller: Essential Facilities als ordnungspolitisches Problem. 2002.

Band 24 Peggy Dreyhaupt von Speicher: Die Regionen Polens, Ungarns und der Tschechischen Republik vor dem EU-Beitritt. Interregionale Disparitäten, Bestimmungsfaktoren und Lösungsansätze. 2002.

Band 25 Gerhard Rösl: Seigniorage in der EWU. Eine Analyse der Notenbankgewinnentstehung und -verwendung des Eurosystems. 2002.

Band 26 Jörn Quitzau: Die Vergabe der Fernsehrechte an der Fußball-Bundesliga. Wohlfahrtsökonomische, wettbewerbspolitische und sportökonomische Aspekte der Zentralvermarktung. 2003.

Band 27 Małgorzata Stankiewicz: Die polnische Telekommunikation vor dem EU-Beitritt. 2003.

Band 28 Sarah Schniewindt: Einführung von Wettbewerb auf der Letzten Meile. Eine ökonomische Analyse von Netzinfrastruktur und Wettbewerbspotential im Teilnehmeranschlussbereich. 2003.

Band 29 Jens Bruderhausen: Zahlungsbilanzkrisen bei begrenzter Devisenmarkteffizienz. Ein kapitalmarkttheoretischer Ansatz. 2004.

Band 30 Philip Jensch: Einkommensteuerreform oder Einkommensteuerersatz? Alternative Ansätze einer Reform der direkten Besteuerung unter besonderer Berücksichtigung steuerpraktischer Gesichtspunkte. 2004.

Band 31 Karsten J. Adamski: Mikroanalyse eines Grundrentenkonzeptes der Alterssicherung. Eine empirische Studie zur Wirkung einer Grundrente auf Basis des Sozioökonomischen Panels. 2004.

Band 32 Sven Schulze: Anreizwirkungen und Arbeitsmarkteffekte der Ausgestaltung einer Arbeitslosenversicherung. 2004.

Band 33 Alkis Henri Otto: Makroökonomische Effekte der Direktinvestitionen. 2005.

Band 34 Stefan Hardege: Informationstechnologische Entwicklung und der Schutz von Verfügungsrechten für Informationsgüter. Eine ökonomische Analyse zur Ausgestaltung des Urheberrechts. 2006.

Band 35 Christoph Kimmel: Vermögenspreisinflation als wirtschaftspolitische Herausforderung. 2008.

Band 36 Axel Czaya: Das Europäische Normungssystem aus der Perspektive der Neuen Institutionenökonomik. 2008.

www.peterlang.de

Gerald Csipek

Bestimmungsfaktoren kurzfristiger Wechselkursbewegungen

Frankfurt am Main, Berlin, Bern, Bruxelles, New York, Oxford, Wien, 2007.
275 S., 10 Tab., 26 Graf.
Europäische Hochschulschriften: Reihe 5, Volks- und Betriebswirtschaft.
Bd. 3280
ISBN 978-3-631-56521-6 · br. € 51.50*

Auf dem internationalen Devisenmarkt wird immer kurzfristiger gehandelt. Daher bilden viele Marktteilnehmer Erwartungen hinsichtlich der kurzfristigen Entwicklung eines Wechselkurses. Empirische Studien zeigen, dass traditionelle Modelle wie etwa die Kaufkraftparitätentheorie dabei nur wenig hilfreich sind. Der Autor beleuchtet stattdessen direkt das Entscheidungsverhalten der Marktteilnehmer. Dabei stellt sich heraus, dass diese neben anderen systematischen Entscheidungsanomalien vor allem Herdenverhalten an den Tag legen. Der Verfasser adaptiert ein bestehendes Herdenverhalten-Modell für den Devisenmarkt. Das resultierende Modell erklärt unter anderem, wie es durch Herdenverhalten zu Übertreibungen im Kurs (Kaskaden) kommt und unter welchen Bedingungen diese wieder beendet werden.

Aus dem Inhalt: Charakterisierung des Devisenmarkts · Diskrepanz zwischen tatsächlichem und rationalem Entscheidungsverhalten der Marktteilnehmer · Entscheidungsanomalien auf dem Devisenmarkt · Auswirkungen von Herdenverhalten

Frankfurt am Main · Berlin · Bern · Bruxelles · New York · Oxford · Wien
Auslieferung: Verlag Peter Lang AG
Moosstr. 1, CH-2542 Pieterlen
Telefax 00 41 (0) 32 / 376 17 27

*inklusive der in Deutschland gültigen Mehrwertsteuer
Preisänderungen vorbehalten

Homepage http://www.peterlang.de

Kolibri 360 GmbH
Ferdinand-Jühlke-Straße 7
99095 Erfurt, Deutschland
produktsicherheit@kolibri360.de

Druck:
CPI Druckdienstleistungen GmbH
im Auftrag der
Kolibri 360 GmbH
Ferdinand-Jühlke-Str. 7
99095 Erfurt